IL NE FAUT JAMAIS GÂCHER UNE BONNE CRISE

PAR

Rutger Bregman

Le propre d'un bouleversement est de pouvoir faire paraître inévitable ce qui relevait jusqu'alors de l'impensable. Tandis que la pandémie vient brutalement confirmer l'obsolescence du néolibéralisme, l'idée, inconcevable il y a peu, d'une imposition des grandes fortunes et d'une reprise du pouvoir économique par les États fait son chemin.

Il y a des gens qui trouvent que ce n'est pas le moment de faire de la politique. On risque alors de se retrouver à se vautrer dans la suffisance. Tout comme les croyants ultra-orthodoxes qui clament qu'il s'agit d'une punition du Ciel, les populistes qui mettent en garde contre le « virus chinois », ou encore les chasseurs de tendances qui croient que s'ouvre enfin une nouvelle époque d'amour de son prochain, de pleine conscience et de distribution de billets par pleines poignées.

Il y a aussi des gens qui disent, eux, que c'est justement maintenant qu'il faut s'exprimer. C'est en ce moment que l'on prend des décisions dont nous subirons encore longtemps les conséquences. Ou comme l'a confié le directeur de cabinet d'Obama en 2008, après la chute de Lehman Brothers : « You never want a serious crisis to go to waste » (« il ne faut jamais gâcher une bonne crise »).

Les premières semaines, je me sentais plutôt du côté des taiseux. J'avais déjà écrit par le passé des articles sur les opportunités qu'offrent les crises, mais à cet instant, cela me paraissait déplacé, indécent même. Sauf que les jours ont commencé à s'étirer. Peu à peu, l'évidence s'est imposée : cette crise pouvait encore durer des mois, une année, voire davantage. Et les mesures de crise censées être temporaires risquaient de devenir permanentes.

Personne ne sait ce qui va se passer cette fois-ci. Mais c'est précisément *parce que* nous ne le savons pas, *parce que* l'avenir est si incertain qu'il nous faut, je crois, en parler.

Basculement d'époque

Le 4 avril 2020, le *Financial Times* a publié un éditorial que les historiens citeront probablement encore pendant des années[1].

Le *Financial Times* est l'un des plus grands journaux d'affaires au monde et, soyons clairs, ce n'est pas exactement une gazette gauchiste. Il est lu par les riches et les puissants de la sphère politique et financière. Chaque mois, le journal publie un supplément qui s'intitule, en des termes peu voilés, *How to Spend It* (« comment le dépenser »), et traite de yachts, de villas, de montres et de voitures de luxe.

C'est pourtant dans ce même journal qu'on a pu lire un mémorable samedi matin d'avril : « Des réformes radicales – renversant la direction politique qui a prévalu au cours des quarante dernières années – devront être mises sur la table. Les gouvernements devront accepter un rôle plus actif dans l'économie. Ils doivent considérer les services publics comme des investissements plutôt que comme des charges, et chercher des moyens de rendre les marchés du travail moins précaires. La redistribution se trouvera de nouveau à l'agenda ; les privilèges des plus âgés et des plus fortunés seront remis en cause. Des mesures considérées jusqu'à récemment comme excentriques, telles que le revenu universel et l'impôt sur la fortune, devront faire partie des politiques envisagées. » Que s'était-il donc passé ? Comment le porte-étendard du capitalisme pouvait-il soudain plaider pour davantage de redistribution, un gouvernement plus fort et même un revenu de base ?

Pendant des décennies, cette vénérable institution avait défendu contre vents et marées le modèle capitaliste – gouvernement réduit, impôts peu élevés, sécurité sociale minimale –, modèle dont on pouvait tout au plus arrondir les angles. « Tout au long des années que j'ai passées ici, écrivit un journaliste qui travaillait depuis 1986 dans ce journal, le *Financial Times* a plaidé pour un capitalisme de libre marché à visage humain. Cet éditorial de la rédaction nous propulse avec audace dans une nouvelle direction[2]. »

Les idées évoquées dans cet éditorial ne venaient pas de nulle part. Elles avaient parcouru un long chemin depuis les marges jusqu'au courant *mainstream*. Elles étaient passées des campements anarchistes aux émissions en prime time, des tréfonds de blogs obscurs à l'imposante Bracken House de Londres, le siège du *Financial Times*.

Et aujourd'hui, en plein milieu de la plus grande crise qu'on ait connue depuis la Seconde Guerre mondiale, il se pourrait bien qu'elles en viennent à changer le monde.

*

Pour comprendre comment on en est arrivé là, il faut remonter dans l'histoire. C'est peut-être difficile à concevoir, mais il fut un temps – il y a soixante-dix ans de cela – où c'étaient justement les défenseurs du capitalisme de libre marché qui étaient les radicaux.

En 1947, dans le village suisse du Mont-Pèlerin, fut fondé un petit cercle de réflexion :

1. « Virus lays bare the frailty of the social contract », *Financial Times*, 3 avril 2020. https://www.ft.com/content/7eff769a-74dd-11ea-95fe-fcd274e920ca (consulté le 3 juin 2020).

2. Michael Skapinker, Twitter, 4 avril 2020. https://twitter.com/skapinker/status/1246433559662952450 (consulté le 3 juin 2020).

SEUIL — 19,90 € — COMMENT FAIRE ?

COMMENT FAIRE ?

Comité éditorial Christophe Bonneuil Adrien Bosc Patrick Boucheron Vincent Casanova Julie Clarini Bernard Comment Pierre Demarty Michaël Fœssel Jacques Généreux Hugues Jallon Jean-Claude Monod Frédéric Mora Séverine Nikel Elsa Rosenberger Jean-Louis Schlegel
Responsabilité éditoriale Adrien Bosc Julie Clarini Hugues Jallon Séverine Nikel
Assistant d'édition Antoine Böhm
Création graphique François-Xavier Delarue
Réalisation Bruno Ringeval
Préparation et secrétariat de rédaction Maud Guillet et Laure de Vaugrigneuse
Correction Patricia Duez et Bruno Vandenbroucque
Fabrication Pablo Durán
Entretiens réalisés par Emmanuelle Andreani et Vincent Casanova
Impression Normandie Roto S.A.S. à Lonrai

ÉDITIONS DU SEUIL

Président Hugues Jallon
Directeur de l'édition Adrien Bosc
Directrice éditoriale Sciences humaines Séverine Nikel
Directrice éditoriale adjointe Sciences humaines Julie Clarini
Comité de lecture Sciences humaines Christophe Bonneuil Patrick Boucheron Jean-Pierre Dupuy Michaël Foessel Jacques Généreux Jean-Luc Giribone Jean-Claude Monod Elsa Rosenberger Jean-Louis Schlegel
Direction artistique Virginie Perrollaz
Direction de production Isabelle Polouchine Média Livres Services
Responsables de la fabrication Marie Harmel et Virginie Kiffer Média Livres Services
Service de presse Caroline Gutmann assistée de Marie-Christine Pidutti Isabelle Creusot et Séverine Roscot assistées de Lou Liger
Commercial, librairie et marketing Muriel Carasso Laure-Hélène Delprat Pierre Hild Claudine Soncini Fanny Villiers
Directrice des droits étrangers Maria Vlachou

19,90 €
ISBN : 9782021471526
Dépôt légal : septembre 2020 (147152)
Numéro d'imprimeur : 2002722
Imprimé en France par NRI s.a.s.

COMMENT FAIRE ?

« Le plus lourd fardeau, c'est d'exister sans vivre. »
Victor Hugo, *Les Châtiments*,
Paris, décembre 1848

Avec l'été, une forme de soulagement a succédé presque naturellement à l'agitation du printemps. Les vacances scolaires et les congés annuels ont accompagné la sortie progressive et chaotique de l'état de crise sanitaire aigüe et du confinement général que nous avions connus depuis la mi-mars. Et pourtant, il a fallu – et il faut toujours – se rendre à l'évidence : l'épidémie est toujours là, elle menace toujours, elle continue de tuer, parfois encore massivement dans certaines régions du monde, peut-être pour longtemps encore. Nous vivons désormais avec ce virus. En France et en Europe, nous appréhendons en outre la crise sociale sans précédent qui va suivre l'effondrement de l'économie provoqué par la « mise à l'arrêt » de la production et de la consommation pendant plusieurs mois.

Les premiers « cahiers du Seuil », parus au mois de juin dernier, portaient la marque d'un espoir : dans une certaine précipitation, liée à la situation d'urgence et au confinement, *Par ici la sortie !* exprimait un espoir spontané et diffus, celui de voir le monde tirer les leçons de cette crise extraordinaire et s'engager sur une nouvelle trajectoire historique. Il adossait cet espoir à une expérience intime et sensible de ce moment épidémique, que les textes littéraires exploraient, et continuent d'explorer dans cette deuxième livraison.

L'espoir demeure dans ces nouveaux « cahiers » : changer de monde. Oui, mais *comment faire ?* C'est cette question qui semble nous habiter désormais et qui donne son titre à cette livraison d'automne. Chacun voit qu'une prise de conscience mondiale a eu lieu, tous les jours plus forte et pressante : nous sommes toujours plus nombreux-ses à percevoir les enjeux dramatiques liés à la crise climatique, nous sommes toujours plus nombreux-ses à voir, à sentir et à comprendre les ravages sociaux, humains, écologiques du modèle économique néolibéral en vigueur depuis plusieurs décennies. Chacun sent que les contradictions de classe, de genre et de race s'imbriquent pour créer un état de tension de plus en plus palpable qui, pour ainsi dire, (re)double l'état de crise dans lequel sont plongées nos sociétés.

Mais, nous le sentons bien, la prise de conscience ne suffit pas, elle ne suffira pas. Alors, *comment faire ?* Comment s'y prendre dans un monde gouverné soit par des autocrates à la limite du cas psychiatrique, soit par des technocrates arrogants formés aux valeurs de cet ancien monde qui se dirige vers un mur ? Comment agir dans ce « monde incertain », comme le décrivaient Michel Callon, Pierre Lascoumes et Yannick Barthe ? Comment s'y prendre dans un environnement où certains choses sont sûres, mais beaucoup d'autres confuses ou hasardeuses ? Nous sommes entrés dans une gouvernementalité sous voile d'ignorance, qui rend difficile la décision politique souvent apparentée à de la « gestion de crise ». Dans des sociétés saturées d'informations, l'action donne le sentiment d'être empêchée à l'avance, surtout quand elle engage des remises en cause radicales de modèles à bout de souffle...

Pourtant, comme en témoignent les contributions de ces « cahiers », les sciences humaines et sociales, depuis plusieurs décennies, creusent des pistes et « voies de sortie » : révolution fiscale, revenu d'existence, conversion écologique de l'économie, domestication des marchés financiers, approfondissement du projet démocratique, etc. Qu'on les estime trop radicales ou trop timorées, ces propositions sont « sur la table ».

Par ailleurs, les initiatives prolifèrent issues du monde social ; des femmes et des hommes, en France et ailleurs, les mettent en œuvre localement, à de (plus ou moins) petites échelles : agriculture et commerce alternatifs, nouvelles formes de solidarité, expériences de vie différentes à l'écart du monde capitaliste, etc. Seulement voilà, la question se pose à propos de toutes ces micro-initiatives de leur « scalabilité », que l'anthropologue Anna Tsing définit comme la capacité d'un projet à changer d'échelle sans que se modifie le cadre qui définit ce projet.

Comment faire advenir les idées dans le réel ? Comment faire passer l'utopie à une échelle supérieure ? Comment faire ? Tels sont bien les défis que nous affrontons.

Hugues Jallon
juillet 2020

la Société du Mont-Pèlerin. Ses membres, parmi lesquels le philosophe Friedrich Hayek et l'économiste Milton Friedman, s'autoproclamèrent « néolibéraux ».

À cette époque, juste après la Seconde Guerre mondiale, la plupart des hommes politiques et des économistes étaient des adeptes de John Maynard Keynes. Cet économiste britannique plaidait pour un État fort, des impôts élevés et une protection sociale solide. Les néolibéraux, au contraire, craignaient que la croissance de l'État ne mène à une nouvelle tyrannie. Aussi entrèrent-ils en résistance.

Les membres de la Société du Mont-Pèlerin savaient que la route serait encore longue. « Cela prend généralement une génération, voire plus, nota Hayek, [pour que de nouvelles idées s'imposent], et c'est l'une des raisons pour lesquelles (...) notre pensée actuelle semble si impuissante à influer sur le cours des événements[3]. »

Seule une crise pousse à un véritable bouleversement. Lorsque cette crise se produit, les mesures qui sont prises dépendent des idées qui sont dans l'air du temps

Friedman était du même avis : « Les personnes qui dirigent actuellement ce pays reflètent l'atmosphère intellectuelle d'il y a quelque vingt ans, quand ces mêmes personnes étaient à l'université[4]. » L'économiste américain considérait que la plupart des gens formaient leur vision du monde autour de la vingtaine. Par conséquent, « les vieilles théories continuent à dominer ce qui se produit dans la sphère politique[5] ».

Friedman était un évangéliste de la pensée de marché. Il croyait en l'intérêt personnel comme principe suprême. Quel que soit le problème, sa solution était simple : à bas le gouvernement, vive l'entreprise. Ou, mieux : le gouvernement devait, si besoin par la force, faire de chaque chose – de la santé à l'enseignement – un marché. Même après une catastrophe naturelle, c'était à des entreprises concurrentes d'organiser les secours.

Friedman savait qu'il était un radical. Il avait conscience de se situer tout à fait en marge du courant dominant, mais c'est justement de là qu'il tirait son énergie. En 1969, la revue *Time* le comparait à « un grand créateur parisien qui vend ses modèles haute couture à une poignée de privilégiés, mais qui n'en influence pas moins pratiquement tous les courants de mode qui traversent la société ».

Les crises jouaient un rôle crucial dans la pensée de Friedman. Dans la préface de son ouvrage *Capitalisme et Liberté*, il écrivait ces mots célèbres :

« Seule une crise – qu'elle soit réelle ou perçue comme telle – pousse à un véritable bouleversement. Lorsque cette crise se produit, les mesures qui sont prises dépendent des idées qui sont dans l'air du temps[6]. »

Les idées qui sont dans l'air du temps. Lors d'une crise, pensait l'économiste américain, tout dépendait du travail effectué au préalable. Les idées qui avaient d'abord été écartées comme irréalistes et irréalisables pouvaient soudain devenir incontournables.

Et c'est ce qui se produisit. Lors des crises des années 1970 (récession économique, inflation, crise du pétrole), les néolibéraux se tenaient à l'affût, en coulisse. « Ensemble, ils ont aidé à précipiter une transformation

3. Angus Burgin, *The Great Persuasion. Reinventing Free Markets since the Depression*, Harvard University Press, 2012, p. 217.

4. Milton Friedman, « The Source of Strength », Michigan General Corporation, 1977, p. 12. Discours prononcé au Club des dirigeants de la Michigan General Corporation à La Nouvelle-Orléans, le 2 avril 1977. https://miltonfriedman.hoover.org/friedman_images/Collections/2016c21/1977SourceOfStrength.pdf (consulté le 9 juin 2020).

5. *Ibid.*

6. Milton Friedman, *Capitalisme et liberté* (1982), trad. A.-M. Charno, Alisio, 2018, p. 27.

globale des politiques[7] », résume l'historien Angus Burgin. Les idées naguère si radicales de Hayek et Friedman furent reprises par des politiciens conservateurs comme Ronald Reagan et Margaret Thatcher, et même, par la suite, par leurs opposants Bill Clinton et Tony Blair.

Dans le monde entier, les entreprises publiques furent privatisées les unes après les autres. Les syndicats furent bridés et les prestations sociales diminuées. Le républicain Reagan évoqua les « neuf mots les plus terrifiants de la langue anglaise » : « I'm from the government, and I'm here to help[8] » (« j'appartiens au gouvernement et je suis là pour vous aider »). Après la chute du communisme en 1989, même les sociaux-démocrates semblèrent perdre leur confiance en l'État. « L'ère du *big government* est terminée », déclara Bill Clinton dans son discours sur l'état de l'Union de 1996[9].

Aux États-Unis, en l'espace de trois semaines, presque 17 millions de personnes ont déposé une demande d'allocation chômage. À titre de comparaison : lors de la crise financière de 2008, il a fallu deux ans pour atteindre la moitié de ce chiffre

Le néolibéralisme était passé des cercles de réflexion aux journalistes, et des journalistes aux politiciens. Il s'avéra aussi contagieux qu'un virus. Lors d'un dîner, en 2002, on demanda à Margaret Thatcher ce qu'elle considérait comme sa plus grande réussite. Sa réponse ? « Tony Blair et le New Labour. Nous avons forcé nos adversaires à changer d'avis[10]. »

*

Puis arriva l'année 2008.

Le 15 septembre de cette année-là, la banque d'affaires Lehman Brothers s'effondra, déchaînant la crise financière la plus importante qu'on ait connue depuis la Grande Dépression. Lorsque le marché soi-disant « libre » dut être sauvé à coups de gigantesques subventions d'État, on put croire à une faillite du néolibéralisme.

Et pourtant, l'année 2008 ne constitua pas un tournant historique[11]. Un pays après l'autre, les partis de gauche perdirent les élections. On réduisit drastiquement les dépenses d'éducation, de santé et de sécurité sociale, tandis que les inégalités s'aggravaient et que les dividendes s'envolaient à Wall Street. Un an après l'effondrement boursier, le *Financial Times* lançait la version numérique du magazine de luxe *How to Spend It*[12].

Alors que les néolibéraux s'étaient préparés des décennies durant aux crises des années 1970, leurs opposants se retrouvèrent les mains vides. Ils savaient surtout ce *contre quoi* ils luttaient. Contre l'austérité. Contre l'*establishment*. Mais un programme bien à eux ? Ils étaient loin d'en avoir un.

Aujourd'hui, douze ans plus tard, une nouvelle crise se profile. Plus violente, plus

---

7. Angus Burgui, *op. cit.*, p. 11.

8. Voir ici la formule historique de Reagan : www.youtube.com/watch?v=xhYJS80MgYA (consulté le 10 juin 2020).

9. Pour lire le discours de Bill Clinton dans son intégralité : President William Jefferson Clinton, « State of the Union Address », U.S. Capitol, 23 janvier 1996, Archives de la Maison-Blanche : https://clintonwhitehouse4.archives.gov/WH/New/other/sotu.html (consulté le 10 juin 2020).

10. Cette anecdote a été rapportée en 2008 par le blog CCentreRight. https://conservativehome.blogs.com/centreright/2008/04/making-history.html (consulté le 10 juin 2020).

11. Ce qui ne signifie pas que la crise de 2008 n'ait rien changé du tout. Les banques ont augmenté leur réserve de fonds propres et il y a eu quelques progrès en matière d'initiatives à l'encontre de paradis fiscaux comme la Suisse ou les Pays-Bas. Mais cela n'a pas représenté un véritable tournant.

12. « "Financial Times" launches "How to Spend It" online », *Financial Times*, 1er octobre 2009. https://aboutus.ft.com/en-gb/announcements/financial-times-launches-how-to-spend-it-online/ (consulté le 10 juin 2020).

choquante, plus meurtrière. Selon la banque centrale britannique, le Royaume-Uni se trouve à la veille de la plus grande récession qu'il ait connue depuis 1709[13]. Aux États-Unis, en l'espace de trois semaines, presque 17 millions de personnes ont déposé une demande d'allocation chômage[14]. À titre de comparaison : lors de la crise financière de 2008, il a fallu deux ans pour atteindre la moitié de ce chiffre.

Contrairement au krach de 2008, la crise du coronavirus a une source bien précise. À l'époque, la plupart d'entre nous n'avaient aucune idée de ce qu'étaient des *collateralized debt obligations* ou des *credit default swaps*, alors qu'aujourd'hui, tout le monde sait ce qu'est un virus. Après 2008, les banquiers sans scrupule rejetèrent la faute sur leurs débiteurs, une astuce qu'il sera difficile de réitérer cette fois-ci.

Mais la principale différence avec 2008, c'est la préparation intellectuelle. *Les idées qui sont dans l'air du temps*. Si Milton Friedman avait raison, et si l'impensable devient inévitable en temps de crise, alors l'histoire pourrait prendre aujourd'hui une tout autre direction.

Trois dangereux économistes

« Trois économistes d'extrême gauche influencent la façon dont les jeunes perçoivent l'économie et le capitalisme », titrait un site web d'extrême droite en octobre 2019[15]. Le genre de blog confidentiel qui excelle dans la propagation de fausses informations mais, pour une fois, ce titre semblait correct.

Je me souviens de la première fois où j'ai lu le nom de l'un d'entre eux : Thomas Piketty. On était à l'automne 2013 et je furetais sur le blog de l'économiste Branko Milanović, me délectant de ses textes qui dézinguaient superbement ses collègues. Mais tout à coup, voilà que Milanović changeait de ton. Il avait lu un pavé de 970 pages en français, et en parlait de façon lyrique. « Nous voici en présence d'un ouvrage qui représente un tournant magistral dans la pensée économique[16]. », écrivait-il

Milanović a été pendant des années l'un des rares économistes à s'intéresser un tant soit peu aux inégalités. La plupart de ses collègues s'en fichaient éperdument. En 2004, le prix Nobel Robert Lucas déclarait encore que se pencher sur les enjeux de la redistribution était la tendance la plus « toxique » pour « une saine pensée économique »[17].

À l'époque, Piketty s'était déjà attelé à son œuvre pionnière. Dans un ouvrage de 2001, il avait exposé pour la première fois un graphique montrant la part de revenus des 1 % les plus riches de la population. Avec son collègue Emmanuel Saez, le deuxième de ce trio tricolore, il avait démontré que les inégalités aux États-Unis étaient de nouveau aussi importantes que pendant les *roaring twenties*, les années folles. Cet ouvrage académique fut au fondement de ce qui deviendrait plus tard le slogan d'Occupy Wall Street[18] : « Nous sommes les 99 %. »

En 2014, Piketty accéda à une notoriété internationale. Il était carrément devenu la *rock star* des économistes, et ce au grand dam de pas mal de gens (le *Financial Times*, à

13. Chris Giles, « BoE warns UK set to enter worst recession for 300 years », *Financial Times*, 7 mai 2020. https://www.ft.com/content/734e604b-93d9-43a6-a6ec-19e8b22dad3c (consulté le 10 juin 2020).

14. Rebecca Rainey et Quint Forgey, « Unemployment claims near 17 million in three weeks as coronavirus ravages economy », *Politico*, 9 avril 2020. https://www.politico.com/news/2020/04/09/coronavirus-unemployment-claims-numbers-176794 (consulté le 10 juin 2020).

15. Chrissy Clark, « Three far-left economists are influencing the way young people view the economy and capitalism », *The Federalist*, 28 octobre 2019. https://thefederalist.com/2019/10/28/three-far-left-economists-are-influencing-the-way-young-people-view-the-economy-and-capitalism/ (consulté le 11 juin 2020).

16. Voir sa recension de l'ouvrage de Piketty : Branko Milanović, « The return of "patrimonial capitalism" : review of Thomas Piketty's "Capital in the Twenty-First Century" », *Munich Personal RePEc Archive*, octobre 2013. https://mpra.ub.uni-muenchen.de/52384/1/MPRA_paper_52384.pdf (consulté le 11 juin 2020).

17. Robert E. Lucas, « The industrial revolution : past and future », rapport annuel 2003 de la banque régionale de la Réserve fédérale de Minneapolis, 1er mai 2004. https://www.minneapolisfed.org/article/2004/the-industrial-revolution-past-and-future (consulté le 11 juin 2020).

18. Branko Milanović, *op. cit.*

l'époque, ne lui épargnait pas ses attaques[19]). Le professeur se mit alors à faire le tour du monde pour partager sa recette avec des journalistes et des politiciens. L'ingrédient principal ? Les impôts.

Il s'agissait là de la spécialité du troisième membre de notre triumvirat *made in France*, le jeune économiste Gabriel Zucman. Le jour même du naufrage de Lehman Brothers, il commençait son stage, en tant qu'étudiant en économie de 21 ans, chez un courtier à Paris. Dans les mois qui suivirent, Zucman se trouva aux premières loges pour assister à l'effondrement du système financier mondial. Ce qui le marqua déjà, à l'époque, ce furent les montants gigantesques qui affluaient vers de petits pays comme le Luxembourg ou les Bermudes – les paradis fiscaux où les riches de ce monde planquent leur argent.

En 1952, le taux le plus élevé d'impôt sur le revenu aux États-Unis s'élevait à 92 %, tandis que l'économie connaissait une croissance sans précédent

En quelques années à peine, Zucman devint l'un des plus grands experts mondiaux de la fiscalité. Dans son livre *La Richesse cachée des nations* (2013), il chiffra la part cachée par les plus riches dans les paradis fiscaux à pas moins de 7,6 billions de dollars. Dans un autre ouvrage, coécrit avec Emmanuel Saez, Zucman calcula que les quatre cents individus les plus riches des États-Unis payaient proportionnellement moins d'impôts que toutes les autres catégories de revenus confondues, des plombiers aux femmes de ménage, des infirmières aux retraités.

Le jeune économiste sait énoncer ses idées de façon concise. Le livre de Zucman et Saez se lit en une journée. Son sous-titre anglais : « Comment les riches esquivent l'impôt, et comment les faire payer[20] ». On croirait une *to-do list* à l'intention du futur président des États-Unis.

La principale recommandation : instaurer un impôt progressif annuel sur la fortune pour tous les multimillionnaires. En effet, des impôts élevés ne sont pas nécessairement préjudiciables à l'économie. Au contraire, ils peuvent permettre au capitalisme de mieux fonctionner. En 1952, le taux le plus élevé d'impôt sur le revenu aux États-Unis s'élevait à 92 %, tandis que l'économie connaissait une croissance sans précédent.

Il y a cinq ans encore, ce genre d'idée passait pour bien trop radical. Les conseillers économiques du président Obama pensaient qu'un impôt sur la fortune ne marcherait pas et que les riches s'arrangeraient malgré tout pour planquer leur argent (grâce à leurs bataillons de comptables et d'avocats). En 2016, même l'équipe de Bernie Sanders, alors candidat de gauche à l'élection présidentielle américaine, repoussa les avances du trio de Français[21], alors qu'ils proposaient de l'aider à poser les bases d'un impôt sur la fortune.

Mais 2016, en termes idéologiques, c'était il y a une éternité. Joe Biden, le candidat « modéré » à la prochaine présidentielle, inclut désormais dans son programme une hausse des impôts qui représente plus du double de ce que proposait Hillary Clinton, il y a quatre ans[22]. Désormais, une majorité d'Américains

19. « Big questions hang over Piketty's work », *Financial Times*, 26 mai 2014. https://www.ft.com/content/1e8c6814-e3fb-11e3-a73a-00144feabdc0 (consulté le 11 juin 2020).

20. Emmanuel Saez et Gabriel Zucman, *The Triumph of Injustice. How the Rich Dodge Taxes and How to Make Them Pay*, WW Norton & Co, 2019. Dans sa version française, le livre s'intitule *Le Triomphe de l'injustice. Richesse, évasion fiscale et démocratie*, trad. Cécile Deniard, Seuil, 2020.

21. Richard Feloni, « This 33-year-old economist hasn't just helped shape one of Elizabeth Warren's and Bernie Sanders' boldest policies — he's been changing how you think about wealth, whether you know it or not », *Business Insider*, 6 décembre 2019. https://www.businessinsider.com/how-gabriel-zucman-made-a-wealth-tax-popular-in-america-2019-12?international=true&r=US&IR=T (consulté le 11 juin 2020).

22. Jim Tankersley, « Biden proposes smaller tax increases than rivals do », *The New York Times*, 4 décembre 2019. https://www.nytimes.com/2019/12/04/business/biden-tax-plan.html (consulté le 11 juin 2020).

(y compris des électeurs républicains) est en faveur d'impôts beaucoup plus élevés pour les ultra-riches[23]. De l'autre côté de l'océan, même le *Financial Times* en est arrivé à la conclusion qu'un impôt sur la fortune ne serait peut-être pas une si mauvaise idée.

Au-delà de la gauche caviar

« Le problème avec le socialisme, lâcha un jour Thatcher en guise de boutade, c'est qu'on finit par être à court de l'argent des autres[24]. »

Thatcher mettait le doigt là où ça fait mal. Depuis des lustres, les politiciens de gauche n'ont que les inégalités et les impôts à la bouche. Mais d'où est censé provenir tout cet argent ? Le présupposé dominant, y compris à gauche, veut que la plupart des richesses aient été « créées » au sommet par des entrepreneurs visionnaires comme Jeff Bezos et Elon Musk. Puis on fait appel à leur sentiment moral : les grands de ce monde ne pourraient-ils pas partager un peu de leur fortune ?

Si tel est aussi votre avis, il est temps de faire connaissance avec Mariana Mazzucato, l'une des chercheuses à l'avant-garde de la pensée économique contemporaine. Mazzucato appartient à une génération d'économistes – principalement des femmes[25] – qui trouvent qu'il ne suffit pas de parler des impôts. « La raison pour laquelle les progressistes sortent souvent perdants du débat, explique Mazzucato, c'est qu'ils se focalisent trop sur la redistribution et pas assez sur la création de richesses[26]. »

Au cours des dernières semaines, on a dressé dans le monde entier des listes des « métiers indispensables ». Surprise : des fonctions comme « gestionnaire de *hedge funds* » ou « expert fiscal pour multinationales » n'y figuraient pas. Tout à coup, il est devenu limpide que celles et ceux qui effectuent les tâches réellement importantes travaillent dans le secteur de la santé, de l'enseignement, des transports publics et les supermarchés.

En 2018, déjà, une étude de deux économistes néerlandais[27] avait révélé qu'environ un quart de la population active doute de l'utilité de son travail. Et le plus fascinant, c'est qu'il y a quatre fois plus de « boulots socialement inutiles » dans le privé que dans le secteur public. C'est surtout dans le secteur de la finance et du marketing que les gens considèrent leur travail comme inutile[28]. (Détail piquant : les économistes, eux aussi, sont surreprésentés dans la classe « inutile ».)

Ce qui nous ramène à la question suivante : d'où provient la richesse ? Des médias comme le *Financial Times* ont toujours prétendu, à l'instar de leurs pères spirituels néolibéraux, Friedman et Hayek, que la richesse provenait des entrepreneurs, pas de l'État. Le gouvernement jouerait tout au plus un rôle de facilitateur. Il devait assurer de bonnes infrastructures et de chouettes réductions fiscales – puis dégager le passage, *siouplaît*.

Mais en 2011, après avoir entendu pour la énième fois un politicien railler les fonctionnaires « ennemis de l'entreprise », Mazzucato eut comme un déclic. Elle plongea dans ses recherches. Deux ans plus tard, la parution

23. Ben Casselman et Jim Tankersley, « Democrats want to tax the wealthy. Many voters agree », *The New York Times*, 19 février 2019. https://www.nytimes.com/2019/02/19/business/economy/wealth-tax-elizabeth-warren.html (consulté le 11 juin 2020).

24. David Mikkelson, « Margaret Thatcher on Socialism », *Snopes*, 7 juillet 2009. https://www.snopes.com/fact-check/other-peoples-money/ (consulté le 21 juin 2020).

25. Je pense non seulement à Mariana Mazzucato, mais aussi, par exemple, à Kate Raworth, Carlota Pérez et Stephanie Kelton. En 2017, nous avons traité des idées de Raworth dans le podcast « De Rudi & Freddie Show » : https://decorrespondent.nl/7598/podcast-het-gevaar-van-doemdenken-en-de-risicos-van-gemakzuchtig-optimisme.

26. João Medeiros, « This economist has a plan to fix capitalism. It's time we all listened », *Wired*, 8 octobre 2019. https://www.wired.co.uk/article/mariana-mazzucato (consulté le 21 juin 2020).

27. Robert Dur et Max van Lent, « Socially Useless Jobs », Tinbergen Institute Discussion Paper, 30 mars 2018. https://papers.ssrn.com/sol3/papers.cfm?abstract_id=3162569 (consulté le 21 juin 2020).

28. En anglais, on parle de *bullshit jobs* (« jobs à la con »), concept apparu sous la plume de l'anthropologue David Graeber dans le passionnant article « On the phenomenon of bullshit jobs », *Strike !*, n° 3, août 2013, https://www.strike.coop/bullshit-jobs/ (consulté le 21 juin 2020), et repris dans l'ouvrage de David Graeber, *Bullshit Jobs*, trad. Élise Roy, Les liens qui libèrent, 2018.

de son livre fit l'effet d'une bombe auprès des décideurs du monde entier. Son titre : *L'État entrepreneur*[29].

Dans son livre, Mazzucato montre que non seulement l'enseignement, la santé, le ramassage des ordures et la distribution du courrier dépendent de l'État, mais que c'est aussi – presque toujours – le cas pour les innovations substantielles[30]. Prenez l'iPhone, par exemple. Chaque petit élément de technologie qui en fait un *smartphone* plutôt qu'un *stupidphone* (Internet, la fonction GPS, l'écran tactile, le chargeur, le disque dur, le système de reconnaissance vocale) a été développé par des chercheurs dont le salaire a été payé par l'État.

En 2018, déjà, une étude de deux économistes néerlandais avait révélé qu'environ un quart de la population active doute de l'utilité de son travail

Et ce qui est vrai pour Apple l'est aussi pour d'autres géants de la technologie. Google ? Ils ont obtenu une bourse conséquente pour développer un moteur de recherche. Tesla ? Ils parvenaient à peine à trouver des investisseurs jusqu'à ce que le ministère américain de l'Énergie mette 465 millions de dollars (414 millions d'euros) sur la table. (De toute façon, Elon Musk a toujours été un aspirateur à subventions. Trois de ses entreprises – Tesla, SpaceX et SolarCity – ont obtenu au total près de 5 milliards de dollars de fonds publics)[31].

« Plus je cherchais, plus je m'en rendais compte : l'investissement étatique est partout », raconta Mazzucato au magazine *Wired*, mensuel consacré aux nouvelles technologies[32].

Bien sûr, il arrive que les projets dans lesquels investit l'État échouent, mais cela n'a rien d'étrange – c'est le principe. Si on veut entreprendre, il faut prendre des risques. Et le problème de la plupart des « capitalistes à risque » privés, explique Mazzucato, c'est justement qu'ils ne prennent pas tant de risques que cela. Ainsi, après l'épidémie de SRAS de 2003, la recherche privée sur les coronavirus a vite connu un coup d'arrêt : elle n'était pas assez rentable. La recherche publique, elle, a continué ; à lui seul, le gouvernement américain y a investi pas moins de 700 millions de dollars[33]. (Si on finit par avoir un vaccin, vous pourrez remercier le gouvernement.)

L'industrie pharmaceutique offre peut-être la meilleure illustration de l'hypothèse de Mazzucato. Les avancées médicales sont presque toujours issues de laboratoires financés par le secteur public. Les grosses entreprises comme Roche et Pfizer sont surtout occupées à acheter des brevets et à écouler de vieux stocks de médicaments avec un nouveau marketing. Elles utilisent leurs bénéfices pour distribuer des dividendes et racheter des actions (ce qui fait délicieusement flamber le cours de la Bourse). Depuis l'an 2000, les dividendes annuels versés aux actionnaires des vingt-sept principales entreprises pharmaceutiques ont été multipliés par quatre[34].

Tout cela peut – et doit – changer, selon Mazzucato. Lorsque le gouvernement a financé une innovation importante, le privé est invité à s'en emparer. Mieux : c'est même le

29. Mariana Mazzucato, *L'État entrepreneur. Pour en finir avec l'opposition public-privé* (2011), trad. Christophe Beslon, Fayard, 2020.

30. Voir aussi Rutger Bregman et Jesse Frederik, « Maak kennis met de grootste uitvinder aller tijden », *De Correspondent*, 25 février 2015. https://decorrespondent.nl/2496/maak-kennis-met-de-grootste-uitvinder-aller-tijden (consulté le 21 juin 2020).

31. Jerry Hirsch, « Elon Musk's growing empire is fueled by $4.9 billion in government subsidies », *Los Angeles Times*, 30 mai 2015. https://www.latimes.com/business/la-fi-hy-musk-subsidies-20150531-story.html (consulté le 21 juin 2020).

32. « This economist has a plan to fix capitalism. », *art. cit.*

33. Zain Rizvi, « Blind spot. How the Covid-19 oubtreak shows the limits of pharma's monopoly model », *Public Citizen*, 19 février 2020. https://www.citizen.org/article/blind-spot/ (consulté le 21 juin 2020).

34. Merijn Rengers, « Verdienmodel "Big Pharma" is niet meer gericht op vaccins », *NRC*, 13 avril 2020. https://www.nrc.nl/nieuws/2020/04/13/verdienmodel-big-pharma-is-niet-meer-gericht-op-vaccins-a3996662 (consulté le 21 juin 2020).

principe. Mais l'État devrait pouvoir récupérer son investissement, et avec des intérêts. Il est donc d'autant plus rageant que les plus gros aspirateurs à subventions soient aussi les plus grands évadés fiscaux. Des entreprises comme Apple, Google et Pfizer ont planqué des dizaines de milliards dans des paradis fiscaux un peu partout sur la planète.

Ces entreprises devraient payer une part équitable d'impôts, cela va de soi. Mais ce qui est encore plus important aux yeux de Mazzucato, c'est que l'État montre ce dont il est lui-même capable. Elle évoque volontiers la « course à l'espace » des années 1960. « Nous décisons d'aller sur la Lune au cours de cette décennie (...) non pas parce que c'est facile, mais parce que c'est difficile[35] », déclara le président Kennedy en 1962.

De nos jours aussi, il existe d'énormes défis face auxquels un État entrepreneur peut déchaîner sa force d'innovation incomparable. À commencer par l'un des problèmes les plus critiques auxquels l'humanité ait jamais été confrontée : le changement climatique[36]. Plus que jamais, nous avons besoin de l'état d'esprit vanté par Kennedy dans son discours afin de réaliser la transformation qu'exige de nous la crise climatique. Ce n'est pas un hasard si Mazzucato et sa collègue anglo-vénézuélienne Carlota Pérez sont les mères intellectuelles du Green New Deal – le projet le plus ambitieux au monde pour affronter le changement climatique.

Une autre consœur de Mazzucato, l'économiste américaine Stephanie Kelton, ajoute que le gouvernement peut, si besoin, faire tourner la planche à billets pour financer ses ambitions. Quant à la dette de l'État ou au déficit budgétaire, nous ne devrions pas trop nous en inquiéter. (Les économistes comme Mazzucato et Kelton ont du mal à supporter les politiciens, économistes et journalistes à l'ancienne qui se lancent dans des laïus sur la « gestion en bon père de famille » des comptes de l'État[37]. Comme si les ménages pouvaient, eux, lever des impôts ou prêter de l'argent dans leur propre monnaie.)

Tout bien considéré, nous sommes ici face à une véritable révolution dans les sciences économiques. Après la crise de 2008, l'austérité a été rude, mais nous vivons aujourd'hui une époque où quelqu'un comme Kelton (autrice d'un livre au titre révélateur, *The Deficit Myth* [le mythe du déficit budgétaire]) se voit décrite par le *Financial Times* comme une Milton Friedman des temps modernes[38]. Lorsque le même journal, en avril 2020, a écrit que les gouvernements « d[evaient] considérer les services publics comme des investissements plutôt que comme des charges », il n'a fait que répéter ce que Kelton et Mazzucato prêchent depuis des années.

Lorsque le gouvernement a financé une innovation importante, le privé est invité à s'en emparer. Mieux : c'est même le principe. Mais l'État devrait pouvoir récupérer son investissement, et avec des intérêts

Le plus intéressant chez ces intellectuelles, peut-être, c'est qu'elles ne se contentent pas de mots. Elles veulent des résultats. Ainsi, Kelton est une influente conseillère

35. Pour relire le célèbre discours de Kennedy, voir « John F. Kennedy Moon Speech », Rice Stadium, 12 septembre 1962, Nasa. https://er.jsc.nasa.gov/seh/ricetalk.htm (consulté le 21 juin 2020).

36. Voir Rutger Bregman, « Klimaatverandering is het grote verhaal van onze tijd dat alles zou moeten domineren », *De Correspondent*, 16 mai 2019. https://decorrespondent.nl/9469/klimaatverandering-is-het-grote-verhaal-van-onze-tijd-dat-alles-zou-moeten-domineren/364035705-5344630b (consulté le 21 juin 2020).

37. L'historien Adam Tooze a écrit un article très clair sur ce que nous devons faire de la montagne de dettes due à la crise du coronavirus. Voir « Should we be scared of the coronavirus debt mountain ? », *The Guardian*, 27 avril 2020. https://www.theguardian.com/commentisfree/2020/apr/27/economy-recover-coronavirus-debt-austerity (consulté le 21 juin 2020).

38. Brendan Greeley, « Stephanie Kelton : "They're going to have massive deficits. And it's fine" », *Financial Times*, 17 avril 2020. https://www.ft.com/content/ea25934a-7b28-11ea-af44-daa3def9ae03 (consulté le 21 juin 2020).

politique, Pérez a travaillé comme consultante pour d'innombrables entreprises et institutions, et Mazzucato est, elle aussi, une pro du réseautage, qui sait sans peine se frayer un chemin dans les institutions.

L'Italienne est régulièrement invitée au Forum économique mondial de Davos (où les riches de la planète se réunissent chaque année), et elle a conseillé aussi bien la sénatrice américaine Elizabeth Warren ou la députée du Congrès Alexandria Ocasio-Cortez que la Première ministre écossaise, Nicola Sturgeon. L'an dernier, le Parlement européen a voté en faveur d'un ambitieux programme d'innovation – conçu, là encore, par Mazzucato.

« Je voulais que mon travail ait un impact, commenta placidement l'économiste à cette occasion. Sinon, ça s'appelle la gauche des beaux quartiers : on vient, on raconte une chose ou deux, et il ne se passe rien du tout[39]. »

Comment les idées conquièrent le monde

Comment changer le monde ?

Lorsqu'on pose cette question dans les cercles de gauche, il ne faut jamais attendre longtemps pour que quelqu'un prononce le nom de Joseph Overton. Overton était un disciple de Milton Friedman. Il travaillait pour un cercle de réflexion néolibéral et s'est battu pendant des années pour des impôts plus faibles et un État réduit au strict minimum. Il s'interrogeait sur comment, au fil du temps, l'impensable devient inévitable.

Imaginez une fenêtre, dit Overton, par laquelle nous voyons les idées qui sont considérées à un moment donné comme « acceptables », voire « populaires ». Les politiciens doivent se limiter à ce cadre s'ils espèrent être réélus. Si, au contraire, vous voulez véritablement changer le monde, il faut déplacer la fenêtre tout entière. Comment ? En poussant sur les côtés. En étant déraisonnable, insupportable et irréaliste[40].

Au cours des dernières années, la fenêtre d'Overton s'est incontestablement déplacée. Ce qui apparaissait autrefois comme marginal est désormais couramment accepté. Le graphique de Thomas Piketty est devenu le slogan d'Occupy Wall Street (« Nous sommes les 99 % »). Ce mouvement a permis l'émergence d'un candidat progressiste à la présidence des États-Unis ; et Bernie Sanders, à son tour, a tiré d'autres politiciens, comme Joe Biden, de son côté.

Impensable
Radical
Fenêtre d'Overton :
Acceptable
Raisonnable
Populaire
Politique
Populaire
Raisonnable
Acceptable
Radical
Impensable

Désormais, les jeunes aux États-Unis croient davantage au socialisme qu'au capitalisme[41], chose qui était tout à fait impensable, il y a trente ans. (Au début des années 1980, c'était justement auprès des jeunes que le néolibéral Ronald Reagan était le plus populaire[42].)

Mais, me direz-vous, Bernie Sanders n'a-t-il pas perdu les primaires démocrates ? Et le

39. « This economist has a plan to fix capitalism », *art. cit.*

40. J'ai déjà écrit sur ce sujet. Voir Rutger Bregman, « Wie de wereld wil veranderen moet onredelijk, onrealistisch en onuitstaanbaar zijn », *De Correspondent*, 24 décembre 2015. https://decorrespondent.nl/3774/wie-de-wereld-wil-veranderen-moet-onredelijk-onrealistisch-en-onuitstaanbaar-zijn/145091430-b90644c4 (consulté le 24 juin 2020).

41. Frank Newport, « Democrats More Positive About Socialism Than Capitalism », *Gallup*, 13 août 2018. https://news.gallup.com/poll/240725/democrats-positive-socialism-capitalism.aspx (consulté le 24 juin 2020).

42. Steven V. Roberts, « Younger voters tending to give Reagan support », *The New York Times*, 16 octobre 1984. https://www.nytimes.com/1984/10/16/us/younger-voters-tending-to-give-reagan-support.html (consulté le 24 juin 2020).

socialiste britannique Jeremy Corbyn n'a-t-il pas subi l'an dernier une cuisante défaite électorale ? En effet. Toutefois, les résultats électoraux ne constituent pas le seul indicateur de l'air du temps. Corbyn a perdu les élections de 2017 et de 2019, mais la *politique effectivement menée*, au bout du compte, par les conservateurs s'est avérée plus proche des projets financiers du Labour que de leur propre programme électoral[43]. Bernie Sanders avait en 2020 un programme plus radical que celui de Joe Biden sur le climat, mais le programme de Biden est à son tour plus radical que ne l'était celui de Sanders en 2016. Ce n'est pas pour rien si Margaret Thatcher a répondu « Tony Blair et le New Labour » lorsqu'on lui a demandé ce qu'elle considérait comme sa plus grande réussite : en 1997, son parti a été défait par un opposant… qui avait repris ses idées.

Changer le monde, qu'on se le dise, est une tâche ingrate. Ne comptez pas sur un moment de triomphe lors duquel vos adversaires vous donneront humblement raison. En politique, le plagiat est le plus grand accomplissement dont on puisse rêver. Milton Friedman décrivit ce processus dès 1969, lorsqu'un journaliste lui demanda comment ses idées pourraient conquérir le monde[44]. Selon lui, cela se ferait en quatre étapes : « Premier acte : on écarte les opinions de cinglés comme moi. Deuxième acte : les défenseurs de l'orthodoxie se sentent gênés aux entournures car les idées en question semblent renfermer une part de vérité. Troisième acte : les gens disent "Nous savons tous qu'il s'agit d'une position (…) extrême d'un point de vue théorique – mais, bien sûr, il nous faut trouver des moyens plus modérés d'avancer dans cette direction." Quatrième acte : les opposants travestissent mes idées en caricatures indéfendables afin de pouvoir occuper le terrain où je me trouvais précédemment. »

*

Et pourtant. Avoir raison et *se voir donner raison*, ça n'est pas la même chose.

Le fait que les grandes idées naissent chez les cinglés ne veut pas dire que tous les cinglés ont de grandes idées. Et le fait que les idées radicales gagnent parfois en popularité ne remplace en rien le plaisir de remporter des élections. La « fenêtre d'Overton » est un peu trop souvent utilisée comme excuse pour les défaites de la gauche. « Oui, mais nous avons gagné la guerre des idées[45] », ne manque-t-on pas alors d'entendre.

Le fait que les grandes idées naissent chez les cinglés ne veut pas dire que tous les cinglés ont de grandes idées. Et le fait que les idées radicales gagnent parfois en popularité ne remplace en rien le plaisir de remporter des élections

Nombre de « radicaux » autoproclamés n'ont aucun plan, ou alors un plan tout à fait irréfléchi, pour parvenir au pouvoir. Si quelqu'un émet une critique à cet égard, il est vite qualifié de traître. La gauche est souvent plus prompte à rejeter la faute sur autrui – la presse, l'*establishment*, les sceptiques dans son propre camp – qu'elle ne l'est à assumer ses erreurs.

J'ai de nouveau mesuré à quel point il est difficile de changer le monde lorsque

43. Phillip Inman et Julia Kollewe, « IFS manifesto verdict : neither Tories nor Labour have credible spending plan », *The Guardian*, 28 novembre 2019. https://www.theguardian.com/business/2019/nov/28/ifs-manifesto-verdict-neither-tories-nor-labour-have-credible-spending-plan (consulté le 24 juin 2020).

44. « The Intellectual Provocateur », *Time*, 19 décembre 1969. http://content.time.com/time/magazine/article/0,9171,941753,00.html (consulté le 24 juin 2020).

45. Je crains de m'être parfois rendu coupable, moi aussi, d'une telle attitude : voir Twitter, 8 avril 2020. https://twitter.com/rcbregman/status/1247920978149203973 (consulté le 24 juin 2020).

j'ai lu, pendant le confinement, l'ouvrage *Difficult Women* (« des femmes difficiles »), de la journaliste britannique Helen Lewis. C'est une histoire du féminisme au Royaume-Uni, mais elle devrait être lue par tous ceux et toutes celles qui aspirent à changer le monde. Par « difficiles », Lewis entend trois choses :

1. Il est difficile de changer le monde. Cela requiert des sacrifices et des souffrances.

2. Beaucoup de révolutionnaires *sont* des gens difficiles. Le progrès est souvent le fait de personnes pénibles et insupportables qui vont à l'encontre du statu quo.

3. Ce n'est pas parce qu'on contribue à changer le monde qu'on est parfait. Ces gens ne sont pas les héros sans reproche qu'en fait par la suite la légende.

Tous ces gens ont un rôle à jouer. Le professeur *et* l'anarchiste. Le pro du réseautage *et* l'émeutier. Les personnes qui provoquent, celles qui rassemblent. Celles qui font du plaidoyer en coulisse, celles qui se font traîner par terre par les CRS

Lewis déplore que de nombreux militants paraissent nier cette complexité, ce qui nuit d'autant plus à leur efficacité. Sur Twitter, une grande partie des gens semblent préférer passer leur temps à suivre puis rejeter d'autres comptes. Par conséquent, les héros d'hier peuvent être demain déchus dès lors qu'on leur découvre un petit défaut, ou s'ils ont employé une formule maladroite.

Lewis montre qu'il y a différents rôles à jouer dans chaque mouvement et que des alliances et compromis inconfortables sont nécessaires. Ainsi la lutte des Britanniques pour le suffrage féminin a-t-elle rassemblé d'innombrables « femmes difficiles », « des poissonnières aux aristocrates, des ouvrières aux princesses des Indes ». Cette alliance fragile et complexe a tenu bon jusqu'au triomphe de 1918 : le droit de vote accordé aux femmes de plus de 30 ans détentrices de propriétés.

(Eh oui, le droit de vote a d'abord été réservé aux femmes privilégiées. Cela semblait un compromis sensé, car après ce premier pas, le suivant devenait inévitable : le suffrage féminin universel est accordé en 1928.)

Et pourtant, malgré ce succès, non, les féministes ne sont pas toutes devenues amies. Au contraire, explique Lewis : « Même chez les suffragettes, les querelles de personnes ont laissé un goût amer au lendemain de leur grande victoire. » Le progrès, c'est compliqué.

Quand on se penche sur le militantisme, on oublie souvent que tous ces différents rôles doivent être joués par des gens. Dans les talk-shows, et dans nos propres débats autour de la table de la cuisine, nous avons tendance à privilégier un type particulier d'activisme : à nos yeux, Greta Thunberg est tout à fait fantastique, mais les militants d'Extinction Rebellion qui bloquent les routes le sont beaucoup moins. Nous admirons les manifestants d'Occupy Wall Street, mais nous exécrons les lobbyistes qui se pointent à Davos.

Mais ce n'est pas comme cela que fonctionne le changement. Tous ces gens ont un rôle à jouer. Le professeur *et* l'anarchiste. Le pro du réseautage *et* l'émeutier. Les personnes qui emploient un jargon académique, celles qui vulgarisent. Celles qui provoquent, celles qui rassemblent. Celles qui plaident en coulisse, celles qui se font traîner par terre par les CRS.

Néanmoins, une chose est sûre : il vient un moment où il ne suffit plus de pousser sur le côté la fenêtre d'Overton. À ce moment-là, il est temps pour les institutions de se mettre en route – pour apporter au centre du pouvoir des idées naguère considérées comme radicales.

Je crois que ce moment est venu.

*

L'idéologie dominante des quarante dernières années est sur le point de rendre l'âme. Qu'est-ce qui la remplacera ? Nul n'en est certain. Il n'est pas difficile d'imaginer que cette crise pourrait nous conduire sur une voie encore plus sombre. Que les puissants pourraient saisir l'occasion pour augmenter leur pouvoir, réduire les libertés de la population et attiser le feu de la haine et du racisme.

Mais il peut en être autrement. Grâce au labeur acharné d'innombrables militants et chercheurs, têtes chercheuses et agitateurs, un autre chemin est désormais envisageable. Cette pandémie *pourrait* nous conduire à adopter de nouvelles valeurs.

Si le néolibéralisme avait bien un dogme, c'était de considérer que la plupart des êtres humains sont égoïstes. C'est à partir de cette vision cynique de l'humanité que s'ensuivait tout le reste – les privatisations, les inégalités croissantes, la casse du secteur public.

À présent, la voie est libre pour une autre vision de l'humanité, bien plus réaliste : celle considérant que l'être humain a évolué pour coopérer avec ses congénères. C'est de cette conviction que découle tout le reste : un gouvernement fondé sur la confiance, une fiscalité solidaire et des investissements durables, indispensables pour notre avenir. Ainsi pourrons-nous être prêts, juste à temps, pour le plus grand défi de ce siècle, notre pandémie au ralenti : le changement climatique[46].

Personne ne sait où nous mènera cette crise. Mais quoi qu'il en soit, nous sommes mieux préparés que la dernière fois ●

RB

Traduit du néerlandais par
Pieter Boeykens et **Caroline Sordia**

---

46. La formule est due à Rob Wijnberg. Voir « Why climate change is a pandemic in slow motion (and what that can teach us) », *The Correspondent*, 7 mai 2020. https://thecorrespondent.com/449/why-climate-change-is-a-pandemic-in-slow-motion-and-what-that-can-teach-us/10477915635-ffbbde9b (consulté le 24 juin 2020).

LA LANGUE DE L'INQUIÉTUDE

PAR

Jakuta Alikavazovic

Une expérience personnelle et collective inédite : le monde – une vaste partie du monde – a semblé synchroniser son inquiétude. Cette pandémie m'aura au moins fourni l'occasion de m'inquiéter en trois langues différentes. Je crois qu'il n'était jamais arrivé jusqu'à présent que tous mes proches et moi nous trouvions ainsi dans le même fuseau, non pas horaire, mais affectif.

Comme tout le monde, je sais – et je ne risque pas d'oublier – à quel endroit j'ai vécu le confinement de mars à mai 2020, et avec qui : je me trouvais à Paris, dans l'appartement où j'habite avec mon compagnon et notre petit enfant. Mais si l'on me demande dans quelle langue j'étais confinée, c'est moins évident ; et lorsque j'y réfléchis avec soin, la réponse semble à même de faire trembler des murs dont la présence, justement, m'enrageait (comme beaucoup, je n'ai pas très bien vécu cette période durant laquelle, prise de fureur, j'ai envisagé d'abattre des cloisons qui soudain m'insupportaient : entre le salon et la cuisine, entre la baignoire et la chambre, et même – la plus intolérable – entre le lit et le ciel). L'immobilisation m'agaçait, l'intérieur de mon appartement et de mon crâne ne faisaient plus qu'un. Je ne tenais plus en place.

Ma famille s'est souvent trouvée en mouvement, par choix ou par contrainte. Parfois même sans bouger, un déplacement d'importance s'opérait : l'un de mes aïeuls est né *sujet de l'empire austro-hongrois*, pour mourir *citoyen yougoslave* et ce, sans jamais aller nulle part. Mes parents sont venus étudier en France dans les années 1970 et ont désiré y faire leur vie, raison pour laquelle je suis née à Paris. Plus tard, dans les années 1990, la guerre en ex-Yougoslavie a jeté sur les routes, terrestres ou aériennes, une partie des miens. Moi-même, au début du XXIe siècle, j'ai étudié, voyagé, vécu à l'étranger. Pour ces raisons, j'ai des amis, de la famille, dans plusieurs pays, sur plusieurs continents. Durant le confinement, nous nous parlions beaucoup. De tout et de rien, mais surtout, bien sûr, de la situation. Nous avons établi des typologies de nos restrictions. Qui a le droit de se déplacer librement ? semi-librement ? jusqu'où ? avec qui ? Quelle est la distance de sécurité préconisée entre deux corps qui ne se confinent pas ensemble ? Un mètre, un mètre cinquante, un mètre quatre-vingts ? Et moi, je me demandais : à quelle distance peut-on sentir la chaleur d'un autre corps, sans pour autant le toucher ? Et à quelle distance ne la sent-on plus ?

Oui, il me semble, à moi qui d'habitude passe mes journées dans une relative solitude, ne jamais avoir autant parlé. Dans certaines parties du monde, on utilise beaucoup telle application verte de messagerie gratuite. Dans d'autres, on préfère la violette. Chaque grande zone géographique, tout comme chaque cœur individuel, a ses propres traumatismes, de ceux qu'une situation d'urgence comme celle de 2020 ne manque pas de venir réveiller. Toute la journée, mon téléphone sonnait, vibrait, tintait. Toute la journée il y avait quelqu'un à rassurer, quelqu'un pour me rassurer. C'était très doux, presque enveloppant. Et parfaitement épuisant.

*

Qu'est-ce que cela signifie, au juste, quand j'écris que je me suis inquiétée « en trois langues différentes » ? Il s'agit des trois langues que je parle. Même si cela, cette expression – *parler x langues* –, est une convention, nimbée d'un certain flou. Si je voulais être plus précise, je pourrais dire, par exemple, qu'il est question ici des langues dans lesquelles je sais faire autre chose que survivre. Ou autre chose que manger. Ainsi, même si j'ai vécu en Italie, en italien je sais surtout commander au restaurant, faire le marché et cuisiner ; en italien je suis à 80 % papilles. Les 20 % restants sont une mosaïque où des souvenirs de latin et des échos de *Così fan tutte* côtoient Dylan Dog, « enquêteur en cauchemars », héros de mon *fumetto* préféré – ces petites bandes dessinées italiennes, disponibles en kiosque, sont une lecture idéale de plage ou d'avion. Aussi ne m'entendra-t-on jamais dire que je parle italien. Les trois langues que je dis parler, ce sont les trois dans lesquelles j'ai connu l'amour. Les trois dans lesquelles j'ai connu l'intimité. Les trois dans lesquelles je sais donc m'inquiéter.

La première est la langue de mes parents. La deuxième est la mienne – celle de mon pays, celle dans laquelle j'ai grandi, dans laquelle j'écris ces lignes ; elle me semble aussi mienne, parfois, que les battements de mon cœur. Et la troisième est celle que j'ai, pourrait-on dire, adoptée, l'anglais que j'ai appris d'abord pour des raisons pratiques, comme on passerait le permis de conduire ou, peut-être, un brevet de plongée. J'écrivais, pour les mémoriser, des listes de mots ; entre les lignes, un œil avisé aurait pu lire ma soif d'aventure. Cette langue était un moyen de circulation, l'instrument de ma liberté. Un outil, qui s'est avéré bien davantage que cela : une relation passionnelle, linguistiquement parlant.

Dans la première de ces langues, je ne sais pas mentir. Dans cette langue, je bafouille, je rougis facilement – il faut croire que rougir est aussi, contrairement aux apparences, un phénomène linguistique. Dans cette langue je suis éternellement enfant. Et c'est en enfant que je m'inquiète. Ce sentiment déchirant de désarroi, d'incompréhension, dans la poitrine : un petit oiseau se cognant contre les murs, la nuit qui tombe. C'est la langue dans laquelle j'accepte le mieux, et même apprécie, que l'on me caresse les cheveux ; la langue dans laquelle je ne sais pas, je n'ai pas encore appris à marcher avec des talons hauts ; celle dans laquelle je pleure le plus facilement. Mes larmes aussi sont enfantines, elles coulent sans retenue. Je hoquette un peu. Quand je pleure dans cette langue, je suis tout entière à ma tristesse et aucune part de moi, en retrait ou en surplomb, ne se regarde pleurer.

Dans la troisième de ces langues, je suis celle que j'aurais rêvé d'être. Mon sens de l'humour est différent. J'ai plus d'assurance, je suis sûre de mon bon droit. Ma voix change, elle est plus grave, paraît-il. C'est une langue dans laquelle je suis délivrée des considérations biographiques. Délivrée des peurs et des tristesses de l'enfant que j'étais. Et même des peurs et des tristesses des parents de celle-ci, peurs et tristesses dont il est pourtant si difficile de se déprendre car elles se transmettent autrement qu'en mots, pour s'inscrire à des endroits de l'esprit et du corps qui échappent au langage ; même si le langage peut les conquérir, comme il conquiert tout. Rien de cela, pour moi, en anglais. J'y suis sans généalogie. Ou sans généalogie autre que celle des textes aimés. C'est la langue dans laquelle je m'inquiète le moins. Une langue presque dépourvue d'angoisse, à vrai dire, dans laquelle j'ai vécu et dans laquelle, me dis-je parfois, j'aimerais revivre. Une langue comme le soleil de midi, qui écrase les ombres et dans laquelle on est constamment ébloui, parfois même (c'est le prix à payer) aveuglé. Elle réveille chez moi une efficacité et, presque, une brutalité qui m'est inconnue dans les deux autres. Si j'étais tueuse à gages, ce serait en anglais. En anglais, je suis vraiment un personnage.

En français, qui est ma première langue d'écriture et celle dans laquelle il m'est le plus aisé de me situer dans un espace enivrant et ambigu, un espace qui serait l'équivalent de cette marge où un corps peut sentir la chaleur d'un autre sans pour autant le toucher – en français, je m'inquiète à la perfection. Je ne sais pas dans quelle langue je rêve – il me semble que cela m'est arrivé dans les trois, même si de mes aventures oniriques je retiens surtout des sensations, des images, de grands paysages panoramiques –, mais je sais avec certitude quelle est la langue de mes insomnies, celle dans laquelle mes angoisses prennent corps. C'est en français que je m'inquiète le mieux du monde. C'est en français que je m'inquiète le mieux *pour* le monde.

*

Dans quelle langue répare-t-on un cœur brisé ? Et un monde brisé ? Dans ce qui fut le pays de mes parents et qui est aujourd'hui plusieurs pays différents, les langues s'éloignent les unes des autres. Celle de mon enfance n'existe plus en tant que telle. Et ce, alors même que je continue de la parler. Ce flottement fait partie des choses les plus étranges à avoir façonné mon paysage intime, de celles qui me donnent l'impression d'avoir déjà vécu l'une de ces transitions dont on nous parle tant, entre ancien et nouveau monde.

D'une certaine façon, nos langues, aujourd'hui, se rapprochent. Mais ce n'est pas forcément une bonne chose. Car ce qui les rapproche, c'est un souffle auquel il est facile de ne pas penser, quelque chose qui serait presque comme une langue commune au sein de nos langues différentes – et qui les mange de l'intérieur. Dans toutes les langues que je parle, je distingue – à condition d'en faire l'effort – une tendance à user, pour dépeindre nos mouvements d'âme, les rapports que nous avons les uns avec les autres et ceux que nous avons avec la nature, de termes importés d'un jargon managérial. C'est si étrange. Ma tante, professeure d'université à Sarajevo, aujourd'hui à la retraite – une femme pour laquelle j'ai une affection et une estime sans fin, qui a dû, un quart de siècle plus tôt, sortir trois enfants d'une ville assiégée et faire durant des mois des ménages à Paris – me parle (je traduis littéralement) de « gestion efficace » de la peur ; et ce même terme de *gestion* (quoique cette fois, elle est *productive*), je le retrouve, dans une autre langue, à l'autre bout du fil et du monde, dans la bouche de mon amie assistante sociale à Hawaï, comme dans celle de mon ami poète à Brooklyn. Puis c'est au tour d'un jeune étudiant que j'ai eu en cours il y a quelque temps, qui depuis est retourné au Maroc. Cela vient au fil de la conversation, sans y penser, y compris à des individus qui n'évoluent pas dans ces milieux professionnels ; de toute façon, même sans en être, nous y baignons. Quand on y pense, d'une certaine façon, c'est presque un phénomène de possession. Mes amis, mes proches, moi-même et sans doute vous aussi en sommes la preuve : ce jargon gestionnaire, entrepreneurial, peut être employé innocemment. Il n'a cependant rien d'innocent. Il contamine notre façon de voir et de penser le monde, c'est-à-dire qu'il contamine le monde lui-même. *Profit, rentabilité, exploitation* : je ne sais pas dans quelle langue on répare un monde brisé, mais je sais laquelle peut briser le monde, laquelle a contribué à le briser.

Les exemples historiques abondent, y compris dans ce qui fut le pays de mes parents : il est courant qu'avant une guerre, les citoyens se mettent d'abord à parler la langue de celle-ci. Échauffée et belliqueuse, évidemment ; souvent nationaliste. La guerre est elle aussi un phénomène linguistique. Peut-être en va-t-il de même avec les autres catastrophes, celle que nous venons de traverser comme celles que nous disons « naturelles », terme aujourd'hui impropre qui voile l'implication des actions humaines sur leur environnement. Ou peut-être ces catastrophes découlent-elles, comme certains l'affirment et comme j'ai tendance à le croire, d'une guerre systématique menée contre le vivant. Alors que ferons-nous de ce mouvement qui, depuis trop longtemps, pousse, au cœur de nos mots et de nos pensées, à une forme de perception tronquée, abusive, du monde – de ce vivant qui, lui, ne réclame que de vivre ? Quand si souvent, vivre n'est pas, n'est plus envisagé comme *l'option la plus rentable* ?

Je sais dans quelle langue je m'inquiète le mieux ; je sais aussi quelle langue m'inquiète le plus

JA

L'ENFANCE CONFINÉE

PAR

Michaël Fœssel

Au début de la pandémie, alors que les enfants se voyaient désignés à tort comme vecteurs privilégiés du virus, la contrainte du confinement faisait naître une critique d'infantilisation des citoyens. Mais que vaut cette association entre l'enfance, la maladie et la désobéissance ?

« Les enfants d'aujourd'hui sont presque tous odieux (...). Pour les plus de trente ans, il devient presque normal d'avoir peur de ses enfants. »
George Orwell, *1984* (1949)

« Infantilisme ! » : le mot est revenu en boucle à propos du confinement. Le reproche d'infantilisation appartient au registre de la critique libérale de l'État qui valorise la capacité de l'individu adulte à être le meilleur juge de son bien ou de sa santé. Au point de vouloir parfois subordonner la seconde au premier. La « phobie d'État » caractéristique du libéralisme (Michel Foucault) se spécifie alors comme refus du paternalisme. Elle n'accepte pas qu'une instance politico-administrative prenne le pas sur le libre arbitre dans le choix des activités élémentaires, à commencer par le mouvement des corps.

Cette critique a sa dignité et ses limites. Il est vrai que, face à la pandémie, le gouvernement français a opté pour une solution qui dépossède les individus de toute initiative : par décret, l'assignation à résidence est devenue la règle et le mouvement l'exception. Cette politique a installé les citoyens dans un état provisoire de minorité où ce qui est d'ordinaire laissé au jugement de chacun (puis-je sortir ou non ?) se trouve placé sous condition administrative. Le scandale juridique du confinement et de l'état d'urgence sanitaire est dénoncé depuis le principe libéral de la propriété privée de son propre corps. Mais ce point de vue demeure aveugle à des aspects du confinement tout aussi problématiques bien qu'ils ne se laissent pas traduire dans les termes du droit individuel. Rien ne le montre mieux que le reproche d'infantilisation.

Qui, pendant le confinement, n'a pas été témoin du mélange de colère et de panique qui s'emparait de certains adultes forcés de croiser des bambins indifférents aux gestes barrières ?

Au nom de quelle idée de l'enfance parle-t-on d'« infantilisme » ? J'essaierai de montrer que cette idée relève d'un préjugé profondément ancré dans la tradition philosophique et selon lequel l'enfant est saisi sous le double paradigme de la maladie et de l'inconscience. La croyance reprise sans critique par le libéralisme est que l'enfance est un âge de la vie marqué par une aliénation corporelle ignorante d'elle-même, ce qui la rend d'autant plus dangereuse pour la société. Ce n'est pas un hasard si ceux qui ont critiqué l'infantilisation des adultes ont aussi regretté que l'on sacrifie les forces vives de la nation à la survie des vieux. Des vieux dont on dit justement qu'ils « retombent en enfance », c'est-à-dire qu'ils vivent une seconde fois la déficience corporelle des premières années de leur existence. Fondée sur la sacralisation de l'adulte en pleine possession de ses moyens corporels et cognitifs, l'accusation d'infantilisme charrie avec elle une idée négative de l'enfance qu'il n'est pas difficile d'extrapoler à la vie finissante.

Mais c'est d'abord au nom de la *réalité de l'enfance* dans le confinement qu'il faut nuancer cette accusation d'infantilisme. Si l'on a infantilisé les adultes au cours de cette période, le moins que l'on puisse dire est que l'on ne l'a pas fait au bénéfice des enfants. Assignés à résidence comme à peu près tout le monde, ils ont tout bonnement été interdits de sortie pendant plus de deux mois en Espagne. En France, les crèches et les écoles ont été fermées, mais aussi les parcs, les espaces de jeu, les jardins, les forêts, autant de lieux traditionnellement associés à la turbulence des corps enfantins. Objets d'un discours alarmiste sur leur contagiosité, les enfants n'ont pas eu la parole, étant entendu qu'ils sont littéralement des êtres dépourvus de langage (*infans*). Là où les adultes parlaient, y compris pour se plaindre de leur propre infantilisation, les enfants devaient se soumettre en silence à des règles qui n'étaient pas faites pour eux et dont il a souvent été difficile de leur donner les raisons. Dans bien des cas, ils sont aussi devenus l'objet d'un regard dénué de bienveillance. Qui, pendant le confinement, n'a pas été témoin du mélange de colère et de panique qui s'emparait de certains adultes forcés de croiser des bambins indifférents aux gestes barrières ?

La maladie d'enfance

Sur ce point, l'hygiénisme et sa critique libérale se rejoignent : se plaindre d'être traités comme des enfants parce que l'on doit agir comme si l'on était malades, c'est suggérer l'existence d'un lien entre enfance et pathologie. Au début de la crise, ce lien a été évoqué par Emmanuel Macron pour justifier la fermeture des écoles : « Nos enfants et nos plus jeunes, selon les scientifiques toujours, sont celles et ceux qui propagent, semble-t-il, le plus rapidement le virus » (intervention du 12 mars). Entre-temps, les scientifiques ont changé d'avis : il apparaît que les enfants sont très peu exposés au virus et qu'ils ont participé de manière tout à fait marginale à sa diffusion. Une fois admis que la connaissance d'un nouveau virus est évolutive, on peut se demander ce qui favorise cette association entre enfance et maladie. Or, ce lien est beaucoup plus ancien que la pandémie que nous venons de vivre.

« Tous les enfants sont des nains[1]. » Aristote justifie cette thèse sans nuance en se référant à la morphologie de l'enfant qui, à l'instar de celle des nains, se caractérise par une disproportion de la partie supérieure du corps. Les enfants rampent, se traînent ou marchent maladroitement parce que leurs jambes ne sont pas assez grandes pour les porter. De ce « fait » physiologique, Aristote conclut que l'état d'enfance est une anomalie, presque une monstruosité, dont il faut effacer jusqu'au souvenir. Du philosophe qui a forgé la distinction entre la puissance et l'acte, on aurait pu attendre qu'il définisse l'enfant comme un adulte en puissance, une sorte de « pas encore » dans lequel il serait possible de déceler des signes avant-coureurs d'une rationalité à venir. Or Aristote n'insiste jamais sur ce qui, dans l'enfant, annonce l'adulte. Il décrit plutôt l'enfance comme une déviation et un obstacle à la norme de la maturité (l'homme fait, devenu « animal raisonnable »).

Aristote inaugure ainsi un rapport entre enfance et morbidité dont on a retrouvé la trace au cours de la crise sanitaire. La vie d'un enfant est par essence (ou plutôt par absence d'essence) une vie atrophiée que l'on peut ressaisir à l'aide du modèle de la maladie. Aristote opère ce rapprochement lorsqu'il pose la question de la valeur de la vie humaine : « Il y a certes beaucoup d'événements qui font rejeter la vie : maladies, souffrances extrêmes, calamités ; il est clair qu'au moins pour ces raisons, d'emblée, il eût été préférable de ne pas naître, si l'on nous avait donné le choix. Ajoutons à cela la vie qu'on vit lorsqu'on est encore enfant : aucune personne sensée ne supporterait de retourner à ce stade[2]. » Dans le vocabulaire aristotélicien, l'enfant mène une vie végétative, compliquée par l'agitation de la vie animale. Étranger à la vie raisonnable, il vaut encore moins qu'une plante puisqu'il se meut, mais sans aucune prudence. Combinant les tares de l'infra-humain, il vit une vie continûment malade que personne ne voudrait raisonnablement recommencer.

Au cours d'une crise, l'impuissance réelle et symbolique des adultes les porte à attribuer des pouvoirs mortifères aux enfants

Il est singulier de voir que, lorsque le philosophe parle pour la vie, il parle contre l'enfance. L'enfance n'est pas seulement sujette aux pathologies, elle est la maladie elle-même dont les adultes qui survivront auront, par là même, guéri. Le lieu commun littéraire concernant la signification des pleurs du nouveau-né sort tout entier de cette identification : si les humains naissent en pleurant, c'est par anticipation des malheurs futurs de leur vie. « En naissant, nous pleurons de paraître sur ce grand théâtre de fou », dit le roi Lear dans la pièce éponyme de Shakespeare. L'unique savoir concédé à des enfants incapables de parler est celui des pleurs. La fragilité de leur corps leur donne l'expérience confuse de ce que l'adulte devra craindre

1. Aristote, *Parties des animaux*, IV, 10, 686b11.

2. Aristote, *Éthique à Eudème*, I, 5.

par-dessus tout : tomber malade, comme l'on retombe en enfance, et ne pas s'en relever.

On ne fera jamais le compte des pleurs versés par les enfants au cours de leur assignation à résidence. Il est pourtant vraisemblable qu'ils n'ont pas pleuré sur leur enfance, mais sur la contrainte de devoir vivre avec un savoir qui ne leur est pas adapté. Ce savoir est celui de la contagion : plutôt que de dire qu'il est trop grand pour eux (ou qu'ils sont trop petits pour l'acquérir), il faudrait dire qu'il leur est étranger. En effet, l'imaginaire de la contagion se met à délirer lorsque les adultes, au cours de crises particulièrement éprouvantes, le projettent sur les enfants. Guillaume Lachenal a comparé les enfants confinés aux « enfants sorciers », un phénomène en recrudescence dans certaines régions d'Afrique noire au cours des années 1990. La situation objective est différente : au Congo, par exemple, les enfants sorciers sont d'anciens « enfants soldats » devenus orphelins qui errent en bandes dans les rues de Kinshasa. Perçus comme des jeteurs de sorts, ils sont violentés, parfois tués, toujours réduits à l'immobilité. Subjectivement, en revanche, la comparaison entre les enfants sorciers et les enfants confinés devient possible : ils sont vus comme porteurs d'une contagiosité plus ou moins maléfique au moment où leurs aînés sont « incapables d'assurer subsistance, sécurité et avenir, incapables même d'enterrer et de pleurer leurs morts[3] ». Au cours d'une crise, l'impuissance réelle et symbolique des adultes les porte à attribuer des pouvoirs mortifères aux enfants.

Comment éclairer cette causalité ? Pour en rester à la pandémie, la puissance présumée des adultes y a été mise à mal : celle qui permet de « faire société », d'établir du lien, de tenir un discours rassurant sur le réel, d'entretenir des généalogies symboliques, d'enterrer les morts. Censés incarner la cohérence du monde d'avant, les adultes ont été sommés d'imaginer celui d'après, et cela sans la moindre certitude. Sur tous ces points, les enfants semblaient contredire l'impuissance native que leur prêtait Aristote et, à sa suite, l'essentiel de la tradition philosophique. Certes, les enfants apprennent à s'emparer des choses, à les prendre et à les toucher en respectant des hiérarchies sociales qui leur sont inculquées dès leur plus jeune âge[4]. Mais ce genre d'apprentissage ne devient nécessaire que parce que l'enfant est présumé être un touche-à-tout dont il est difficile d'attendre le respect spontané des gestes barrières. Dans un contexte où la distanciation physique est présentée comme un impératif contraignant mais catégorique, on regarde l'indifférence enfantine aux rituels de protection avec un mélange d'envie et de terreur. Plutôt que d'admettre leur jalousie pour les enfants qui osent (courir, toucher, bouger), beaucoup d'adultes ont cédé à la panique devant des êtres à ce point insensibles à la logique impitoyable de la contagion.

Si la méfiance mutuelle demeure le mode dominant des rapports sociaux en régime libéral, comment ne le serait-elle pas davantage encore dans les périodes de crise

Les enfants peuvent, eux aussi, être apeurés par une maladie. Mais jamais aucun enfant n'a ressenti une peur sur le mode et selon les procédures où la crainte du coronavirus a été présentée comme raisonnable. Le facteur R0, les courbes de létalité, les zones rouges et vertes, les phases successives du déconfinement : cette vaste réécriture du champ du possible et de l'interdit s'ancre dans *une peur qui calcule*. Elle évalue des probabilités,

3. Guillaume Lachenal, « Les enfants sorciers », *Libération*, 13 mai 2020.

4. Voir le beau livre de Wilfried Lignier, *Prendre. Naissance d'une pratique sociale élémentaire*, Seuil, 2019.

compte les jours qui restent, dénombre les corps comorbides croisés dans la rue ou les heures passées entre deux lavages de main. Un enfant compte aussi, mais il ne calcule pas de cette manière. La différence entre l'« ennemi invisible » et les corps visibles où il est susceptible de se loger n'est pas claire pour celui qui imagine l'objet de sa peur sous la figure fantastique, mais bien visible, d'un monstre ou d'un démon. Un enfant a du mal à croire qu'une figure bienveillante recèle le pire. Il ne comprend pas facilement pourquoi jouer avec ses camarades ou embrasser ses grands-parents devrait subitement l'exposer au pire.

Il est plus économique pour les adultes de décréter que l'enfant est malade que de reconnaître qu'il entretient un autre rapport à la maladie. L'impuissance prêtée aux enfants, et qui fait qu'on se méfie d'eux autant qu'on désire les protéger, provient en réalité d'une neutralisation de leur puissance propre. Surtout dans une société libérale, on nomme « inconscience » ce qui n'est qu'une relation aux choses et aux autres non déterminée par le calcul. Enfant sorcier, enfant contagieux : ce sont deux manières de réduire à l'anomalie l'intranquillité enfantine.

Le retour de l'enfant robuste

Pourquoi appeler pathologie ce qui, dans l'enfance, échappe à la prévoyance ? L'immobilisation au moins partielle des corps infantiles ne serait pas un objectif politique de première importance si l'enfance était un âge de la vie dépassé pour toujours au bout d'un certain nombre d'années. Or le propre de l'homme est qu'il ne quitte jamais définitivement son enfance. Devenu adulte, il peut y « retomber », mais aussi s'en souvenir ou la rejouer. Parfois, et en dépit de l'avertissement d'Aristote, il désire même la revivre.

« L'enfant, le sauvage, le fou » : d'Artaud à Deleuze en passant par Merleau-Ponty, cette trinité a été citée pour mettre à mal la toute-puissance de la raison occidentale. De ces trois personnages, l'enfant est pourtant le seul que nous avons tous été réellement, et non pas seulement en pensée, en rêve ou en délire. La sortie de l'enfance n'est donc jamais un fait acquis : le discours social sur le premier âge de la vie s'adresse aussi à des adultes menacés d'une rechute.

Ce n'est plus alors la maladie qui vient au premier plan, mais une turbulence infantile qui menace la société d'effondrement. Hobbes décrit l'homme à l'état de nature comme un « enfant robuste » et un « homme puéril »[5]. L'enfant robuste a la force physique d'un adulte et l'intempérance d'un gamin. De cette synthèse catastrophique naît la guerre de tous contre tous. En effet, les hommes qui vivent sans État ni police ne trouvent pas en eux-mêmes les raisons de limiter leurs passions. Leurs mouvements sont violents puisqu'ils visent à accroître leur pouvoir au détriment de celui des autres.

Ce n'est pas un hasard si Hobbes parle de l'enfant robuste dans un contexte destiné à montrer que l'absence d'État souverain est contradictoire avec le principe de conservation. Même les bourgeois soucieux des libertés formelles désirent la sécurité : ils « ne s'en vont pas dormir sans verrouiller leurs portes contre leurs concitoyens, ni cadenasser leurs coffres contre leurs propres domestiques[6] ». Si la méfiance mutuelle demeure le mode dominant des rapports sociaux en régime libéral, comment ne le serait-elle pas davantage encore dans les périodes de crise ? Lors du confinement, l'acte de « verrouiller sa porte » a été augmenté de la contrainte de ne pas la franchir. L'état d'urgence sanitaire n'est certes pas comparable à l'état de nature puisque la police y a rempli son office. À la différence des prérogatives de la justice, celles des forces de l'ordre ont même été considérablement accrues. Mais la croyance selon

5. Hobbes, *Du citoyen*, trad. Philippe Crignon, Flammarion, « GF », 2010, préface, p. 87.

6. *Ibid.*, p. 85.

laquelle la société était peuplée d'enfants robustes a fait retour de manière spectaculaire. Chaque fois que des citoyens profitaient d'un moment d'éclaircie pour s'amasser sur les places, les éditorialistes de tous bords exprimaient leur désapprobation sur un ton emprunt du sérieux de la maturité.

À ce niveau, l'argument contre l'infantilisation des masses pendant le confinement devient crédible. Mais à condition de préciser qu'il concerne moins l'enfance réelle que des adultes suspectés d'agir comme des enfants robustes. En effet, la turbulence infantile n'a pas grand-chose à voir avec la robustesse des hommes naturels décrite par Hobbes. La violence de ces derniers est un moyen en vue d'optimiser les bénéfices personnels. C'est pour survivre que l'homme naturel amasse les richesses, accroît ses pouvoirs et réclame toujours davantage de gloire. Il se trompe puisque son agitation perpétuelle et son agressivité à l'égard des autres le mettent en danger. Mais il se trompe en raisonnant.

Davantage que leur supposée innocence, il faut opposer à cette brutalité calculatrice la condition spatiale des enfants. Ceux-ci sont moins voués à la guerre de tous contre tous qu'à une guerre permanente avec les objets. Dans leur environnement, tout paraît trop grand, trop lointain, trop lourd et mal ajusté à leur corps. Les autorités scolaires ont oublié cette expérience enfantine de la disproportion lorsque, à la réouverture des écoles, elles ont accablé les enseignants et leurs élèves de règlements administratifs et de directives comportementales inapplicables. Un espace dessiné pour ne pas croiser les autres convient peut-être à des êtres en mesure d'établir entre eux et les objets un rapport fondé sur l'évaluation objective des risques. Une flèche tracée sur le sol indique la direction à suivre ; un signal délivre l'autorisation de se mettre en mouvement. Pour suivre ce genre de directives, il faut interpréter les choses qui nous entourent comme des informations sur la meilleure conduite à tenir.

L'enfant robuste décrit par Hobbes ne respecte pas ces informations parce qu'elles limitent l'expression de sa force. L'enfant, en revanche, les ignore parce qu'il voit davantage qu'un objet utile dans les choses qui l'entourent. Un masque, par exemple, n'est jamais seulement pour lui un instrument de protection, mais toujours en même temps un artifice qui s'ajoute ironiquement à son corps. C'est pourquoi les enfants ont fait avec les masques ce qu'il était traditionnel de faire, mais que la situation sanitaire a rendu presque indécent : ils ont joué avec. Souvent trop grands pour leurs visages, les masques se sont retrouvés sur leurs yeux. De là, la tentation médicalement absurde de les percer pour continuer à voir... Des enfants ont gribouillé quelque chose sur leurs masques, d'autres les ont investis d'un pouvoir que même les adultes les plus hygiénistes ne leur ont pas conféré, d'autres enfin les ont transformés en apparats de carnaval. Dans tous les cas, et au grand désespoir de leurs parents, ils ont eu du mal à prendre au sérieux ce moyen de protection.

La tentation de jouer avec l'objet du désir majoritaire ne s'arrête pas aux limites de l'enfance réelle. Au cours de l'épidémie, un cri a résonné des quatre coins de la France : « Des masques, des masques, des masques ! » Face à un tel désir de sécurité le gouvernement a commencé par répondre 1. que les masques étaient inutiles, 2. que les Français ne savaient pas les porter convenablement. Moquée, cette seconde affirmation touche pourtant quelque chose de juste : le reste d'enfance qui se retrouve dans la maladresse avec laquelle nous manions les objets présentés comme indispensables à notre conservation. Il n'est pas nécessaire d'avoir moins de 10 ans pour regarder avec ironie les choses présentées comme absolument respectables. Les adultes, eux aussi, jouent parfois avec les masques qu'on les oblige à porter. Dans les transports en commun, les règles sanitaires qui président à leur utilisation sont souvent oubliées en raison de l'inconfort qu'elles causent et finalement contournées puisqu'il vaut mieux en rire. D'abord chirurgical, le masque devient ornemental, artistique, revendicatif... Les règles officielles du jeu (en changer toutes les quatre heures, ne pas y poser ses mains, ne pas l'échanger avec les autres, etc.) sont subverties par d'autres règles, plus ludiques que sanitaires. N'est-ce pas, à chaque fois, une bouffée d'enfance qui ressurgit ?

Une puissance critique

Malades, maladroits, turbulents, dangereux : il est difficile de faire la part, parmi ces jugements, entre ceux qui s'appliquent aux enfants et ceux qui valent pour l'enfance qui continue à hanter les adultes. Sans doute les périodes de crise sanitaire brouillent-elles encore les pistes : lorsque tout menace de chavirer, on se méfie autant des gamins que l'on croise que de la tentation d'agir comme eux. Agir « comme eux » ne veut pas dire être insouciants : certains enfants ont vécu dans la terreur d'un virus présenté quotidiennement comme l'ennemi à abattre. Cela signifie plutôt vivre, craindre, désirer et se mouvoir selon un souci irréductible au calcul « rationnel » en termes de coûts et de bénéfices.

Les enfants du confinement ont fait les frais d'une logique qui s'applique moins à eux qu'à des adultes que les autorités espèrent voir se comporter en toute occasion comme des hommes économiques sûrs de ce qui est utile pour eux

La décision de confiner les enfants a certainement été motivée par l'impossibilité de négocier avec eux une gestion optimale de leurs faits et gestes. Que symbolisent l'enfant sorcier et l'enfant robuste, sinon des êtres rétifs à la contractualisation avec lesquels il est toujours préférable d'employer la manière forte ? Mais, on l'a vu, ces figures relèvent moins de l'enfance réelle que d'une enfance d'autant plus refoulée qu'elle menace de faire retour à n'importe quel âge de la vie. Ce qui est le plus à craindre dans les enfants réels, c'est une capacité qui demeure à l'âge adulte. En l'occurrence, celle de porter sur les objets sanitaires un regard qui n'est pas sanitaire et de jouer avec des impératifs présentés comme vitaux.

Immobilisés durant de longues semaines, les enfants du confinement ont fait les frais d'une logique qui s'applique moins à eux qu'à des adultes que les autorités espèrent voir se comporter en toute occasion comme des hommes économiques sûrs de ce qui est utile pour eux. Un épisode épidémique n'est pas favorable à la valorisation de l'innocence. Si celle-ci désigne d'abord la condition de celui qui ne connaît pas (la différence entre le bien et le mal, mais aussi entre la maladie et la santé, le danger et l'innocuité, le visible et l'invisible), alors le bénéfice va à ceux qui, en pleine crise, prétendent savoir ce qu'il faut faire et comment il convient d'agir. Il y aurait pourtant eu beaucoup à apprendre de l'innocence enfantine au cours d'une période où les « sachants » ont multiplié les injonctions contradictoires.

L'expérience de ne plus rien y comprendre a certainement été faite par des enfants à qui on a expliqué tout et son contraire à propos de leur propre exposition à la maladie. Mais elle a aussi été avouée par de nombreux adultes découvrant la virulence des conflits entre épidémiologistes. Invités à trancher entre les protocoles de recherche de l'Inserm et ceux de l'IHU Méditerranée Infection de Marseille, beaucoup ont fini par en jouer en pastichant les autorités sanitaires ou en multipliant les plaisanteries de collégiens sur les fils WhatsApp. Si ce genre de scepticisme ludique ne fait pas avancer la science, il constitue une assez bonne réponse à la stupéfaction. De corps immobilisés et témoins malgré eux de conflits qui les dépassent, on peut bien dire qu'ils sont impuissants. Mais, à l'instar de celle que l'on prête à l'enfance, cette « impuissance » est d'abord une manière de se tirer d'affaire lorsque le calcul utilitaire n'est plus d'aucun secours.

Plutôt que de s'en prendre aux discours infantilisants des autorités, on aurait pu imaginer des alliances entre les enfants et les adultes durant le confinement. À la manière de celle que proposait déjà Rousseau dans l'*Émile* : « Aimez l'enfance ; favorisez ses jeux, ses plaisirs, son aimable instinct (...). Pourquoi voulez-vous remplir d'amertume et de douleurs ces premiers ans si rapides, qui ne reviendront pas plus pour eux qu'ils ne peuvent revenir pour vous[7] ? » Ce passage saisit parfaitement le rapport entre le sort social des enfants et la nostalgie que les adultes éprouvent à l'égard de leur propre enfance. Comme nous ne sommes pas sûrs de pouvoir à nouveau porter sur les choses un regard enfantin, autant déclarer que l'enfance est une maladie dangereuse. Dans ces mêmes pages, Rousseau s'en prend au corsetage des enfants de la bourgeoisie du XVIIIe siècle soumis à un habillement rigide, à des règles de conduite contraignantes et à une éducation destinée à ce qu'ils se conduisent de manière convenable en société. C'est déjà de confinement qu'il s'agit, c'est-à-dire d'une pratique de l'immobilisation destinée à inspirer de la défiance à l'égard de tout mouvement spontané des corps.

À cette civilisation sécuritaire des mœurs, il faut opposer la force critique de l'enfance. La guerre menée au début de la vie humaine contre les objets est la première expérience de l'inadéquation du monde à nos désirs, autrement dit l'origine du sentiment d'injustice. La rage des enfants espagnols privés de sortie pendant deux mois a sans aucun doute causé bien du tourment dans les familles. Elle déboute aussi de ses rétentions à la légitimité un monde social devenu étouffant. Qu'ont fait les adultes qui, au bout d'un certain temps, n'ont plus rien compris aux consignes et se sont scandalisés de ne plus pouvoir rejoindre leurs proches ? Ils ont reconquis une puissance de l'enfance dont aucun discours sur la gestion optimale de la pandémie ne peut venir à bout.

La puissance critique de l'enfance est d'un genre paradoxal puisqu'elle n'oppose pas au savoir des autorités un savoir supérieur. Elle ne dit pas, comme la critique libérale des dispositifs sanitaires, que les individus savent mieux que l'État ce qui est bon pour eux. Elle déplace plutôt la focale du débat en quittant la scène du calcul des bénéfices. Enfantillage de celui qui désire franchir la porte de son domicile alors que le monde extérieur lui est présenté comme dangereux ? Plutôt, réactivation du regard d'un enfant sur l'intolérable ●

MF

7. Jean-Jacques Rousseau, *Émile ou de l'éducation*, Flammarion, « GF », 2009, p. 178.

+ COVID-19 +
MAKE
YOUR
BED.
KEEP
APART
WASH
YOUR
HANDS
CALL
YOUR
FOLKS.
COURAGE + SOLIDARITY + STRENGTH

PRENONS GARDE À LA BANALISATION DE L'ÉTAT D'URGENCE

ENTRETIEN

Pierre Rosanvallon

Au réchauffement climatique, aux menaces terroristes, est venue s'ajouter la crise sanitaire, générant de nouvelles mesures prises dans l'urgence. Le risque est de voir les situations d'exception se banaliser jusqu'à devenir quasi permanentes. Or nos démocraties seront en péril si elles ne repensent pas leurs institutions et leur fonctionnement dans ce contexte inédit.

Comment nos États démocratiques, qui étaient déjà fragilisés avant l'apparition de cette pandémie par une vague de contestations (en France, les Gilets jaunes, la mobilisation contre la réforme des retraites...) et par la montée des populismes dans le monde, vont-ils, d'après vous, réussir à absorber cette crise inédite ?

Pierre Rosanvallon Je pense qu'il faut commencer par analyser comment on peut lier le choc de la pandémie, et les façons d'y répondre, avec les deux autres grands chocs de l'époque : le réchauffement climatique, face auquel les États sont impuissants à mettre en œuvre une transition écologique radicale, d'une part, et, de l'autre, l'affaiblissement et les dysfonctionnements démocratiques, avec la montée d'une forme de défiance envers les gouvernements qui se manifeste partout dans le monde depuis une vingtaine d'années maintenant.

Nos sociétés viennent de montrer qu'elles savent réagir rapidement aux catastrophes brutales, immédiates, mais on s'aperçoit dans le même temps qu'elles ne sont pas en situation de répondre aux catastrophes rampantes, telles que la crise écologique.

Historiquement, l'État est né non pas en s'intéressant aux individus mais à la population. Pourquoi ? Parce que le ressort de la richesse, c'est la population, dont le dénombrement permet de savoir ce qu'on peut prélever comme impôt et ce qu'on pourra recruter comme soldats

Il y a eu auparavant des zoonoses, c'est-à-dire des maladies transmises à l'homme par l'animal, mais on a dit que le Covid-19 était la première pandémie de ce que les chercheurs appellent l'anthropocène, c'est-à-dire de l'époque qui se caractérise par l'avènement des humains comme force déterminante du changement sur Terre, surpassant les facteurs géophysiques. Si le Covid-19 est en effet la première pandémie de cet âge de l'anthropocène, cela doit nous faire réfléchir de façon plus générale à la gestion de nos ressources et de notre empreinte. Autrement dit, cela nous renvoie à la question écologique. Et là, on constate un écart considérable entre la conscience abstraite qu'ont nos sociétés de l'urgence à répondre à cette question et la faiblesse des réponses concrètes qui lui sont apportées. L'actualité sanitaire ne doit pas nous faire oublier que le plus grand défi de notre époque reste celui de la maîtrise du réchauffement climatique.

Vous avez évoqué la forte capacité de réaction de nos États modernes face à de telles crises, subites et inédites. Une part de cette réaction s'est manifestée par la mise en place de règles très strictes qui ont chamboulé de façon spectaculaire nos quotidiens. L'État a-t-il déjà eu à jouer un rôle similaire dans le passé, à s'immiscer autant dans la vie de la population ?

PR En réalité, il s'agit de quelque chose de très classique. On l'a oublié, mais l'humanité a été confrontée depuis longtemps à bien des épidémies, et la façon traditionnelle d'y répondre a été de prendre des mesures de police médicale. Face à des épidémies telles que la peste ou le choléra, il s'est toujours agi pour l'État de cloisonner, d'isoler le territoire et les individus. Beaucoup ont relu *La Peste* de Camus ou *Le Hussard sur le toit* de Jean Giono, consacrés à de grandes épidémies. Ce qui est frappant dans *Le Hussard*..., c'est le rôle central que jouent les régiments de dragons, qui surveillent – déjà – les routes aussi bien que la navigation sur la Durance. Quelle a été la première réponse de nos gouvernements face au Covid-19 ? Le confinement : c'est-à-dire isoler, séparer, avec l'interdiction de sortir de son domicile, sauf exception. De ce point de vue, ce que nous avons vécu pendant plusieurs mois a fait revivre l'État sous cette forme primitive de la police médicale. Ce type d'intervention de l'État correspond à ce qui est son socle le plus ancien : son rapport à une population.

Historiquement, l'État est né non pas en s'intéressant à la société civile, ou aux individus, mais en s'intéressant à la population. Pourquoi ?

Parce que le ressort de la richesse, c'est la population, dont le dénombrement permet de savoir ce qu'on peut prélever comme impôt et ce qu'on pourra recruter comme soldats. La police médicale est la fille de cet État gardien et surveillant de la population. On pourrait dire que c'est une espèce d'État socle, bien antérieur à l'État providence ou à l'État démocratique. Dans le même temps, on voit aussi aujourd'hui un retour de l'État hygiéniste, qui est un complément moderne de ce vieil État de police médicale.

Qu'est-ce que l'État hygiéniste ?

PR L'État hygiéniste est celui qui a analysé le fait qu'il ne suffit pas de cloisonner ou de séparer. Il est celui qui a compris qu'il faut aussi agir sur un mode préventif, construire un type d'habitat, favoriser un milieu social qui limite en lui-même la circulation des maladies. Cela a été le grand programme du XIXe siècle. Il a trouvé sa source dans l'œuvre de Pasteur pour qui la société n'était pas simplement structurée par l'ensemble des activités sociales et des contacts physiques observables. Elle était aussi constituée, pour lui, par la circulation invisible des microbes. Or, pour ralentir leur développement et leur circulation, il faut que les logements soient aérés, que le soleil pénètre dans les taudis, que l'eau potable soit assainie... Avec l'État hygiéniste naît l'idée de santé publique, dont l'État se considère comme le gardien et l'agent d'organisation. Auparavant, la médecine ne visait que des individus malades. Parler de santé publique, c'est dire que la population devient, en elle-même, objet d'une politique de santé. C'est une révolution mentale considérable et qui n'est pas encore complètement accomplie.

Dans quel sens n'a-t-elle pas été accomplie, selon vous ?

PR Dans nos hôpitaux, la technologie médicale a considérablement évolué, les possibilités de diagnostic et de soin ont fait des bonds en avant extraordinaires. Mais dans le même temps, l'appréhension de la santé publique reste très limitée. Le Collège de France a très récemment – bien avant les événements actuels – créé une chaire de Santé publique, mais de telles chaires restent très rares en France. Et si nous l'avons fait, c'est pour montrer qu'il y avait là urgence, à la fois en termes de connaissance et d'action. Au XIXe siècle, lorsque l'on a mis en place des comités d'hygiène et de salubrité publique, ce domaine était presque à l'avant-garde de la médecine. Aujourd'hui, il est à la traîne, avec le retard des politiques de prévention qui en découle. Nous n'avons pas simplement besoin d'un ministère de la santé des individus, mais d'une vraie autorité de la santé publique qui organise la veille sanitaire, définit et planifie les politiques de prévention, et coordonne l'action publique en temps de crise.

Le grand moment hygiéniste intervient après la Première Guerre mondiale et la grippe espagnole. Un peu partout dans le monde se développe alors l'idée de créer ce qu'on a appelé les cités-jardins. À l'idéal de l'habitat individuel on a substitué celui de l'habitat collectif dans de la verdure

Quelles ont été les principales actions mises en œuvre par cet État hygiéniste qui émerge à partir du XIXe siècle ? Pourrait-on s'en inspirer aujourd'hui ?

PR Son action a été inspirée par une conception de la ville qui était radicalement nouvelle et s'est d'abord traduite historiquement par une amélioration de la circulation des eaux usées. Mais le grand moment hygiéniste intervient après la Première Guerre mondiale et la grippe espagnole. Un peu partout dans le monde se développe alors l'idée de créer ce qu'on a appelé les cités-jardins. À l'idéal de l'habitat individuel on a substitué celui de l'habitat collectif dans de la verdure. Un mouvement très important voit le jour en France, et Henri Sellier, le maire de Suresnes (Hauts-de-Seine), en fut notamment un des champions. Un grand mouvement s'observe aussi en Angleterre,ou en Allemagne, à la même époque. Aujourd'hui cet État hygiéniste est bien en place dans la plupart des pays développés. Mais on voit la nécessité de trouver des solutions adaptées à nos sociétés contemporaines : la compression humaine dans les transports, le milieu de l'entreprise, du travail, les rassemblements festifs, sportifs, vont être interrogés, du moins jusqu'à ce qu'un vaccin soit trouvé.

Vous avez évoqué la grippe espagnole, le choléra ou la peste. On a beaucoup analysé, ces derniers mois, le Covid-19 à l'aune de ces grandes épidémies du passé. En quoi nos sociétés réagissent-elles différemment aujourd'hui ?

PR On fait souvent le parallèle entre le nombre de morts actuels et celui, bien plus considérable, d'autres épidémies, telles que la grippe de Hongkong, à la fin des années 1960, ou la grippe espagnole de 1918. Mais il y a une différence essentielle entre la façon dont la société d'aujourd'hui considère l'épidémie en cours et celle dont on les considérait, il y a cinquante ans ou un siècle. Et cela tient d'abord au type d'informations auxquelles nous avons accès. Pendant trois mois, chaque soir, notre directeur général de la Santé a ainsi donné des indications sur les personnes contaminées, hospitalisées, décédées et sur celles entrées en réanimation. Cette espèce de comptabilité quotidienne n'existait pas pour la grippe espagnole. Celle-ci a fait plus de morts que la Première Guerre mondiale, mais il s'agissait de morts silencieux, invisibles, disséminés. On n'avait pas, chaque jour, le décompte de toutes les vies qui partaient. Les chiffres qui nous impressionnent à présent sont des calculs *ex post* que l'on a effectués en mesurant la surmortalité de la période par rapport à des périodes antérieures. Or ce rapport à l'information immédiate change complètement la façon dont la société vit une épidémie. Elle rend les choses plus visibles et plus sensibles en même temps qu'elle contribue à la production d'un sentiment de communauté. L'autre différence, c'est évidemment le prix que l'on accorde maintenant à la vie humaine.

C'est-à-dire ?

PR À mon avis, on n'insiste pas assez sur ce point, qui est un bouleversement absolument colossal. Au moment de la guerre de 1914-1918, il y avait chaque jour des milliers, voire des dizaines de milliers de morts au combat. La vie des soldats ne valait pas cher (d'où les mutineries qui eurent lieu de manière sporadique). Or aujourd'hui même des régimes que l'on peut définir comme totalitaires, la Chine par exemple, accordent de fait un prix élevé à la vie, parce que chaque Chinois individuellement pense que ça compte.

Regardez l'Afrique, il est possible qu'elle ait in fine assez peu de morts du Covid-19. Mais on sait dès maintenant qu'il y aura probablement des centaines de milliers de morts de faim à cause de la récession économique qui s'annonce

C'est la grande révolution que nous révèle cette pandémie par rapport aux précédentes : la conscience admise comme une évidence que la vie humaine vaut très cher. En France on va finalement dépasser un peu les 30 000 morts.

C'est 0,05 % de la population : il s'agit d'un chiffre très élevé – c'est dix fois le nombre annuel d'accidents de la route – mais par rapport au nombre de morts naturelles sur une décennie, c'est un chiffre limité. Et si on le met au regard du nombre de chômeurs, des millions de personnes en danger, en situation de survie économique, que la pandémie crée, il y a un écart considérable. Regardez l'Afrique, il est possible qu'elle ait *in fine* assez peu de morts du Covid-19. Mais on sait dès maintenant qu'il y aura probablement des centaines de milliers de morts de faim à cause de la récession économique qui s'annonce.

Un nouveau prix est donc accordé à la vie, partout dans le monde. Et c'est un signe de démocratie, un changement radical, sur lequel il faut insister parce que cela provient d'une demande de reconnaissance et d'irréductible spécificité de chacun dans nos sociétés qui sont devenues des sociétés d'individus. Elles refusent pour cela la vision utilitariste qui consiste à appréhender de façon abstraite et comptable les vies et l'intérêt général.

Notre système de santé a été durement éprouvé par cette crise, qui intervient alors que déjà, depuis des années, les blouses blanches tiraient la sonnette d'alarme quant à l'état des hôpitaux, au manque de moyens humains et matériels, aux déserts médicaux… L'État n'a-t-il pas négligé le domaine de la santé, ne l'a-t-il pas géré en adoptant un angle strictement comptable, budgétaire ?

PR Je crois qu'il faut distinguer deux choses. La situation de l'hôpital en général et la capacité du pays à se préparer et à faire face à des crises majeures comme celle que nous traversons. C'est après le choc pétrolier de 1973, par exemple, que partout dans le monde se sont constituées d'énormes réserves de pétrole et d'essence. En France, il y a plus de trois mois de stocks d'avance, de même que, dans l'armée, il y a des stocks de nourriture et de matériel considérables. Nous avions un peu oublié le fait que nos sociétés pouvaient faire face à des événements catastrophiques, au sens large du terme. La pandémie en est un parmi d'autres, mais je pense aussi à l'éventualité d'un accident dans une usine nucléaire, d'une catastrophe naturelle. On sait par ailleurs qu'une catastrophe peut résulter d'un enchaînement de petits accidents. Même en temps de confinement, nous avons pu continuer à communiquer, ce qui est décisif pour maintenir une vie sociale et une activité économique. Mais imaginons que le réseau électrique tombe en panne : tout s'arrêterait alors et à ce moment-là la catastrophe changerait de nature.

C'est d'ailleurs ce que raconte le premier roman d'anticipation français, *Ravages*, publié par René Barjavel en 1943 et qui se passe dans la France de 2050 ; il décrit une grande panne d'électricité qui mène, de fil en aiguille, au retour de l'humanité à l'âge primitif, au combat de tous contre tous, dans un pays qui devient un amoncellement de ruines et de cadavres. Au-delà de la fiction, il y a une réflexion à conduire sur notre capacité à affronter ce genre de crises. Sur ce sujet, nous avons baissé la garde.

Et concernant l'hôpital, qui est tout de même, on l'a vu ces derniers mois, un rouage essentiel, un pilier, pour affronter ce genre de crises ?

PR Ce n'est pas tant qu'il a été négligé. Il ne faut pas oublier que les dépenses hospitalières se sont développées de manière considérable, non pas à cause du nombre de malades, mais parce que les hôpitaux sont devenus des plateformes techniques extrêmement sophistiquées, avec du matériel de plus en plus performant et très coûteux. La santé coûte beaucoup plus cher aujourd'hui qu'il y a trente ans. L'hôpital a surtout souffert de l'écart entre la demande de soins sophistiqués correspondant aux technologies modernes et un discours managérial sur la nécessité de réduire les dépenses publiques. Il faut combler cet écart par un accroissement du budget consacré à l'hôpital. Le problème est aussi celui de la rémunération du personnel hospitalier, des bas salaires, qui doivent être revalorisés dans leur ensemble.

C'est une question politique et sociétale : quel prix est-on prêt à payer pour quel système de santé ? On ne peut en effet dépenser plus pour la santé sans faire clairement des choix budgétaires et, ou fiscaux.

Vous évoquiez déjà la grave « crise de l'État providence » en 1981. Face à l'ampleur de la récession économique actuelle, l'État providence est très sollicité (assurance chômage, prestations sociales…) : sera-t-il capable de faire face ? Va-t-il survivre à cette crise ?

PR Plus que d'État providence, il faudrait parler de l'« État d'urgence sociale ». Jamais on n'avait vu une économie congelée pendant plusieurs mois, avec de telles formes de récession. Face à cette situation extraordinaire, il doit y avoir des moyens extraordinaires. Or pour l'instant, dans tous les pays, en tout cas dans ceux où il leur est possible de faire, on a vu ces moyens se déployer, principalement via le recours à la dette publique. Mais cela va poser dans un deuxième temps la question des fondements de l'État providence. Car la demande d'État providence s'accompagne d'une réticence au paiement de l'impôt. C'est le problème de fond et cela n'a pas changé depuis cinquante ans. Et si cette réticence perdure, c'est parce que l'on estime qu'il n'y a pas assez de lisibilité, de visibilité dans l'action des États, et pas assez de justice dans la répartition de l'impôt.

Alors comment faire ?

PR Nous allons vers des formes de prélèvements plus importants dans la période à venir, cela me semble inévitable. À mon sens, ces prélèvements ne seront acceptés que si les plus nantis participent davantage aux charges communes. J'estime indispensable que l'on rétablisse l'impôt sur la fortune, que les revenus soient imposés au-delà des plafonds existant actuellement. On doit aussi envisager un impôt extraordinaire de solidarité sur les patrimoines et un type d'emprunt obligatoire. C'est une nécessité démocratique primordiale.

Il s'agirait d'une vraie inflexion dans la politique menée depuis trois ans par Emmanuel Macron…

PR Cela me paraît absolument clair. Ce gouvernement prône une société d'innovation. Mais il faut d'abord réduire l'insécurité sociale. On n'innove pas dans une société d'insécurité. On a mis l'accent sur ceux qu'on a appelés les « premiers de cordée ». Mais on a oublié qu'il y avait un coût économique considérable à l'insécurité sociale, au fait d'être sans emploi, au manque de confiance dans l'avenir. La confiance, en économie, ce sont les hypothèses que l'on fait sur le futur. Le défaut de confiance est aussi l'indicateur le plus fort du vote pour le populisme. Le vote populiste ne se définit pas d'abord en termes de catégorie sociale, ni de niveau d'éducation, mais en termes de rapport à l'avenir. Est-on confiant ou est-on défiant ? C'est fondamental.

> **L'hôpital a surtout souffert de l'écart entre la demande de soins sophistiqués correspondant aux technologies modernes et un discours managérial sur la nécessité de réduire les dépenses publiques. Il faut combler cet écart par un accroissement du budget consacré à l'hôpital**

La défiance envers l'État est, justement, très élevée en France, plus que dans la plupart des pays occidentaux. Selon un sondage publié en mai, seuls 39 % des Français avaient confiance dans la capacité du gouvernement à faire face à la crise. Comment expliquer cela ?

PR Cette défiance est un trait caractéristique de la société française. Je crois que cela tient d'abord au fait que la centralisation est bien plus marquée en France qu'ailleurs. Dans un pays fédéral comme l'Allemagne, les citoyens peuvent observer chaque jour que l'action des Länder est extrêmement importante. Dans l'Amérique actuelle, beaucoup de décisions sont prises par les maires des grandes villes, les gouverneurs des États : le système de la décision publique apparaît pluriel. En France, le système de la décision publique est plus centralisé. On attend tout de l'État, et en conséquence le mécontentement se porte sur lui et sur ceux qui gouvernent : on leur impute toutes les difficultés, les malheurs, les dysfonctionnements. Regardez tous les procès qui sont intentés au gouvernement – c'est unique en Europe actuellement. Il y a eu, en France, depuis le premier mois du confinement, plus de 80 actions en justice importantes pour mise en danger de la vie d'autrui, non-assistance à personne en danger et même homicide involontaire.

Des pouvoirs plus décentralisés, ce sont des pouvoirs plus lisibles : en France, l'échelle de la défiance vis-à-vis des pouvoirs décroit au fur et à mesure qu'on descend jusqu'aux municipalités. L'autre facteur de défiance est, selon moi, lié au fait que la vie démocratique peine, aujourd'hui, à se rénover.

Dans quel sens ?

PR Si les citoyens sont défiants, c'est qu'ils n'ont pas assez leur mot à dire. On l'a vu avec la Conférence sur le climat, qui a été une expérimentation démocratique positive. Nous entrons dans une période où si nous ne voulons pas que les citoyens se retournent contre la démocratie, il faut multiplier ce type d'expériences pour trouver de nouvelles modalités de délibération, de représentation, d'expression, qui soient plus fréquentes et plus permanentes que celles qu'autorise le bulletin de vote. Il faut faire en sorte que s'exerce ce que l'on a appelé pendant la Révolution française « l'œil du peuple » : l'idée selon laquelle la démocratie, ce n'est pas simplement permettre que la voix du peuple s'exprime par le vote, c'est aussi « mettre en institutions » des pouvoirs de surveillance, de contrôle et d'information.

On a oublié qu'il y avait un coût économique considérable à l'insécurité sociale, au fait d'être sans emploi, au manque de confiance dans l'avenir. La confiance, en économie, ce sont les hypothèses que l'on fait sur le futur

Pourtant, le contexte actuel ne semble pas tellement favoriser la démocratie. On l'a vu avec l'adoption d'un « état d'urgence sanitaire », avec ses corollaires, les interdictions de manifester…

PR Concilier les deux me semble, au contraire, indispensable. On voit bien que nous allons vivre des situations d'urgence de plus en plus fréquentes. Avant la crise sanitaire, il y a eu les mesures d'urgence liées au terrorisme. Sans oublier l'urgence climatique. Nous vivons dans un monde dans lequel nous allons faire face à une banalisation des états d'urgence. Trois types de faits y contribuent : le développement des crises politiques avec les nouveaux rapports de puissance (la fin du multilatéralisme), la persistance de la menace terroriste, la probabilité d'accidents systémiques liés à une fragilité de sociétés fortement interconnectées. Tout le monde est d'accord pour penser qu'il faut prendre des décisions dans l'urgence. Mais nos États sont très mal armés pour répondre démocratiquement à des états d'urgence. Il faut donc concevoir de très solides contre-freins, des éléments de vie démocratique très puissants pour contrebalancer ces mesures.

Comment ? En définissant et en encadrant les pouvoirs d'urgence d'un côté et les contre-pouvoirs de l'autre, en définissant des modalités de surveillance citoyenne et institutionnelle, en favorisant aussi les conditions d'information. Si on ne veut pas que la démocratie soit menacée, il faut redéfinir complètement le rôle du Parlement, donner un rôle accru aux tribunaux pour veiller sur les libertés et les faire respecter, reconnaître le rôle des médias ou des associations citoyennes dans la délibération publique. Il y a tout un volet de nos démocraties à inventer.

C'est d'ailleurs une idée qui n'est pas complètement nouvelle. Face aux guerres extérieures ou aux guerres civiles, la République romaine a inventé la dictature. Ce mot n'avait pas encore le sens qu'il a de nos jours. Il traduisait le fait que ce n'étaient plus des lois écrites qui permettaient de gouverner parce qu'il s'agissait de gérer des circonstances inédites et menaçantes. C'étaient à chaque fois des décisions spécifiques qu'il fallait prendre très rapidement. C'était donc la parole de celui qui donne les ordres (le mot dictateur vient de *dictare*), et non le texte de loi, l'écrit, qui comptait alors. D'où la distinction entre le gouvernement ordinaire par les lois et le gouvernement extraordinaire par la décision. À Rome, le dictateur avait les pleins pouvoirs, mais sa durée de mandat était extrêmement limitée – généralement à un an. L'institution qui nommait le dictateur n'était en outre pas la même que celle le contrôlant par la suite, et le dictateur ne pouvait pas promulguer de nouvelles lois. Il y avait de surcroît un ensemble d'obligations à respecter.

La dictature romaine a été le premier exemple de tentative de constitutionnalisation de l'exception. Cela passait à la fois par la possibilité pour le pouvoir exécutif d'agir très rapidement et très fermement, et par un type de contrôle inédit de ce pouvoir, autant que par sa limitation dans le temps et dans ses formes. Je pense que d'un point de vue démocratique, cette pandémie nous pose la question des moyens de démocratiser les états d'urgence qui sont déjà devenus ces dernières années plus fréquents. Si l'état d'urgence se banalise insidieusement jusqu'à devenir quasi permanent, nos démocraties seront en péril si elles ne repensent pas leurs institutions et leur fonctionnement dans ce contexte inédit.

La démocratie n'est pas simplement d'ordre procédural (la légitimation du pouvoir par les élections), elle consiste aussi à faire vivre un « esprit de la démocratie » qui s'incarne dans des pratiques et des modalités du rapport entre le pouvoir et les citoyens (l'obligation de reddition de comptes, le devoir de justification, l'acceptation d'une soumission à des procédures d'enquête sur son action, etc.).

Il faut faire en sorte que s'exerce ce que l'on a appelé pendant la Révolution française « l'œil du peuple » : l'idée selon laquelle la démocratie c'est aussi « mettre en institutions » des pouvoirs de surveillance, de contrôle et d'information

En France, la défiance ne s'explique-t-elle pas aussi par la gestion politique de la crise – les discours approximatifs sur les tests, les masques… ?

PR L'État pense parfois qu'il est de son rôle d'être autoritaire et péremptoire pour paraître maîtriser les situations, de donner une direction en déclarant qu'il s'appuie sur des connaissances solides, alors qu'il devrait reconnaître qu'il y a parfois des incertitudes, des difficultés. On nous disait ainsi de ne pas porter de masques parce que l'on n'en disposait pas en quantité suffisante en réserve ! L'État doit répondre à une forme d'exigence de vérité, qui est de l'ordre aussi d'une capacité à l'autocritique. On est davantage écouté si on est capable de montrer les formes d'incertitude ou de dilemme que l'on doit prendre en compte.

La politique, c'est aussi la possibilité de trouver un chemin entre des contradictions, des choses complexes, qu'il faut partager avec la population. L'infantilisation des citoyens n'est pas seulement critiquable moralement, elle conduit à la montée en puissance de comportements menaçants pour la démocratie – la montée de la défiance et des visions complotistes.

Nos États sont très mal armés pour répondre démocratiquement à des états d'urgence. Il faut donc concevoir de très solides contre-freins, des éléments de vie démocratique très puissants pour contrebalancer ces mesures

On a de fait reproché au gouvernement d'infantiliser les Français, comme s'il partait du principe qu'ils n'étaient pas capables de comprendre les enjeux de la situation.

PR Il y a une tendance générale à l'infantilisation de la population de la part d'un pouvoir qui s'est révélé très vertical ces trois dernières années. Peut-être y a-t-il aussi un style du président de la République qui se coule spontanément dans cet exercice, qui regarde de haut une société de personnes supposées ne pas comprendre les choses et à qui il faudrait expliquer ce qu'il convient de faire. Se mêlent là de façon toxique une forme de technocratie et un certain type de mépris social. La démocratie, c'est considérer que chaque citoyen est un adulte. C'est le pari même de la démocratie : le fait de pouvoir faire confiance à une assemblée de citoyens, quelle que soit leur éducation, et la conviction que la société ne se divise pas entre les sachants et les ignorants.

Les lendemains de la Seconde Guerre mondiale ont vu le programme du Conseil national de la Résistance et l'approfondissement de l'État providence avec la création de la Sécurité sociale. L'épreuve que nous avons vécue en commun peut-elle faire naître un sens plus fort de solidarité ?

PR Le préambule de la loi qui porte création de la Sécurité sociale en 1945 faisait référence à un devoir accru de solidarité lié aux « terribles épreuves » vécues en commun. Les épreuves de la pandémie actuelle ont-elles été de la même ampleur ? Je ne le pense pas. Le fait le plus marquant est probablement ailleurs. Il est que nous avons vu naître dans cet événement une mondialisation des consciences et un sentiment de citoyenneté planétaire. Ce fait est à rapprocher des réactions mondiales à l'assassinat de George Floyd : partout dans le monde, le slogan « Black Lives Matter » (« les vies noires comptent ») s'est imposé comme l'expression commune pour dire des réalités qui semblaient à la fois différentes et proches. Mais cette mondialisation indéniable des consciences se heurte à une limite dans la mesure où les États mettent en avant aujourd'hui au premier chef des impératifs que l'on pourrait globalement qualifier de « souverainistes », souverainisme qui conduit à évacuer les exigences de solidarité internes aux sociétés.

Les crises font-elles émerger des idées neuves ? La gauche a-t-elle les outils intellectuels pour faire face à la crise en cours ?

PR Les crises nourrissent immédiatement des attentes et des impatiences mais elles ne contribuent pas en elles-mêmes à la définition de solutions, sauf là où ces solutions ont été de l'ordre de l'expérimentation dans la vie quotidienne, comme par exemple en matière d'organisation du travail ou de décentralisation. Mais si on prend les choses de façon plus globale et plus radicale, force est de constater que la gauche n'a pas les outils conceptuels pour faire face à la crise en cours. Elle reste en effet trop souvent prisonnière d'une appréhension trop globale de la société pour que cette critique puisse être opératoire. C'est justement le travail auquel il faut aujourd'hui contribuer activement ●

PR

PROPOS RECUEILLIS PAR
Emmanuelle Andreani

RÉTRÉCISSEMENTS
UNE GÉOGRAPHIE MORALE DU (POST-)CONFINEMENT

PAR
Camille Schmoll

La crise sanitaire a racorni notre horizon mais aussi diminué ce que nous avions en commun tant le virus est un ennemi du brassage. Devant ces multiples replis, il est plus important que jamais de réouvrir un espace critique.

Ces derniers mois, il a beaucoup été question de la façon dont la crise que nous traversons a bouleversé notre rapport au temps. Temporalité brutale de l'état d'urgence sanitaire ; temps dilaté des journées sans croiser personne ; étendue temporelle rétrécie de notre condition d'incertitude ; temps abrupt de la survenance d'un décès ; présentisme de nos interrogations et de nos horizons d'attente, mais rapport au passé scrutant dans l'histoire les enseignements des épidémies survenues, parfois peu comparables et pourtant si évocatrices.

C'est également notre rapport à l'espace qui se trouve éprouvé par cette crise. La pandémie redéfinit la place de chacune et de chacun, ordonne ce qui est le plus et le moins distant. Et, comme il existe de mauvaises et de bonnes temporalités – ainsi en est-il de l'heure de sortie quotidienne qui nous était accordée jusqu'au 11 mai –, il est des spatialités justes et injustes, désirées et repoussantes, des lieux honnis et des lieux abordables. On peut parler de géographie morale pour décrire ce que le Covid-19 et sa gestion politique ont fait à notre place en ce monde et à notre présence aux autres. Il est ainsi un lexique et une grammaire spatiale de ce que nous traversons, basée sur des tensions, des jeux de distanciation et de rapprochement, des axiomes moraux et des principes réglementaires, des ordres de légitimité et d'illégitimité.

La charge virale de la coprésence

La « distanciation sociale » est devenue notre mantra. Celle-ci est, avant toute chose, une distanciation physique, spatiale. Les débats et controverses sur ce qui est juste ont porté tout à la fois sur la distance qui doit séparer les êtres humains ne participant pas de la même unité domestique et sur la légitimité de certains déplacements, réduisant ainsi singulièrement le périmètre de notre quotidien. La distance relative était reine dans nos raisonnements géographiques. La distance euclidienne, cette distance « bête et méchante » que les géographes boudaient parfois, s'impose désormais. Un kilomètre autour de chez nous, 100 kilomètres à vol d'oiseau puis, plus récemment, un mètre entre nous. Si nous ne respectons pas ces distances de sécurité, la charge virale de la coprésence prendra le dessus, mettant nos vies en danger.

La relation entre distance et proximité qui, selon Georg Simmel, définit notre rapport à l'autre nous astreint à une stricte rééducation sensorielle, sacrifiant une bonne partie de la corporalité de nos échanges[1]. Parmi nos sens, le toucher est la première victime de cette nouvelle grammaire spatiale des interactions. Au début de la crise, on a d'ailleurs pensé comprendre que les sociétés qui s'en sortaient le mieux étaient celles qui ne privilégiaient ni embrassade ni cohabitation intergénérationelle. Et un groupe d'économistes zélés de stigmatiser le modèle italien[2] face aux pays du Nord de l'Europe : individualisme rassurant, distances mesurées, voilà ce qu'il fallait faire. Et puis nous avons appris, au fil des semaines, que la décohabitation générationnelle a également un coût : le regroupement des plus âgés dans des lieux fermés – les Ehpad – ayant provoqué, notamment en France, une hécatombe. Si bien qu'on ne sait plus vers quelle norme de distance se tourner, si ce n'est à considérer que la temporalité de la pandémie n'est ni celle des certitudes ni celle du définitif, et qu'il faut aujourd'hui prudence garder avant de tirer des conclusions hâtives, se méfier de toute « mythologie des grandes explications[3] ». Tel est le paradoxe face auquel la recherche se trouve, face aux médias et aux organismes de financement : être sommée de donner, tout de suite et incessamment, son avis et de proposer des solutions, du moins des hypothèses. La logique, actée depuis plusieurs années, du financement *ready-made* et « par projet » de la recherche, accélérée par la mise en place, au pas de charge, par le ministère de la Recherche d'un projet de loi pluri-annuel pour la recherche, en est renforcée. Alors que nous manquons, inévitablement, du temps et de la distance nécessaires et que nous sommes – à la fois témoins et acteurs – ébranlés comme les autres. Il nous faut accepter l'incertitude, éviter la précipitation.

Covid des villes, Covid des champs

D'aucuns ont voulu prendre le chemin des écoliers, mettre à distance la grande ville dont la nervosité est anxiogène. Impossible de dire pour le moment si ce mouvement est définitif ou temporaire. Mais, pendant le confinement, le désir de verdure était néanmoins devenu obscène car il nous mettait face à l'une des plus crues des inégalités françaises, celle qui concerne le droit à l'espace. Les vécus de confinement révélaient une autre ligne de fracture : la tension entre Paris et la province, exacerbée à l'occasion de l'arrivée de nombreux Parisiens sur les côtes et les îles, ou lors d'une controverse médicamenteuse opposant symboliquement Paris et Marseille.

1. Georg Simmel, « Digressions sur l'étranger », 1908 ; trad. Philippe Fritsch et Isaac Joseph, paru dans Yves Grafmeyer et Isaac Joseph, *L'École de Chicago*, Aubier, 1984, p. 53-59.

2. Christian Bayer et Moritz Kuhn, « Intergenerational ties and case fatality rates : A cross country analysis », CEPR Discussion Papers n° 14519, mars 2020.

3. Marco Cremaschi, « Pourquoi Bergame ? Le virus au bout du territoire », *Métropolitiques*, 1er juin 2020. https://www.metropolitiques.eu/Pourquoi-Bergame-Le-virus-au-bout-du-territoire.html

Quant au mode de vie périurbain – pourtant si décrié depuis les centres et Paris en tout premier lieu –, il était devenu enviable. Alors que les habitants des centres-ville étaient réduits à voyager autour de leur chambre, les autres pouvaient aller au bout de leur jardin ou de leur allée. Leur expérience de la vie quotidienne en était singulièrement modifiée. Dans les environnements peu denses, le confinement pouvait être agréable, à l'opposé des lieux de surdensité qu'étaient les prisons, les hôpitaux psychiatriques et les centres de rétention, mais aussi les grands ensembles, les bidonvilles et les résidences étudiantes.

Ce renversement, du rapport entre centre et périphérie, entre Paris et province, n'est pas rien pour ceux qui vivent l'arrogance parisienne à longueur de vie. En revanche, il ne nous dit pas grand-chose des inégalités face au logement

Il ne s'agit pas ici de revenir – cela a été amplement discuté – sur les débats qui secouent les sciences sociales et notamment l'urbanisme et la géographie depuis maintenant plusieurs décennies, opposant la ville dense et la ville étalée, la concentration et la dispersion, mais aussi la France périphérique et la France « d'en haut ». Simplement de constater que l'expérience de cette crise n'a pas été la même dans la grande ville qu'ailleurs. Tout comme les économistes pressés, certains architectes et urbanistes ont rapidement retourné leur veste : certains de ceux qui privilégiaient la ville dense sont devenus des adeptes de la vie à la campagne et de la *città diffusa*, et alors que les hyper-urbains raillaient d'ordinaire les périurbains, on les retrouvait, désespérés, en quête de verdure et de nature.

Ce renversement, du rapport entre centre et périphérie, entre Paris et province, n'est pas rien pour ceux qui vivent l'arrogance parisienne à longueur de vie. En revanche, il ne nous dit pas grand-chose des inégalités face au logement – car il invisibilise au passage la majorité, celle des situations intermédiaires ou encore celles et ceux dont les conditions de logement sont des plus difficiles, à Paris ou en province, dans les espaces de marginalisation (campements et rue en premier lieu) ou les quartiers « dont on préfère ne plus parler[4] ». En revanche, cette opposition nous informe sur les représentations réciproques, entre haine de la capitale et désir d'évasion, entre repli sur soi et rejet des élites.

Extérieur nuit, intérieurs sombres : les femmes auraient-elles disparu des espaces publics ?

Cette crise a, pour la plupart d'entre nous, amplifié et révélé notre « auto-centrisme », en même temps qu'elle écornait nos horizons. À l'instar d'un deuil, le confinement a agi comme un repli sur soi : notre souffrance est incommensurable, même si tout devrait nous inciter à la pudeur. Si la crise du Covid-19 a singulièrement rétréci nos espaces, elle a également diminué ce que nous avions en commun. D'abord, la crise a limité sensiblement notre accès aux espaces publics. Elle a également révélé et renforcé la ségrégation sociale, ethno-raciale, genrée. Tous les indicateurs étaient dans le rouge pour la Seine-Saint-Denis, surreprésentée en termes de morbidité et de mortalité face à la maladie. Les discriminations envers les minorités visibles, en premier lieu les Asiatiques, augmentaient sévèrement[5].

4. Renaud Epstein, Thomas Kirszbaum, « Ces quartiers dont on préfère ne plus parler : les métamorphoses de la politique de la ville (1977-2018) », *Parlement[s], Revue d'histoire politique*, 2019/3 (n° 30), p. 23-46. DOI : 10.3917/parl2.030.0023. https ://www.cairn.info/revue-parlements-2019-3-page-23.htm

5. Solène Brun, Patrick Simon, « L'invisibilité des minorités dans les chiffres du coronavirus : le détour par la Seine-Saint-Denis », *De*

Comme dans les pires des dystopies, les femmes ont déserté une partie de la réalité : celle de nos écrans de télévision, de l'Assemblée nationale, des plateaux-débats, des webinaires. Il suffisait d'allumer les chaînes d'information en continu, pendant la période du confinement, pour s'en convaincre. Dans ces espaces jamais autant regardés, les femmes laissaient un vide effrayant. Du côté de la sphère politique, ce n'était guère mieux, les réunions de crise, les débats à l'Assemblée et les polémiques, les déclarations d'urgence étaient celles d'hommes. Le « on se lève et on se barre » de Virginie Despentes, lancé juste avant le confinement, aurait-il été suivi d'effets[6] ? Cette crise marquerait-elle la victoire d'une masculinité revanchiste dans les espaces publics ? Elles étaient pourtant là, elles trimaient. Femmes-élues éloignées de la polémique et centrées sur leurs territoires. Femmes soutières dans les Ehpad, femmes à l'ouvrage – infirmières, aides-soignantes, médecins, agentes d'entretien, caissières. À l'image de celles qui sortaient à l'usine pendant les grandes guerres, celles-ci peuplaient les « espaces utiles ».

Nombre d'entre elles étaient venues de l'étranger ou des territoires non métropolitains pour travailler. Depuis de nombreuses années, la recherche sur les migrations souligne l'importance et la vitalité de cette migration qualifiée, ces femmes et hommes qui accompagnent nos aînés, soignent nos malades et se chargent de nos enfants, bref, viennent exercer, toujours pour des salaires inférieurs, les fonctions de reproduction, d'élevage et de soin[7]. Il n'en a pourtant que peu été question, des femmes migrantes, dans les hommages appuyés à nos aidants et soignants.

Du côté des confinées, jamais la nécessité d'une chambre à soi avec une serrure ne s'était fait autant sentir. Car en ces jours sombres, la nuit est tombée sur le monde des femmes. Depuis longtemps, des chercheuses afro-américaines, à l'instar de bell hooks[8], nous enjoignent à considérer l'espace domestique comme un lieu de répit, *a safe place*, face à la violence et l'oppression radicale du monde extérieur. Mais force nous est de constater qu'il a parfois été difficile d'en faire un lieu-ressource. Car la puissance de la crise se déversait entre nos murs : la brutalité des violences domestiques et des inégalités au sein des familles a montré à quel point l'espace domestique ne pouvait être, en temps de crise, un havre de paix[9]. Ainsi, tandis qu'il faisait nuit sur l'extérieur, nous touchions le caractère sombre de nos logis, dont pourtant les murs sont « imprégnés de notre force créatrice », pour reprendre la belle expression de Virginia Woolf[10].

La recherche sur les migrations souligne l'importance et la vitalité de cette migration qualifiée, ces femmes et hommes qui viennent exercer, toujours pour des salaires inférieurs, les fonctions de reproduction, d'élevage et de soin

Pour les mères de jeunes enfants, c'est l'utilité et le manque des autres qui était éprouvé lourdement : nounous et – pour les plus aisées – femmes de ménage avaient

Facto n° 19, « Inégalités ethno-raciales et coronavirus », mai 2020. http://icmigrations.fr/defacto/defacto-019/

6. Virginie Despentes, « Césars : Désormais, on se lève et on se barre », *Libération*, 1er mars 2020.

7. Eleonore Kofman, Parvati Raghuram, *Gendered Migrations and Global Social Reproduction*, Palgrave Macmillan, 2015.

8. bell hooks, « homeplace as site of resistance », *Yearning. Race, Gender and Cultural Politics*, South End Press, 1990, p. 41-49.

9. Mirna Safi *et al.*, « La vie entre quatre murs : travail et sociabilité en temps de confinement ». Cette enquête montre combien les femmes continuent de supporter l'essentiel du travail domestique pendant le confinement et combien la tension au sein du foyer augmente lorsqu'elles travaillent à la maison. Projet CoCo, « Faire face au Covid-19 », Policy Brief n° 3, OSC/Sciences Po.

10. *Une chambre à soi*, trad. Clara Malraux, Denoël, 1992.

déserté les domiciles... Pour celles qui n'y croyaient pas encore, le confinement faisait prendre la mesure qu'il n'existait pas une condition féminine mais de multiples femmes. Il a fallu retrousser les manches, supporter, aider, enfourner des gâteaux, user du balais, et passer des fourneaux à l'ordinateur, et de l'ordinateur aux fourneaux[11]. Aux côtés des enfants, qui avaient besoin de nous comme jamais, car la géographie morale du confinement, comme le rappelait Guillaume Lachenal, les a également malmenés, en les excluant brutalement de l'espace public[12].

Un nouvel ordre sédentaire ?

Depuis des années, je scrute l'espace domestique des femmes migrantes, j'examine leur confinement tragique quand elles sont en demande d'asile ou encore en rétention, j'essaie de comprendre quels sont leurs arrangements avec la violence des politiques migratoires et comment elles « font avec » leur espace domestique si réduit et si précaire[13]. Nos situations sont incommensurables. En revanche, durant le confinement, je me suis souvenue combien, pour ces femmes confinées aux marges de l'Europe, internet était fondamental pour rompre l'isolement du quotidien et éprouver un être au monde[14].

La valeur d'une connexion internet se faisait puissamment sentir, car la mondialité de notre vulnérabilité pouvait s'éprouver au fil des réseaux sociaux : nous n'étions pas seuls à vivre ce drame ! Avec un sérieux tropisme septentrional toutefois, qu'il ne nous faudrait pas ici oublier, car les grands récits de la crise que nous suivions sur nos écrans se focalisaient essentiellement sur des expériences situées « au Nord ».

Selon le géographe Jacques Lévy[15], les sociétés humaines ont développé trois types de réponses pour gérer la distance : la télécommunication, que l'accès – certes inégal – à internet a rendu possible ; la coprésence, dont il a fallu faire temporairement le deuil ; la mobilité. Sans aucun doute, c'est cette dernière qui sort le plus stigmatisée et le plus décriée de cette situation. La force de l'inertie s'est imposée à nous de brutale manière, d'autant plus que la mobilité était criminalisée : elle avait contribué à la diffusion du virus[16].

Les plus mobiles, les vainqueurs de la mondialisation étaient ainsi devenus les chantres de la sédentarité. Par la magie du numérique et des économies immatérielles, les marchandises continuaient à être achalandées vers leur domicile, et l'accessibilité aux biens et aux services n'en était que peu réduite, comme l'a rappelé Anne-Laure Amilhat-Szary[17]. Alors même que les mobilités internes étaient stigmatisées, nous avons expérimenté le retour brutal des frontières nationales et la suspension des déplacements internationaux. On pourra d'ailleurs faire le compte des États qui ont oublié leurs nationaux à l'étranger au passage – appliquant une conception étrange de la citoyenneté – et de ceux qui ont appliqué avec efficacité le rapatriement.

Il est donc plusieurs immobilités, et plusieurs isolements, plus ou moins contraints ou choisis, temporaires ou définitifs. Immobilisation de ces touristes, interrompus dans leurs voyages, restés en mer ou loin de chez eux. Milliers de croisiéristes bloqués, du *Diamond Princess* à Yokohama au *World Dream* à Hongkong. Lombards et Vénitiens

11. Mirna Safi *et al. op. cit.*

12. Guillaume Lachenal, « Les enfants sorciers », *Libération*, 13/05/2020.

13. Camille Schmoll, *Les Damnées de la mer. Femmes et frontières en Méditerranée*, La Découverte, à paraître en novembre 2020.

14. Dana Diminescu, « Le migrant connecté. Pour un manifeste épistémologique », *Migrations/Société*, vol. 17, n° 102, p. 275-293, juin 2005.

15. Jacques Lévy, Michel Lussault, *Dictionnaire de la géographie et de l'espace des sociétés*, Belin, 2003.

16. Nelly Robin, Véronique Petit, « Covid-19 et migrations en Afrique. La réduction des mobilités, une riposte efficace ? », The Conversation, 31 mai 2020. https://theconversation.com/covid-19-et-migrations-en-afrique-la-reduction-des-mobilites-une-riposte-efficace-139283

17. « Les confinés, ce sont les plus mobiles ! », *Libération*, 27 avril 2020.

partis en février à l'île Maurice, auxquels on refusa le débarquement du fait de leur provenance. Éprouver, le temps de quelques heures ou de quelques jours, la dynamique du rejet et la violence de la frontière.

En Méditerranée et bien avant de fermer les frontières européennes, on impose – dès février 2020 – la quatorzaine à quiconque débarque sur les côtes italiennes, comme si le virus provenait des prisons libyennes

Et pourtant, vulnérabilité toute relative si l'on compare cette expérience à celle vécue par les passagers des bateaux méditerranéens régulièrement bloqués aux frontières de l'Europe, dont la situation a empiré ces derniers mois : les frontières se sont emballées dans leur renforcement et l'on enterre, pendant la crise du Covid-19, le droit d'asile : à Malte, en Grèce, en Sicile. En Méditerranée, sans aucune véritable rationalité sanitaire, et bien avant de fermer les frontières européennes, on impose – dès février 2020 – la quatorzaine à quiconque débarque sur les côtes italiennes, comme si le virus provenait des prisons libyennes. Malte profite du chaos existant pour fermer ses ports et renvoyer les bateaux en Libye, condamnant ainsi femmes, hommes et enfants ; la Grèce, avec derrière elle toute l'Union européenne comme un seul homme, se livre à des arrangements cyniques avec la Turquie ; et les organisations non gouvernementales (ONG), écrasées sous le poids des injonctions sanitaires venues renforcer la violence des frontières, sont contraintes de déserter la mer. Point d'entre-deux possible en période de crise, alors que l'attention du monde est tournée vers la pandémie et que migrantes et migrants, rayés de la carte médiatique, peuvent bien mourir en mer ou même avant, en amont de leurs trajectoires. Et l'exil dans tout ça ? On ne parle plus d'exode que pour qualifier celui des personnes venues peupler leurs résidences secondaires. De même qu'on en oublie l'existence de guerres, happés que nous sommes par la puissance du virus.

Le Covid, ennemi du cosmopolitisme

Il est ici un risque majeur : encourager, à la faveur de cette crise, la montée du nationalisme. Car le Covid-19 est ennemi du cosmopolitisme, du brassage : les zones les plus à risque ne sont-elles pas les plus denses et les plus diverses ? Les élites les plus cosmopolites, les hyper-mobiles, semblent subir de plein fouet les effets du confinement : fini les voyages à l'étranger et les grands hôtels... temporairement. Mais c'est aussi la classe moyenne, celle qui a tant profité de la démocratisation du voyage : celles et ceux qui, ces dernières années, avaient boudé la maison de campagne ou la résidence des parents pour investir les vols low cost le temps d'un week-end ; celles et ceux qui, génération Erasmus, avaient joui de la facilité d'un aller-retour pour Venise, Stockholm ou Berlin ; la jeunesse qui enterrait sa vie de garçon à Budapest ou sa vie de jeune fille à Barcelone, celle qui fêtait son mariage en Sardaigne ou au Maroc.

Enfin, ce sont également tous les acteurs de « la mondialisation par le bas », du transnationalisme « banal », ordinaire, à l'instar des « fourmis d'Europe » décrites par Alain Tarrius[18], toutes celles et tous ceux qui, patiemment, se sont construits une vie dans la bi-résidentialité et la circulation, en Afrique ou en Europe du Sud, et pour qui le retour ponctuel au pays, cet été, n'est pas possible, alors que leur famille, leur maison, leurs amis les attendent. Point de va-et-vient ni d'ambivalence, il faut choisir

18. Alain Tarrius, *Les Fourmis d'Europe*, L'Harmattan/Logiques sociales, 1992.

son camp, dans cette crise qui nous assigne à une seule résidence et une seule appartenance. Jusqu'à l'impossibilité de rapatrier les corps pour une sépulture au pays d'origine.

La crise actuelle interpelle nos pratiques et notre éthique de la relation : comment aller à la rencontre de l'autre, quand toute mobilité est, sinon interdite, profondément limitée ? Car, en parallèle à la mondialité du virus, se manifeste une assignation à l'espace du quotidien, assignation inégale bien sûr. Cet événement nous a incités à renverser nos ordres scalaires, non plus du local vers le monde, mais du monde vers le local. Ce retour aux territorialités du quotidien a ainsi renforcé la valeur du voisinage, d'ordinaire la prérogative des catégories populaires (et des femmes), si bien qu'on avait parlé à leur sujet de « capital d'autochtonie[19] ».

Le confinement nous mène à réfléchir à la dimension spatiale des formes de catégorisations morales des acteurs sociaux, à nos frontières sociales dans leurs traductions spatiales

Ce rétrécissement du périmètre de nos relations interpelle également nos activités de recherche. C'est singulièrement le cas pour celles et ceux dont l'essentiel du travail se déroulait « sur le terrain ». Comment nos protocoles de recherche peuvent-ils se satisfaire de la virtualité ? Il en va de même de notre pratique de l'enseignement : quid de la relation pédagogique si nos cours doivent se dérouler en « distanciel » ? En quoi la privation d'une partie de nos échanges bouleversera-t-elle notre façon d'enseigner ? On peut certainement pratiquer, temporairement, la télécommunication. Mais nombre d'entre nous ne peuvent se satisfaire de ce mode d'interlocution, que nous utilisons d'ordinaire en complément d'autres méthodes. Pas de réponse pour le moment, si ce n'est que nous ne pouvons, nous ne voulons renoncer à la rencontre avec l'autre.

Le confinement est-il devenu notre « dispositif spatial légitime[20] » ? Il nous mène, en tout cas, à réfléchir à la dimension spatiale des formes de catégorisations morales des acteurs sociaux, à nos frontières sociales dans leurs traductions spatiales. Ces géographies nous sont imposées, elles ont leur contours institutionnels, s'appuient sur des principes sanitaires et éthiques, mais elles peuvent parfois également être discutées, repoussées, résistées. On pourra alors parler de contre-géographies du confinement. Les marges de résistance sont néanmoins faibles, car le confinement n'a pas enfermé que les corps, il a rétréci les imaginaires politiques et les espaces pensés de l'engagement public. Et les sciences sociales, nécessaires en ces temps d'incertitude et de repli, n'ont pas toujours échappé à ce processus.

En post-confinement, il faut donc se méfier de la force centripète du Covid-19 et du rétrécissement qu'il a imposé à notre capacité critique. Alors qu'il nous est prédit un retour au passé (lequel ?) – augmentation des inégalités, intensification des violences, paupérisation, etc. –, il nous faut faire émerger des lignes de fuite. La crise agit comme un révélateur : puissions-nous espérer qu'elle nous aide à mieux comprendre notre place en ce monde commun et à réinventer notre rapport au proche et au lointain[21] ●

CS

19. Jean-Noël Retière, « Autour de l'autochtonie. Réflexions sur la notion de capital social populaire », *Politix*, vol. 16, n° 63, 2003, p. 121-143 ; Sylvie Fol, « Mobilités et ancrage dans les quartiers pauvres », *Regards sociologiques*, n° 40, 2010, p. 27-43.

20. L'expression est de Michel Lussault dans Jacques Lévy, Michel Lussault, *op. cit.*

21. Merci à Maureen Murphy, Hélène Thiollet et Roberto Galbiati de leur précieuse lecture.

LA PART CONTAMINÉE

(NOTES DÉSORDONNÉES ET ENTRÉES SANS SORTIES POUR UNE ENCYCLOPÉDIE VIRALE INCERTAINE)

PAR
Rodrigo Fresán

À l'intérieur Le Vieux Monde. Mais Nouveau. De nouveau. Il n'a pas la nostalgie du non-vécu mais celle du désir si vif. Comme il aurait aimé faire partie de ces temps plus intelligemment simples et plus savamment complexes où tout était à faire ou à défaire, lorsque cette sensation présente d'histoire mal terminée ne dominait pas. Des années obscurantistes mais également lumineuses où on traçait des cartes très ignorantes et pourtant très imaginatives (il les regarde dans des vitrines de musées ou dans un livre au format Taschen aussi attrayant qu'impossible à tenir). Des cartes où on faisait figurer – dans les nombreux vides et blancs – des silhouettes de titans se déplaçant, d'arbres colossaux, de chevaliers errants ou de bêtes qui portaient sur leur dos le poids de toute la Création, y compris celui de ses esprits les plus créatifs. Là, les plans de la planète et de l'espace qui l'entourait étaient représentés sous la forme de mécanismes sophistiqués avec des roues, des leviers, des poulies, des engrenages et des axes. Surtout des axes. *Axis mundi !* Des axes routiers, élevés, fantastiques, entêtés et aimants actionnaient le Soleil et autres étoiles pour inspirer des hommes et des dieux créés par les hommes et bien plus crédibles que ceux qui régissent aujourd'hui nos destins.

À présent, l'immense et soudaine carte/plan de son appartement est un peu comme ça, telle que le monde a un jour été.

Balcon Commencer sur un balcon. Le sien. Jusqu'à présent, son balcon n'importait guère à ses yeux. Il sortait peu. Il ne le regardait que de l'intérieur (comme un tableau) ou, quand il rentrait chez lui, de la rue. Il trouvait bien plus intéressants – et même plus *proches* – le balcon de Juliette, celui où le Pape vient faire coucou, celui de *Don't Cry for Me, Argentina* et, son préféré, le balcon de la première ligne de *I.G.H.*, de J. G. Ballard : « Plus tard, installé sur son balcon pour manger le chien, le Dr Robert Laing réfléchit aux événements insolites qui s'étaient déroulés à l'intérieur de la gigantesque tour d'habitation au cours des trois derniers mois[1]. »

Il n'a jamais eu de chien.

Chien Il ne veut surtout pas en avoir (de chat non plus : une espèce qui, en plus d'afficher un mépris habituel frisant la trahison à l'égard de ses maîtres, est aujourd'hui porteuse du virus), même si un chien était la garantie d'une promenade quand on n'avait pas le droit d'en faire une seule. Oui : il fut un temps – récent – où les chiens sortaient promener leurs meilleurs amis, les hommes.

Mais quel besoin aurait-il d'avoir un animal de compagnie alors qu'il passe les nuits de ses journées à contempler de son balcon le retour dans la ville des sangliers, des cerfs et... est-ce bien un ours ?

Balconistes À compter de là – et entre-temps et jusqu'alors – se sont opérées d'un côté la balkanisation de l'Europe et de l'autre la balconisation de la Terre. La vie sur les balcons, ou les balcons tels des hublots sur les flancs du *Titanic*. Tous ces balcons, là en bas, dans la ville sur laquelle donne le sien. Les balcons où l'on fait aujourd'hui – et sur les écrans de télévision on célèbre cela comme un gage de dépassement de soi et de courage – tout ce que les normes sociales stipulaient qu'on NE devait PAS faire à cet endroit lorsqu'on supposait que tout le monde était à peu près sain. Électrocutants mais sans prise de courant – exposition encore plus grande de l'intimité et publicité de la vie privée –, les balcons sont une nouvelle forme de réseau social. La (mal)chance d'une panacée-placebo

1. J.G. Ballard, *I.G.H.*, trad. Robert Louit, Calmann-Lévy, 1976.

qui a mis en évidence ce qui était jusqu'à présent inadmissible : une bonne partie de l'humanité n'aime pas son lieu de vie, qu'elle ne regagnait il n'y a pas si longtemps que pour dormir et se réveiller. Dans ce monde entier mais brisé, trois milliards d'individus sont aujourd'hui lancés dans la compétition d'une saison de *Big Brother* dont le prix consiste à être un *Survivor* (très vite, beaucoup deviendront des *balcops* justiciers et dénonciateurs, des « policiers de balcon » qui crieront sur des coupables et des innocents). Et non : quand tout sera fini – si ça arrive un jour –, ils n'auront pour la plupart pas réussi à lire Murasaki Shikibu, Joyce, Tolstoï, Proust et tous ceux qu'ils se sont promis de lire pendant *ce temps retrouvé**[2]. Parce que, une fois encore, on n'aura pas jugé le livre de papier aussi indispensable que le papier hygiénique. Et parce que les gens auront passé l'essentiel de leur temps à aller du fauteuil au balcon, à lire des brièvetés sur leur portable en espérant pouvoir bientôt retrouver des amis et vivre leur vie l'œil rivé sur l'écran de leur téléphone, immobiles.

Téléphone mobile Petit appareil immobilisant inventé par l'homme pour être transporté d'un endroit à un autre. Aujourd'hui, il est tout à fait et une bonne fois pour toutes devenu un lieu minuscule où tout se passe et où tout souhait peut s'irréaliser. Attention : quand on le frotte, AUCUN génie n'en sort.

Annulé Et justice poétique : le premier grand signe/symptôme de l'épidémie a été l'annulation – dans sa ville – d'un grand congrès mondial de téléphonie admiré et très attendu. Ensuite, bien évidemment, il y a eu l'annulation de l'incontournable et traditionnelle fête du livre. Rien n'est parfait. Et, paradoxe : cette journée où, une fois par an, on permettait aux auteurs de promouvoir et dédicacer leurs œuvres en personne est devenue un jour où ils devaient recommander celle d'autres écrivains et le faire via leur téléphone mobile.

Fatigué Qu'on lui dise/lui écrive sans cesse : « Je suis sûr que tu vis ça très bien » et « C'est le moment idéal pour écrire tout son soûl, pas vrai ? » Ce à quoi il répond : « Et toi, tu fais plus que jamais l'amour avec ta moitié, tu ne t'es jamais aussi bien entendu avec tes enfants, et dans les toilettes

---

2. En français dans le texte, comme tous les autres termes en italique suivis d'un astérisque.

où tu t'enfermes de plus en plus souvent tu as résolu la conjecture de Birch et Swinnerton-Dyer, vrai ? »

Fatigué également des écrivains qui n'arrêtent pas de dire qu'il n'ont jamais écrit autant et aussi bien.

Planète L'idée d'écrire un texte télescopique mais marqué par le microscopique. Le macro au service du micro, du microbio. La réduction de l'immense à sa plus minime et mortelle expression. Se sentir un peu comme les personnages isolés sur leurs minuscules planètes que croise le Petit Prince, qui disait que « l'essentiel est invisible pour les yeux » (comme l'est le Covid-19) et demandait constamment : « Dessine-moi un vaccin. »

Patrie Un lieu dont la surface n'excède pas quelques mètres carrés.

Instructions Pour la nouvelle mobilité. Très compliquées à décoder. La suspicion qu'il a peut-être toujours voulu vivre *ainsi* et qu'il a maintenant le prétexte idéal pour affirmer qu'il l'a fait, non de son plein gré, mais pour se protéger. C'est peut-être là la vraie contamination à épouser, embrasser et diffuser : l'uniformité épidémique de la vie.

Livre À l'époque, lorsque c'était encore possible, il est entré dans sa librairie amie. Et ce livre était là et il a compris qu'il ne devait pas l'ouvrir. Mais – *humanum est* – il l'a fait. Il s'intitule *La Terre inhabitable*, de David Wallace-Wells. Et non : ce n'est pas un livre sur l'impuissance sexuelle, mais sur l'incapacité de l'homme à maintenir en érection une relation aimante et sage avec la Terre.

Défini comme étant à la confluence de Stephen Hawking et de Stephen King, le livre, paru en 2019, est le développement d'un article publié en 2017 dans le *New York Magazine* (le plus lu et le plus commenté de toute l'histoire de ce bimensuel) et sera bientôt adapté en série documentaire par HBO, à regarder entre deux tremblements de terre si quelqu'un peut encore contrôler à distance son avenir immédiat, sans qu'il soit possible de changer d'attitude ou de chaîne.

Il est allé dans l'index thématique pour chercher et trouver « virus ». David-Wells consacre à peine une page et demie au sujet, amplement suffisante pour qu'il découvre que 99 % des bactéries du corps humain sont au jour d'aujourd'hui une énigme pour la science. Pourtant tout va bien et on ignore (même si on commence à s'en douter un peu) si le changement climatique contribuera à réveiller certaines de ces choses mystérieuses qui, présume-t-on, ne constituent pas une menace pour l'espèce. Mais qui sait. Parce que c'est ainsi et à cause de cela – explique Wallace-Davies – que se sont éteints en quelques jours les deux tiers de la population d'antilopes saïgas en 2015, un phénomène connu sous le nom de « mégamort ». On a d'abord pensé à des aliens, des illuminati, etc., mais on a rapidement découvert que, du fait de l'augmentation de l'humidité ambiante, la bactérie *Pasteurella multocida* – jusqu'alors cantonnée dans les amygdales du mammifère – s'était immiscée dans le flux sanguin, et *adieu** les antilopes ! Wallace-Wells console ses lecteurs d'un tiède : « ce qui ne risque pas d'arriver dans l'organisme humain », mais il remarque que la hausse des températures nous amènera bientôt à croiser quelques-unes des micro-inconnues présentes dans ces 99 %, et ajoute que nous ne serons pas ravis de faire leur connaissance en masse.

Bien entendu, il y a des différences à prendre en considération entre l'article et le livre.

La première phrase de l'article était : « La situation est, je vous le promets, bien pire qu'on ne le pense. »

La première phrase du livre est : « La situation est pire, bien pire qu'on ne le pense »[3].

Réchauffement mondial Frisson personnel.

Chine De plus en plus Proche-Orient.

Rue De plus en plus Lointain-Occident.

Masques Sortir dans la rue. Le temps nécessaire. Le temps autorisé. Adresser des saluts et le(s) rendre aux personnes dont on devine ou suppose l'identité sans en être absolument sûr. L'impression que le quartier tout

3. David Wallace-Wells, *La Terre inhabitable*, trad. Cécile Leclère, Robert Laffont, 2019.

entier est devenu une sorte de plateau gigantesque de western contemporain, où tous les figurants ont le visage couvert et redoutent d'être tués à bout portant par le plus invisible des *gunslingers*. Les masques – qui protègent plus ou moins les autres de la contagion et nous évitent d'être contaminés par eux – comme le prolongement naturel de ceux servant à insulter, diffamer et critiquer, et qu'acceptent de porter de nombreuses bactéries et toxines au cours de leur existence virulente et alternative sur les réseaux sociaux, où il n'y a jamais de réponses correctes ni de tests de vérité fiables à 100 %.

Test Vous avez :

a) peur

b) des doutes

c) des inquiétudes

d) du stress

e) tout ce qui précède

f) rien de ce qui précède

g) un test défectueux

Titres *Le Masque*, *La Reconstruction*, *La Courbe*, *La Tendance*, *La Désescalade* : autant de titres existentialistes pour des romans qu'il n'écrira jamais. Ou, mieux, pour un thriller best-seller avec un délire de persécution : *L'Asymptomatique*. Ou, pire : *Le Réactivé*.

Pyjama Seconde peau à changer tous les *x* jours. Costume d'intronaute.

Empreintes Bien se les laver. Les mains. Tout le temps. Avec du savon, de l'alcool et diverses solutions alcoolico-savonneuses. Bientôt, pense-t-il, ses empreintes digitales s'effaceront (à mesure que la numérisation de sa vie augmentera). Et on annoncera un nouveau fléau lié au lavage des mains et à la hausse exponentielle d'électricité dans l'air. Après cette nouvelle catastrophe, tous les logos responsables ne feront pas autre chose que – oui – s'en laver les mains, comme Ponce Pilate.

Netflix/HBO/& Co Bientôt, pense-t-il, ses pupilles s'effaceront. Hésiter (un bon test de personnalité) entre revoir *Contagion*, de Steven Soderbergh, ou *Melancholia*, de Lars Von Trier. Ou encore *Le Locataire*, de Roman Polanski. Entre-temps et d'ici là – d'ici à ce qu'il prenne une décision indécise à ce sujet –, il se dit qu'au lieu de regarder la série inspirée du roman de Philip Roth, *Le Complot contre l'Amérique*, il va plutôt relire *Le Complot contre l'Amérique* de Philip Roth.

Trump Trump.

Classe politique Pas très classe.

Morts et malades Quelques jours plus tôt, il a été gagné par un étrange optimisme et a pensé que, oui, enfin, c'était sûr, le grand moment était arrivé. Il aurait lieu dans la semaine où les forces vives du Royaume (gouvernement central, communautés autonomes, hôpitaux, pompes funèbres, établissements pour personnes âgées, maisons de famille et état civil) s'accorderaient pour mettre en lumière – une bonne ou une mauvaise fois pour toutes – une méthode indiscutable afin de renseigner avec exactitude le nombre fatal de morts du Covid-19.

Mais non. Il ne voit aucune nouvelle à ce propos.

Aucune information non plus concernant les personnes contaminées et asymptomatiques.

On connaît seulement la hausse ou la baisse de ce qu'on admet être impossible à calculer avec précision, mais qui équivaut – au minimum – au nombre de passagers d'un avion s'écrasant chaque jour ou de victimes d'un méga-attentat perpétré toutes les vingt-quatre heures.

Connaîtra-t-on un jour précisément le nombre exact de personnes décédées ou guéries ?

Peut-être pas.

Peut-être sommes-nous revenus à des temps anciens, des ères antérieures où régnait l'invulnérable et immortel mystère de la vie et de la mort.

Contaminé #MeToo : moi – toi, lui, nous, vous, eux – aussi.

L'étranger L'endroit qui va de la porte de chez soi jusque vers l'infini et au-delà.

Sortie Finalement, enfin : on peut sortir. À condition de suivre et de respecter (plus ou moins) un tableau complexe d'horaires et d'âges et peut-être même aussi de signes du zodiaque ou de couleurs préférées. En étant responsable. Et avec la possibilité plus que possible de se contaminer car *Il* se promène encore dans les rues et les égouts. Mieux vaut ne pas sortir aux heures où tout le monde sort et leur préférer la nuit noire ou le point du jour. Il se souvient du classique de George R. Stewart, *La Terre demeure*. Et des livres parlants qui retracent l'Apocalypse dans *La Machine à explorer le temps*, de H. G. Wells. Et de Boccace, Chaucer, Defoe, Wollstonecraft, Shelley, Poe, London, Lovecraft, Tolkien, Camus, Stewart, Matheson, García Márquez, Crichton, King, Straub, Koontz, Shilts, Atwood, Burns, Preston, Saramago, Palahniuk, Hill et tous les zombies et les vampires qui infestent les écrans. Il n'oubliera jamais l'épisode de *La Quatrième Dimension* où un pauvre type maltraité par sa femme et son supérieur survit, seul, à la fin du monde et peut alors s'adonner à la lecture au milieu des ruines d'une bibliothèque. Mais soudain il trébuche et casse ses lunettes.

Il y a comme une magie dystopique (ou peut-être même, pourquoi pas, utopique) troublante à ces heures : tout est désert bien avant que les ombres ne recouvrent tout ; la solitude de la rue au petit matin se prolonge, longue et tendue, comme si elle s'autorisait une grasse matinée (l'effet spécial *sci-fi* le plus abouti et le plus inquiétant consiste à vider complètement les rues d'une grande ville). Et là, on voit des choses vraiment bizarres : des scènes qui semblent tout droit sorties d'une insomnie de David Lynch ou des animaux reconquérant des territoires, comme dans *L'Armée des 12 singes* ou *Je suis une légende* (des sangliers, un faon… un ours ? Mais, s'il vous plaît, pas de pangolins ni de chauve-souris). Ou un homme faisant voltiger un katana en criant : « Je suis contaminé » tandis qu'un autre gémit : « Pitié ! Je dévale la côte à toute vitesse sans ceinture de sécurité, je suis indépendant et on m'est rentré dedans parce que je m'étais déconcentré en regardant les courbes de gens contaminés/morts qui ne semblent pas avoir été tracées avec beaucoup de précision ! »

Doutes Y aura-t-il une avalanche d'accouchements ou de divorces dans quelques mois ? Connaîtra-t-on le nombre de familles qui ont souffert du syndrome de *Shining* ? Fournira-t-on du travail aux personnes renvoyées, dont le nombre s'élève déjà à plus d'un million, et aux « bénéficiaires » des aides gouvernementales ? Sa voisine tortionnaire de Guantánamo saura-t-elle enfin jouer *La Lettre à Élise* ? Publiera-t-on beaucoup d'autofictions écrites par les « millenials » – le confinement étant un peu *leur guerre* –, relatant leur enfermement asséché maintenant qu'est tombée à l'eau la petite fête ouverte à tous et bien lubrifiée du polyamour, qu'ils présentaient à tort comme une nouveauté générationnelle alors qu'elle est vieille comme le monde ? Fera-t-on des CD avec toutes les chansons épouvantables inspirées du virus et y faisant allusion (avec l'inévitable pochette d'*Imagine* de Lennon), mais ne devrait-on pas payer un impôt pour composer et interpréter des paroles et des musiques toxiques ?

Bob Dylan Heureusement il est toujours là. Il sort une longue chanson sur l'assassinat de JFK qui parle de « contenir des foules » et fait allusion à Walt Whitman, mais aussi au titre d'un livre sur les maladies virales et les germes variés, et décrit les mauvaises manières des faux prophètes qui se présentent ainsi : « Je suis le premier parmi mes pairs / Le second de personne / Le dernier des meilleurs / Tu peux enterrer les autres / Les enterrer nus avec leur argent et leur or / Mets-les six pieds sous terre et prie pour leur âme. »

Et après ça, pas question d'imaginer qu'il n'y a ni paradis ni enfer, parce qu'il n'y a pas le temps pour cela quand on imagine tout le temps que ce qu'on vit est un fléau. Le nouvel album de Dylan (l'image choisie pour la promotion de son troisième single est un squelette *pulp fiction* en habit de fête tenant une seringue dans une main et un cadeau sous le bras, à côté de l'ombre d'un pendu) s'intitule *Rough and Rowdy Ways*.

Ditto.

Mort Le Grand Égalisateur. Nous sommes tous égaux devant son Jugement dernier. La mort est le Grand Axe. Moins un Axe du Mal qu'un axe malicieux. Les dents de ce crâne. Ce sourire perpétuel. Et rire – après avoir passé de longues années à vivre en ne se souciant que des virus informatiques à l'assaut des profils sur les réseaux sociaux – en trouvant à la fois drôle et malheureux qu'on informe la société de l'attaque frontale d'un virus dont on se désinforme et que, tout à coup, il devienne une catastrophe économique. Il pense que si cette situation continue, tout fera partie d'un axe unique et collectif entièrement harmonieux, car rien n'est plus équitable et justicier vis-à-vis de tout et de tous que la Mort, ce personnage gravé squelettique et pestiféré qui chevauchait sur les mappemondes médiévales et faisait danser les mortels. Mais aujourd'hui (à un âge plutôt moyennement vide que moyennement plein, un « Âge médiocre »), il est peu probable qu'une Renaissance pointe à l'horizon.

Plaie « La plaie arrive, elle aime danser et quand elle rockandrolle, c'est la reine de la piste »... En 1959, le groupe mexicain Los Teen Tops chantait cette chanson qui n'était autre qu'une mutation du virus original, *Good Golly Miss Molly,* avec lequel Little Richard avait contaminé le monde deux ans auparavant. La musique était la même, les paroles pas du tout : le texte anglais regorgeait de doubles sens sexuels horizontaux alors qu'en espagnol – sans trop laisser entendre si la plaie était un sentiment ou le surnom d'une fille toxique – on s'en tenait à des secousses fébriles et verticales du squelette.

Infesté Le Covid-19 est-il plus contagieux et plus meurtrier que la grippe ordinaire ? Mutera-t-il pour empirer au printemps ou disparaîtra-t-il jusqu'à l'automne ? Est-il l'œuvre d'une conspiration pour décimer les Chinois ou réduire la population âgée qui vit trop longtemps et fait exploser les régimes de retraite ? Est-il féministe ? Accélérera-t-il la transition en faveur du télétravail, qui sera sans appel ? Le coronavirus fait-il plus peur que le terrorisme fondamentaliste (ah, quelle époque que celle-là !) ? Est-il grave ? Aigu ? Cela revient à peu près au même, semblerait-il... Une chose est sûre : « être infesté » signifie « être plein », « bondé », « bourré », « gavé », « saturé » et aussi, oui, « en avoir jusque-là ».

Pandémie Besoin irrépressible et impossible à différer de se mettre à pétrir et à enfourner son pain.

Épidémie La pire façon de s'insérer dans un ensemble, d'appartenir et d'être possédé, de s'inscrire dans une page de l'histoire, pour devenir ensuite de l'histoire ancienne.

Fausse sécurité Ce qu'on éprouve quand – après avoir passé plusieurs semaines à s'être distancié et mis à l'abri – on perd toute notion de ce qui est sûr et qu'on se rapproche de ce qui ne l'est pas.

Distance de sécurité Ce que nous avons toujours respecté sans jamais le mesurer avec autant d'exactitude. Ce qui s'est implanté comme un virus de transmission féroce à partir du boom des réseaux sociaux et à force de vivre en étant pris dans leurs filets.

État d'urgence Situation qu'on sent et qu'on vit depuis des années, mais à laquelle personne n'avait encore osé donner de nom.

Union européenne Désunion européenne. Ou Réunion européenne qui rassemble les leaders du continent pour répartir ou non des euros, monnaie communautaire qui est la seule chose permettant aux grands et aux petits de rester un tant soit peu unis.

Enfants/Personnes âgées Les gamins comme des armes virtuelles chimiques pour leurs aînés. Petits-enfants infectant leurs grands-parents. Pouvoir de contagion élevé. Courant dans les rues. Jouant à la guerre, à la guerre bactériologique. Sécurisés dans leur insécurité, de plus en plus proches, baisers et accolades pour tous.

Désinformation Nouvelle forme d'information. C'est William S. Burroughs qui – dans ses soirées rouges pestiférées et citadines – a défini le langage comme un virus extraterrestre. Si c'est vrai, alors la (dés)information est une pandémie terrienne.

Zoom Zzzzzzzz... Ou recréation *on line*, sur écrans partagés et sans aucun humour, de la scène de la cabine de bateau d'*Une nuit à l'opéra* avec les Marx Brothers.

Écran Propagateur d'êtres chers (et d'autres moins).

Pixel Peau.

Télétravail Aberration spatio-temporelle qui transforme la maison en bureau.

Oxymoron Nouvelle normalité. Ne pas confondre l'« inimaginable » de la situation avec le fait de ne pas s'être soucié de l'imaginer : quand tout sera de nouveau comme avant, la normalité – la « nouvelle normalité » – ne sera ni normale ni nouvelle. Ce sera une « anormalité classique ». Et il conviendra de se demander combien de gens seront devenus accros à cette étrangeté, la regretteront et préféreront rester à l'intérieur, en elle : sans en sortir et sans porte de sortie. La qualifier plutôt d'« anormalité qui sera peut-être un jour considérée comme étant plus ou moins normale par ceux qui auront oublié comment était la normalité, laquelle, soyons francs, n'était déjà pas vraiment normale ».

Syndrome de la cabane Sorte d'autosyndrome de Stockholm où le sujet est à la fois le séquestrateur et le séquestré. Il n'a pas du tout envie d'être libéré bien que ce soit à présent autorisé. Addict au *swish-swish* des pantoufles et au *wash-wash* des mains. Cabane, douce cabane pour un syndrome qui n'est pas encore répertorié dans les manuels de troubles psychologiques, mais cela ne saurait tarder, c'est pour bientôt... Une cabane qui – selon l'humeur qui change quotidiennement et plusieurs fois par jour depuis la mi-mars – évoque celle, transcendantaliste, de Henry David « Walden » Thoreau, ou bien la cabane anarcho-terroriste de Theodore John « Unabomber » Kaczynski ou l'horrifique cabane métafictionnelle de Drew « La Cabane dans les bois » Goddard.

Et répéter à n'en plus finir à voix haute et seul, vautré dans un canapé, une bière à la main, devant la télé : « Comme j'ai envie que tout soit fini pour me vautrer encore dans le canapé en buvant une bière devant la télé », pendant que s'élève en fond sonore l'hymne national de Cabaneland, *Spent the Day in Bed* de Morrissey, et ses invocations à ignorer son boss et son bus et, surtout, les journaux télévisés qui « ne cherchent qu'à t'effrayer / Pour que tu aies l'impression d'être petit et seul / Pour que tu aies l'impression que ton esprit n'est plus le tien ».

Mais – une fois de plus – son cas n'est pas unique. *Mi casa* no *es su casa*, ma cabane *n'*est *pas* la vôtre. *Please, Do Not Disturb* est suspendu à la poignée de la porte de non-entrée et de non-sortie.

Vie extérieure Après avoir étudié minutieusement les vidéos d'ovnis accessibles au public et diffusées par le Pentagone, le ministère de la Défense japonais a déclaré qu'il travaillait à des protocoles en prévention d'une éventuelle attaque extraterrestre. Si cela arrivait, il vaudrait mieux que les aliens se dépêchent, sans quoi ils risquent fort de se retrouver sur une planète *inhabitable*. Ou, qui sait, nous sommes peut-être un virus universel – l'invasion exterminatrice comme remède radical et vaccin tout-puissant – qui doit être éradiqué avant que nous nous répandions à travers de nébuleuses galaxies.

Vie intérieure Tourisme.

Tourisme Inventer, rêver, se remémorer : voyager en imagination.

Plage Poster de.

Musée La vie privée comme un musée d'elle-même. L'intérieur des têtes de plus en plus expressionniste et abstrait, comme les œuvres de Pollock & Rothko, alors que les appartements, les rues et les commerces fermés qui ne rouvriront plus ont un air manifeste et mélancolique de réalisme figuratif à la Edward Hopper. Le surréalisme frappe constamment à la porte et le sourire de *La Joconde* ressemble de plus en plus à celui des colis d'Amazon, qui nous font nous réveiller chaque matin dans l'espoir de les recevoir, pour avoir l'impression et nous convaincre que tant qu'on espère quelque chose, il n'y a pas de raison de désespérer.

Repos/Sommeil Contrairement à beaucoup de gens, il dort mieux que jamais. De longues heures à l'horizontale. Et il n'a pas rêvé une seule fois du virus. Ses rêves sont maintenant aventureux, drôles et – oui – aussi doux que ceux de son enfance passée. Des rêves qui n'aiment pas qu'on les réveille.

Amour/Haine Émotions instables et volatiles qui, du fait de l'enfermement, de la peur et de la promiscuité absolue, se répandent ou se contractent. Bonne chance à tous.

Passé Temps qui ressemble de plus en plus au présent et au futur. Tous à l'imparfait.

Présent Kurt Vonnegut à la fin de son *Deadeye Dick* : « Vous savez quoi ? Nous sommes encore au Moyen Âge. Le Moyen Âge n'est pas terminé. »

Futur Finir comme ça a commencé, mais différemment. Variation sur l'aria qui nous prive de sommeil au lieu de nous y plonger : tout a commencé avec la première vague de l'épidémie qui nous a cloîtrés si longtemps chez nous. Puis il y a eu une trêve et nous sommes tous ressortis. Beaucoup avaient perdu leur travail et l'envie de travailler, mais, comme toujours après une catastrophe, la supposée réalité (en observant la bibliothèque, il regarde fixement un livre de Vladimir Nabokov et se rappelle que le Russe disait que le mot « réalité » devrait toujours s'écrire entre guillemets) est redevenue plus ou moins normale ou plus ou moins anormale, comme d'habitude. Plus qu'une « nouvelle » réalité, c'était une réalité bizarre qui ne nous a cependant pas empêchés de reprendre très vite notre vie d'avant : tout était bizarre, tout aussi bizarre.

À l'extérieur La nature du rebond – des mois après qu'on avait estimé que la première vague était passée – a surpris tout le monde, même si, en perspective, elle présentait une symétrie asymétrique cohérente dans son comportement et sa symptomatologie.

Tout à coup, les gens ne supportaient plus d'être à l'intérieur, dans leur foyer. La maladie se manifestait par une toux, de la fièvre, une diarrhée, des difficultés respiratoires et la mort. Elle était bien plus virulente qu'auparavant et il y avait peu de chances de s'en remettre. Elle était également fortement contagieuse.

On a vite découvert que si on restait hors de chez soi, les probabilités de contracter le virus diminuaient.

Les gens ont donc commencé à aller ailleurs. Chez des membres de leur famille ou des amis. On s'échangeait les appartements comme on avait échangé dans son enfance les vignettes d'albums difficiles à trouver ou les garçons et les filles faciles aux booms de l'adolescence. Mais c'était une solution transitoire : dès que la nouvelle demeure devenait familière, les symptômes apparaissaient. Et même quand on avait décidé de ne squatter aucun appartement et d'investir d'autres lieux, les fast-food, les supermarchés, les cinémas déserts ou les aéroports en difficulté ne suffisaient pas à tromper ni à esquiver très longtemps le germe et il fallait vite repartir, n'importe où.

La recherche a renoncé à mettre au point un vaccin car on redoute que le virus mute et que la situation empire (au risque de ne peut-être même plus pouvoir côtoyer « les nôtres » ?). En outre, les scientifiques se sont presque tous éteints dans les laboratoires où ils passaient plus de temps que chez eux.

À l'extérieur, dans les forêts et les rues et sous les autoroutes, le virus semblait se propager avec davantage de difficulté. Mais il fallait veiller scrupuleusement à ne pas s'attacher à telle ou telle grotte, arbre ou petit espace. On abandonne donc sa tente et son sac de couchage jetables et on laisse derrière soi les quelques mètres où on les a installés.

C'est ainsi qu'après tant de siècles de sédentarité, nous sommes redevenus des nomades respectant une certaine périphérie. Nous ne nous éloignons jamais trop des « lieux que nous avions l'habitude de fréquenter », vers lesquels nous revenons comme des fantômes effrayés sans personne à qui faire peur.

Bientôt tous feront des allées et venues.

Tout le temps.

Hors de là-bas et loin d'ici.

Les gens qui frappaient aux portes en voulant entrer à tout prix et retourner dans le monde où on sortait sur son balcon sont à présent tous dehors et rêvent, éveillés et insomniaques, de revenir à l'intérieur ●

RF

Traduit de l'espagnol (Argentine) par **Isabelle Gugnon**

L'HISTOIRE IMMOBILE
DU CORONAVIRUS

PAR

Guillaume Lachenal
Gaëtan Thomas

La pandémie a suscité un grand nombre de comparaisons avec des épidémies historiques comme la peste noire ou la grippe espagnole. Mais que faire de ces prétendues « leçons du passé » quand elles ne cherchent qu'à faire rentrer l'événement dans des cadres préconstruits hérités de récits répétitifs ?

« (Téléphone de X. : me raconte ses vacances, mais ne m'interroge nullement sur les miennes, comme si je n'avais pas bougé de place depuis deux mois. Je n'y vois aucune indifférence ; plutôt la démonstration d'une défense : là où je n'étais pas, le monde est resté immobile : grande sécurité. C'est de cette façon que l'immobilité de la maxime rassure les organisations affolées.) »
Roland Barthes par Roland Barthes (1975)

Il rôde dans la littérature de l'épidémie « un ton d'aphorisme (*nous, on, toujours*) », pourrait-on dire en paraphrasant Barthes, qui y voyait « la plus arrogante (souvent la plus bête) des formes de langage ». Dans cette épidémie de clichés, de maximes et de leçons (sur les grandes pestes, la mondialisation, l'autoritarisme chinois, l'écologie, le néolibéralisme, le mal français), la profession historienne a pris sa part, jouant peut-être ainsi le rôle rassurant qu'on attendait d'elle, et se rassurant au passage sur son utilité sociale : « lorsqu'un trouble survient, notait encore Barthes, je l'atténue en m'en remettant à une fixité qui me dépasse : "au fond, c'est toujours comme ça"[1] ».

Au fond, c'est toujours comme ça, les épidémies, et à vrai dire c'est un peu ennuyeux : un début, un milieu, une fin ; des transgressions de l'ordre naturel et moral ; des coupables et des victimes ; un message édifiant. Nous voudrions dans ce texte revenir sur notre propre empressement à faire de l'histoire, et plus largement des sciences sociales, en temps d'épidémie, sur les clichés qui se nichent dans nos interventions, et suggérer qu'il n'y a là rien d'anodin ni d'inévitable.[2]

Le problème avec les leçons de l'histoire

On peut repérer trois manières, toutes aussi agaçantes, dont les « leçons de l'histoire » sont devenues un cliché du débat public sur l'épidémie.

La première relève de l'interprétation, et d'une réflexion amorcée très tôt dans l'épidémie, sur ce que le virus « révèle » (et qui était, puisqu'on vous le dit, largement prévisible). Passons sur cette fièvre interprétative qui partage, dans son désir de donner sens et d'attribuer une cause humaine à l'épidémie, une homologie formelle avec les théories du complot : elle a été abondamment critiquée au fur et à mesure que l'épidémie prenait de l'ampleur. Le geste classique de Susan Sontag (1933-2004), qui appelait au moment de l'épidémie de sida à se défaire des métaphores et à affronter l'éventualité « d'une apocalypse qui n'aurait pas de sens », aura fini par convaincre tout le monde, y compris ceux dont on n'avait pas vraiment besoin (voir les appels nécessairement solennels d'Alain Finkielkraut, de Sylvain Tesson ou de Slavoj Žižek pour respecter la "contingence" de l'événement).

La seconde, plus bénigne en apparence, a consisté dans un effort parfois méticuleux pour faire l'histoire « en temps réel » de l'épidémie, y compris par des initiatives d'archivage. Le réflexe a ainsi souvent été d'établir une chronologie des « faits », à opposer aux atermoiements du gouvernement, avec la fantaisie justicière, gentiment mégalomane, qui nous anime parfois (« l'histoire jugera », en attendant enregistrons). Le reproche peut être fait à des initiatives bien intentionnées, comme celle de la rédaction de *Mediapart* ou du sociologue Pascal Marichalar, qui tentent de reconstituer jour par jour « ce que l'on savait » pour mieux faire ressortir erreurs et mensonges du gouvernement (français, car l'affaire est nécessairement à la fois nationale et « gouvernementale »)[3]. Cet exercice chronologique passe cependant à côté de l'énigme la plus intéressante, qui est le fait que l'aveuglement (volontaire) à la menace a concerné aussi les voix les plus critiques, et les nôtres. Le fait est que l'impréparation face au coronavirus n'a pas émergé comme un problème public avant la mi-mars (en particulier à l'université) – et l'hypothèse la plus plausible est sans doute que nous n'avions tous, intimement et collectivement, pas très envie (ou très peur) que le

1. *Roland Barthes par Roland Barthes*, Seuil, 1975, p. 181-182.
2. Ce texte a été écrit le 18 mai 2020.

3. François Bonnet, « Covid-19 : chronologie d'une débâcle française », *Mediapart*, 11 avril 2020. https://www.mediapart.fr/journal/france/110420/covid-19-chronologie-d-une-debacle-francaise.
Pascal Marichalar, « Savoir et prévoir. Première chronologie de l'émergence du Covid-19 », *La Vie des idées*, 25 mars 2020. http://www.laviedesidees.fr/Savoir-et-prevoir.html.

virus se transforme en problème public. La question n'est donc pas celle d'une mécanique connaissance/ignorance, dissimulation/révélation, que la chronique événementielle et politique pourrait élucider rétrospectivement (à la manière du hashtag populiste #IlsSavaient, en tête des tendances autour du 21 mars), mais plutôt celle de l'économie de notre inattention ou de notre déni – et il nous semble devoir reconnaître que cette question concerne aussi la critique sociale et savante. Si tout cela fut une guerre, ce fut une étrange défaite – collective et partagée.

Dans le domaine de la santé publique comme ailleurs, l'ombre du passé peut faire écran à la prise en compte du présent pour ce qu'il est

La troisième est la plus massive et intéresse plus directement la profession historienne (et notre modeste sous-discipline d'histoire de la médecine) : elle concerne le grand marché de la comparaison et du « précédent » historique. L'idée que l'histoire des épidémies est porteuse de leçons pertinentes pour affronter la crise présente a vu se rejoindre offre corporatiste et demande sociale, et nous a valu, comme à d'autres, nos petits quarts d'heure de célébrité warholiens. Il est difficile de tenir la liste des interventions publiques d'historiens sur le sujet – tout récemment l'Association américaine d'histoire de la médecine (AAHM) organisait deux jours de conférences sur les « passés utilisables » (*usable pasts*) de la pandémie[4]. Les spécialistes de l'histoire des épidémies, de l'Antiquité à Ebola, ont ainsi pu proposer leurs services, ramenant malgré eux leur expertise à une sorte de jeu des sept erreurs entre les précédents épidémiques – le gagnant a d'ailleurs souvent été la grippe « espagnole » de 1918-1919.

Il y a évidemment des enseignements pragmatiques à tirer de l'histoire de l'épidémie : la stratégie de « distanciation sociale », incarnée par la fameuse image de la « courbe à aplatir » (#FlattenTheCurve) qui est devenue le même de la pandémie, est ainsi directement appuyée sur l'épidémiologie comparée de la grippe espagnole dans plusieurs grandes villes américaines[5]. Mais la remémoration, on le sait, n'est pas une vertu en soi. Le précédent peut nous égarer, comme nous en avertissait Marc Bloch lorsqu'il dénonça, au sujet de la débâcle de 1940, le « faux culte, enfin, d'une expérience, qui, puisant ses prétendues leçons dans le passé, ne pouvait que conduire à mal interpréter le présent[6] ». Toutes proportions gardées, comme la Première Guerre mondiale pour les généraux français en 1940, la grippe espagnole est la leçon de l'histoire la plus ressassée depuis plusieurs années : redécouverte par les historiens et les autorités de santé publique après les épidémies de grippe aviaire (H5N1) et de grippe A (H1N1), en 2005 et 2009, l'épisode est devenu depuis la référence obligée des scénarios qui guident les « plans de préparation » aux pandémies des gouvernements et des institutions en charge de la sécurité sanitaire mondiale[7].

Les leçons du passé ont été apprises par cœur et nous ont pourtant laissés complètement impréparés. Épidémiologistes et cliniciens ont souligné comment le cadrage initial de l'épidémie de Covid-19, grâce à des protocoles hérités de l'épidémie de SRAS de 2003, a compliqué la réponse, dans la

4. https://history.princeton.edu/news-events/events/aahm-pandemic-creating-usable-past-epidemic-history-covid-19-and-future-health

5. Martin C. J. Bootsma et Neil M. Ferguson, « The effect of public health measures on the 1918 influenza pandemic in U.S. cities », *Proceedings of the National Academy of Sciences of the United States of America*, vol. 104, n° 18, 2007, p. 7588-7593. https://doi.org/10.1073/pnas.0611071104.

6. Marc Bloch, *L'Étrange Défaite* (1946), Gallimard, « Folio histoire », 1990, p. 157.

7. Frédéric Keck et Guillaume Lachenal, « Simulations of Epidemics. Techniques of Global Health and Neo-Liberal Government », in *The Anthropology of Epidemics*, sous la dir. de Frédéric Keck, Ann H. Kelly, et Christos Lynteris, Routledge, 2019, p. 25-42.

mesure où ces protocoles étaient fondés sur le suivi d'un virus qui donnait très rarement des formes asymptomatiques[8]. Dans le contexte européen, la stratégie de *containment*, ciblée sur la détection de cas de syndrome respiratoire sévère ayant un lien attesté avec l'Asie, a retardé l'identification de chaînes de transmission locales, comme dans le cluster de Lombardie. Dans le domaine de la santé publique comme ailleurs, l'ombre du passé peut faire écran à la prise en compte du présent pour ce qu'il est. « On a été sidérés, expliquait récemment, dans des termes que n'aurait pas reniés Bloch, Yazdan Yazdanpanah, le chef de service des maladies infectieuses de l'hôpital Bichat. On a trop cru que c'était comme avec les autres coronavirus. Cela nous a trompés. Or il y avait une différence majeure : la proportion d'asymptomatiques. Ils étaient contagieux, et c'est cela qui a fait la bascule[9]. »

Structure et récit d'épidémies

La demande d'histoire modèle les récits produits par les historiens. On attend d'eux qu'ils fouillent le passé pour en tirer des leçons pratiques, mais aussi qu'ils rendent le présent supportable en l'inscrivant dans une histoire de la souffrance humaine devant la contagion – car malgré la multiplication des études d'histoire et d'anthropologie des épidémies animales, la recherche de précédents s'arrête bien à l'expérience humaine. Partis en quête de comparaisons, les historiens mettent en avant des constances, des invariants. Ils posent les jalons d'une « histoire immobile[10] » des épidémies.

C'est dans le but d'identifier des invariants que plusieurs historiens relurent, à la fin des années 1980, l'épidémie de sida à la lumière des grandes flambées épidémiques du passé[11]. Il convient d'insister sur la chronologie : cette recherche de motifs récurrents ne fit pas irruption dans le champ intellectuel en 1981 ou 1982, immédiatement après la découverte des premiers cas de sida, mais des années plus tard quand l'épidémie se propagea au-delà des groupes à risques où on la croyait confinée en Occident – homosexuels, usagers de drogues, prostitués, diasporas africaines et haïtiennes – pour toucher les populations hétérosexuelles et blanches. Cette démarche coïncidait avec la transformation de la perception du VIH-sida en une menace globale. Sans doute la généralisation de l'épidémie augmenta-t-elle la demande de points de comparaison auxquels se raccrocher. Mais l'offre de récits arrivait également à maturation. Les historiens purent alors s'appuyer sur une vision cohérente de la dynamique du VIH, qui se cristallisait autour d'études épidémiologiques et de la notion fallacieuse de patient zéro[12]. Particulièrement populaire aux États-Unis, celle-ci supposait qu'un unique individu, un étranger identifiable, ait déclenché l'épidémie en important le VIH. Rien de tel n'a été prouvé. La publication, en 1987, du best-seller *And the Band Played On*, du journaliste Randy Shilts, joua un grand rôle dans la stabilisation de ce récit, ouvrant la voie à une condamnation morale du présumé patient zéro. L'épidémie pouvait alors être racontée selon l'opposition victimes (les Américains, y compris les gays prudents) / coupables (le patient zéro, les étrangers, les gays aux pratiques sexuelles déviantes). La notion de patient zéro est d'ailleurs au centre de la première grande monographie historique française sur l'épidémie de sida[13]. L'émergence d'une chronologie homogène et standard du VIH-sida,

8. Éric Favereau, « Coronavirus : "Une épidémie, dans un système de soins en difficulté, peut tout faire déborder" », entretien avec le Pr Caumes, *Libération*, 1er mars 2020.

9. Éric Favereau, « Yazdan Yazdanpanah, médecin touché », *Libération*, 15 avril 2020.

10. Patrice Bourdelais, « Contagions d'hier et d'aujourd'hui », *Sciences sociales et Santé*, vol. 7, n° 1, 1989, p. 20.

11. Elizabeth Fee et Daniel M. Fox, *AIDS. The Burdens of History*, University of California Press, 1991.

12. Priscilla Wald, *Contagious. Cultures, Carriers, and the Outbreak Narrative*, Duke University Press, 2008.

13. Mirko Grmek, *Histoire du sida. Début et origine d'une pandémie actuelle*, Payot, 1989.

basée sur l'épidémiologie, ou du moins sur sa réception, facilita une comparaison terme à terme avec les épidémies du passé.

Esbroufe, déni, minimisation, tout indiquait que l'épidémie de Covid-19 allait être un grand classique du genre

L'historien américain Charles Rosenberg mit au point le modèle d'invariants le plus influent dans un article paru en 1989, « Qu'est-ce qu'une épidémie ? Le sida dans une perspective historique[14] ». Avant ce texte, il avait publié des travaux sur les épidémies de choléra qui s'étaient abattus sur les États-Unis au XIXe siècle. Rompant avec une approche bornée à l'évolution des savoirs médicaux, il abordait les épidémies comme des révélateurs sociaux, de véritables coupes dans la société[15]. Il prolongea et systématisa ces analyses avec l'article de 1989 où il modélisait les épidémies en séquences composées de trois actes successifs. La métaphore théâtrale soulignait la nature sociale des épidémies. Comme le théâtre, les épidémies sont un spectacle du monde, elles le reflètent et l'exagèrent. Avant de présenter sa structure tripartite – basée non pas sur une pièce, comme on aurait pu s'y attendre, mais sur sa lecture du roman d'Albert Camus *La Peste* –, Rosenberg prenait soin de séparer le contingent de l'invariant, l'unique de « l'apparent universel[16] ». Cette prudence a été renouvelée par tous les historiens s'adonnant à la comparaison d'épidémies. Il y a une part de contemporanéité dans le VIH-sida, prévenait-il. Le virus lui-même introduit des différences épidémiologiques significatives avec les épidémies du passé. « Le sida s'avère un type d'épidémie à la fois très traditionnel et très moderne, il provoque des réponses d'un genre inédit et ressuscite en même temps – et les ramène à notre mémoire – des réactions très anciennes[17]. »

Le succès de l'arc narratif de Rosenberg tient à sa simplicité. « Comme les actes dans une pièce à la structure conventionnelle, les événements dans une épidémie classique se succèdent les uns après les autres selon une séquence narrative prévisible[18]. » Dans le premier acte, le déni prévaut. « Les morts doivent s'accumuler et un nombre croissant de malades doivent souffrir avant que les responsables publics reconnaissent l'existence de ce qui ne peut plus être ignoré[19]. » Le drame prenant de l'ampleur, la communauté commence à lui chercher un sens. Il faut s'accorder sur la nature du problème, construire un cadre interprétatif médical, scientifique ou religieux. C'est tout l'objet du deuxième acte. Des mesures de contrôle sont finalement envisagées dans le troisième acte, ouvrant la possibilité d'une fin de l'épidémie. Cette clôture est fondamentale dans l'économie du modèle. Elle soulage la demande de précédents en apportant une réponse réconfortante : les épidémies ont une fin.

La réticence de certains gouvernements à prendre des mesures radicales pour lutter contre le Covid-19, avant d'y être finalement contraints, a redonné vie à l'arc narratif de Rosenberg. Esbroufe, déni, minimisation, tout indiquait que l'épidémie de Covid-19 allait être un grand classique du genre. « Cette pièce [de Rosenberg] se déroule actuellement avec le Covid-19, d'abord en Chine, puis dans de nombreux pays à travers le monde[20] », annonçait l'historien américain David Jones dans le *New England Journal of Medicine*. La séquence de Rosenberg s'applique sans peine au début d'épidémie de Covid-19, certes,

14. Charles E. Rosenberg, « What Is an Epidemic ? AIDS in Historical Perspective », *Daedalus*, vol. 118, n° 2, 1989, p. 1-17.

15. Charles E. Rosenberg, *The Cholera Years. The United States in 1832, 1849, and 1866*, University of Chicago Press, 1962.

16. Charles E. Rosenberg, « What Is an Epidemic ? », *op. cit.*, p. 2.

17. *Ibid.*, p. 3.

18. *Ibid.*

19. *Ibid.*, p. 4.

20. David S. Jones, « History in a Crisis. Lessons for Covid-19 », *New England Journal of Medicine*, vol. 382, n° 18, 2020, p. 1681.

mais n'est-ce pas parce que sa généralité lui permet de schématiser n'importe quel désastre collectif qui bouleverse les cadres d'appréhension de la réalité ? À cet égard, il est tout à fait significatif que l'autre point de comparaison de l'épidémie de Covid-19, à côté des épidémies du passé, soit l'accident nucléaire de 1986 à Tchernobyl, qui s'ouvrit lui aussi par un déni tragique de la gravité de la crise.

L'illusion de la fin

À la fin des années 1980, quand Charles Rosenberg publia son article, la trajectoire mondiale du VIH était déjà trop éclatée, y compris à l'intérieur de zones régionales étroites, pour se conformer au cadre ordonné d'une succession en trois actes[21]. Mais la plus grande faiblesse de l'arc narratif de Rosenberg se situe dans sa résolution finale. Près de quarante ans après la découverte des premiers cas, l'épidémie de sida attend toujours une clôture. Et la stratégie à adopter pour arriver à cette fin continue de faire débat dans les milieux de santé publique. Par ailleurs, on peut se demander si les épidémies se terminent vraiment. Les pathologies qui perdent leur forme épidémique ne disparaissent jamais tout à fait. Elles continuent à circuler et ceux qui ont survécu aux épisodes les plus sévères doivent composer avec les conséquences de la maladie. Pensons aux personnes handicapées par la poliomyélite. Ces derniers jours, les récits de cliniciens et surtout de personnes touchées par le Covid-19 se multiplient (par exemple sur les forums consacrés aux *long-termers*[22]). Ils soulignent à quel point les séquelles sont lourdes, complexes et incomprises plusieurs mois après la « guérison ». Même si l'épidémie se terminait, l'expérience individuelle du Covid-19 risque bien d'être celle d'un temps « obscur et infini », « sans limites », analogue à celui dont témoigne Philippe Lançon dans *Le Lambeau*[23]. Comme l'historienne Dora Vargha le remarque dans une réflexion affûtée sur la séquence de Rosenberg, « les fins sont souvent plus désordonnées que ce que n'importe quelle institution internationale, nationale ou locale n'oserait admettre, et la plupart des maladies ne rentrent pas dans les schémas nets[24] ».

On a souligné à grands traits que le VIH avait mis en pièces le mythe occidental de la fin des maladies infectieuses, dont on a aujourd'hui du mal à imaginer qu'il ait été si puissant. Pendant près de quinze ans, la médecine est restée désarmée devant le VIH, un contraste choquant avec l'impression de maîtrise procurée par les antibiotiques et les vaccins disponibles depuis la Seconde Guerre mondiale. Mais si le sida a gravement abîmé l'idée d'une fin des maladies infectieuses, l'idéal d'éradication est demeuré un horizon de la santé publique internationale[25]. Le modèle de Rosenberg, et peut-être nos récits après lui, portent la marque de cet idéal moderniste qui a connu sa grande et unique victoire en 1980, l'année où l'Organisation mondiale de la santé déclara la variole éradiquée à l'issue d'une campagne internationale de vaccination. Cet accomplissement extraordinaire légitima le lancement, cinq ans plus tard, d'une campagne internationale d'éradication contre la poliomyélite. Elle est toujours en cours : alors que les nouveaux cas sont devenus extrêmement rares (et parfaitement gérables par les systèmes de santé), la poursuite acharnée de l'éradication, au Nigeria et au Pakistan notamment, par la chasse aux cas et la vaccination de masse se fait au prix de tensions sécuritaires coûteuses en vies humaines, en particulier pour les travailleurs

21. John Iliffe, *The African AIDS Epidemic. A History*, Ohio University Press, 2006.

22. Luke Harding, « "Weird as hell" : the Covid-19 patients who have symptoms for months », *The Guardian*, 15 mai 2020. https://www.theguardian.com/world/2020/may/15/weird-hell-professor-advent-calendar-covid-19-symptoms-paul-garner.

23. Philippe Lançon, *Le Lambeau*, Gallimard, 2018, p. 483.

24. Dora Vargha, « After the end of disease : Rethinking the Epidemic Narrative », *Somatosphere* (blog), 2016. http://somatosphere.net/2016/after-the-end-of-disease-rethinking-the-epidemic-narrative.html/.

25. Nancy Stepan, *Eradication. Ridding the World of Diseases Forever ?*, Cornell University Press, 2011.

de santé de première ligne. Comme l'a souligné l'épidémiologiste Claire Magone, le *last mile* de l'éradication est toujours le plus long – à vrai dire, il n'a généralement pas de fin[26].

Ni victimes ni coupables

La recherche d'invariants ne se limite pas à l'élaboration de séquences narratives. À la fin des années 1980, mais aussi tout récemment avec le Covid-19, les historiens et les commentateurs ont insisté sur la dimension morale des épidémies. Ils construisent leur analyse en s'appropriant des catégories, comportements types et rôles archétypaux qui structurent notre imaginaire des épidémies – minorité de boucs émissaires contre majorité bien-pensante, victimes contre coupables. Là encore, c'est la littérature qui occupe l'arrière-plan. Le corpus est d'ailleurs relativement limité, si ce n'est conventionnel. Il se compose de quelques grands classiques de la littérature mondiale : le magnifique *Journal de l'année de la peste* de Daniel Defoe (1722), l'enquête historique d'Alessandro Manzoni, *Histoire de la colonne infâme* (1843), *La Peste* de Camus (1947). Parce que les épidémies sont indubitablement des crises, elles amplifient les tensions sociales. Elles font monter la peur et l'incertitude. Les malades peuvent faire l'expérience du rejet, de la suspicion, d'accusations à tort de contamination. Cependant, avant d'intégrer ces scénarios stéréotypés aux récits historiques et anthropologiques, on doit souligner qu'ils leur préexistent. Il nous revient de montrer comment ces catégories sont réifiées d'une épidémie à l'autre, comment elles alimentent les attentes sociales autour du sujet et finissent par façonner les approches de chercheurs en sciences sociales qui anticipent la demande de bonnes histoires.

Les historiens et les commentateurs construisent leur analyse en s'appropriant des catégories, comportements types et rôles archétypaux qui structurent notre imaginaire des épidémies

On peut s'appuyer pour ce faire sur une critique des représentations qui dénonce les lectures morales des épidémies. Des auteurs ont mis en lumière la façon dont les catégories stéréotypées de victime, de coupable, de bouc émissaire, brandies par des analystes bien intentionnés au nom de considérations lénifiantes sur la visibilité des malades ou la lutte contre les discriminations, ont fini par déposséder les malades de leur propre histoire. Dans « Portraits de personnes vivant avec le sida » (1993), le critique et historien d'art américain Douglas Crimp renvoie à leurs contradictions les artistes qui, au prétexte de « donner un visage » au sida, produisent des portraits déshumanisants de malades à l'article de la mort. Crimp s'est aussi attaqué aux contes moraux basés sur l'épidémie. Il a consacré plusieurs pages à une émission d'investigation qui leurra et dégrada sa « victime sans visage » – un Africain-Américain gay sans domicile :

« *Frontline* repère enfin sa “victime du sida” dans une chambre d'hôtel miteuse de Cleveland. “Nous avons passé plusieurs jours avec Fabian, nous dit le narrateur, et il a accepté de nous raconter son histoire.” Plan de Fabian qui appelle sa mère pour rejouer devant la caméra son refus de le laisser revenir chez elle. “Il disait qu'il n'avait pas d'argent, poursuit l'équipe, parfois on lui payait des repas et on faisait laver son linge. Un jour, Fabian a vu une petite radio qui lui plaisait, alors on lui a acheté.” Le récit continue ainsi : “Il passait du temps dans des librairies et des

26. Claire Magone, « Le dernier mile. Faut-il encore croire en l'éradication de la poliomyélite ? », *La Vie des idées*, 22 octobre 2013. http://www.laviedesidees.fr/Le-dernier-mile.html.

cinémas porno, et reconnaissait que c'était un moyen de subvenir à ses besoins." Puis, dans une séquence qui constitue sans doute l'une des violations de la vie privée les plus dégradantes jamais vue dans les médias, Fabian décrit devant la caméra l'une de ses passes et finit par confesser : "J'ai joui en lui... Un accident... Au moment où je me suis retiré, j'étais en train de jouir." "Quand Fabian nous a dit qu'il avait des relations non protégées, nous avons été confrontés à un dilemme, explique le narrateur. Devions-nous le signaler aux autorités ou bien garder son histoire confidentielle, sachant qu'il risquait de contaminer d'autres personnes ? Nous avons décidé de dire aux autorités sanitaires ce que nous savions."

Ici commence l'histoire que *Frontline* tient vraiment à raconter, celle du prétendu conflit entre les droits individuels et le bien public. C'est l'histoire des tentatives vaines, limitées par les droits civiques de Fabian, des autorités sanitaires, des policiers et de la brigade des mœurs pour l'enfermer. Un membre du conseil municipal de Cleveland énonce le problème : "Le problème, quand même, c'est qu'on a un type dans la rue. Le type a un flingue, il est dehors en train de tirer sur les gens. Qu'est-ce qu'on peut dire collectivement, en tant que représentants de cette société[27] ?" »

Le reportage se termine par la mort de Fabian, un épisode dont l'absurdité rend les catégories de victime et de coupable parfaitement dérisoires. Ce long passage met en évidence la réversibilité du couple victime/coupable. Le malade peut devenir une menace s'il cesse de se comporter en malade ou, plus largement, il peut tirer des ressources de la maladie. Beaucoup d'analystes ratent cette réversibilité, soumis à une vision événementielle de l'épidémie qui fait obstacle à la possibilité d'un changement de rôle. Crimp pointe surtout la vacuité de ces catégories. Il semble bien que l'analyste qui plaque des schémas pseudo-ancestraux sur la contagion s'épuise à interpréter un phénomène arbitraire. L'artiste Gregg Bordowitz l'a résumé en quelques lignes : « La chose la plus difficile que j'ai dû accepter, c'est l'absence de raison au sida. Il y a des conditions historiques, matérielles qui créent une situation de crise, mais il n'y a pas de raisons à ce que des personnes meurent, que certaines tombent malades, que je sois infecté[28]. »

L'épidémie a révélé comment le dispositif même du terrain comme site de production de connaissances reposait sur la possibilité du retour (assurée par le passeport Schengen, la carte visa et l'assurance rapatriement)

Le danger de penser en retard

À puiser dans les récits répétitifs d'une histoire immobile pour comprendre et résoudre un présent en crise, on prend un double risque, celui de se tromper de récit et celui de commettre le péché d'historicisme – soit faire de l'histoire pour de l'histoire ou voir de l'histoire partout, selon le sens que l'on donne à ce terme. Or les malentendus peuvent avoir d'importantes conséquences. Il existe pourtant des stratégies alternatives pour enquêter sur les rapports curieux du présent épidémique avec le passé. L'une est archéologique, au sens littéral du terme : on peut, par exemple, observer les traces d'épidémies anciennes dans les paysages et les villes d'aujourd'hui, dans le fonctionnement des institutions sanitaires,

27. Douglas Crimp, *Pictures. S'approprier la photographie : New York, 1979-2014*, édition établie par Gaëtan Thomas, Le Point du jour, 2016, p. 151-152.

28. Gregg Bordowitz, *The AIDS Crisis is Ridiculous and Other Writings, 1986-2003*, édité par James Meyer, MIT Press, 2004, p. 48.

ainsi que dans la mémoire collective, où elles poussent aux comparaisons entre épidémies[29]. Il y a aussi l'exercice passionnant qui consiste à indexer les transformations, provoquées par le Covid-19, de notre appréhension du présent et du passé. Cette crise intensifie notre rapport à l'histoire, mais l'histoire des épidémies n'est pas figée : elle en ressortira changée.

De ce point de vue, ce que le coronavirus produit de radicalement nouveau concerne « le monde d'avant », plutôt que celui « d'après », pour peu qu'il advienne un jour. C'est le passé qui est altéré, y compris une certaine manière de faire de l'histoire, des sciences sociales ou du journalisme. Comme l'ont très justement remarqué les anthropologues Paul Wenzel Geissler et Ruth Prince, depuis le Kenya, ou la journaliste Sophie Bouillon, depuis le Nigeria, l'épidémie a révélé comment le dispositif même du terrain comme site de production de connaissances reposait, d'une manière à la fois évidente et impensée, sur la possibilité du retour (assurée par le passeport Schengen, la carte visa et l'assurance rapatriement) – devenu retour pour la première fois impossible pour de nombreux expatriés (sans parler des passagers des croisières), les ramenant brutalement à la condition ordinaire des autochtones[30]. « Pour moi, le coronavirus, c'était comme Ebola. Une maladie de Chine, de Wuhan, de chauve-souris ou de pangolin, une maladie "exotique" dont il faut se méfier. Un truc terriblement effrayant qu'on couvre avec l'orgueil post-colonial d'une journaliste occidentale, avec l'intime conviction que ce n'est pas vraiment pour nous. Qu'on s'en sortira toujours. Que ça n'impactera pas profondément nos vies, ni celles de nos familles. Qu'il y aura toujours des avions pour en sortir[31]. » Car cette pandémie a été, au moins un temps, une expérience radicalement inclusive. Que reste-t-il de l'histoire globale, de l'ethnographie ou du grand reportage quand on coupe les fils invisibles qui font flotter discrètement le chercheur au-dessus du sol et créent la distance qui permet le récit, l'interprétation, l'ironie et la sécurité – le rapatriement sanitaire, infrastructure secrète du récit occidental sur le monde ?

Pour nos organisations affolées, les réflexes de l'interprétation historienne ne sont pas ici d'un grand secours ; et ce n'est pas en encastrant les épidémies dans des structures quasi mythiques de panique et de quarantaine que l'on parviendra à penser leur historicité et leur manière d'être dans le temps ; pas non plus en cédant aux facilités de la comparaison, même si elle est d'apparence inoffensive. En cherchant dans sa bibliothèque des précédents à l'épidémie, l'historien se trouve en fait une ressemblance avec Gwyneth Paltrow : « J'ai déjà été dans ce film », notait-elle récemment sur Instagram, en référence à son rôle dans *Contagion* (2011), sous une image d'elle dans un avion, chèrement masquée, tandis que l'épidémie de Covid-19 s'aggravait. Non, nous n'avons pas encore été dans ce film. C'est peut-être notre responsabilité d'historien que de le dire. Car l'histoire, pour revenir à Marc Bloch, est une science du changement et de la nouveauté. Et le plus grand danger serait que « nous pensions en retard[32] » ●

GL & **GT**

29. Paul Wenzel Geissler, Guillaume Lachenal, John Manton, Noémi Tousignant (sous la dir.), *Traces of the Future. An Archaeology of Medical Science in Africa*, Intellect Ltd, 2016.

30. Paul Wenzel Geissler et Ruth Prince, « Corona, how are you ? », 2020. https://africasacountry.com/2020/05/corona-how-are-you

31. Sophie Bouillon, « Lagos, Nigeria », *Laboratoire Parallèle* (blog), 17 avril 2020. https://laboratoireparallele.com/2020/04/17/lagos-nigeria/.

32. Marc Bloch, *op. cit.*, p. 33.

RILKE ET L'ÉPIDÉMIE DE FIÈVRE APHTEUSE

LETTRES DE

Rainer Maria Rilke

Rainer Maria Rilke arrive le 12 novembre 1920 à Berg am Irchel (Suisse), où il séjournera jusqu'au 10 mai 1921. Fortement perturbé par la Première Guerre mondiale, Rilke trouve dans le château de Berg le silence et la réclusion dont il a besoin pour créer. Il écoute le silence et la fontaine du parc. Afin de recommencer à écrire après une longue coupure, il invente dans sa solitude un ancien châtelain et élabore, entre le 21 et le 30 novembre 1920 et en mars 1921, un cycle de poèmes incomplet qu'il lui attribue : « Les papiers posthumes du comte C. W. ».

L'endroit reculé s'isole encore davantage à cause des mesures sévères prises pour circonscrire la fièvre aphteuse, et la solitude accrue correspond tout à fait au désir de Rilke. Dans diverses lettres, il fait état de la crise sanitaire et de ses conséquences, et exprime son désir de terminer les élégies commencées en 1912 à Duino. Il n'y réussira cependant pas et documentera son échec dans un texte en prose intitulé *Le Testament*, écrit en avril 1921 et paru seulement en 1974. Son séjour limité dans le temps, le château a été vendu, et le silence rompu par l'établissement d'une scierie bruyante à proximité.

Le passage du poète à Berg am Irchel se situe entre son premier voyage en Valais, à l'automne 1920, et son installation au château de Muzot, à la fin de l'été 1921, où il parviendra finalement à achever ses élégies.

Rainer Maria Rilke à Dory von der Mühll

Schloss Berg am Irchel, canton de Zurich

Le 17 novembre 1920

[...]

Il est facile d'embrasser mon domaine du regard et il n'y aura pas grand-chose qui viendra faire intrusion de l'extérieur. J'étais bien conscient que le château de Berg n'est que difficilement atteignable. Mais à présent, la fièvre aphteuse qui s'est déclarée ici il y a quinze jours a rendu la circulation plus limitée et plus compliquée, au point où je ne peux même plus quitter les chemins du parc. Le destin semble soutenir ma décision de réclusion de toutes ses forces.

[...]

Rainer Maria Rilke à Anton Kippenberg

Schloss Berg am Irchel, canton de Zurich

Le 17 novembre 1920

[...]

Je savais que le château de Berg n'était pas facilement atteignable, et son éloignement me convenait bien. Mais à présent, certaines circonstances ont rendu mon isolement si absolu que je ne suis même pas autorisé à quitter le parc : depuis quinze jours, la fièvre aphteuse s'est déclarée dans le village alors que les lieux avoisinants en sont encore épargnés. Pour éviter, dans la mesure du possible, les contagions, la circulation est contrôlée de manière sévère. Mon arrivée s'est déroulée sans encombre car je suis venu depuis Zurich dans la voiture d'amis qui a franchi toutes les barrières. Si on vient par contre depuis Zurich ou Winterthour en train en passant par une des petites stations, il faut alors finir à pied. Le trajet est court, mais on est à plusieurs reprises exposé à la désinfection des chaussures. »

Rainer Maria Rilke à Guido von Salis

Schloss Berg am Irchel, canton de Zurich

Le 19 novembre 1920

[…]

Tout convient, même « la Leni », la jeune gouvernante très compréhensive qui ne s'étonne pas même de ma manière d'être – que je sois muet comme une fontaine et que je me laisse pousser une barbe hirsute qui doit passer des étapes qui ne sont pas à confondre avec un attrait. « Leni » ne craint pas ce spectacle, ou alors, je ne sais pas, peut-être ne regarde-t-elle pas, elle me laisse faire ce à quoi ma bonne Rose à Munich n'a jamais pu se résoudre. Si la fourrure d'hiver hérissée qui couvre mes joues suffit déjà à m'exclure de tout contact humain digne de ce nom, ma réclusion est encore renforcée par les mesures prises à cause de la fièvre aphteuse et qui résultent dans le barrage de presque toutes les routes et chemins, de manière à ne m'autoriser une liberté de mouvement qu'à l'intérieur du parc.

[…]

Rainer Maria Rilke à la princesse Marie von Thurn und Taxis

Schloss Berg am Irchel, canton de Zurich

Le 19 novembre 1920

Ma chère Princesse,

De grâce : si je ne vous ai pas encore complètement échappé (je glisse à travers les doigts comme… du sable du désert) et que vous n'ayez pas encore profondément maudit l'absent que je suis, plongez-vous donc un instant dans cette petite image : même si je ne le mérite vraiment pas. Car les dés sont tombés, eux dont tous les points ramènent à vous, ils ont été repris et jetés à nouveau – et le résultat est que je reste encore dans cette Suisse accueillante. Ce que vous pouvez distinguer ici, le château de

Verhütungsmaßnahmen für die Verbreitung der Maul- und Klauenseuche. — Die Maul- und Klauenseuche hat in der Schweiz in jüngster Zeit einen besorgniserregenden Umfang angenommen. Besonders große Ausdehnung hat sie im Kt. Bern erfahren, wo Hunderte von kostbaren Tieren abgetan werden mußten. Es ist deshalb begreiflich, daß in den noch seuchenfreien Gemeinden alle Maßnahmen ergriffen werden, um den Ausbruch dieser unheimlichen Krankheit zu verhüten. — Unsere Bilder zeigen Wachtposten, die an den Ausgängen der solothurnischen Gemeinde Brügglen aufgestellt sind und Weisung haben, jedem Fremden Kleider und Schuhe zu desinfizieren. Die Passanten haben sich über den Zweck ihrer Reise auszuweisen, ansonst sie erbarmungslos zurückgewiesen werden.

Archiv Hansruedi Rohrer

Barrage routier en Suisse alémanique, cliché pris lors de la fièvre aphteuse, en 1920.

Berg am Irchel (propriété du colonel Ziegler), sera pour les mois à venir, probablement pour l'hiver, ma demeure. Dans des conditions proches de celles de Duino, ce qui fut décisif. Je loge seul avec une gouvernante qui s'occupe aussi silencieusement de moi que je me laisse soigner en silence. Un parc abandonné, ouvert sur un paysage des plus calmes, aucune gare à proximité et, à cause de la fièvre aphteuse, de bien nombreuses routes barrées – donc retraite absolue.

[…]

Rainer Maria Rilke à Sidonie Nádherný

Schloss Berg am Irchel, canton de Zurich

Le 20 novembre 1920

[…]

Je n'ai pas votre lettre sous les yeux pour pouvoir vérifier si rien n'est resté en suspens au sujet de quoi vous auriez souhaité avoir une réponse. (Mes affaires sont encore à Bâle et il m'est actuellement difficile de les récupérer car nos routes sont barrées à cause de la fièvre aphteuse et tout trafic y est difficile. Berg ne dispose pas d'une gare, j'ignore quelles stations la desservent. Je suis arrivé en voiture depuis Zurich, conduit par des amis : il a fallu presque une heure.)

[…]

Rainer Maria Rilke à Gudi Nölke

Schloss Berg am Irchel (canton de Zurich), Schweiz,

Le 21 novembre 1920 (dimanche)

[…]

Quelle chance d'avoir accepté au préalable Berg. Entre-temps, les Ziegler, avec l'aide de Mme Wunderly, ont tout préparé et lorsque je rentrai de Paris avec un besoin accru de silence et de recueillement, l'endroit était là, prêt et installé pour m'accorder tout cela.

Vraiment tout cela : Berg est une résidence tranquille, forte et accueillante, pleine de bonnes énergies comme si des époques passées y agissaient encore. Le parc devant les fenêtres silencieuses s'étend jusqu'aux prés qui, dans une légère pente, rejoignent l'Irchel. Celui-ci, une colline arborée et douce, clôt la vue sans pour autant la limiter. Dans l'étang à la bordure naturelle devant la maison s'élève jour et nuit une svelte fontaine, dont presque rien ne couvre le bruissement. Pas de voies ferrées, pas de voisins et, comme si la protection devait être encore plus complète, tous les chemins sont barrés à cause de la fièvre aphteuse !

Rainer Maria Rilke à Nanny Wunderly-Volkart

Berg am Irchel, canton de Zurich

Le 30 novembre 1920

[…]

J'aurais souhaité trouver quelque chose comme la trace d'un prédécesseur qui aurait habité à Berg, par exemple un cahier dans la bibliothèque, un soir, voyons, voyons ! Qui cela aurait-il bien pu être ? J'ai imaginé une sorte de personnage, la situation aidante a fait le reste. Mais étant donné que le cahier en question n'est, malgré toute la puissance de l'imagination, pas apparu, que pouvais-je faire sinon l'écrire moi-même ?

Rainer Maria Rilke à Thankmar von Münchhausen

Berg am Irchel, canton de Zurich

Le 13 décembre 1920

[…]

Le refuge se présenta, celui que je cherchais depuis tant d'années dans un si grand désir et déjà presque avec désespoir, refuge parfait, reculé, inatteignable, en dehors de la plupart des hasards, un autre « Duino » continental : le château de Berg (voir la carte), d'où je vous écris, mon très cher. Félicitez-moi, car *c'est parfait, cette fois*[1].

[…]

En quelques mots : j'ai du silence et du travail, personne ici des mois durant, une barbe sauvage me tombe du menton et des joues et me défigure, comme le fut sainte Wilgeforte par une éruption de la même sorte, pour le cas où le « fiancé monde » viendrait à s'approcher malgré tout[2] : faisant la moue de la tête aux pieds, il serait forcé de se détourner de moi, de ma brusque sauvagerie intraitable.

Voilà pour moi.

[…]

1. En français dans le texte.
2. La sainte Wilgeforte, ou sainte Débarras, est affublée d'une barbe et représentée la plupart du temps crucifiée. Selon les légendes, elle aurait fait appel à Dieu pour être libérée d'un mariage forcé ou d'un viol et à ce moment-là lui serait apparue une barbe.

Lui *[Kippenberg, l'éditeur de Rilke]* sera probablement le seul hôte que je recevrai ici (selon toute vraisemblance en janvier), notre dernière discussion remonte à bien trop longtemps déjà, il en faut – pour tous les autres je demeure inaccessible, ce qui est très facile maintenant, car mon petit château est loin de toute gare et pour l'isoler encore davantage la fièvre aphteuse fait des ravages parmi le bétail, ce qui fait que toutes les routes se trouvent barrées, à moi-même, je n'ai pas la permission de sortir de mon parc (que la carte vous laisse deviner) ; jamais prisonnier ne fut plus reconnaissant de sa réclusion.

[…]

Rainer Maria Rilke à Carl Burckhardt

Schloss Berg am Irchel, canton de Zurich

Le 21 décembre 1920

[…]

Grâce à votre sœur et à la bonté toujours active de votre mère, j'ai pu récupérer mes affaires. L'arrivée des valises, caisses et corbeilles a complété mon séjour ici. Celui-ci a d'emblée été placé sous le signe de la réclusion et de l'isolement et la neige a éloigné encore davantage la maison et le parc. Et comme si cela ne suffisait pas, les mesures dues à la fièvre aphteuse, avec la coupure nette des chemins, empêchent toute circulation vers moi et de moi vers l'extérieur. Mes troubles intérieurs dans lesquels ont pénétré bien des éléments destructeurs, pendant les malheurs du monde, nécessitent, pour être remis en ordre, une réclusion telle, exagérée si l'on veut, pour quelque temps. Je dois être sûr que pendant un certain temps rien, sauf ce qui provient de la nature ou serait le résultat d'incommensurables mouvements au-dedans, n'y pénètre, que rien ne soit ajouté.

[…]

Rainer Maria Rilke à Dory von der Mühll

Schloss Berg am Irchel, canton de Zurich

Le 23 décembre 1920

[...]

Ainsi, mon incantation de cheminée a porté ses fruits, vous m'avez écrit le jour même, seulement votre lettre a mis du temps. (La fièvre aphteuse a nécessité un barrage encore plus rigoureux de nos routes, de sorte que le courrier n'est collecté qu'une fois par jour dans une maison voisine.) Mon petit mot d'hier a ainsi croisé le vôtre, entre autres plein d'affection et de propos réjouissants, excepté votre mauvais état de santé de toute une semaine. Je le voyais venir avec les nombreuses sorties et événements. Dieu merci, Berg en est le contraire le plus absolu. Et je ressens jour et nuit combien combien combien j'en avais besoin. Imaginez-vous, depuis dix jours déjà je n'entends que la fontaine qui, merveilleusement tempérée, change le versant et l'inflexion de sa chute et qui, ce faisant, se traverse elle-même, dans un moment étrangement tendu. Je crois vous l'avoir déjà écrit et je l'écrirai toujours à nouveau – cela me procure la sensation la plus intense !

[...]

Rainer Maria Rilke à Lou Andreas-Salomé

Berg am Irchel, canton de Zurich

Le 31 décembre 1920

[...]

Le château de Berg a été mis à ma disposition, à moi seul, comme retraite hivernale, et il a été si parfaitement préparé à mon usage le plus personnel que, dès le deuxième jour de ma présence ici, je n'ai pas eu le moindre besoin de modifier quoi que ce soit ni d'exprimer un quelconque souhait, ni même de me manifester par un seul mot à la gouvernante silencieuse. C'est d'un coup, de la même façon qu'à Duino (là-bas cela avait pourtant été précédé par une longue amitié et une adaptation réciproque), que fut établi ce parfait ajustement, devenu absolument nécessaire, vital, lorsque j'en avais besoin au fil des ans, d'autant plus que le monde bouleversé de partout et brassé en soi-même ne semblait pas pouvoir offrir un tel isolement et un si pur silence. Berg, loin de tout trafic ferroviaire, est difficile à atteindre, et seulement par des barrages stricts qui ont été disposés en raison de la fièvre aphteuse et isolent encore plus rigoureusement, si bien que je ne peux moi-même pas quitter le domaine du parc depuis des semaines – mais chaque limitation de ce genre renforce mon sentiment de protection et de sécurité.

[…] ●

RMR

Ces lettres ont été traduites de l'allemand
par **Brigitte Duvillard** et **Jeanne Wagner**.
Elles sont actuellement exposées à la Fondation Rilke
dans le cadre de l'exposition temporaire « Rilke et l'épidémie de 1920 ».
(Fondation Rilke, Rue du Bourg 30, 3960 Sierre, Suisse, fondationrilke.ch)

L'OMS OU LE POUVOIR SUBTIL DE L'AMBIVALENCE

PAR
Mathilde Bourrier

Dépendance, voire allégeance à ses États membres, trop grande proximité avec l'industrie pharmaceutique, guerres d'influence… Á chaque nouvelle pandémie, l'Organisation mondiale de la santé fait figure de parfait bouc émissaire. En cause, notamment : une culture du secret, une mission impossible et des espoirs insensés.

J'ai enquêté au sein de l'Organisation mondiale de la santé (OMS) entre 2009 et 2016 dans le cadre de deux projets de recherche portant sur la gestion des épidémies, d'abord la grippe H1N1, en 2009, puis la crise du virus Ebola, entre 2014 et 2016. À chaque fois les dispositifs d'enquête comprenaient des volets régionaux, nationaux, et une place était réservée à l'échelon international, celui occupé par l'OMS. L'idée était de mieux comprendre les ressources dont disposaient les acteurs de ces réponses aux épidémies pour engager des actions. La manière dont ils s'accommodaient de la gestion de l'incertitude était au cœur des intérêts des équipes de recherche avec lesquelles je travaillais[1].

La « Genève internationale » qui peuple la rive droite de la ville fascine. Ses bâtiments historiques, sièges d'organisations qui font régulièrement la une comme l'Organisation mondiale du commerce, l'Organisation internationale du travail, le siège européen des Nations unies, le Haut Commissariat pour les

1. Mathilde Bourrier, Nathalie Brender et Claudine Burton-Jeangros (éditrices), *Managing the Global Health Response to Epidemics. Social Science Perspectives*. Routledge, 2019.

réfugiés, l'OMS et bien d'autres, sont distribuées autour de la place des Nations. Là se dresse la fameuse chaise monumentale à laquelle un pied est arraché, symbole de la lutte contre les mines antipersonnel. Autour de ces bâtiments arborés fortement gardés prennent place toute une myriade de missions permanentes aux Nations unies, celle des États-Unis d'Amérique, sise un peu plus haut, route de Pregny, totalement barricadée, ou celle de la Fédération de Russie, en face d'une des entrées du Palais des Nations, tout aussi imprenable, juste à côté de la grande bâtisse du Comité international de la Croix-Rouge, au pied duquel le musée de la Croix-Rouge et du Croissant-Rouge et sa jolie terrasse arriment cette Genève internationale contemporaine au *Souvenir de Solférino*[2] (H. Dunant). Enfin, les bureaux des grandes et petites organisations non gouvernementales (ONG) s'éparpillent dans la ville et ses alentours.

Près de 34 000 personnes, expatriés et Suisses, travaillent dans cette ruche internationale. Les personnels des organisations internationales sont contractuels ou délégués de leur institution nationale d'origine ; d'autres sont fonctionnaires internationaux. Tous nourrissent un jeu bureaucratique intense. Les promotions, les carrières, le jeu des places et des postes, décrits dans *Belle du Seigneur*, d'Albert Cohen, ont toujours cours. On est ici au cœur d'un des principaux lieux de pouvoir du monde. Ce monde est d'abord et avant tout celui des États membres, de leurs délégations et de leurs représentants. La société civile, elle, est encadrée et surveillée, et si elle est conviée aux négociations, c'est selon des modalités bien définies.

Le clair-obscur des organisations internationales

Surplombant le lac Léman, se dresse en arrière-plan, quand on regarde vers le Jura et l'aéroport de Cointrin, un imposant rectangle, le siège de l'Organisation mondiale de la santé. Immanquable. En haut d'une colline, des jardins fleuris encadrent le bâtiment principal, et différents autres bâtiments, dont le siège de l'Onusida, un peu en retrait, se distribuent ce bel espace donnant sur le lac. La constitution de l'OMS est entrée en vigueur le 7 avril 1948 et aujourd'hui 194 États membres la composent. Plus de 7 000 personnes de plus de 150 nationalités travaillent pour l'organisation dans 150 bureaux de pays, regroupés au sein de six bureaux régionaux (Afrique ; Amériques ; Asie du Sud-Est ; Europe ; Méditerranée orientale ; Pacifique occidental).

La carte postale se fige. Enquêter en sociologue et découvrir les arcanes de cette Genève-là n'est pas une sinécure : les négociations internationales qui s'y déroulent et l'avancée des innombrables projets, chartes et résolutions pour faire progresser les causes des droits humains, de la santé globale, du commerce mondial et du travail décent, de la protection des réfugiés, des traités de paix, pour ne citer que ceux-là, restent secrètes. Lors de mon enquête à l'OMS visant à mieux comprendre l'organisation du management des épidémies globales, je suis parvenue, au fil de rendez-vous obtenus de haute lutte, d'entrevues plus informelles parfois, d'invitations à suivre telle ou telle consultation d'experts sur les prochains vaccins ou sur les priorités scientifiques de la lutte contre la grippe, à dresser de l'institution un portrait contrasté. Le clair-obscur est le « mode par défaut » qui caractérise le fonctionnement des organisations internationales. Marc Abélès et son équipe s'étaient déjà risqués sur un terrain d'enquête assez proche en étudiant l'Organisation mondiale

2. *Un Souvenir de Solférino*, écrit par l'homme d'affaires Suisse Henri Dunant et publié à ses frais en 1862, à son retour d'Italie, est un témoignage des souffrances endurées par les combattants des camps adverses. Le livre pose les bases des idées fondatrices du Comité international de la Croix-Rouge – le secours aux blessés de guerre, quel que soit leur camp d'appartenance – et du droit international humanitaire, avec l'adoption de la première convention de Genève (1864). La Genève internationale, humaniste, humanitaire et capitale des droits humains trouve ses racines dans ce texte.

du commerce[3]. Utilisant un dispositif original d'expérimentation ethnographique, les chercheurs décrivaient combien saisir le jeu diplomatique des acteurs au cœur de leurs pratiques quotidiennes leur était resté interdit. Malgré l'intérêt porté au projet par le directeur général de l'époque, Pascal Lamy, la mise à distance des chercheurs était permanente. L'OMS n'échappe pas à cette règle.

La crise du Covid-19 m'a donc ramenée à ces longs mois où j'avais tenté de saisir les pratiques in situ de gestion de la crise H1N1, puis celle d'Ebola.

Les journalistes sont invités à poser leurs questions depuis leur domicile. Les connexions sont parfois capricieuses. Les réponses sont les plus complètes possibles, mais les sources d'inquiétude palpables

Comment les collaborateurs, experts de maladies et de programmes de lutte contre d'innombrables fléaux, vivent-ils cet énième épisode de critique virulente de l'organisation qui les réunit ? Comment éclairer ces drames organisationnels et intimes qui à n'en pas douter agitent le Strategic Health Operations Centre – la fameuse « SHOC room », cellule de crise de l'OMS ? De quelles rumeurs bruissent ses couloirs ? Comment ne pas remarquer les échanges furtifs entre les protagonistes des points presse tenus par le Dr Tedros Adhanom Ghebreyesus, directeur général de l'OMS, entourés des deux visages principaux de la réponse au Covid-19, le Dr Michael Ryan, directeur exécutif chargé du programme des urgences sanitaires, et la Dre Maria Van Kerkhove, chargée de la réponse technique au Covid-19 ? Les journalistes sont invités à poser leurs questions depuis leur domicile. Les connexions sont parfois capricieuses. Les réponses sont les plus complètes possibles, mais les sources d'inquiétude palpables, et parfois embarrassantes. La dernière controverse en date, sur l'allégeance dangereuse à la Chine pouvant expliquer un certain retard à l'allumage, a reçu cette réponse, le 22 avril 2020, du Dr Adhanom Ghebreyesus lui-même : « Nous avons déclenché le plus haut niveau d'alerte le 30 janvier, alors que le reste du monde, en dehors de la Chine, n'avait que 82 cas et aucun décès. Le monde a eu assez de temps pour réagir, assez pour le tuer dans l'œuf… près de trois mois. »

La santé sous influence ?

Précisons que la lutte contre les épidémies n'est qu'une partie, certes très visible, du vaste mandat dévolu à l'OMS par les États membres. L'amélioration de la santé maternelle et infantile, la lutte contre les maladies chroniques, le soutien aux infrastructures de santé, tout spécialement dans les pays les plus pauvres, la facilitation de l'échange de connaissances sur les maladies, les virus, les traitements cliniques, la mise au point de campagnes de vaccination font partie des tâches qui incombent aux collaborateurs, au siège comme dans les centres régionaux.

Pour beaucoup d'experts de la santé globale, l'affaire est entendue depuis longtemps : l'action de l'OMS est trop fortement cadrée par les États membres. L'organisation est dépendante des votes lors des assemblées générales de la santé. De surcroît, elle souffre d'un manque de moyens criant qui non seulement l'empêche de mener à bien les missions qui lui sont confiées, mais a aussi fait émerger des bailleurs de fonds privés, à commencer par les grands philanthropes des vingt dernières années, comme le célèbre couple Gates. L'ordre de grandeur est en effet de 30 % à 40 % de

3. Marc Abélès, *Des anthropologues à l'OMC. Scènes de la gouvernance mondiale*, CNRS Éditions, 2011.

contributions fixes allouées par les États membres et de 60 % à 70 % de donations volontaires (sachant que les premiers font à la fois des contributions fixes et volontaires, tandis que les philanthropes ne font que des contributions volontaires). Certains États membres ont traditionnellement disposé d'un poids important : ce fut le cas des États-Unis et cela pourrait être le cas de la Chine, dont la contribution fixe arrive pour le budget 2020-2021 en second derrière celle des États-Unis (avant leur retrait récent). Mais il n'en reste pas moins que de grands donateurs comme la Fondation Bill et Melinda Gates, troisième contributeur derrière les États-Unis et le Royaume-Uni, disposent de la même voix au chapitre qu'un État.

La part des contributions fixes diminuant sans cesse, l'organisation a peu de marge pour aider au financement structurel et transversal d'infrastructures de santé dans les pays les plus démunis sur le long terme : les soutiens se font de plus en plus par projets et par programmes à court terme. Les campagnes de vaccination, par exemple, ont la faveur des donateurs, soucieux de l'impact direct de leurs investissements. Ces choix de politique sanitaire répétés – très centrés autour des vaccins – ont jeté le trouble sur les rapports entretenus par l'OMS avec le monde des compagnies pharmaceutiques, suggérant une trop grande proximité. L'élément qui a mis le feu aux poudres fut la constitution du comité d'experts chargé d'aider la directrice générale Margaret Chan dans ses décisions, lors de l'épidémie de grippe H1N1, en 2009. L'identité et les qualités des personnes qui le constituent ont été gardées secrètes, alimentant les rumeurs les plus tenaces, notamment celle prétendant que nombre de ces experts avaient des conflits d'intérêts puisqu'ils conseillaient aussi les laboratoires pharmaceutiques. Toutefois, lorsque j'ai demandé, dans le cadre de mon enquête, aux membres du secrétariat quel argument avait prévalu au choix de garder ces informations secrètes, ils ont déclaré sans l'ombre d'une hésitation que c'était pour éviter que ces membres ne soient l'objet de pressions indues. Pour les protéger, donc.

De surcroît, mes interlocuteurs ont volontiers confessé que les grands experts mondiaux de la grippe étaient tous des experts des « Big Pharma ». Ainsi, précisent-ils, se priver de leurs expertises ne ferait pas avancer la santé publique. S'ils conviennent que ces liaisons sont peut-être dangereuses, elles n'en sont pas moins nécessaires à leurs yeux. Un principe de réalité qui les guide et qu'ils confient dans les entretiens mais qu'ils assument mal en public[4]. C'est l'intérêt de l'enquête sociologique : elle permet de mieux saisir les logiques internes des acteurs de l'organisation et l'expression de leurs dilemmes.

Les soutiens se font de plus en plus par projets et par programmes à court terme. Les campagnes de vaccination, par exemple, ont la faveur des donateurs, soucieux de l'impact direct de leurs investissements

Les observateurs de la santé globale pointent toujours ces défauts structurels (poids des États membres, influence des donateurs privés, conflits d'intérêts latents...) pour expliquer les luttes de pouvoir internes entre programmes et départements et les guerres d'influence entre États membres. Ces dernières viennent alimenter année après année les controverses sur les décisions de l'OMS, en particulier celles au cœur du déclenchement de l'alerte suprême qui figure dans le Règlement sanitaire international (RSI) – « l'urgence de santé publique de portée internationale ». Ces critiques récurrentes ont leur part de vérité. Mais trop peu sont véritablement adossées

4. Depuis cette controverse, les noms des experts sont dévoilés.

à une analyse du fonctionnement quotidien de l'organisation. On ne peut d'ailleurs les en blâmer, tant l'OMS cherche par tous les moyens à protéger ses pratiques de travail.

Face aux épidémies de SRAS, de H1N1 et d'Ebola : trop ou pas assez

En 2003, l'épidémie de SRAS cachée pendant des mois par la Chine ébranle la tête de l'organisation. S'ensuivent des négociations mondiales aboutissant à l'adoption d'un nouveau RSI, voté en 2005 et entré en vigueur en 2007. Les pays, par le biais de leurs ministères de la Santé, doivent spontanément déclarer leurs épidémies (fièvre jaune, choléra, peste, mais aussi variole, poliomyélite, grippe ou SRAS), ce qui constitue des sources formelles d'information. Le nouveau RSI donne aussi davantage de latitude à l'OMS pour agir, sur la base d'informations de nature informelle, sur des épidémies en cours de développement et tout particulièrement celles causées par des virus émergents. En effet, l'institution est équipée de moyens de surveillance sophistiqués[5] via la traque des rumeurs sur les médias locaux et les réseaux sociaux, via des chercheurs ou des ONG. Ces rumeurs sont croisées avec des éléments remontant des centres collaboratifs et des bureaux régionaux pour devenir des informations dignes de foi. Ainsi existe-t-il toute une intelligence sanitaire qui permet aux experts de l'OMS d'intervenir et de faire pression sur les pays, même sans déclaration officielle de leur part, certains d'entre eux redoutant la mauvaise publicité. Les négociateurs de l'OMS sont aussi là pour comprendre les oppositions, venir à bout des résistances et donner du temps aux autorités étatiques pour se retourner.

En mars 2009, la déclaration précoce du Mexique à propos d'un virus de grippe H1N1 ré-émergent et très contagieux renforce l'idée que le règlement fonctionne, puisque l'alerte mondiale est donnée sans tarder le 11 avril 2009. Le monde de la santé globale est sur le pied de guerre. Une mobilisation sans précédent s'ensuit. Il s'avère finalement que les symptômes de la maladie sont légers. L'OMS est alors accusée d'avoir crié au loup et facilité l'activation des plans pandémie issus des efforts de préparation que nombre de pays avaient consentis sous sa houlette. D'autres voix s'élèvent pour insinuer que le déclenchement des plans a mécaniquement provoqué des commandes de vaccins sans précédent dans les pays les plus riches, faisant le jeu de l'industrie pharmaceutique.

L'OMS est équipée de moyens de surveillance sophistiqués via la traque des rumeurs sur les médias locaux et les réseaux sociaux. Ces rumeurs sont croisées avec des éléments remontant des centres collaboratifs et des bureaux régionaux pour devenir des informations dignes de foi

En revanche, dans le cadre de l'épidémie d'Ebola de 2014, qui a touché principalement la Guinée, la Sierra Leone et le Liberia, le tableau s'inverse. Le virus est identifié par l'Institut Pasteur, à Lyon, en mars 2014. L'épidémie est donc surveillée par les experts de la maladie, mais en avril ils ne découvrent plus de transmission active du virus et repartent rassurés. En juin et juillet 2014, les cas se multiplient, et il faut attendre le 8 août pour que l'OMS déclare l'alerte mondiale. Cette déclaration est considérée comme tardive par les ONG en première ligne, notamment Médecins sans frontières qui entame une bataille sans

5. De type ProMed (plate-forme compilant des informations de toutes sortes sur les épidémies, basée aux États-Unis.

précédent contre l'organisation, dégradant fortement son image publique. La stature de l'OMS est tellement ébranlée par le drame de l'épidémie d'Ebola que l'Assemblée générale et le Conseil de sécurité des Nations unies décident, le 19 septembre 2014, de créer une structure parallèle – la Mission des Nations unies pour l'action d'urgence contre l'Ebola (Minuauce) – chargée d'aider à la coordination des agences onusiennes – l'Unicef, le Programme alimentaire mondial et la Banque mondiale – dans la lutte contre l'épidémie d'Ebola. Cette structure sera dissoute le 31 juillet 2015.

Nos interlocuteurs de l'époque au sein de l'OMS raillent cette création. Mais il s'agit là d'une figure connue : durant l'épidémie de VIH, l'OMS, critiquée pour ne pas avoir pris suffisamment la mesure du drame qui se jouait à grande échelle, s'est vu déposséder de la lutte contre le sida, au profit d'une nouvelle agence : Onusida.

Souffrance institutionnelle à répétition

Cette fois, en janvier 2020, c'est une génuflexion un peu appuyée et immortalisée par un cliché lors de la rencontre entre le Dr Adhanom Ghebreyesus et Xi Jinping qui met le feu aux poudres. Elle laisse planer des doutes sur la teneur des discussions entre le pouvoir chinois et les dirigeants de l'OMS et sur la disposition réelle de la Chine à donner des renseignements précis sur la gravité de l'épidémie en cours. Puis, pour faire bonne mesure, le président Trump annonce le 16 avril le retrait de la contribution fixe des États-Unis au budget de fonctionnement de l'OMS. Une décision confirmée le 29 mai 2020. Une énième crise enfle tandis que l'une des cadres éminentes de l'organisation déclare, blasée, que l'attaque contre l'OMS est une stratégie bien connue, celle du bouc émissaire.

J'ai longtemps cherché une voie un peu différente pour expliquer ce régime de crises institutionnelles perpétuelles. L'OMS évolue dans un environnement hostile, et les crises sanitaires sont parmi les plus difficiles à résoudre. Il n'est donc pas étonnant qu'une organisation en charge de la coordination mondiale des réponses aux épidémies bénéficiant de moyens limités représente un bouc émissaire idéal. Ceux que les collaborateurs seniors de l'organisation appellent les « amis de l'OMS » viennent régulièrement à son secours pour déclarer que, certes, tout est perfectible mais qu'en l'état c'est le mieux que l'on puisse faire : l'OMS remplit son office, notamment vis-à-vis des pays les plus pauvres. De quels espoirs insensés cette organisation est-elle le réceptacle, se demandent régulièrement ses collaborateurs ? Ils ne manquent pas de souligner que des réformes importantes sont conduites, souvent, après les crises de gouvernance ayant secoué l'institution, comme si les controverses profitaient à l'OMS. Après la crise sanitaire en Afrique de l'Ouest, un fonds d'urgence pour les épidémies est créé, doté de 100 millions de dollars (88,7 millions d'euros), et un département d'urgences sanitaires est mis sur pied au siège. L'image publique de l'organisation est à chaque fois dégradée et en coulisses les personnels en sortent fragilisés et apeurés – parfois des coupes dans le personnel sont également décidées, comme en 2011 –, mais finalement des réformes sont entamées.

Elles constituent une monnaie d'échange pour que les États membres donnent leur aval à des financements nécessaires. Ainsi on assiste à une combinaison de plusieurs phénomènes délétères. En premier lieu, il existe en interne une forme d'acceptation résignée des crises de gouvernance, qui sont vécues comme une fatalité. Deuxièmement, ces tempêtes « inévitables » ont permis de normaliser depuis longtemps les constats récurrents d'une trop grande dépendance de l'institution aux puissants. La petite musique de « ce qui ne va pas » est entonnée à chaque fois, et elle est la même au mot près. Troisièmement, l'acceptation par l'OMS de réformes la concernant est à chaque crise l'unique solution s'offrant à ses acteurs pour faire taire les critiques, du moins temporairement. Un peu comme si, malgré cette souffrance institutionnelle à répétition, dont ils sont en grande partie victimes, ils préféraient vivre (et déjouer) une énième réforme plutôt que de s'engager sur la voie d'un partage plus large de leurs dilemmes.

L'image publique de l'organisation est à chaque fois dégradée et en coulisses les personnels en sortent fragilisés et apeurés, mais finalement des réformes sont entamées

Un dernier facteur interne explique la situation. La représentation ambivalente que les collaborateurs au siège de Genève ont de leurs missions permet de mettre en lumière un jeu délicat. Les cadres sont en permanence tiraillés entre leur perception d'eux-mêmes en tant qu'experts chargés de récolter des avis et de les mettre en forme pour éclairer les pays selon les canons de l'*evidence-based*, et la réalité de ce qu'ils font, *aussi* : à savoir de la diplomatie, de l'intelligence sanitaire et de l'intervention de type humanitaire. Tantôt ils se réfugient dans la figure de l'expert, uniquement guidé par des faits de science. Tantôt c'est la figure du diplomate qui est mobilisée et son cortège de pesées politiques complexes. Tantôt celle du coordonateur de la réponse aux épidémies sur le terrain. Les experts de l'OMS font des compromis en permanence et naviguent entre plusieurs rôles. Ils sont à l'affût de ressources et d'appuis externes pour faire avancer des dossiers de diplomatie sanitaire. L'OMS n'est pas une organisation supranationale, au-dessus de la mêlée, dont les dirigeants seraient disposés à expliquer publiquement les lignes de force ou les courants d'influence qui parcourent son fonctionnement, au motif que les négociations qui s'y déroulent ont besoin de cette discrétion. Pour sortir de cet engrenage dommageable, il est utile de comprendre comment s'est installé ce pari faustien entre cadres de l'organisation et représentants des États membres : en travaillant à couvert et en chérissant le secret par-dessus tout, les experts de l'Organisation mondiale de la santé négligent les liens avec un public plus large, ce qui les empêche de légitimer efficacement les compromis auxquels ils concèdent. Ainsi, la dégradation cyclique de sa réputation est le prix que payent ses dirigeants pour conserver des marges de manœuvre qu'ils affectionnent plus que tout. La pandémie de Covid-19 ne fera-t-elle qu'accentuer cette tendance ou au contraire n'est-il pas temps pour les dirigeants et les cadres de l'OMS de faire alliance avec la société civile pour sortir de l'impasse dans laquelle ils se trouvent ?

MB

COVID-19
L'EMBARRAS DU RÉEL

ENTRETIEN CROISÉ

Alain Abelhauser
Didier Sicard

Devant la peur et la demande de preuves des citoyens, le politique attend de la science et de la médecine qu'elles disent la vérité. Or celles-ci sont faillibles, notamment en ce qu'elles peuvent négliger la complexité des chaînes de causalité des maladies.

La pandémie a fait l'objet de nombreuses évaluations quant à sa gravité. Qu'en est-il à vos yeux, avec le recul que permettent peut-être les deux derniers mois : s'agit-il d'un événement inédit, dans ses caractéristiques comme dans son intensité, qu'on pourrait assimiler à celle d'une « guerre », puisque la comparaison a été faite ?

Didier Sicard C'est un événement majeur. Un peu comme en mai 68, où l'on disait qu'il ne se passait plus rien et où, brutalement, la révolte mondiale des jeunes a créé un séisme. Cette pandémie est survenue dans une société assoupie, qui n'a pas connu de guerre depuis longtemps : on a vu revenir tout d'un coup juin 1940 et la panique de la fuite, avec une surprise comme celle du contournement de la ligne Maginot. Nous étions loin du sida également, qui paraît étrangement appartenir au passé. Loin aussi, d'une certaine manière, du terrorisme. Nous étions enfermés dans une société de la consommation, des voyages, des affrontements politiques sans très grande envergure, avec l'ivresse d'un progrès médical continu qui allait nous sauver définitivement de toute épidémie. Et puis, soudain, la peur et l'affolement paralysent la pensée en même temps qu'elles entraînent une angoisse du corps. Elles suscitent une espèce de révolte : la vie au détriment de l'économie. Et je crois que c'est la première fois dans l'histoire. Les crises de 1929 avaient fini par faire oublier la grippe espagnole, comme si l'économie était plus importante que la vie ; mais là, brusquement, la vie est passée au premier plan, une confirmation peut-être qu'un droit à la vie est devenu un droit de créance ?

Il est intéressant de voir ce que produit la confrontation à une même situation dans un contexte de mondialisation. On découvre avec étonnement les extrêmes inégalités de mortalité selon les continents : très modestes en Asie (quasi inexistantes au Vietnam), effrayantes sur le continent américain. Les États-Unis, l'Europe voient avec stupeur leur lourde responsabilité dénoncée. Cela nous fait brutalement percevoir que nous avons une relation hétérogène à la fragilité. Que quelques chauves-souris puissent changer le climat alors qu'une société développée se révèle incapable de le faire est assez étrange. Comme dans toute catastrophe, le confinement révèle les différences des réponses individuelles. Certains en ont tiré des bénéfices personnels considérables ; d'autres, les plus nombreux, ont été frappés dans leur détresse. Et il est intéressant d'observer aussi que les réponses des pays finissent par l'emporter sur les réponses rationnelles, comme si chaque pays retrouvait sa spécificité culturelle, que ce soient les pays nordiques, de culture plutôt protestante, où chacun est responsable, ou les pays de culture catholique en attente d'une parole qui vienne d'en haut. La vision du confinement révèle là sa complexité. Derrière la simplicité apparente du concept, il y a l'extraordinaire complexité des réponses qui y sont apportées.

Alain Abelhauser Il me semble qu'il s'agit d'un événement inédit, effectivement, non parce que c'est une pandémie – l'humanité en a connu d'autres – mais parce que cette pandémie a produit cette réaction quasi mondiale, dont une bonne partie des conséquences reste encore à mesurer.

On découvre avec étonnement les extrêmes inégalités de mortalité selon les continents : très modestes en Asie (quasi inexistantes au Vietnam), effrayantes sur le continent américain

Et c'est un événement majeur, comme le dit le Pr Sicard. Ne serait-ce que dans la mesure où il va certainement prendre une dimension symbolique, dont toute l'importance apparaîtra s'il fait date, comme par exemple Mai 68 ou le 11-Septembre. Pour Mai 68, la valeur symbolique est évidemment la remise en cause d'un ordre social, des valeurs qui lui sont associées, voire peut-être de la notion de progrès. Pour le 11-Septembre, c'est la remise en cause d'une certaine idée de la sécurité présente dans les pays occidentaux : il n'y a plus de sanctuaire d'où l'on puisse regarder paisiblement les horreurs et la guerre se déchaîner dans un ailleurs qui nous concerne à peine.

Au-delà de son impact dans la réalité, la valeur symbolique que prendra la pandémie signifiera peut-être que le péril est là, partout. Mais aussi que cette menace est interne, intime ; c'est l'autre, le voisin, l'« alter ego », qui peut être dangereux. Le mal n'est pas ailleurs, ni même à nos portes ; il est ici, c'est l'« alien », il peut être présent en chacun de nous. Et cela ouvre toutes grandes les portes de l'hypochondrie paranoïaque.

En termes médicaux, et psychiques, comment cette spécificité se décrit-elle ?

DS On assiste à l'expérience d'une angoisse paralysante, à la découverte simultanée de la solitude et du besoin d'un rapport à l'autre. Rapport qui est toutefois potentiellement dangereux. Et cette contradiction est très déstabilisante ; on ne sait plus très bien comment rencontrer l'autre. David Le Breton disait que l'humain a besoin d'un rapport charnel, corporel à l'autre, et que cet évitement aura peut-être des conséquences psychiques prolongées.

Il est très difficile à chacun de faire la part de ce qui le concerne et de ce qui concerne les autres. Un mélange d'hypocondrie – on a les mêmes symptômes que les malades, donc on pense qu'on l'est aussi –, et en même temps, ce qui est paradoxal, d'oubli de tous les symptômes qui ne relèvent pas du Covid-19. Les médecins l'ont constaté : les symptômes fonctionnels, digestifs, les maux de tête, même les manifestations cardiaques et neurologiques graves ont disparu. Ils ont été relégués au second plan, devant une angoisse qui semble un peu excessive. Car, en termes de gravité, le Covid-19 est loin d'être la peste, ou Ebola ! On assiste à quelque chose de très complexe sur le plan psychique, qui révèle comment l'information médiatique finit par s'emparer des subjectivités, suscitant la peur du virus et censurant tout ce qui ne le concerne pas.

AA Je suis complètement d'accord, là aussi. Il y a – au moins – deux faces dans l'hypochondrie : la crainte de la maladie, crainte plus ou moins rationnelle, ou pseudo-rationnelle, ou irrationnelle ; et la croyance que l'on est malade, croyance entachée de doute s'il s'agit d'une hypochondrie « névrotique », croyance devenant une certitude absolue s'il s'agit d'une hypochondrie délirante, « psychotique ».

Avec cette pandémie – et son « traitement » premier – est mis en lumière le *paradoxe de l'autre*. (C'est bien l'effet de toute « pathologie » que d'éclairer ce qui passerait inaperçu en d'autres circonstances.) L'autre est à la fois nécessaire (l'homme est un animal social) et dangereux. Or, le traitement social de la pandémie a désigné l'autre comme encore plus menaçant en nous incitant à des « gestes et conduites barrière » et, simultanément, nous l'a fait ressentir comme encore plus indispensable, simplement en nous isolant et en nous privant en partie de son contact. On a là, en somme, les conditions rêvées pour une sorte d'« hypochondrie de masse ».

Est-ce à dire que notre représentation de la santé, de la maladie, de la mort va s'en trouver durablement modifiée ?

DS J'ai le sentiment qu'elle sera modifiée, car la médecine a été héroïsée et humiliée : héroïsée par la société et le politique pour couvrir une forme d'échec prévisionnel (absence de masques et de tests) ; humiliée par la réduction des sauvetages à des gestes simples, même s'ils sont spectaculaires, en l'absence de véritables traitements, et par la contradiction des discours scientifiques. Il fallait bien que la médecine retrouve sa finalité éternelle de sauver la vie avant tout.

Les victoires de la médecine la préparaient-elle à affronter ce qui pouvait apparaître comme des défis, certes, mais aussi comme des revers ? Ce n'est pas sûr

AA N'étant pas médecin, je peux me permettre de me faire l'avocat de la médecine, même si je reste complètement d'accord sur le fond avec ce qui vient d'être dit. Je crois simplement qu'on peut ajouter que la médecine a connu, au cours du xxe siècle, une série de succès, avec les campagnes de vaccinations, les antibiotiques, l'éradication de la variole, la guérison de certains cancers, etc. – succès qui ont pu la mettre dans une position quasi triomphaliste. Et puis sont venus ces coups d'arrêt qu'ont représenté la pandémie du sida, mais aussi d'autres maladies virales d'origine animale, la découverte des prions, la prise en compte des formidables dégâts occasionnés par les maladies neurodégénératives, etc. Les victoires de la médecine, ses références scientifiques de plus en plus marquées, la préparaient-elle à affronter ce qui pouvait apparaître comme des défis, certes, mais aussi comme des revers ? Ce n'est pas sûr. D'autant que ce processus que je viens de qualifier peut-être un peu vite de triomphaliste a été largement repris dans l'imaginaire social, au point de participer d'une sorte de fantasme de « sécurité sociale » où l'on considère que la médecine, la science, et l'État qui les soutient, doivent garantir notre santé. Et de nous faire ressentir, à rebours, le fait qu'ils s'y révèlent impuissants, comme une trahison, un scandale. (Ce qui n'exclut pas, évidemment, qu'il y ait aussi à l'occasion de « vrais » scandales, qu'il importe alors de dénoncer.)

DS Tout à fait. Je crois que la référence à des modèles triomphants est paralysante. Face au virus, il faut des médicaments ou un vaccin. On se croirait dans *Le Médecin malgré lui* de Molière : « Le poumon, vous dis-je, le poumon » – « Un vaccin, vous dis-je, un vaccin ! » Comme si cette incantation suffisait ! Alors que le propre de ce virus est non seulement de contourner les défenses immunitaires mais de faire en sorte que ces réponses immunitaires soient parfois plus dévastatrices que la maladie. Il y a là quelque chose de très nouveau. Qui devrait pourtant être connu.

J'ai travaillé longtemps en Asie et en Afrique, où les épidémies de dengue, qui causent chaque année des dizaines de milliers de morts, montrent que, quand on a été atteint par l'un des sérotypes de ce virus, on est beaucoup plus vulnérable à l'un de ses quatre autres, car les anticorps créés lors de la première maladie entraînent une réponse immunitaire inadéquate et excessive. Le vaccin s'est alors révélé un drame. La question se pose donc ainsi : comment sortir du schéma une maladie/une réponse immunitaire simple ? La société réclame légitimement, à coup de trompette, des médicaments virucides, des vaccins, alors qu'il n'y en aura peut-être jamais. D'autant plus que la durée de l'immunité naturelle de protection ne semble pas très longue. Cependant, l'interruption trop précoce des travaux concernant la recherche d'un vaccin pour le SRAS-1, arrêtés à la phase 1 en même temps que l'épidémie, nous a probablement fait perdre un temps précieux dans l'ouverture de nouvelles voies possibles.

Je suis critique avec les recherches en cours, car on a mis longtemps à considérer que la mortalité est beaucoup plus due à la réponse immunitaire qu'à la maladie elle-même. Je ne suis bien sûr pas plus compétent que les autres. Simplement, je crains que les modèles ne nous incitent à penser que le passé nous éclaire sur le futur. Or ce n'est pas aussi simple dans le domaine thérapeutique.

C'est comme si les maladies virales tentaient à tout prix de dire à l'humanité : « Réagissez, ce n'est pas moi qui vous tue mais votre immunité ! »

AA Oui, le fonctionnement du système immunitaire fait presque métaphore de la dualité, de la duplicité, dont je parlais tout à l'heure. Le système immunitaire est nécessaire à la vie de l'organisme, mais il peut également se retourner contre lui et devenir l'ennemi interne par excellence. Ce que certains virus mettent en lumière en suscitant une réponse immunitaire inadaptée (les « tempêtes de cytokines ») est que, sur le plan physiologique aussi, la réaction à une attaque peut être plus dangereuse que l'attaque elle-même, que le « traitement » peut être pire que le mal. Et que le pire ennemi peut s'avérer, en définitive, être en moi – être présent dans la réponse que j'oppose à l'attaque dont je suis l'objet.

DS Et le virus du sida nous l'avait déjà montré, car il ciblait précisément l'immunité. C'est comme si les maladies virales tentaient à tout prix de détruire celle-ci, ou de dire à l'humanité : « Réagissez, ce n'est pas moi qui vous tue mais votre immunité ! » La réflexion a été un peu simplifiée par un siècle de vaccins très efficaces qui ont fait disparaître la variole et la poliomyélite. On oublie pourtant les échecs vaccinaux vis-à-vis de la dengue, du VIH, de la fièvre du Nil occidental, de la fièvre de la vallée du Rift, de l'herpès...

La question de l'origine de la maladie est-elle alors une meilleure piste de réflexion sur la pandémie actuelle ?

DS C'est un sujet qui m'a beaucoup intéressé, ayant longtemps travaillé en Extrême-Orient. Ce qui est remarquable, c'est la certitude absolue, prouvée depuis cinquante ans, de l'origine animale de ces maladies émergentes. Et pourtant, il y a une carence de travaux complexes sur les chaînes de transmission, c'est-à-dire de travaux qui tentent de comprendre comment les virus passent des chauve-souris, du pangolin, des civettes, des fourmis mêmes, à l'homme. Il y a peu de travaux également sur l'écologie des moustiques, alors que ceux-ci sont plus importants que le paludisme en tant que tel. On peut bien mettre au point des vaccins contre le paludisme ; si on ne travaille pas sur les différentes espèces de moustiques, transmetteuses et non transmetteuses, on restera confronté à la même situation.

Dans le cas du SARS-Cov-2, il faut étudier la complexité de la chaîne de transmission – encore inconnue – pour savoir comment il passe de la chauve-souris au pangolin et à l'homme. On peut pour l'instant simplement dire que, dans un marché de Wuhan, la coexistence, dans des situations sordides et clandestines, de centaines de pangolins et de chauves-souris a entraîné un échange du virus, et peut-être une réplication, une hybridation, une mutation de celui-ci, sachant que la science est en train de nous apprendre que le SARS-Cov-2, forme humaine du virus, a une parenté de 97 % à 98 % avec ceux de la chauve-souris et du pangolin ! L'hypothèse serait que ce nouveau virus humain aurait emprunté à celui de la chauve-souris la protéine « spike » qui cible les récepteurs ACE2 des alvéoles pulmonaires, et à celui du pangolin la structure qui aide à la fixation de cette protéine. L'un apporte l'obus, l'autre le viseur du canon. Mais il est difficile d'affirmer absolument tout cela dans la mesure où ces virus ont des capacités fantastiques de mutation. Par ailleurs, des travaux sont nécessaires pour observer les chauves-souris, dont le milieu est de plus en plus modifié, menacé par la culture d'arbres fruitiers (fruits dont elles sont très gourmandes) qui remplacent leurs forêts habituelles, et relié aux marchés par les transports à grande vitesse qui mettent leurs grottes à proximité de villes de millions d'habitants.

L'hypothèse serait que ce nouveau virus humain aurait emprunté à celui de la chauve-souris la protéine et à celui du pangolin la structure qui aide à la fixation de cette protéine. L'un apporte l'obus, l'autre le viseur du canon

La chaîne de transmission est donc un élément essentiel, qui justifie des approches transdisciplinaires complexes, associant des chercheurs de régions et de champs très différents. Chacun d'eux peut nous apprendre quelque chose, les vétérinaires, les ethnologues, les forestiers, les éthologues, les agronomes, l'Institut national de la recherche agronomique (Inra) autant que les entomologues. On découvre seulement, non sans une certaine timidité encore, la nécessité d'entreprendre là des travaux considérables.

Le SARS-Cov-2 est venu de Chine. Mais tout autre milieu, environnement naturel ou zoologique, pourrait produire un autre virus...

DS Oui. J'ai assisté dans le sud de la France à la destruction des palmiers au profit de l'importation de palmiers d'Égypte. Ou à celle des buis de l'Île-de-France. La chaîne du vivant est toujours considérée depuis son point d'impact final. Il y a une sorte de paresse ou de découragement à aller en chercher l'origine. Et l'origine, c'est la complexité de nos comportements et de notre relation au vivant. Détruire une forêt pour cultiver du soja (OGM !) dépasse largement la question du soja ou des arbres, et modifie en profondeur les écosystèmes. Perturber un animal, une plante, un insecte dans son environnement entraîne toute une chaîne de réactions inattendues. Le problème n'est pas de construire des modèles, mais, comme Louis Pasteur le disait : partir du réel, observer ce qu'il s'y passe, interroger les fermiers, les éleveurs et les industriels. Et c'est à partir des questions que posent les observateurs sur le terrain que l'on doit essayer de construire des hypothèses. Alors qu'à l'heure actuelle, on fait des hypothèses et l'on ne prend en compte l'observation et les interrogations qui en sont issues seulement dans un second temps. C'est aussi le cas en médecine. On s'intéresse à la maladie, mais rarement aux facteurs qui l'ont causée, que ce soit la pauvreté, la précarité, l'hygiène, etc. Bref, l'environnement de la personne malade. Finalement, la maladie d'un être humain est le résultat d'une chaîne de causalité dont la complexité mériterait d'énormes travaux parallèles à ceux qui portent sur les traitements et vaccins.

On devrait parler d'une chaîne de complexité plutôt que d'origine… ?

AA Il s'agit bien là de « penser la complexité ». C'est d'ailleurs comme cela que je comprends l'écologie : la volonté de prendre en compte des systèmes vastes et complexes, inter-réagissant et s'équilibrant plus ou moins difficilement au fil du temps. À l'évidence, la présence humaine a cette conséquence de bouleverser ces équilibres et ces équilibrages, c'est-à-dire de remettre en cause les principes mêmes de l'évolution en intervenant sur un élément spécifique d'un système et en empêchant alors celui-ci de se modifier à son rythme propre et de s'ajuster de manière globale.

Ce qui montre à quel point le « principe de précaution » est non seulement malmené, mais illusoire. On ne cesse d'intervenir en un point ou un autre de la chaîne du vivant sans avoir le plus souvent de notion des conséquences possibles de cette intervention. La plupart, sinon toutes les pandémies auxquelles on assiste actuellement, n'en sont jamais qu'un des symptômes les plus apparents.

Et cela montre aussi combien la recherche d'une causalité dernière, d'une origine ultime, est également illusoire. La cause que l'on identifie n'est jamais elle-même que l'effet d'une autre cause. Il n'y a pas de point ombilical dernier. « Penser la complexité », c'est d'abord admettre que ce n'est pas en isolant *une* cause donnée que l'on pourra trouver de solution au problème posé. Et que les pandémies qui se présentent exigent des approches globales et, *a minima*, pluri et transdisciplinaires.

La cause que l'on identifie n'est jamais elle-même que l'effet d'une autre cause. Il n'y a pas de point ombilical dernier

DS Ce qui est intéressant, c'est également de voir que l'éradication de ce qui est considéré comme dangereux est un paradigme aussi simpliste que celui consistant à opposer à une maladie un vaccin ou un traitement. Éliminer les rats pour se garantir de la peste est dangereux, car priver les puces (qui transmettent la peste) de leurs hôtes naturels, les rats, les conduit d'autant plus à trouver des hôtes de substitution, les humains. C'est quand les rats meurent que la peste devient dangereuse. D'où l'absurdité de la destruction préventive des rats. De la même façon, la maladie de Lyme est la conséquence directe de la déforestation dans la mesure où, les rongeurs n'étant plus la cible des tiques, ce sont les humains qui le deviennent. À partir du moment où l'humain se débarrasse de ce qui le gêne, il agit comme un éléphant dans un magasin de porcelaine, il perturbe les équilibres.

Et il en est du coup réduit à se confiner. Incapable de s'intégrer dans une chaîne complexe, il s'en retire momentanément…

DS Absolument. Comme c'est le cas paradoxal de l'hygiène et de l'antibiothérapie excessive qui sont en partie responsables des poussées asthmatiques au XXe siècle, c'est-à-dire du moment où, le système immunitaire n'étant plus habitué à se défendre contre des agents infectieux, il se met à fonctionner contre lui-même. En fait, il y a là une complexité vertigineuse. Les modèles simplistes mettent parfois à mal notre entendement.

AA Ce qui permet d'insister encore sur le fait que la tentative de réparation d'un problème peut être pire que le problème lui-même. C'est ce que montre, par exemple, Stephen Jay Gould à propos de plusieurs catastrophes écologiques majeures du XXe siècle impliquant l'introduction de nouvelles espèces dans des milieux protégés (l'Australie ou certaines îles) : c'est en voulant éliminer ces nouveaux venus qui menaçaient les espèces endémiques que l'homme a déclenché la catastrophe principale. *Primum non nocere* (« d'abord ne pas nuire ») : cet adage médical devrait s'appliquer à bien d'autres secteurs que celui de la médecine.

Et déjà au confinement ?

DS Le confinement, à mon avis, a été une découverte humiliante pour les humains, qui se sont aperçus que les réponses scientifiques faisaient défaut et qu'on revenait alors à des pratiques datant du Moyen Âge, finalement plus efficaces. On s'aperçoit que la médecine peut sauver, mais aussi qu'elle est parfois désorientée, désarçonnée. Cela me paraît très révélateur d'une constante de la pensée humaine : dans les moments de désastre, de catastrophe, elle se réfugie dans des comportements archaïques ou traditionnels.

Oui, et l'on peut se demander si le confinement sera une mesure récurrente…

DS Je ne crois pas. Les grippes asiatiques, qui nous ont habitués à nous refaire vacciner chaque année, ont fini par s'intégrer au cours de la vie. On oublie la mortalité de la grippe, en particulier celle des personnes âgées. Le Covid-19 est certes d'une contagiosité extrême ; elle impose des mesures d'éloignement et de protection inattendus. Mais il y aura des progrès dans la traçabilité informatique des personnes atteintes du virus, il n'y aura plus de carence en masques. Je ne pense donc pas que le confinement devienne un modèle récurrent. Je peux me tromper, bien sûr. Le danger serait en tout cas de faire de la réponse au Covid-19 un modèle pour le futur.

Ce confinement a été recommandé par le conseil scientifique dont s'est entouré le gouvernement. Quels ont été selon vous les effets de l'interaction de ces deux champs dans la lutte contre la pandémie ? Quels seraient-ils dans les décisions à venir en santé publique ?

DS Il serait simpliste de dire que le politique a tort. Mais il est intéressant en revanche de voir combien le politique demande à la science de dire la vérité. Or cela la met dans une situation extrêmement gênante et, à terme, paralysante. Quand ce que dit le scientifique est admis comme vérité d'Évangile par le politique, le scientifique en rajoute dans l'excès sécuritaire pour qu'on ne l'accuse pas d'avoir été négligent.

Dans la situation de pandémie que nous connaissons, il ne faut pas selon moi confier la vérité à la seule science, *a fortiori* au savoir médical. Car la médecine ne connaît rien à l'économie, rien aux conséquences politiques des comportements et des inégalités sociales. Par ailleurs, elle se repose en France sur un très grand nombre de structures – de la Haute autorité de santé (HAS) aux agences régionales de santé (ARS), en passant par l'Institut national des données de santé (INDS), l'Agence nationale d'accréditation et d'évaluation en santé (Anaes), le Haut Conseil de la santé publique (HCSP), etc. –, extensions du ministère de la Santé qui n'ont que peu à voir avec la finalité de la santé publique, et d'où les vrais chercheurs sont absents au profit de fonctionnaires rivalisant de procédures plus étouffantes que pragmatiques.

Il ne faut pas confier la vérité à la seule science. Car la médecine ne connaît rien à l'économie, rien aux conséquences politiques des comportements et des inégalités sociales

La santé publique est une discipline complexe qui doit réfléchir en toute liberté aux relations entre la santé et l'environnement, quitte à remettre en question des habitudes.

Or, on met en œuvre depuis une trentaine d'années un principe de précaution, par définition abstrait et qui prête même à rire face à la pandémie. C'est un monde qui finit par dicter des normes décourageantes pour les soignants, fondées sur un excès sécuritaire tout en étant obsédées par l'économie. Les ARS, l'HAS, et autres acronymes dont la France est championne, sont prisonnières de schémas administratifs datant d'un autre âge, peu armés pour être conscients du réel. J'ai présidé en 2016 une conférence internationale sur l'usage des drogues et la réduction des risques rassemblant police, juges, médecins, sociologues, assistantes sociales. Il en est sorti un texte qui remet en cause radicalement la politique sanitaire sur l'alcool, l'usage de drogue, la précarité. La directrice de l'AHS, qui avait financé la conférence, a refusé sa publication. On voit la censure exercée à l'égard de remises en cause de l'organisation de l'État.

La leçon d'intelligence que le gouvernement et le politique pourraient tirer de la pandémie, c'est qu'il faut entièrement revoir ces structures étouffantes, paralysantes et concurrentielles au profit d'un véritable institut de santé publique, multidisciplinaire, qui soit capable d'inventer, de proposer – plutôt que d'énoncer des directives et des circulaires. En France, on ne s'intéresse jamais à la construction des bases, c'est-à-dire au réel ; on lui impose des structures avant de le penser. C'est là qu'il devrait y avoir une réflexion de fond.

Cela demande donc aussi de savoir travailler avec les chercheurs, de faire fructifier leurs découvertes et leur créativité ?

DS Oui, mais il ne faut pas leur donner de responsabilité politique. Il ne faut pas considérer leurs propositions comme des décisions. Il faut en revanche pouvoir les apprécier et les utiliser même quand elles heurtent des habitudes. La Caisse nationale d'assurance maladie (Cnam) constitue le meilleur système de retour d'informations. Nous pourrions être le pays qui éclaire le monde, avantagé aussi par sa position géographique, un peu de Nord, un peu de Sud. Or, la Cnam est le seul organisme qui garde des données éclairantes sans les proposer aux chercheurs. Et non seulement on ne fait rien de ces données, mais on en achète ! Je suis consterné par la difficulté qu'il y a à affronter les obstacles à des changements stratégiques, dans des situations d'épidémie ou de pandémie, mais aussi par ces considérables problèmes de santé que sont les addictions diverses, la pauvreté, les initiatives des établissements médico-sociaux, la gestion collaborative public/privé…

AA Il me semble que notre évolution culturelle a conduit à mettre la médecine, et plus généralement la science, en position de « diseuses de vérité », ce qui est tout sauf leur rôle. C'était traditionnellement, dans nos sociétés, celui de Dieu. Il n'est qu'à entendre l'incantation « il a été scientifiquement prouvé... » pour saisir ce déplacement. Or, la science ne dit pas la vérité. Elle tente juste de « penser le réel », ce qui est déjà beaucoup. Et ce qui aboutit à des conclusions partielles, provisoires, relatives, parfois même incertaines, qui devraient inciter à une certaine humilité.

Il revient en revanche ensuite au politique de s'appuyer sur ces données, qui ne sont pas des vérités absolues, pour décider et agir. Ce qui peut être source de fréquents malentendus, volontiers amplifiés de surcroît par l'attente sociale.

J'ajouterai encore ceci : on peut éclairer cette question du partage des rôles en revenant à la commande faite par le politique de tel ou tel rapport, ou la prise en compte de telle ou telle alerte (la prévention des épidémies en offre de très bons exemples). Nous avons récemment vu qu'en France des rapports très documentés (celui de l'Inspection générale de l'administration de 2005, par exemple, sur l'organisation des pouvoirs publics en cas de crise sanitaire majeure) ont pu être rendus sans autre conséquence, comme si l'important avait été de mettre en place les moyens de la décision pour pouvoir ensuite continuer de n'en rien faire. Désolé, je vais jouer là au « psy » : il s'agit typiquement d'une logique obsessionnelle où l'acquisition de moyens est tellement satisfaisante qu'elle permet ensuite de se dispenser de les utiliser. Cela rejoint la logique de la procrastination, chère parfois à l'administration. Les rapports sont là, tout le monde en est content, mais ils n'auront pas de suite.

DS J'ai relu les quatre tomes de la correspondance de Pasteur pendant cette période de confinement. Ils sont étonnants de modernité. Pasteur travaillait à partir du terrain, construisait des modèles, et le politique finançait ces travaux. Il faut aller au secours de la recherche en laissant cette dernière dans la liberté de son espace. Que ce soit l'empereur Napoléon III ou l'empereur du Mexique, il fut une époque où chacun lui apportait des millions. Pasteur a bénéficié d'une aide économique considérable sans qu'interviennent de relations incestueuses entre le politique et la science. Tout simplement parce que le politique était au service de la recherche et non pas l'inverse.

Qu'est-ce qui a changé ?

DS Aujourd'hui, la recherche médicale est fondée sur des structures, l'Institut national de la santé et de la recherche médicale (Inserm), le Centre national de la recherche scientifique (CNRS), et des appels d'offre, c'est-à-dire qu'on attend d'elle de la rentabilité, éventuellement qu'elle invente de nouveaux médicaments, et très accessoirement qu'elle ait une utilité pour la santé publique. Les orientations précèdent, et paralysent, les inventions. Quand l'appel d'offre, financé par des laboratoires privés, a pour objet un médicament, la recherche s'engouffre dans une sorte de simplisme qui privilégie ce qui est rentable : obtenir des brevets le plus rapidement possible. La vraie recherche consiste au contraire à découvrir dans le hasard une étincelle de vérité qui bouleverse et qui est toujours imprévisible. Or, ce qui est prévisible est malheureusement souvent modeste, alors que ce qui est imprévisible est souvent porteur d'une lumière, qui apparaît *a posteriori* aveuglante.

AA Même constat que le Pr Sicard. Le système actuel de contractualisation, d'une part, et l'exigence de résultats rapides et assurés pour les jeunes chercheurs qui veulent faire carrière, d'autre part, stérilise, voire tue la recherche fondamentale, dont les résultats sont nécessairement aléatoires et ne sont souvent appréciables qu'à long terme.

C'est au politique, aussi, d'assumer sa fonction propre, qui est de gérer et d'organiser l'incertitude – ce qu'il a peut-être fui ?

DS Les Ehpad en sont l'illustration la plus tragique. Il est vraisemblable que ce sont les personnels soignants, et non les familles, qui y ont introduit le virus. Mais, à partir du moment où le conseil scientifique Covid-19 a considéré que cela interdisait tout type de visites, celles-ci ont été interrompues... et ont abouti à un désastre relationnel qui va se payer en décennies de deuils difficiles. Les personnes âgées ont eu le sentiment d'être abandonnées et se sont peut-être laissées mourir. On peut considérer que la rigueur dite « scientifique » a conduit à une cécité sur les conséquences humaines des mesures prises. Il y a là une forme d'enfermement. On n'a pas interrogé un seul directeur d'Ehpad pour savoir comment il pensait devoir gérer avec son personnel la contamination, comment il voyait les choses. L'interdiction des visites dans ces lieux est arrivée abruptement, par décret. Les pays où l'on confierait à la seule médecine le soin de décider seraient tentés par le totalitarisme.

Quand les scientifiques s'adaptent aux enjeux politiques, c'est un désastre annoncé. Et la noblesse du politique, c'est de garder une vision large afin de protéger les plus vulnérables

Est-ce qu'alors l'un des enseignements à tirer de cette pandémie ne serait pas la mise en place d'un dialogue d'une autre nature entre les chercheurs, le politique mais peut-être aussi les citoyens ?

DS Le problème, c'est que la demande des citoyens correspond à ce que nous vivons. Les citoyens demandent des preuves. Et ils demandent au politique de prévoir. En cela, la situation actuelle peut rappeler l'épisode du sang contaminé. On a alors reproché aux politiques d'avoir failli, et on a oublié que la médecine aussi s'était trompée, y compris les scientifiques les plus éclairés. Mon patron, Jean Bernard, qui fut le premier président du Comité consultatif national d'éthique, disait lui-même du sida que c'était une maladie où la présence d'anticorps garantissait la non-contamination. Il faut rappeler à quel point la science est faillible. Elle doit donc rester humble, à sa place, qui ne consiste pas à diriger le monde. Le Parti communiste soviétique a fait œuvre de destruction en s'appuyant sur des discours immunologiques « scientifiques » élaborés pour servir sa politique. Quand les scientifiques s'adaptent aux enjeux politiques, c'est un désastre annoncé. Et la noblesse du politique, c'est d'être capable de dire : « J'ai entendu, j'ai écouté... mais j'engage ma responsabilité dans tel autre choix. » C'est de garder une vision large, qui prenne en compte l'économie, la précarité, en vue de protéger les plus vulnérables et les plus pauvres. Le politique sert à nous protéger de l'adversité, dans tous les sens du terme. Il n'est pas là pour prendre la science au mot.
Le plus grand épidémiologiste anglais, Neil Ferguson, avait annoncé 500 000 morts de la maladie de « la vache folle ». Il y en a eu moins de dix, puisque cette maladie ne se transmet pas de la vache à l'homme en consommant sa viande. Pourtant, on a mis à bas l'économie des bovins pendant plusieurs années au prétexte que les scientifiques nous disaient que le prion se transmettrait. On devrait être extraordinairement humiliés par ces résultats. Les scientifiques peuvent apporter des résultats extrêmement novateurs et intelligents, mais ils peuvent aussi se tromper, comme tout le monde, et comme le politique. Le drame, c'est justement quand les deux se tiennent par la barbichette !

Et ne prennent pas leur responsabilité ?

DS L'enseignement à tirer de ce que nous venons de vivre serait que nous sortions de la malédiction du sang contaminé. Le politique doit assumer ses choix : « Je n'ai pas de masques, car ils ont été malencontreusement détruits ces derniers mois. C'est un drame, mais en attendant voilà les mesures de précaution à prendre. »

J'ai toujours pensé que « responsabilité » était l'un des mots les plus nobles qui soient, puisqu'il s'agit d'être comptable de ce que l'on dit, d'être comptable de ce que l'on fait, et de ne jamais se défausser sur l'autre, comme un enfant pourrait le faire. La vraie responsabilité humaine est celle que l'on assume. Je n'ai jamais vu de plainte contre quelqu'un qui agit en assumant sa responsabilité, sans intérêt économique ambigu et sans favoriser tel groupe politique. Les citoyens, pris à témoin, finissent par respecter cette attitude.

AA Qu'ajouter ? Ce partage des rôles et des responsabilités est crucial. Et cette responsabilité doit s'exercer à tous les niveaux : celui des scientifiques, des soignants, des politiques, mais aussi des citoyens, et même – ne l'oublions pas – des administrateurs ! Or, on peut remarquer que l'époque est plutôt aux modes d'organisation qui permettent de diluer la responsabilité : parce que les chaînes en deviennent, là aussi, trop complexes.

On a évoqué dans les médias la notion de « dictature sanitaire ». Pour sortir du piège qui se dessine là, il me semble qu'il est urgent de remettre bien au clair ce partage de rôles et de responsabilités entre médecine et politique. C'est d'une refondation des rapports de l'une avec l'autre qu'il s'agit ici.

Des perspectives s'ouvrent-elles à ce titre ?

AA Les conséquences de cette pandémie *et* – j'insiste – du traitement qu'elle a nécessité et nécessite encore, vont à mon sens être majeures. Sur tous les plans : scientifique, mais aussi économique, bien sûr, politique, social et – disons – psychique. On n'en mesure certainement pas encore toute la portée. Mais cela dépassera certainement les incidences psychologiques du confinement et de la crainte qu'exerce la maladie ou des séquelles qu'elle laisse : radicalisation de certaines pathologies psychiques, difficultés à faire certains deuils, parfois multiples, « culpabilité du survivant », syndrome de fatigue chronique, etc. C'est, je pense, notre culture qui va en être affectée, et donc la façon singulière dont chaque sujet trouve à s'y ajuster. De ce point de vue, je fais le pronostic que le plus dur reste à venir. En tout cas sur le plan psychique. Cassandre est la femme du moment.

Pour terminer sur une note plus optimiste, j'ajouterai qu'à tout prendre cette pandémie peut aussi être considérée comme une chance, si elle n'est pas trop dévastatrice. Si elle nous mobilise, nous incite à remettre nombre de choses à plat. Si elle est l'occasion de repenser le médical, le social, l'économie, la recherche, le politique – et leurs interactions, leurs synergies. À nous de nous en saisir.

Je fais le pronostic que le plus dur reste à venir. En tout cas sur le plan psychique. Cassandre est la femme du moment

DS Je crois que chaque pays est enfermé dans des traditions culturelles fortes. La France est un pays qui se veut rationnel mais qui est indifférent au réel. Le réel des situations apparaît toujours comme un embarras ; il faut donc interpréter celui-ci pour le mettre au diapason de modèles acceptables. Durant cette pandémie, chacun, et moi le premier, a été tenté de refaire le monde. Ce que j'espère, c'est que l'on tire de cet événement un peu d'humilité, la reconnaissance de notre ignorance, et peut-être le retour au pragmatisme, aux expériences individuelles. Non pas une sorte de dogmatisme d'État qui sait comment l'avenir doit être fait et impose des feuilles de route, mais l'attention extrême aux expériences de chacun. Non pas le populisme, avec ses mots d'ordre parfois bien éloignés de la réalité, mais, comme Pasteur, l'attention à la détresse, au réel des choses, à l'écoute des propositions venant de la base : chercher, en prenant en compte la complexité du réel. Peut-être que cette crise sera l'occasion d'une remise en cause du jacobinisme.

AA Oui, je suis d'accord. En psychanalyse, c'est presque une définition du réel : l'impossible à prendre en compte. Le réel : ce qui est source d'un tel embarras qu'on est évidemment très tenté de n'en rien vouloir savoir. Et pourtant… ●

AA & **DS**

PROPOS RECUEILLIS PAR
Elsa Rosenberger

DANS UN MOIS DANS UN AN

PAR
Patrick Autréaux

Dans un mois, dans un an, comment souffrirons-nous ?

On peut imaginer que l'épidémie aura fait sa moisson, qu'un traitement, un vaccin ou les deux auront été mis au point ; on peut imaginer que resteront vivaces les rancœurs et cicatrices ; de nombreux bébés seront nés qui ne connaîtront peut-être pas leurs grands-parents ; on aura compté les défunts et dressé les mémoriaux des héros morts au combat ; on continuera dc dénoncer les mensonges et dénis ; on fourbira l'avenir et réglera quelques comptes par voie de justice ; et on peut croire que le monde bataillera pour longtemps avec l'après-vérité, avec l'après tout court. Mais de quoi être vraiment sûr ? Qui pouvait savoir il y a un an comment nous souffririons ?

Je voudrais pourtant, quoi qu'il advienne, ne pas oublier ce qui s'est concrétisé avec force en cette année du double vingt : la vision d'un vaste manteau sombre tombé sur nous qui par un effet d'optique se révélait être un gigantesque animal nous tenant entre ses griffes. Le double vingt. Quel présage ! Si ce nombre est celui des annonciations et des noces de porcelaine chinoise (indice sans équivoque), nous ne sommes guère enclins à lire les signes que renvoient nos épousailles mondialisées. Mais plutôt que répéter que l'ampleur du désastre aurait pu être évitée, plutôt que désigner ce que martèlent la plupart des scientifiques, vainement jusqu'ici, j'essaierai de décrire cette prise de conscience ou matérialisation, dont je ne suis pas certain de saisir les implications mais que j'ai sentie trop physiquement pour la taire.

Quand le confinement a été déclaré, quand il a fallu s'enfermer et ne plus embrasser que les intimes, j'ai d'abord pensé que ça ne changerait pas grand-chose au quotidien du confiné volontaire que je suis, comme nombre d'écrivains. Certes je marchais moins, il y avait plus de monde en permanence à la maison, il fallait faire la cuisine plus souvent, j'étais soucieux pour mes parents et vieux amis. Mais ce ne serait pas nouveau. Et pourtant quelque chose s'en distinguait d'abord. En effet, à force qu'on me rappelle que j'étais à risque vu mes antécédents médicaux, j'ai repris mon mode chimio : tenter de saisir dans l'événement une chance de mieux entendre ce que taisent les temps tranquilles.

Même si le danger était alors autrement prégnant pour moi, avoir vécu un confinement forcé sous la menace de la mort, ça je connaissais, j'en ai écrit quelques livres. Inutile de revenir là-dessus. Rien de foncièrement exotique, ai-je d'abord préféré croire après un dernier café en terrasse. Ce qui différait toutefois et dont les effets psychiques m'échappaient encore, c'est que je n'étais plus confiné en marge des autres, mais que les autres me rejoignaient dans une condition subie. Et savoir qu'une bonne part du monde est confinée emplit l'espace intime d'une foule de gens.

Ce qui s'est aussi mis à différer très vite, c'est que, contrairement à ce temps où j'ai appartenu au club des allongés, je n'arrivais pas à écrire et très mal à lire. Comme tous ceux que les livres accompagnent, j'ai instinctivement recherché des fenêtres intérieures, qui rétablissent une marge au réel, pour faire des brèches dans le trop d'informations trop de commentaires trop de nombres, pour me vivifier de ces voix pleines de fulgurances qui aident à dépasser l'état présent et rendent le sentiment d'être rattaché à un destin plus large – pour me désenclaver et réinscrire dans la cohorte des vies bousculées. Mais les livres qui m'ont tant soutenu me tombaient cette fois des mains : l'habituel ermitage était ouvert ; mon confinement volontaire était rompu ; le confinement subi m'en excluait.

Les écrivains sont souvent des oscilloscopes. Et leur vie consiste peut-être moins à démontrer qu'à inventer une forme pour ce qu'ils perçoivent confus en eux, ou invisible encore autour d'eux. Ils écrivent pour donner corps.

Très jeune, j'ai eu le sentiment que l'individu que je suis était menacé. Que pour vivre un processus de continue transformation, je devais me laisser pénétrer, mais écouter au sein de ce tâtonnement un je-ne-sais-quoi qui mettait en garde. Jouer donc. Mais prudent devant tout ce qui tendait à exercer sur moi son pouvoir, famille amis amours croyances modes et autres pressions sociales. Est-ce la conséquence d'un caractère indépendant, d'une allergie à la mauvaise foi et au déni, d'un goût pour la vérité jamais atteinte, pour les démarches rationnelles contradictoires qui savent encore rêver ? Est-ce le plaisir de constamment remettre en question ce qui m'est donné pour acquis, ce que j'ai appris, mon jugement même ? Pour savoir d'expérience qu'on vit sur une branloire pérenne, j'ai tenté de faire de l'écriture un radeau qui permette de traverser le tumultueux réel sans fermer les yeux, essayant toujours de comprendre, sans oublier d'aimer, de me projeter en l'autre. De cela j'ai fait ma vie peu à peu. J'ai réussi à rassembler les conditions matérielles, frugalité et précarité choisie, quelque chose comme un monastère laïc – un lieu d'observation.

Le relatif retrait ne rend pas l'oscilloscope intérieur moins sensible. Au contraire. Il diminue l'anesthésie que nos défenses mentales établissent contre ces infimes et innombrables agressions venus du gros animal qu'est la société. Grâce à cet organe qui aide à radiographier les êtres et souvent les situations, à tenir ses distances envers les institutions, à privilégier l'empathie plutôt que les passions tristes, c'est de ce retrait que je perçois mieux à quel point l'individu est menacé : je n'ai aucune envie de le prouver, il me suffit d'avoir fait de cette idée une zone à défendre et de la porter en moi comme un moteur qui fait écrire, écrire en improvisant une route qui ne sourie pas forcément à la couleur de l'époque, qui permette de ne pas se sentir écrasé dans le présent perpétuel du monde du spectacle, qui laisse sans effroi approcher ce centre vide, moyeu plus que trou, au-dessus duquel j'ai un jour été suspendu en apprenant que j'allais mourir.

On fustige souvent l'individualisme, on le dit triomphant, on l'accuse de bien des malheurs actuels. Mais entendons-nous sur ce mot. L'individu-sujet dont je parle (loin de l'individu de masse) est celui qui tend à façonner une singularité, ce que je suis tenté de désigner par vie intérieure – et pour un artiste la condition même de son regard. Je ne parle pas de quelque solipsisme ou de cet égotisme clos, mais des réactions et métamorphoses du moi lorsqu'il a été confronté à la désolation la pauvreté l'exclusion, et dont la survie déclenche le besoin d'un nous. Un nous en équilibre, conscient de son inconstance, de sa relativité. Ce nous, fragile alliance entre singulier et plus que soi. Ce nous que fonde l'évidence d'appartenir à l'espèce humaine. Ce nous si souvent rendu impuissant, et tout autant menacé que les je qui le composent.

Paradoxalement peut-être, c'est dans ce retrait relatif qu'on sent avec force ce duel, qu'on peut y puiser ce qui nourrit d'écoute et de critique, qu'on se sait relié viscéralement aux autres.

Pourtant au cours de ce confinement imposé, quelque chose aura été différent. Le mouvement que je sens vers les autres à partir de ma cabane s'est transformé. Avec l'épidémie, j'étais soudain dans une cohue. E-mails et appels, amis médecins indignés et parents malades, réseaux sociaux crépitants, télévision rituellement regardée. Tout s'est mis à rappeler constamment ce qui se passait. Et dans la rue, ici ou ailleurs, c'étaient les drones policiers, les patrouilles et leur arbitraire, les attestations auto-limitatives, les camions qui lancent des ordres, les coups de fil de la mairie, les chiens robots, les profiteurs et accapareurs, les voisins délateurs qui s'arrangent pour faire respecter l'ordre, les unes répétitives des quotidiens, le décompte des cas et des morts, les vidéoconférences improvisées, le télétravail en passe de devenir norme, les performances solidaires, les applaudissements de 20 heures, l'économie qui s'effondre, les amis au chômage, les rayonnages vides au supermarché, les distributions caritatives de nourriture, les visages masqués partout, et une captation des inquiétudes et affects habituels, au point de trouver anodin qu'on puisse être traité pour un cancer, attraper une banale pneumonie, mourir d'un accident de voiture ou de vieillesse.

Soudain une couronne s'était posée sur la mappemonde. Soudain le réel devenait d'un exotisme obnubilant. Si je n'arrivais plus à écrire ni à lire, je n'ai pourtant jamais tant surfé, écouté d'émissions, lu la presse. Mais parfois jusqu'au délitement, à la confusion, à la haine et à la révolte : c'était vivre le temps, y être immergé, et peu à peu revivifier la conviction du changement nécessaire ; faire d'une expérience individuelle une affaire politique, dont tout s'emploiera vite à éteindre la virulence ou à la contenir.

Incapable de travaux intellectuels structurés, tant qu'aura duré le moment sanitaire de cette crise, j'ai archivé des articles, pris des notes mentales, accepté surtout cette nuée d'un réel qui ne pouvait entrer dans les formes connues. Mais je faisais ce constat intime que beaucoup semblaient partager : un des effets de ce confinement aura été de nous empêcher de nous confiner au-dedans. Il était devenu impossible de se mettre soi-même en marge volontaire, ou alors seulement au prix d'un effort démesuré et pour un temps très court. Nous étions plongés dans ce paradoxe étonnant : être en retrait et incapable de nous retirer – de penser large. Et ceci n'était-il pas un symptôme caractéristique d'époques que nous agitons sans cesse comme des épouvantails, mais dont nous faisions soudain l'expérience ? Il fallait bien se résoudre à ce mot irréel d'avoir été tant crié : nous vivions un moment totalitaire.

Disant cela, je ne parle ni du virus et de ses conséquences, ni de tel ou tel gouvernement qui aura réveillé en son sein certaine inclination autoritaire ou dérive franchement fascisante ; mais je parle de cette expérience terrifiante où la vie intérieure aura été entièrement soumise au gros animal, où nous aurons été entre les griffes de ce qui se serrait sur nous et n'avait plus de corps ni de visage ou de voix, plus de nom même.

Moment totalitaire que la plupart d'entre nous, tout en sachant les maux engendrés par le siècle fauve des totalitarismes, conscients de leurs résurgences et avatars, n'avions jamais connu ; et que pour quelques semaines nous aurons vu prendre forme et devenir incontestable : non par son ombre ni par un reliquat, parcellaire et se niant lui-même (comme lors des crises sociales récentes dans de nombreux pays), mais dans la chape plombée des jours où, passé le temps surréel des images et impressions qu'on croyait d'un autre temps, nous avons accepté notre aliénation à la méfiance – que nous soyons assignés à écran ou contraints d'aller travailler sans protection.

Je dis bien totalitaire et non fasciste ou dictatorial. Car le totalitaire nous enserre plus qu'il nous écrase ; il nous fouille et étreint, nous possède et dépossède à la fois, nous étouffe et se relâche, se resserre encore et sans intention de nous lâcher jamais ; il barre le retrait avec nous-mêmes jusque dans les rêves ; et déliant de tout, il fait sentir le chaos. Il nous réduit à un nous total et en même temps nous parcellise absolument, nous interdisant de faire corps.

Certes le moment totalitaire aura eu ses gradients. En fonction des pays, de leurs traditions démocratiques, de la prévoyance et des choix politiques de leurs gouvernants, nous en aurons fait une expérience quelque peu variée. Mais on le sait depuis longtemps, il est latent et déjà bien à l'œuvre dans notre monde : par l'effet révélateur d'une pandémie, il sera devenu manifeste. Et la nouveauté de ce temps ne tient peut-être pas à ce que nous aurons constaté, et qui était déjà décrit et annoncé, mais d'en avoir tous fait physiquement l'expérience : plus qu'un signe ou un symptôme, une incontestable mise en garde – un coup de semonce.

De grandes turbulences sont à l'évidence devant nous. Même si rien ne change de fond en comble dans le futur très proche, malgré les vœux de beaucoup d'entre nous, le chantier qui s'ouvre est inévitable et sera remuant. Or quoi qu'il advienne, et même si nous risquons d'être embrouillardés par un vortex de rituels et de protocoles imposés, je veux ne pas oublier les grandes ailes noires qui auront pesé sur nous : un événement dont l'avenir dira l'étendue et la complexité du développement. Je veux ne pas oublier que nous aurons éprouvé, en cette année du double vingt, l'emprise profonde d'un monde où se retirer en soi sera devenu une lutte de maquisard.

Car garder claire l'hypothèse qu'un pire encore pourrait en résulter, une de ces grandes épidémies de servitude plus ou moins volontaire, c'est aussi savoir garder vivace ce qui fait de nous les sujets et ferments d'un monde plus libre[1] ●

PA

1. Ce texte a été rédigé le 11 mai 2020, jour du déconfinement.

LA SCIENCE CONTRE LE TUMULTE DE LA RUE

PAR
Philippe Pignarre

Plutôt qu'une controverse dégradante et simpliste se bornant à opposer l'irrationnel à la science, un vrai débat avec le professeur Raoult aurait eu bien des choses à nous apprendre.

Dans cette affaire, mon but est de dépassionner ce qui s'est passé pour tenter de le repassionner autrement. Et c'est d'abord à ceux qui ont mis en cause le professeur Raoult que je souhaiterais m'adresser car ils m'importent en vérité davantage que l'équipe de l'Institut hospitalo-universitaire Méditerranée infection de Marseille et son chef.

Ce qui a motivé ce texte pourra sembler bien étrange : c'est mon étonnement face à la manière dont le professeur Raoult a été dénigré dans la controverse dont il a été partie prenante. Ce rabaissement m'a paru avoir pour objectif d'autoriser à plaquer une explication psychologique ou sociologisante sur un débat et sur ceux qui y prenaient part et par là même d'éviter toute interrogation sur la pratique scientifique. D'un côté, un gourou, irrationnel, de l'autre, la science, la raison, la rationalité. Or quand « la science » est mise au singulier et que l'on ne parle pas « des sciences » au pluriel, il faut dresser l'oreille. Il y avait là, à mes yeux, quelque chose qui ne tournait pas rond et dont il y avait sans doute à apprendre.

Une période de confinement comme celle que nous avons connue peut avoir du bien. En ce qui me concerne, elle m'a permis de relire les travaux de Bruno Latour et d'Isabelle Stengers dont je suis l'éditeur. J'y ai trouvé l'énergie pour tenter de présenter l'argument qui suit.

Une profonde incertitude

Nous venons de vivre un moment où tout a régressé de manière accélérée sous nos yeux ébahis – les libertés, les droits démocratiques, l'économie, les capacités de soigner, etc. Et nous n'en sommes certainement pas sortis car la pandémie n'est pas un événement dont on peut dire qu'il passera, que tout redeviendra comme avant. On sait tous, plus ou moins confusément, que le virus peut revenir... Le vaccin peut ne jamais être trouvé... D'autres virus peuvent lui succéder...

Le rapport que l'on pouvait vaille que vaille maintenir avec l'idée de progrès a été troublé et remplacé par un sentiment de *profonde incertitude* probablement destiné à durer car la mise en suspens ne s'arrête pas à la période de confinement. Ce que nous sommes en train de vivre n'est pas une affaire conjoncturelle ; cela n'est pas non plus dépendant d'un défaut du capitalisme comme celui qui, nous disait-on en 2008, allait être corrigé, mais a tout à voir avec notre mode même d'insertion dans le monde. On pourrait donc bien être en train de vivre un moment de bascule : l'émergence du virus pourrait être l'événement qui ne nous permettra plus de maintenir un fossé entre ce que nous savons et ce que nous sentons et faisons. La pandémie va-t-elle nous permettre de saisir enfin ce que veut dire vivre dans l'anthropocène ? Est-ce la fin de « cette remarquable indifférence de nos contemporains à la mutation écologique[1] » ? Ne vivons-nous pas l'événement capable « de faire à nouveau trembler d'inquiétude les Modernes sur ce qu'ils sont, aussi bien que sur l'époque dans laquelle ils vivent et le sol sur lequel ils se trouvent[2] » ?

Quoi qu'il en soit, l'heure n'est certainement pas à proposer des programmes prêts à l'emploi (et les propositions faites trop vite en ce sens ont semblé sonner creux, tout comme les « on l'avait bien dit »), mais à tout faire pour que la puissance de réfléchir, de sentir et d'agir sorte de ses anciennes limites. C'est l'intérêt de ce qu'a proposé, par exemple, Bruno Latour avec les « nouveaux cahiers de doléances[3] ».

Peut-être est-il encore trop tôt pour faire un lien entre la fin de la certitude en un progrès que rien ne devrait arrêter, un sens de l'histoire, et les deux grands mouvements qui agitent la jeunesse partout dans le monde, la lutte contre le réchauffement climatique et la lutte contre la domination raciste. Mais, dans les deux cas, on sent que plus personne ne veut se reposer sur un progrès allant de soi, qui autoriserait d'attendre en toute confiance que les choses aillent mieux. Non pas que l'on ait jamais imaginé que tout arriverait tout cuit à qui saurait attendre, mais longtemps il a été plus aisé de penser que l'on avançait vers plus d'égalité et de « protection de la nature » si l'on suivait le vent du progrès. Il suffisait de bien se placer dans le passage de son souffle.

La science pour sauver le progrès ?

Face à cette dangereuse émergence de l'incertitude, il est vite apparu qu'il ne restait qu'une chose pour sauver l'idée du progrès : la science ! Au moment même où tout semblait s'écrouler autour de nous, la science a été mise sur un piédestal. Elle devait triompher de toutes nos hésitations et nous remettre sur le droit chemin.

1. Bruno Latour, *Face à Gaïa. Huit conférences sur le nouveau régime climatique*, La Découverte, 2015, p. 241. Voir le chapitre 6 (« Comment (ne pas) en finir avec la fin des temps ? », p. 239-283) qui revient sur la manière dont on est passé – l'année 1610 étant prise comme date de cette inversion – d'une époque d'incertitudes et d'hésitations à une époque de certitudes, quelles qu'elles soient. On vivrait donc un moment inverse. L'an 2020 serait l'anti-1610.

2. *Ibid.*, p. 282.

3. Bruno Latour, *Où atterrir ? Comment s'orienter en politique*, La Découverte, 2017 ; voir aussi ses nombreuses tribunes et articles sur le même sujet.

Quand il a créé le conseil scientifique Covid-19, en mars dernier, le gouvernement était convaincu que la science permettrait de fermer la bouche à tous ceux qui pourraient manifester des désaccords avec sa politique. Et l'épisode des masques a pu le conforter dans cette opinion. La plupart des grands patrons de médecine ne se sont-ils pas précipités sur les plateaux de télévision pour confirmer « qu'ils ne servaient à rien » ? On a eu là sans doute un bel exemple de la lâcheté des scientifiques quand on les met en situation d'experts (en rupture avec leur identité de chercheurs), toujours attentifs à ne pas mordre la main qui les nourrit ou à s'accorder avec le pouvoir sur la nécessité de défendre l'ordre public contre une opinion irrationnelle et dangereuse.

Or cette confusion entre « science en train de se faire » (tout simplement, la recherche) et « science déjà faite » a une conséquence lourde : elle nourrit le complotisme

Mais la bonne ambiance n'a pas duré. On avait présenté la « science en train de se faire » sous les atours de la « science déjà faite »[4]. On allait vite voir que ce n'était pas si simple. On n'a pas pu réprimer un sourire en écoutant le Premier ministre devant le Sénat, le 4 mai : « Tel savant nous dit, affirmatif et catégorique, qu'il ne peut y avoir de seconde vague [...], tel autre, aussi savant, aussi respecté, nous dit l'inverse. » La déception était grande. Les sciences ne faisaient rien taire du tout : elles étaient elles-mêmes le lieu du plus grand tumulte. Or cette confusion entre « science en train de se faire » (tout simplement, la recherche) et « science déjà faite » a une conséquence lourde : elle nourrit le complotisme. Car beaucoup penseront : c'est donc que l'on ne nous dit pas la vérité, que l'on nous cache quelque chose. Ce complotisme trouvera encore plus de raisons de prospérer quand même une revue comme *The Lancet* s'avère incapable de tenir ses promesses et se couvre de ridicule. Les exemples de corruption de chercheurs (révélés au même moment par le procès du Mediator), la multiplication des conflits d'intérêts avec l'industrie pharmaceutique feront le reste. Et, paradoxe, cela poussera certains à en rajouter sur la rationalité, sur le mode : « Si nous "leur" racontons [au public] la science "telle qu'elle se fait", ils perdront confiance, et s'ils perdent confiance, rien ne les défendra contre l'irrationalisme. Il faut savoir mentir, ou enjoliver, lorsque l'on a affaire à des enfants, et jamais, au grand jamais, les adultes ne doivent se disputer devant eux[5] ! »

Guerre avec Marseille

Mais c'est la guerre qui a opposé le professeur Raoult, l'Institut de Marseille et les autres experts qui mérite d'être étudiée plus en détail. Ce ne fut pas à nos yeux un moment regrettable qui aurait dû rester confiné au cercle des experts, mais une fabuleuse occasion de mise à plat publique de tous les enjeux qui concernent les médicaments et les pratiques dites scientifiques mobilisées en ce type de circonstance.

Si une première confusion était faite entre « science en train de se faire » et « science déjà faite », une autre allait suivre : celle qui sépare le « laboratoire scientifique » du « laboratoire technique ». L'identification et le séquençage d'un virus n'a, par exemple, rien à voir avec

4. Quand la science est « faite », que les controverses sont épuisées, que des faits peuvent être considérés comme objectifs « pour avoir résisté à toutes les objections » (Bruno Latour, *Face à Gaïa*, *op. cit.*, p. 89), alors les épistémologues entrent en scène, effaçant toutes les étapes qu'il a fallu franchir, et en font le progrès d'une raison qui ne pouvait que s'imposer.

5. Isabelle Stengers, *La Vierge et le Neutrino. Les scientifiques dans la tourmente*, Seuil/Les Empêcheurs de penser en rond, 2006, p. 115.

le travail de mise au point d'un médicament, même si les technologies, les instruments et les spécialités des chercheurs peuvent être communs. Pourtant les études cliniques (et les désormais fameuses « études randomisées contre placebo ») ont été présentées comme sur le point de produire « la preuve scientifique » qui, dans les plus brefs délais, allait mettre tout le monde d'accord, c'est-à-dire en fait comme un « dispositif presse-bouton [qui] renvoie au fantasme d'un instrument d'interrogation tout-puissant, que nul n'aurait mis au point et ajusté, et qui créerait de la connaissance dans le mépris le plus total des problèmes posés par ce qui est à connaître[6] ». Or il s'agit d'une pratique qu'il serait plus juste de qualifier d'*artisanale* et non pas de *scientifique*. Rien ne va de soi, il faut du *tact* pour décider des ingrédients : durée de l'étude, moment où on administre le candidat-médicament (en fonction de quels tests biologiques ? de quels symptômes ? à quel degré de gravité ?), dosage, nombre de patients à inclure, critères de leur sélection, lieux où on va les recruter, critères de jugement (nombre de décès ? durée de la maladie ? sévérité des symptômes ? séquelles ? organes touchés ?), choix des outils statistiques, etc. Enfin, de quel budget dispose-t-on[7] ?

Une nouvelle fois, la controverse a vérifié cette remarque de Bruno Latour : « Notre ignorance à propos des techniques est insondable[8]. » Plus on étudie les essais cliniques et plus on comprend que quels que soient les *guidelines* des agences du médicament, le moindre détail modifiable par les initiateurs peut décider de leur réussite ou de leur échec. Aucune étude clinique ne ressemble à une autre. Chacune est un montage spécifique. Elles s'opposent souvent les unes aux autres et elles peuvent être contredites par de vastes études de cohortes menées sur des années. Or ce n'est pas comme cela qu'on les a présentées au public : on les a « épistémologisées » pour en faire des abstractions, des machines, capables de s'appliquer partout, en oubliant les tours et détours (les « dédales » dont parle Bruno Latour à propos des objets techniques[9]) de leur construction. On a vu le président de la République annoncer d'un air docte la date à laquelle les résultats « incontestables » de l'essai clinique européen initié par l'Inserm comparant plusieurs médicaments seraient dévoilés (essai Discovery) – étude qui, par ailleurs, ne sera probablement jamais menée à son terme... Il importe pourtant de savoir faire la différence entre une preuve expérimentale et ce qui n'aurait été, dans ce cas, qu'une « monstration statistique[10] ».

Aucune étude clinique ne ressemble à une autre. Chacune est un montage spécifique. Elles s'opposent souvent les unes aux autres et elles peuvent être contredites par de vastes études de cohortes menées sur des années.

Si les essais ont été inventés pour contrôler une industrie pharmaceutique prête à mettre n'importe quoi sur le marché, on ne peut pas ignorer qu'ils ont évolué[11]. Les essais cliniques revêtent aujourd'hui trois traits essentiels qui

6. Isabelle Stengers, *Cosmopolitiques II*, La Découverte/Poche, 2003, p. 32.

7. Le coût de chaque patient pourrait être d'environ 5 000 euros, mais cela peut beaucoup varier.

8. Bruno Latour, *L'Espoir de Pandore. Pour une version réaliste de l'activité scientifique*, 1999 ; trad. de l'anglais par Didier Gilles, La Découverte, 2001, p. 195.

9. *Ibid.*, en particulier le chapitre 6 : « Le dédale de la médiation technique », p. 183-227.

10. « À la différence d'une preuve expérimentale, les statistiques ne permettent que de "montrer", pas le moins du monde de produire une interprétation fiable de ce qui est montré », Isabelle Stengers, *La Vierge et le Neutrino*, *op. cit.*, p. 166.

11. Cette histoire est très bien racontée dans Harry Marks, *La Médecine des preuves. Histoire et anthropologie des essais cliniques (1900-1990)*, trad. Françoise Bouillet, Les Empêcheurs de penser en rond, 1999.

compliquent la question de leur fiabilité : 1. Ils sont, dans l'immense majorité des cas, sous le contrôle de l'industrie pharmaceutique, qui les finance et décide de leur protocole. 2. C'est le lieu où se tissent les liens les plus serrés entre la profession médicale et l'industrie pharmaceutique. 3. Ils sont toujours présentés comme « scientifiques ». Ils sont donc un bon exemple de « l'économie de la connaissance » qui est en train de subvertir toute la recherche.

Les essais cliniques requièrent une série d'opérations de recrutement successives : le commanditaire doit recruter des statisticiens et des experts en protocoles qui décideront du meilleur schéma à suivre en fonction de ce que les essais précédents (sur animaux, par exemple) ont montré – résultats qui ne sont souvent connus que d'eux –, puis des experts médicaux, qui recruteront eux-mêmes des médecins hospitaliers, qui recruteront à leur tour des patients. Mais chacun a ses propres intérêts ! Le commanditaire veut une « autorisation de mise sur le marché », les experts médicaux veulent être rémunérés et pouvoir publier dans une bonne revue qui améliorera leur réputation. Et le seul intérêt des patients, c'est de guérir !

C'est là que l'ensemble des propositions faites par le professeur Raoult a pu trouver toute sa force : un dépistage massif + une offre de traitement précoce + jamais de placebo. Ce refus du placebo a scandalisé la plus grande partie de ses confrères[12]. Là où la proposition de Didier Raoult aurait dû les faire hésiter, réfléchir, ils se sont contentés de rappeler les impératifs de la science et de la rationalité. Ils se sont même plaints d'être désormais confrontés au refus de nombreux patients – réclamant d'être soignés selon le protocole marseillais – de participer à toute étude contre placebo. L'obtention de leur « consentement éclairé » était désormais vue par certains comme un emmerdement. Voilà que les patients étaient maintenant comme l'idiot de *Bartleby* répétant « *I would prefer not to* »[13]. Insupportable !

La proposition de Raoult (pas de placebo) méritait pourtant d'être entendue, discutée et intégrée aux obligations qui sont celles des chercheurs. Là où on a pris l'habitude de renvoyer à un « consentement éclairé » bureaucratisé et à un « comité d'éthique » extérieur, une nouvelle place aurait pu à cette occasion être faite aux patients sans les renvoyer à une « irrationalité allant de soi et toujours plus menaçante ». Or la plupart des chercheurs, qu'ils aient ou non le moindre contact avec des patients, n'ont pas hésité, n'ont pas tremblé, il n'y avait pour eux rien à discuter. Le choix de ne pas utiliser le placebo a été vécu non pas comme une obligation intéressante, même si elle ralentissait les choses, mais comme une sorte de capitulation. La mise en scène était dressée : irrationnel contre rationnel, charlatanerie contre science.

Une nouvelle place aurait pu à cette occasion être faite aux patients sans les renvoyer à une « irrationalité allant de soi et toujours plus menaçante »

La proposition faite aux patients que l'on veut « inclure » dans une étude contre placebo a néanmoins quelque chose de terrible : « Vous n'aurez une chance de recevoir le candidat-médicament que si vous acceptez d'avoir une chance sur deux de ne pas l'avoir. » Comment ne pas parler de chantage ? N'est-ce pas là un mode de vérification des médicaments qui définit les patients comme des « proies » – ou des « enfants », irresponsables mais dont on attend qu'ils soient dociles – et

12. Ce n'est pas un effet de mon imagination : le professeur Raoult a réaffirmé devant la commission spéciale de l'Assemblée nationale son refus de traiter les patients comme des cobayes.

13. « *Je préférerais ne pas.* » Sur ce « *I would prefer not to* », son utilisation par Gilles Deleuze et Félix Guattari, voir Isabelle Stengers, *La Vierge et le Neutrino*, *op. cit.*, p. 269-270.

les chercheurs comme des « prédateurs »[14] ? Ne pourrait-on pas discuter, par exemple, d'une offre très simple : quand on propose à un patient de participer à une étude contre placebo, pourquoi ne pas être obligé de lui proposer aussi, s'il ne veut pas risquer d'être dans le groupe placebo, de recevoir le candidat-médicament dans une étude ouverte parallèlement (sans groupe placebo) ?

On a fait des études contre placebo le Graal de la recherche sur les médicaments. Mais ne pourrait-on penser à d'autres questions ? Une étude sans placebo n'aurait-elle pas permis de savoir si le traitement proposé par le professeur Raoult marchait sur certains profils de patients à l'exclusion d'autres ?

L'appel à la science avait-il un autre objectif que de repousser une trop grande implication des patients dans la définition des essais cliniques ? Ne craignait-on pas qu'ils sortent de leur rôle passif ? Ne s'agissait-il pas de faire taire la clameur de la rue[15] ?

Et le vaccin?

La question du vaccin va reposer toutes ces questions à une échelle infiniment plus grande. Elle est l'objet de prétentions qui pourraient être qualifiées de délirantes ; on va, signe des progrès extraordinaires de la science, le mettre au point en un temps record : deux ans ? Non ! Dix-huit mois ? Non ! Six mois... Le président Trump insistant pour que l'on aille encore plus vite (avant l'élection présidentielle américaine de novembre). Et les autorités scientifiques demandent aux pouvoirs publics de commencer dès maintenant une campagne pour rassurer le public, méfiant, comme le montre une étude publiée dans *The Lancet* le 20 mai 2020. Le mot « vaccin » devrait pourtant suffire à rassurer tout le monde : un vaccin est forcément, par définition, bon. Mais si nous avons besoin de vaccins, c'est de vaccins de qualité, mis au point avec toute la prudence nécessaire et donc sans sauter d'étapes. Or la seule façon d'aller plus vite est de superposer les phases habituellement successives de l'étude d'un vaccin garantissant son efficacité et sa sécurité. Comment éviter que la pression à l'urgence ait pour prix la sécurité des vaccinés ou l'efficacité du vaccin ? Certains experts, comme Anthony Fauci, directeur de l'Institut national des allergies et maladies infectieuses aux États-Unis, a même commencé à prendre ses distances avec ce type d'ambition dans plusieurs interviews récentes. On ne convaincra pas ceux qui se méfient des vaccins si l'on n'est pas capables, là encore, d'associer, sous toutes les formes possibles, les patients à leur mise au point, en rendant publics tous les détails de leur conception, sans rien dissimuler. On ne convaincra pas le public en le traitant comme irresponsable par nature.

On est très loin du compte. Un étrange silence règne, par exemple, sur le dernier vaccin mis au point par Sanofi contre la dengue, justement en sautant des étapes. Un silence radio, même. Et pourtant, l'affaire n'est pas si vieille et les leçons sont intéressantes à tirer. En février 2016, Sanofi lançait aux Philippines le Dengvaxia® et vaccinait 837 000 écoliers. Un lancement en fanfare ! Fin 2017, la campagne était interrompue : on avait de bonnes raisons de penser que le vaccin, au lieu de protéger, aggravait les infections chez des sujets n'ayant auparavant jamais été touchés par la dengue. Comme l'explique *La Croix* dans un excellent article : « Mais depuis novembre 2017, Sanofi fait profil bas. Le laboratoire a alors annoncé que son vaccin était en fait protecteur uniquement chez les personnes ayant déjà été infectées

---

14. « Penser dans les termes d'une écologie des pratiques, c'est tenter de déplacer l'effroi, de ne plus être effrayé par la crédulité du peuple, mais par l'agencement écologique contemporain, peuplé de proies et de prédateurs. [...] Nous savons seulement que la manière dont ils sont exclus par l'écologie des proies et des prédateurs, protégés à la manière d'enfants irresponsables, tenus à distance de ce qui, pourtant, les concerne, est activement partie prenante de ce qui peut les rendre redoutables. », *ibid.*, p. 167.

15. Bruno Latour, *L'Espoir de Pandore. Pour une version réaliste de l'activité scientifique*, *op. cit.*, p. 20.

par la dengue par le passé. [...] En principe, en effet, un vaccin vise à protéger des gens n'ayant jamais été infectés par une maladie. Mais dans le cas de la dengue, rien ne marche comme prévu. Au contraire, les personnes vaccinées semblent développer des formes plus graves que les non vaccinées[16]. »

On pourrait parler d'une affaire qu'il vaut mieux oublier pour ne pas donner d'arguments aux anti-vaccins. Là encore, il ne s'agirait que de protéger le public contre lui-même. Que ne ferait-on pas pour repousser l'hydre de l'irrationnel ?

On ne convaincra pas ceux qui se méfient des vaccins si l'on n'est pas capables, là encore, d'associer, sous toutes les formes possibles, les patients à leur mise au point, en rendant publics tous les détails de leur conception, sans rien dissimuler

On voit où les réflexes pour sauver le progrès dans une période d'incertitude nous mènent : à la mise sous silence d'informations cruciales, à l'infantilisation des patients. Le succès populaire du professeur Raoult (qui n'a malheureusement pas su se protéger des instrumentalisations de l'extrême droite) sonne pourtant comme un avertissement : on ne fera plus avaler n'importe quoi à un public qui a chaque jour de nouvelles raisons de se méfier. En continuant à vouloir croire à une science au-dessus de toute controverse, jamais menacée par la nouvelle économie de la connaissance, la gauche intellectuelle se prépare des lendemains difficiles ●

PP

16. Pierre Bienvault, « Sanofi, pourquoi le vaccin contre la dengue vire au cauchemar », *La Croix*, 2 mars 2019.

MALAISE DANS LA PROPRIÉTÉ

DIALOGUE

Pierre Dardot
Judith Rochfeld

La quête d'un vaccin contre le Covid-19 a remis au centre des débats l'idée de commun: un tel bien ne devrait-il pas être mis à la disposition de tous? Différentes acceptions du terme engendrent le flou et entravent la puissance de transformation que porte la notion.

Après que le groupe pharmaceutique Sanofi a annoncé qu'il livrerait en priorité les États-Unis, Édouard Philippe a déclaré que « l'égal accès de tous au vaccin n'est pas négociable ». De son côté, dès la fin du mois de mars, le G20 avait avancé le principe en la matière d'une « accessibilité pratique et économique ». Cela nous rappelle combien il n'y a pas d'évidence à ce que les traitements contre les maladies soient soustraits au marché. Comment expliquez-vous que les brevets soient devenus un enjeu commercial de premier plan et ne constituent pas un bien commun?

Judith Rochfeld Pendant très longtemps, les médicaments ont eu un statut particulier, ainsi que le retrace par exemple le sociologue Maurice Cassier. Le gouvernement de leur accès résultait d'un savant équilibre entre les droits de l'inventeur à être « récompensé » de ses efforts et investissements et les besoins, parfois vitaux, des malades. Les accords de l'Organisation mondiale du commerce (OMC) dédiés à la propriété intellectuelle (ADPIC) de 1995 l'ont modifié et ont constitué à ce titre un tournant majeur : ils ont généralisé le brevet au monde entier et ont tendu à inscrire de plus en plus le médicament comme un bien ordinaire. Il faut se souvenir de cette rupture car elle nous rappelle que le médicament avait auparavant une place à part et que d'autres agencements étaient possibles. Les mobilisations pour l'accès aux antirétroviraux au bénéfice de populations pauvres malades du sida à la fin des années 1990 n'ont pas manqué de le rappeler d'ailleurs : avec l'uniformisation du brevet, il n'y avait plus de productions domestiques possibles à des tarifs abordables ; certaines organisations non gouvernementales (ONG) ont alors fait pression pour ouvrir le bénéfice de ces traitements à ces populations, poussant vers de nouvelles interprétations des textes qui feraient une place à des formes d'exceptions ou à des licences spécifiques en cas d'intérêts vitaux menacés. Si le système n'a pas prospéré – il a été très compliqué de le faire valoir en justice –, la pression médiatique de ces débats a fini par trouver des traductions concrètes.

Par ailleurs, des modèles alternatifs d'innovation montrent également que d'autres articulations sont possibles, par exemple certains partenariats de développement de produits. Ainsi, la Drugs for Neglected Diseases initiative (DNDi), créée par Médecins sans frontières et cinq instituts de recherche publics en 2003, sous la forme d'une fondation et avec une participation de l'Organisation mondiale de la santé (OMS), conçoit des médicaments pour des maladies négligées – et, depuis 2015, pour des malades négligés – selon un modèle d'innovation différent : la recherche y est proclamée comme un « bien public » ; il s'y organise une plus grande ouverture des données de la recherche entre partenaires, ainsi qu'un système de brevet qui ne l'exclut pas, mais la conditionne à des accès au bénéfice de malades. La réussite tient d'une part au fait que l'initiative est parvenue à attirer des firmes pharmaceutiques dans des partenariats où ces dernières doivent respecter des conditions d'ouverture et d'accès à certaines populations. Elle tient aussi, d'autre part, à ce que l'ambition initiale du modèle de remédier à l'incapacité du marché ait évolué vers des articulations intéressantes avec le marché.

Pierre Dardot Juste après 1948, avec la Déclaration universelle des droits de l'homme et la fondation effective de l'OMS, on considérait que les vaccins – élaborés à partir des souches virales – devaient être mis à disposition de tous. C'est en se souvenant de cette situation qu'on comprend pourquoi le biologiste états-unien Jonas Salk a renoncé à breveter son vaccin contre la poliomyélite dans les années 1950 : il l'a fait au nom de la défense de l'humanité. Certes, renoncer à un brevet n'était pas une attitude courante, mais il n'empêche, c'était concevable. Au tournant des années 2000, au contraire, certains laboratoires états-uniens, avec la bénédiction des gouvernements, se sont emparés des souches virales qui étaient produites au Vietnam, en Indonésie et en Thaïlande. Sans l'autorisation des pays où se trouvaient ces souches, ils ont déposé des brevets. L'OMS a tenté en réaction de protéger ce qui pouvait l'être puis, en 2010, elle a mis en place un système de licences gratuites et non exclusives avec un accès égalitaire – le titulaire du brevet était tenu de céder une licence à l'OMS. Rien n'est définitivement acquis, loin s'en faut, car il n'y a pas de pouvoir de contrainte, c'est seulement une « recommandation » et non une « obligation ». On touche ainsi au problème de fond de la co-obligation qui fonde le « commun » au sens d'institution. On se heurte en fait à la place démesurée accordée au principe de souveraineté de l'État dans le droit international.

On touche au problème de fond de la co-obligation qui fonde le « commun » au sens d'institution. On se heurte en fait à la place démesurée accordée au principe de souveraineté de l'État dans le droit international

Ce n'est que depuis très récemment que les ONG jouent un réel rôle sur ce terrain. Sur le climat, on voit d'autres acteurs que les entreprises ou les États être admis à intervenir et à faire des propositions à part entière. C'est heureux mais encore très timide. Quand

Emmanuel Macron a proclamé qu'il fallait « retrouver » notre souveraineté, il a sous-entendu qu'on l'avait perdue du fait de l'action d'un agent extérieur, alors qu'en réalité tout cela a été fait avec la bénédiction des États eux-mêmes. Et puis surtout, derrière le vocabulaire de la souveraineté, il parlait en fait d'indépendance dans la production des principes actifs dans la fabrication des médicaments, ce qui n'a rien à voir. Derrière le mot « souveraineté », on met donc tout et n'importe quoi. La souveraineté de l'État signifie fondamentalement la supériorité de l'État à l'égard des lois et obligations, d'une part, en interne, dans son rapport à ses propres citoyens, et d'autre part, en externe, dans ses relations avec les autres États.

Cette question de la souveraineté s'est posée aussi au moment des gigantesques incendies en Amazonie. Il semble, depuis quelque temps, qu'à chaque nouvelle crise ou catastrophe dont les effets ont une dimension mondiale, l'idée du commun resurgisse. Pourtant, les termes en usage varient : bien public mondial, bien commun, communs sont entrés dans le lexique politique. Quelles sont les différences entre toutes ces notions ?

JR Je commencerai tout d'abord par distinguer les « communs » des « biens communs ». Ces derniers recouvrent l'idée qu'une chose ou une entité est porteuse d'un intérêt commun et que son propriétaire ou celui qui exerce une souveraineté sur elle – ce peut être un individu, un État, une collectivité locale, etc. – devrait prendre en compte cette dimension dans son utilisation et sa gestion. Cela signifie donc la reconnaissance d'un lien particulier entre un groupe d'humains et cette chose ou entité, lien qui peut aller jusqu'à celui d'interdépendance et de solidarité dans les usages ou « bénéfices » offerts par la chose. On retrouve cette idée dans le droit français avec l'obligation pour le propriétaire d'un monument historique de conserver son bien dans le souci des générations présentes et futures et afin que l'intérêt historique socialement reconnu de ce bien soit préservé. Toutefois, dans la plupart des cas, le terme de « bien commun », qui s'inscrit d'ailleurs dans l'héritage des *res communes* (« choses communes ») du droit romain, est évocateur d'une ressource « naturellement » en commun (l'eau, la mer, l'air...) ou socialement saisie comme telle (les composantes du patrimoine culturel, par exemple) ; il laisse de côté en revanche les pratiques sociales qui y sont liées. C'est là qu'il faut exprimer une différence fondamentale avec les communs.

Ceux-ci trouvent plutôt leur origine dans le terme anglais de *commons* et ont été tout particulièrement théorisés ces dernières décennies par l'économiste nobélisée Elinor Ostrom. Ils renvoient à l'organisation, par des communautés de taille moyenne, d'un gouvernement collectif d'une ressource ou d'un système de ressources. Des communs « fonciers », telles des forêts ou des pêcheries, ont été à la base de sa réflexion. Puis, celle-ci s'est étendue aux « communs de la connaissance » ou « informationnels » (l'encyclopédie en ligne Wikipédia, par exemple). Pour résumer l'approche, les membres de la communauté parviennent à s'organiser pour avoir accès à la ressource, en prélever des fragments, la gouverner, chacun ayant des droits homogènes ou hétérogènes. La question centrale devient alors celle de déterminer à quelles conditions on parvient à représenter l'intérêt commun et à le gouverner pour assurer la pérennité de la ressource – pour celles de la première catégorie (foncières) – ou sa production et la bonne organisation de ses usages – pour celles de la seconde (informationnelles). Les modalités sont très variées et les intérêts parfois très concurrents.

Enfin, il existe une catégorie très spécifique de communs, qui élargit considérablement l'idée de « communauté » et soulève des questions non résolues d'échelle de gouvernance : les biens communs mondiaux. Si on prend le cas de l'Amazonie, par exemple, celle-ci se trouve sous la souveraineté de neuf États (dont la France) aux intérêts antagonistes, ainsi que sous l'empire de divers traités internationaux et de plans nationaux et locaux. À défaut d'entente entre ces acteurs, et avec d'autres intéressés, on a abouti à une certaine forme de « tragédie des communs », au sens de la « fable » popularisée par le biologiste Garrett Hardin en 1968 selon laquelle un bien en accès ouvert, dont tout le monde peut user, n'est pas pérennisé du fait de la surexploitation qui en est menée, chacun maximisant son intérêt individuel sans endosser les conséquences de long terme.

Dans la plupart des cas, le terme de « bien commun » est évocateur d'une ressource « naturellement » en commun (l'eau, la mer, l'air...) ou socialement saisie comme telle ; mais il laisse de côté les pratiques sociales qui y sont liées. C'est là qu'il faut exprimer une différence fondamentale avec les communs

PD C'est pour cela que je préfère de très loin la notion de « commun » – au singulier – qui a, d'une part, le mérite d'insister sur l'exigence d'autogouvernement, et dénonce, d'autre part, le recours à celle de bien public mondial qui n'a vraiment rien à voir avec les communs. On a beaucoup parlé, il est vrai, de la forêt amazonienne comme du « poumon de l'humanité », au moment des incendies criminels de l'été 2019. Sauf que considérer l'Amazonie comme un commun au sens où ce qui s'y passe a des répercussions sur les conditions de vie de l'ensemble des habitants de la planète ne coûte pas cher. On désigne par là un « commun de fait », constitué d'interdépendances multiples, qui n'a rien à voir avec une institution procédant de règles s'imposant à tous. Cela n'induit pas du tout que l'Amazonie soit reconnue comme un commun au sens d'un milieu de vie géré par les habitants qui à la fois en vivent et y vivent. Il se trouve de surcroît que leur façon d'en vivre n'est justement pas de nature à détruire l'environnement lui-même, mais plutôt à l'entretenir en le préservant de toute dégradation. À ce titre, donc, le commun se conçoit sous la forme d'une institution d'autogouvernement incluant des collectifs humains et non humains, et c'est cela le plus important. Les choses y sont organisées sur la base de règles qui sont transmises par la coutume et qu'on ne peut pas enterrer sous prétexte qu'elles seraient des survivances d'un âge dépassé – tout simplement parce que ces règles coutumières se renouvellent, contrairement aux déclarations de Jair Bolsonaro qui pense que ces communautés sont réticentes au progrès. Or, loin d'être figés dans une immobilité échappant à l'histoire, ces communs coutumiers se réinventent, notamment dans l'opposition à l'exploitation productiviste de la forêt. L'important est bien d'envisager le commun comme une institution – et on voit très bien que cette dimension de l'institution est occultée dans la notion de « choses communes » et plus encore dans la classification des biens (publics, privés, communs) propre à une certaine économie.

Les biens publics mondiaux sont de leur côté d'un tout autre ordre. Cela renvoie au champ spécifique de l'économie et ce n'est pas par hasard si Emmanuel Macron les a repris quand il a parlé des vaccins. La notion de bien public mondial est liée à une théorie élaborée par des économistes rattachés à l'Organisation des Nations unies (ONU). Il y en a de trois catégories : ceux de l'*indivis* naturel mondial, tels la couche d'ozone ou le climat ; puis ceux relevant du patrimoine de l'humanité, comme l'Internet ou les connaissances ; enfin, le troisième type de bien public mondial est constitué par les résultats de politiques coordonnées à l'échelle mondiale, comme la santé, mais aussi le système de sécurité, la paix, la stabilité financière. Cette catégorisation a pour caractéristique d'être exclusivement fondée sur des présupposés économicistes – est-ce qu'il y a consommation, surconsommation, sous-consommation ? –, ce qui encourage une gouvernance hybride sur le modèle des partenariats public/privé. Il n'est pas surprenant que les gouvernants s'en réclament car ils y voient une sorte d'auxiliaire dans la manière dont ils projettent leurs propres actions à l'échelle mondiale. En toute rigueur, on devrait dire que les biens publics mondiaux sont plutôt des biens collectifs, valant pour un groupe de pays et de populations, et non pas des biens communs.

La question est de savoir si ce sont les experts ou la société qui doivent identifier ces droits fondamentaux. Si l'on estime que c'est la société, cela requiert l'organisation démocratique de la société. Cela pose de nouveau la question du commun ou de l'autogouvernement

La difficulté du terme de « commun », c'est qu'il est pris en effet – dans des théories juridiques notamment – au sens « d'universel ». Si on se tourne vers la théorie italienne, qui a beaucoup compté pour l'élaboration de ces notions – je pense au travail de Stefano Rodotà –, on s'aperçoit que « commun » y a précisément ce sens. Les biens communs sont alors des choses indispensables à la satisfaction des besoins et à l'exercice des droits fondamentaux de la personne humaine. Le point de départ est donc l'identification de ces droits et non l'énumération des biens ou leur classification, et les biens communs ne sont jamais que déduits de cette identification. Cela donne le raisonnement suivant : si je pose que la santé est un droit fondamental de la personne humaine, il s'ensuit que la santé est un bien commun ! La question est alors de savoir si ce sont les experts ou la société elle-même qui doivent identifier ces droits fondamentaux. Si l'on estime que c'est la société, comme je le pense, cela requiert l'organisation démocratique de la société. Cela pose de nouveau la question du commun ou de l'autogouvernement. On voit bien que cela n'a strictement rien à voir avec la théorie des biens publics mondiaux qui se moque des droits fondamentaux de la personne.

Les citoyens s'emparent de fait de plus en plus de la notion de biens communs dans leurs mobilisations contre le réchauffement climatique. Ces luttes portées par la société civile vous paraissent-elles pouvoir faire bouger les lignes ?

JR Je pense vraiment que les mobilisations en cours constituent un laboratoire. Des communautés de défense, diffuses, se manifestent partout dans le monde par des actions en justice en défense des biens communs, spécialement en défense du système climatique : elles attraient – vulgairement, on dit traînent – devant les tribunaux leur État ou des entreprises pour défaillance dans cette protection ou abus dans le « bénéfice ». Des enfants de 9 à 21 ans, figurant les générations présentes et futures, ont attaqué ainsi l'État fédéral aux États-Unis pour carence de sa politique – il s'agit de l'« Affaire Juliana ». En Suisse, ce sont les « aînées » qui ont mené une action climatique contre l'État fédéral, rappelant la responsabilité historique des pays du Nord et la dette que cela faisait peser sur leur État. Aux Pays-Bas, c'est une fondation et près de 900 personnes qui se sont mobilisées pour forcer l'État néerlandais à se conformer à sa trajectoire de baisse d'émissions de gaz à effet de serre annoncée lors de l'accord de Paris de 2015. En Colombie, à l'initiative d'une ONG et de jeunes toujours, la Cour suprême a reconnu, en avril 2018, la partie colombienne de l'Amazonie comme une personne juridique à protéger.

La France n'est pas en reste de ce mouvement quasiment mondial puisque trois actions de ce type sont actuellement en cours. La plus connue est celle dite de l'« Affaire du siècle », conduite par les associations Notre affaire à tous, Oxfam, la fondation Hulot et Greenpeace, sur fond de mobilisation citoyenne de nouveau, attestée par la signature par plus de 2,5 millions de personnes de la pétition lancée dans le même temps. Certes, la plupart de ces actions échouent pour l'heure (à l'exclusion de celles néerlandaise et colombienne) ; il faut du temps pour faire accepter des changements d'argumentation aussi importants. Certes encore, elles ne s'appuient pas toujours expressément sur l'idée de « bien commun » et sur l'aspiration à une participation des citoyens au gouvernement de ces grandes entités (les arguments avancés relèvent bien plus souvent de la protection des droits fondamentaux de chacun : à la vie, à un environnement sain, etc.). Pourtant, on peut y voir la figuration d'une communauté diffuse, consciente du risque qu'elle encourt en commun et qui se mobilise pour parvenir à être représentée.

Certes, la plupart de ces actions échouent pour l'heure (à l'exclusion de celles néerlandaise et colombienne) ; il faut du temps pour faire accepter des changements d'argumentation aussi importants

Quand bien même le problème est mondial et était anciennement renvoyé à la gouvernance des seuls États par des traités internationaux, certains citoyens sont en train de faire redescendre et discuter ces enjeux mondiaux à l'échelle de chaque souveraineté étatique. Bien sûr, l'action en justice reste à la marge et l'on peut souhaiter qu'elle se mue en d'autres formes de gouvernement de ces entités, plus pérennes et pacifiques. En ce sens, d'ailleurs, l'action colombienne a débouché sur le renvoi vers des formes de communs : les juges ont ordonné l'élaboration de plans nationaux, régionaux et intergénérationnels impliquant dans la gestion de l'Amazonie les habitants et défenseurs de ce milieu de vie. Le processus est encore en cours et ne montre pas de résultats très tangibles pour le moment (de nouvelles actions judiciaires ont été lancées). Il n'en atteste pas moins de l'émergence de nouvelles formes, entre les biens communs sans gouvernance et les communs avec organisation collective. D'une tout autre manière, c'est également ce dont témoigne, en France, la Convention citoyenne pour le climat.

PD Je suis assez méfiant à l'égard de l'expression « société civile ». Foucault le rappelait : quand on oppose la société civile à l'État, on oppose les termes d'une stricte corrélation. Cette opposition est en réalité un piège : la société civile, c'est précisément ce dont l'État a besoin pour gouverner les hommes, car elle est la cible de son intervention et lui est en ce sens indispensable. Je comprends cela dit l'engouement pour ce terme, car dans « civile » s'exprime l'idée du citoyen (*cives*).

En tout cas, c'est indéniable, le monopole des gouvernements sur la gestion des affaires publiques s'ébrèche. Cela ne signifie pas qu'on va du jour au lendemain s'en passer, mais la contestation est très active et très prometteuse. On ne peut pas dire qu'elle se porte immédiatement à l'échelle mondiale, mais elle est au moins transnationale puisque les coalitions citoyennes sont capables de traverser les frontières. Et si elle ne l'est pas forcément d'emblée, les actions menées par les coalitions citoyennes le deviennent par le fait de leur diffusion.

La globalisation a dans ce versant quelque chose de positif parce qu'il y a une transmission très rapide – et c'est inédit dans l'histoire. Cela ne se réduit pas au simple fait d'être affecté par ce qui se passe en un autre endroit du monde. Ce n'est pas le vieil internationalisme, qui consistait surtout en une solidarité avec des luttes dans d'autres pays ; c'est autre chose, quelque chose comme une transnationalisation des pratiques et des expériences. Ces coalitions transnationales se démarquent également du modèle de l'altermondialisme qui s'était constitué autour de l'organisation de contre-sommets alternatifs et qui est aujourd'hui épuisé. Évidemment, cela ne résout pas la question de la « communauté de référence » identifiable derrière ces coalitions. On l'a bien vu avec Bolsonaro, lorsqu'il a rétorqué, en somme : « Quelle communauté êtes-vous finalement pour nous faire la leçon ? » Ladite « communauté internationale » n'est pas une communauté mais procède entièrement des rapports de force entre États. De fait, dans le cas des coalitions transnationales, la « communauté de référence » fait défaut.

JR C'est un point crucial, mais attention, il ne faudrait pas laisser croire qu'au Brésil, il n'existe aucune protection pour autant. Malgré Bolsonaro même ! Les normes juridiques de protection des entités naturelles y sont extrêmement abouties (dans la Constitution, les lois, des plans nationaux, etc.). Le 23 avril 2020, en pleine pandémie, une décision judiciaire est même intervenue, reprochant à des autorités de protection de l'environnement de ne pas avoir fait leur travail et d'avoir arrêté les contrôles des exactions en Amazonie (incendies, pollution), d'ailleurs jugés insuffisants, alors qu'il fallait considérer qu'il s'agissait d'une activité « essentielle » et qu'elle devait être poursuivie pendant la crise sanitaire. Le problème est cependant l'effectivité de ces règles, notamment quand les défenseurs de l'environnement sont menacés. Par ailleurs, dans le monde, des pays ne sont pas touchés par de telles mobilisations ou actions (la Chine, par exemple). Ce sont alors des pressions extérieures, comme celles des consommateurs européens, qui pourront faire évoluer les choses.

S'il y a un domaine où les consommateurs semblent faire toutefois de la résistance, c'est celui du numérique. Internet a été nourri par la réflexion sur le commun et en constitue aujourd'hui un des fronts principaux. Néanmoins, le confinement a révélé la domination massive des géants du Web. Quels leviers pour faire évoluer les pratiques et les soustraire au marché ?

JR Le Web s'est effectivement construit sur un substrat non commercial, voire libertaire, sur une idée de connexion de toutes les extrémités du réseau, en toute liberté et sans aucune discrimination des contenus échangés. Dans un très grand optimisme et en paraphrasant Adam Smith, on a pu vanter la « richesse des réseaux » (Yochai Benkler), celle du pair-à-pair, du gratuit, du collaboratif. En atteste, encore une fois, Wikipédia, cette encyclopédie participative qui est un vrai commun, ou encore le fourmillement des logiciels libres…

Mais il s'est produit un tournant commercial massif où la moindre de nos minutes d'attention se trouve convertie en données et monnayée dans une économie du même nom, où de nouveaux goulots se sont créés, verticalisant le réseau et conditionnant beaucoup de nos interactions. Ces grandes plateformes ont même absorbé, et absorbent toujours, beaucoup des contenus collaboratifs évoqués : les notices de Wikipédia arrivent ainsi systématiquement en tête des résultats de recherche sur Google. Or, outre les questions de « datification » (mise en données) des personnes dans tous leurs pan de vie, dont nous avons tous été les acteurs plus moins consentants pendant le confinement, il n'est pas facile de poser des articulations entre les communs et la réappropriation qu'en font ces grands acteurs oligopolistiques.

Des pistes de réflexion existent, qui vont de modèles totalement alternatifs (d'autres moteurs de recherche, d'autres réseaux sociaux, d'autres plateformes, etc. ; d'autres partages des données ou des logiciels utilisés, etc.), malheureusement moins performants en général du fait de l'« effet réseau » (un outil est d'autant plus performant et intéressant qu'il est utilisé par une large communauté), à des obligations de partage de la valeur ou de participation aux communs – d'aucuns évoquent des licences de réciprocité, par exemple, selon lesquelles seuls ceux qui auraient participé à l'élaboration du commun ou à son alimentation pourraient en profiter ; mais qui accepterait-on dans le système ? Ferait-on une différence entre les acteurs à but lucratif et ceux à but non lucratif ? Quelle réciprocité attendrait-on, monétaire ou de participation ? Et, pour l'heure, on n'est pas parvenus à faire émerger d'alternatives qui permettent véritablement des choix éthiques différents. Sans compter que peu d'utilisateurs éprouvent effectivement le besoin d'opérer ce type de choix en la matière.

C'est un droit nouveau, un droit du commun, qu'il s'agit d'inventer afin de protéger les communs numériques

PD La question de la réciprocité, quand on a affaire à un acteur comme Google, est assez épineuse. Que peuvent apporter des acteurs de ce type à l'élaboration du commun informationnel ? Pas grand-chose. Parce qu'ils sont d'abord dans une logique de capture, et non de partage. Certes ils mettent à profit ce qui est élaboré par d'autres, mais cela relève d'un détournement du commun à des fins purement commerciales. Une co-élaboration des règles me semble assez difficile à envisager avec de tels acteurs. Il y a eu, au début de l'essor d'Internet, un certain idéal du commun. Depuis, on assiste à un retour de bâton, avec la remise en cause en 2018 de la neutralité du Net. Les gens sont complètement désenchantés parce qu'ils découvrent un adversaire coriace. La question posée est celle des rapports de force qui doivent être institués pour préserver ce qu'il reste encore de commun en matière numérique. Les communs informationnels, pour se défendre, vont être amenés à élaborer au plan du droit un certain nombre de solutions qui n'existent pas encore. Cela pose un problème général par rapport à ce qu'on appelle la place du droit. Parce qu'il me semble qu'on a trop souvent tendance à réduire le droit à une sorte d'instrument, comme si on pouvait en faire un simple moyen au service de fins tout à fait opposées. On ne voit pas du tout sa logique propre. Si on parlait du droit comme d'un terrain de conflictualité, cela serait déjà un peu plus juste. Il y a des constructions juridiques qu'il faut prendre en compte, surtout quand on veut les utiliser dans une action. Si on le fait en méconnaissance de cause, c'est-à-dire sans comprendre la logique particulière qu'il y a derrière, on risque de déchanter très vite. En fait, c'est un droit nouveau, un droit du commun, qu'il s'agit d'inventer afin de protéger les communs numériques.

Les communs, tels qu'ils ont existé au cours de l'époque « moderne », sont souvent évoqués par les partisans du commun, notamment parce qu'ils révèlent combien notre conception contemporaine de la propriété privée est récente. De quoi s'agit-il et cela vous semble-t-il pertinent ?

JR Quand on évoque les communs, on pense assez naturellement en France aux « communaux » de l'Ancien Régime, c'est-à-dire à ces ressources (bois, pâturages, etc.) sur lesquelles s'exerçait un ensemble de droits d'usage divers, soit individuels, soit collectifs. La terre, tout particulièrement, s'associait à un statut spécial : outre une approche théologique selon laquelle elle n'aurait pas été donnée à l'homme, mais serait restée à Dieu, seul son usage étant affecté à la « communauté du genre humain », elle donnait lieu à une imbrication de ces droits d'usage variés. Or ce ne sont pas des modèles qui ont de quoi faire rêver aujourd'hui. Tout d'abord, ils s'inscrivaient dans une utilisation communautaire des ressources, au sens où la vie s'y déroulait au sein de communautés imposées, qu'elles soient familiales ou d'alliance, paysannes ou villageoises (de territoire), bref au sein de communautés assignées et aux fortes contraintes personnelles. Ensuite, ces utilisations communautaires des ressources s'inscrivaient fondamentalement dans des problématiques de survie du groupe social (et non environnementales comme aujourd'hui). Le modèle de propriété, par ailleurs, était celui de la propriété divisée ou superposée, impliquant que pour accéder à l'utilité d'un bien, il fallait passer par une obligation envers autrui (typiquement envers le seigneur pour le paysan). Le rapport aux biens lui-même était très différent : l'historien Paolo Grossi a parlé à cet égard de « réicentrisme », c'est-à-dire du fait que la chose elle-même imposait son statut et ses utilités sans que la volonté des hommes n'en décide rien. C'est contre ce modèle que la Révolution française a proclamé la propriété comme un droit « naturel » et « sacré » dans la Déclaration des droits de l'homme. Toute la construction révolutionnaire a eu précisément pour but d'émanciper l'individu de ce nœud d'obligations et de le délier des assujettissements par rapport à d'autres : la propriété deviendra ce droit direct de pleine maîtrise, exclusive et absolue, sur un bien. La face matérielle de la liberté individuelle en quelque sorte. Tout le défi actuel consiste à y réintroduire une place pour le commun, alors qu'elle a été construite en opposition à ce dernier.

Que faire donc de l'État en France, puisqu'il est celui qui, depuis la Nuit du 4 août 1789, a toujours justifié la propriété, empêchant tout avènement du commun ?

PD Il y a dans la logique des communs telle que je la comprends quelque chose qui est de nature à transformer en profondeur l'État. Le modèle français, celui d'une hypercentralisation, ne fait pas du tout rêver – je l'ai vu à l'automne 2019 au Chili, où c'était plutôt l'exemple allemand, celui d'une structure fédérale, qui était pris comme référence dans les discussions sur la nouvelle Constitution. La Constitution de 1980, héritée de Pinochet, reposait sur une extrême centralisation de l'autorité. De nouveau on bute sur la question de la souveraineté de l'État considérée dans son versant interne (le rapport des représentants de l'État aux citoyens). Il faut favoriser tout ce qui peut permettre de contrecarrer la logique de la centralisation étatique et d'affirmer à l'inverse une logique d'autogouvernement.

Le contrôle, ce n'est pas le vote à intervalles réguliers qui laisse aux gouvernants la possibilité de renier leurs engagements et de modifier à leur avantage les conditions des consultations électorales à venir

Je ne suis pas anarchiste, ni pour la suppression de l'État ; en revanche, je suis pour sa reconstruction à partir d'une logique de type fédératif, en partant du bas et non du sommet. Et je trouve dans l'expérimentation des communs de quoi nourrir justement cette aspiration. Cela implique que les gouvernants aient à rendre des comptes en permanence sur ce qu'ils font. Le contrôle, ce n'est pas le vote à intervalles réguliers qui laisse aux gouvernants la possibilité de renier leurs engagements et de modifier à leur avantage les conditions des consultations électorales à venir ; la participation directe des citoyens me semble la chose la plus importante et elle n'est nullement garantie par la pratique du référendum. Or, dans les expérimentations des communs, la participation directe au processus de délibération et de décision prend vie ! Je ne parle pas du simulacre de démocratie participative imaginée par Macron pour faire taire les Gilets jaunes. La Convention citoyenne pour le climat est d'une autre nature en effet. Parce qu'il y a eu là un effort considérable dans l'élaboration des propositions et une volonté de les faire aboutir. C'est à ce titre que je suis pour une démocratie au sens vraiment le plus radical du terme. Il ne faut pas en rester à des projets de décrets ou de lois dont la réalisation est encore confiée au gouvernement et au Parlement. Ce serait là perpétuer la logique de la représentation en vertu de laquelle une oligarchie décide pour tous. Je suis pour un contrôle effectif, c'est-à-dire qu'on surveille la façon dont les gouvernants sont amenés à appliquer une décision prise collectivement. Et le contrôle doit être tel que s'il y a une faillite de leur part, on les remplace. Je pense que tout ce qui peut pousser dans cette direction doit être considéré comme quelque chose de bon à prendre, quitte à pousser la logique de la participation citoyenne jusqu'au bout. Hannah Arendt disait très justement que « tout ou rien, c'est tout sauf une maxime politique ».

L'abolition de la propriété privée n'est-elle plus d'actualité aujourd'hui ? N'y a-t-il aucune perspective révolutionnaire avec le commun ?

JR Pour ma part, je ne suis absolument pas révolutionnaire, ni pour l'abolition de la propriété. Elle reste l'un des piliers de notre pacte social. En revanche, je pense qu'il n'y a pas d'essence de la propriété. Comme toute institution sociale, elle se réinterprète et il faut accepter de la réinterpréter en fonction des enjeux que l'on a, de façon contemporaine, à traiter. Plutôt que vers une abolition, les perspectives vont à mon sens vers des articulations renouvelées d'accès aux utilités des biens. Par exemple, il me paraît certain que l'on ne pourra plus, en tant que propriétaire, user de « ressources » naturelles comme si elles étaient infinies, en particulier les détruire comme bon nous semble (c'est d'ailleurs, pour certaines, déjà proscrit en droit). Mais rien qu'affirmer cela remet en question cette propriété conçue comme une maîtrise absolue sur ses choses.

Il n'y a pas d'essence de la propriété. Comme toute institution sociale, elle se réinterprète et il faut accepter de la réinterpréter en fonction des enjeux que l'on a, de façon contemporaine, à traiter

Par ailleurs, outre la poussée des intérêts communs évoqués (environnementaux, de la connaissance en général), il y a deux types d'aspirations qui s'expriment et remettent en question le modèle « révolutionnaire » présenté. D'un côté, on assiste à un renouvellement de la propriété commune ou collective dans un sens participatif. Dans le droit classique, elle est régie comme une situation temporaire et pathologique qui n'est pas appelée à perdurer (c'est le cas de l'indivision). Or des initiatives se font jour qui l'adoptent comme un véritable modèle pérenne, allant de pair avec un gouvernement de la chose, une action collective autour d'elle : en témoigne par exemple l'habitat participatif, conçu comme un véritable projet de long terme, dans lequel la propriété s'allie à un type d'organisation collective, une sorte de gouvernement d'un espace de vie. Plus avant, il y a même cette utilisation totalement subversive du modèle de la propriété, initiée par le logiciel libre et Richard Stallman entre autres : on se sert de « sa » propriété de créateur pour inclure les autres dans l'utilisation du logiciel et à condition qu'eux-mêmes acceptent cette ouverture (avec plus ou moins de communauté et plus ou moins d'organisation collective). D'un autre côté, et cette transformation a moins à voir avec les communs, on assiste à une montée en puissance du modèle de l'accès : on choisit des modes d'accès aux utilités ou aux fonctionnalités des choses qui, pour des raisons environnementales, pratiques, sociologiques, ne passent plus par la propriété. Il s'agit d'un tout autre mouvement dont témoigne bien le Vélib', par exemple, qui n'est pas un commun mais repose sur des usages individuels successifs du vélo plutôt que sur sa propriété.

PD Si on entend par révolution un acte de prise de pouvoir sur le « modèle » d'Octobre 1917, j'y suis totalement opposé. Je suis très réticent à l'égard de celles et ceux qui n'arrêtent pas de parler de « conquête du pouvoir », comme si l'accession au gouvernement par la voie d'une majorité électorale équivalait à la conquête du pouvoir. En réalité, on doit distinguer État et gouvernement : le gouvernement n'est pas maître de l'État, dont les structures profondes lui échappent largement. Croire qu'en changeant de gouvernement on changera l'État est parfaitement illusoire. Or, j'insiste, c'est l'État qu'il faut reconstruire à partir du bas.

Ceux qui considèrent que la démocratie dans une entreprise doit être aussi bien le fait des salariés que des usagers ouvrent une porte très intéressante

Ce qui me paraît important en revanche avec ce terme de « révolution », c'est, dans le sillage de Cornelius Castoriadis, l'idée d'une « ré-institution » de la société par la société elle-même. Une véritable révolution se reconnaît à ce qu'elle invente de nouvelles institutions, de nouvelles manières de faire et d'agir. Cela vaut pour les entreprises comme pour les autres institutions. Ce qui se passe avec nombre de coopératives me semble aller dans ce sens. Car les coopératives sont des entreprises, mais pas des sociétés de capitaux parce qu'elles ne sont pas régies par la logique qui est celle de l'actionnariat. Et dans certaines coopératives, il y a aussi l'expérimentation d'un autre rapport avec ceux qui ne sont pas à l'intérieur de l'entreprise. De plus en plus, les gens se disent qu'il n'est pas normal que ceux qu'on appelle les « usagers » n'aient pas voix au chapitre dans les décisions relatives aux grandes orientations de l'entreprise. Et il y a beaucoup d'expériences où des sociétés coopératives intègrent dans les décisions prises relativement à l'orientation de leur activité les préoccupations citoyennes qui sont celles des usagers.

Cela exige également de remettre en cause, sinon la propriété comme telle, du moins la logique exclusiviste qui a quand même été celle de la propriété pendant pas mal de temps, y compris celle de la propriété collective, et qui continue, quoi qu'on en dise, de dominer les pratiques de beaucoup de propriétaires. Ce que j'entends par là, c'est que si, par exemple dans une société coopérative, les gens se considèrent comme déliés de toutes responsabilités, de toutes obligations à l'égard justement des usagers, c'est de l'exclusivisme à petite échelle, mais c'est quand même de l'exclusivisme. Cela revient dans les faits à réduire les usagers à des clients. En revanche, ceux qui considèrent que la démocratie dans une entreprise doit être aussi bien le fait des salariés que des usagers ouvrent une porte très intéressante. Parce que cela, c'est la relation de l'entreprise à son dehors, à son extérieur. Cela met en cause beaucoup de choses et surtout la logique propriétaire de l'exclusivité. Je ne rêve absolument pas de l'abolition de la propriété, mais je suis pour la limitation du droit de propriété par la reconnaissance pratique, symbolique et institutionnelle de l'inappropriable. De mon point de vue, ce n'est pas l'accès qui fait le commun, c'est le fait qu'il échappe à la maîtrise en vertu de règles collectivement produites tout exprès dans ce but.

Au XIXe siècle, l'abolition de la propriété était portée par des gens qui étaient des adeptes de la communauté, mais d'une communauté extrêmement lourde du point de vue de l'appartenance, et aussi assez exclusive du point de vue de sa relation avec l'extérieur. En un sens, l'« abolition de la propriété » consacrait la propriété de la communauté sur l'individu. Les nouveaux communs ont ceci de très différent des communs médiévaux ou de l'époque moderne qu'ils sont justement articulés à la reconnaissance des droits de l'homme. À cet égard, je pense que le droit du commun doit impliquer la reconnaissance des droits de l'homme par les acteurs des communs : ainsi le droit à un environnement sain est un droit de l'homme. Tout comme le droit à la santé. La santé et l'environnement ne peuvent devenir des communs que si ces droits sont reconnus. Et c'est pour autant qu'ils les reconnaissent que les communs contemporains ouvrent une nouvelle voie ●

PD & JR

PROPOS RECUEILLIS PAR
Vincent Casanova

OMBRES BLANCHES

PAR

Juan Gabriel Vásquez

Le dernier dimanche de février, dans la matinée, mon ami Luis Sepúlveda m'a donné une de ses accolades habituelles pour me dire au revoir. Il n'était pas plus grand que moi, mais quand il m'étreignait, je finissais le visage enfoui dans l'épaule de sa veste ; c'était un homme affectueux à la manière brusque des Latino-Américains, et ce fameux matin, nous nous doutions que de longs mois allaient s'écouler avant que nous puissions nous revoir, alors il m'a serré si fort que j'ai senti sa barbe contre ma joue. La veille au soir, nous avions assisté à la clôture d'un festival dans la ville de Póvoa de Varzim, au nord du Portugal. Pendant ces trois jours de conversations littéraires, nous avions presque toujours déjeuné et dîné ensemble et désormais, dans mon souvenir, Luis Sepúlveda est invariablement assis à côté de moi, à me servir du vin ou à me remercier de lui en servir. Quoi qu'il en soit, ce dimanche matin, après avoir pris son petit déjeuner avec moi, il m'a donné une accolade pour me dire au revoir, puis j'ai embrassé Carmen, sa femme, et nous ne nous sommes plus revus.

Deux jours après, je suis retourné à Bogotá. Comme j'avais une escale à Madrid et que l'Espagne commençait à s'inquiéter des premiers cas du nouveau virus qui faisait des ravages à Wuhan, je me suis tenu à une distance prudente du reste du monde à l'aéroport de Barajas et, avant d'embarquer, j'ai mis un masque que j'ai gardé pendant toute la durée du vol transatlantique. Les jours suivants, tout en lisant attentivement les nouvelles de la situation en Italie, j'ai travaillé à mon roman sur la vie de Sergio Cabrera, le réalisateur de cinéma colombien qui, adolescent, a passé six ans dans la Chine de Mao et été garde rouge pendant la Révolution culturelle. Le nouveau virus était un fait lointain, on n'avait recensé aucun cas au Portugal, de sorte que le vendredi, à minuit, quand de violents frissons m'ont réveillé, l'idée d'avoir contracté autre chose qu'une mauvaise grippe ne m'a pas effleuré l'esprit. J'ai passé la journée du lendemain avec une légère fièvre, et l'après-midi j'ai annulé un rendez-vous à la dernière minute dans le seul souci de multiplier les précautions. À 20 h 30, j'ai reçu un WhatsApp de l'auteure Rosa Montero, qui avait elle aussi participé au festival de Póvoa de Varzim.

Tu es au courant, pas vrai ? m'a-t-elle demandé. *Lucho et Carmen sont à l'hôpital, ils ont le coronavirus. Il y a de fortes chances qu'on l'ait.*

J'avais rencontré Lucho en 1997. Je m'étais installé à Paris sous prétexte d'étudier la littérature et dans l'intention secrète et peut-être illusoire d'apprendre à en écrire. Parmi les livres que j'avais apportés de Colombie figurait le roman *Páginas de vuelta*, d'un certain Santiago Gamboa, et un livre de photographies d'écrivains latino-américains à Paris, *La ciudad de las palabras*, d'un certain Daniel Mordzinski. Tous deux m'avaient accueilli avec une générosité dont je leur suis toujours reconnaissant. À la publication de mon premier roman, un artefact de 120 pages où se mêlaient avec toute la pédanterie propre à la jeunesse mes lectures de Virginia Woolf et des auteurs du boom latino-américain, je le leur avais apporté comme une offrande. En décembre, Mordzinski m'avait invité à passer le réveillon du nouvel an chez lui, avec sa famille, et j'y avais rencontré Luis Sepúlveda, qui m'avait salué avec cette sympathie qu'il était incapable de feindre ou même d'exagérer. « Daniel m'a donné ton roman, m'avait-il dit. J'ai beaucoup aimé, mais fais attention : évite d'écrire pour souligner tout ce que tu as lu. » Il avait vu juste, et je souris aujourd'hui au souvenir de cette remarque. Les deux années suivantes, j'ai vu Lucho avec une fréquence qui ne s'est pas renouvelée. Notre amitié n'a jamais eu besoin de contacts réguliers, et à partir de 1999, lorsque je suis allé vivre à Barcelone, trois ans pouvaient passer sans que nous nous croisions ou nous écrivions, mais je l'ai toujours revu avec la même émotion, recevant de sa part la même tendresse, l'étreignant avec autant de force que lorsqu'il m'a serré dans ses bras six jours avant de devenir le premier cas de coronavirus dans la principauté des Asturies.

À ce moment-là, on ne savait encore pas grand-chose du virus, même si en écrivant ces lignes, j'ai parfaitement conscience que les informations ne nous ont pas été délivrées en même temps à tous. Les connaissances que j'en avais ont en tout cas suffi pour que je m'isole de mon épouse et de mes filles, le soir où j'ai reçu le message de Rosa, et que je mette en place des dispositions d'urgence. Le lendemain, même si c'était un dimanche, des épidémiologistes sont venus m'examiner et introduire dans mes narines deux goupillons qui m'ont paru s'enfoncer jusqu'à la rétine. Nous avons reçu le diagnostic dans l'après-midi : négatif à l'influenza. Contrairement aux apparences, ce n'était pas une bonne nouvelle : si on écartait l'influenza, m'ont-ils expliqué, je risquais d'être porteur du coronavirus et mon cas devait être signalé à l'Institut national de la santé. La littérature et le cinéma nous ont appris à nous méfier dès lors que les longues mains de l'État s'immiscent dans notre vie privée, mais le citoyen n'a guère la possibilité de s'y opposer. Je n'avais plus qu'à attendre.

J'ai passé de longues heures sous tension à surveiller mes symptômes quand ils ne m'affectaient pas : un mal de tête brutal m'interdisait jusqu'à la lecture, les écrans étaient trop lumineux pour ma photophobie, de sorte qu'il ne me restait plus qu'à pratiquer l'introspection, prendre du paracétamol et me préoccuper de la santé de mes amis. Rosa me disait qu'elle toussait mais qu'elle n'avait pas de fièvre, alors elle comptait s'isoler, bien persuadée d'avoir un rhume bénin. Les autres amis que nous avions côtoyés lors du festival n'avaient aucun symptôme : ni Daniel Mordzinski, qui nous avait photographiés de près et de loin pendant trois jours, ni Miguel Rojo, qui s'était rendu du Portugal à Gijón dans la voiture des malades. Entre-temps, les informations qui nous parvenaient à propos de Lucho et de Carmen n'étaient pas aussi claires que je l'aurais souhaité : tantôt ils avaient tous les deux une pneumonie, tantôt lui seul était touché et son cas s'aggravait à une vitesse alarmante. Moi je ne toussais pas, or tout semblait indiquer que c'était un symptôme *sine qua non* du nouveau virus, mais je n'ai pu écarter cette hypothèse qu'en recevant les résultats définitifs : j'étais positif à la grippe H1N1.

La grippe porcine : jamais je n'avais été aussi réconforté par une mauvaise nouvelle. Je n'étais pourtant pas complètement soulagé car avant d'avoir eu connaissance du diagnostic, j'avais reçu des précisions sur l'état de Lucho, qui s'améliorait peu à peu, mais exigeait qu'il soit encore sous dialyse. Une note d'optimisme paraissait flotter dans l'air, et cependant j'ai écrit à Rosa : *Sous dialyse ? C'est vraiment sérieux, ça.* Les deux jours suivants, Rosa est devenue une sorte d'envoyée spéciale dans un autre monde où survenaient des choses énigmatiques. Elle me communiquait des photos d'hommes se protégeant le visage avec de grandes bouteilles d'eau semblables à des scaphandres ; des femmes qui portaient non pas un masque chirurgical, mais dix ; des chiens enveloppés de plastique. C'étaient des scènes dignes de *E.T.* passées par le filtre de la parodie, qui auraient été drôles si elles n'avaient pas attesté notre peur, notre paranoïa et notre ignorance. J'étais toujours totalement isolé. Je passais la journée à dormir, car le sommeil était la seule façon d'oublier mon mal de tête, et je commençais à remarquer une légère toux qui s'est aggravée au point que j'ai fini par écouter les suggestions de ma femme, et le matin du vendredi 6 mars, j'étais assis devant un pneumologue qui m'a montré ma radiographie du thorax sur l'écran de son ordinateur. Il a pointé un crayon sur le tiers inférieur de mon poumon droit et m'a dit :

« Vous voyez cette partie blanche ? C'est une pneumonie. »

Il m'a expliqué que son apparition était prévisible et qu'il n'y avait aucune raison de s'inquiéter car c'était une infection opportuniste liée à la grippe H1N1. Ce soir-là, en attaquant un traitement à base d'antibiotiques et d'antiviraux, j'ai lu dans la presse colombienne qu'on avait diagnostiqué dans le pays le premier cas de coronavirus : une jeune femme de 19 ans qui rentrait de Milan. Rosa m'a écrit pour s'enquérir de ma santé et répondre à mes questions concernant celle de Lucho. Il était toujours en soins intensifs, sous dialyse et intubé, mais apparemment son état s'améliorait lentement : un poumon recommençait à fonctionner. Carmen se remettait de sa pneumonie et avait été transférée dans une autre chambre. *Je crois sincèrement que le pire est passé et que Lucho va s'en sortir*, écrivait-elle et, en conclusion, elle ajoutait : *Ce cauchemar est bientôt fini.*

Bien entendu, le cauchemar ne faisait que commencer. Le 8 mars, le jour où Rosa m'avait envoyé ce message confusément optimiste, on comptait moins de cinq cents morts en Espagne et près de mille cinq cents en Italie, mais le *New Yorker* faisait déjà figurer en couverture un Trump caricatural avec un masque chirurgical sur les yeux. L'allusion était parfaite et visait non seulement l'imbécile aveuglé de la Maison Blanche, mais aussi toute une civilisation qui tentait de s'orienter. « Qu'était-ce au juste que ce virus ? s'interrogeait le magazine. Un fléau dévastateur, un petit rhume inoffensif ou quelque chose entre les deux ? » Je me suis moi aussi posé la question au cours de ces journées, tout en prenant mon traitement pour ma pneumonie, en proie à des suées nocturnes et à une fatigue que je n'avais jamais ressentie auparavant, parce que l'avenir de Lucho dépendait des réponses que nous fournirions. De nouveaux langages envahissaient les médias, de nouvelles métaphores tâchaient de nous expliquer une situation fuyante, et l'une d'elles en particulier – « aplatir la courbe » – était au cœur de nos conversations politiques.

Vers la mi-mars, la mairesse de Bogotá a annoncé une expérience : quatre jours de « simulacre vital » consistant à nous préparer à la quarantaine obligatoire qui pointait déjà le bout de son nez et dont l'objectif était d'aplatir cette courbe, devenue notre ennemi commun. Je m'étais alors remis de ma pneumonie : la grippe porcine et ses symptômes se trouvaient derrière moi. Quant à Lucho, après deux semaines en soins intensifs et branché à une machine, son pronostic avait cessé d'être encourageant. *Lucho va encore très mal, je suppose que tu es au courant*, m'a écrit Rosa. Nous étions le 24 mars : le nombre de victimes en Espagne dépassait les huit mille cinq cents ; au début de la quarantaine à Bogotá, lorsque les portes se sont fermées et que les rues se sont vidées de leur population, un climat d'irréalité peu propice à la compréhension des faits s'est installé dans ma ville bruyante, trépidante et hostile. Il est vrai que l'humanité avait connu plusieurs périodes similaires à celle que nous vivions, et partout on répétait ce lieu commun sur tous les tons, tandis que des hommes politiques ignares parlaient de la *grippe espagnole* comme si elle les avait touchés. Pourquoi dans ce cas avions-nous la sensation permanente d'être dans le brouillard ?

À un moment donné, il m'a semblé que nous manquions d'imagination. Notre seule manière d'affronter l'avenir consistait à évoquer le passé et à nous en servir comme point de départ : nous parviendrions peut-être ainsi à trouver une nouvelle solution à un problème inédit. Mais où perdurait l'expérience des humains qui nous avaient précédés ? Où étaient les solutions des hommes du passé ? Que *La Peste* connaisse un regain de ventes ou que les lecteurs mentionnent le *Décaméron* comme une nouveauté ne me surprenait pas. Chacune de ces histoires sur des épidémies passées, qu'elles soient réelles ou fictives, était un manuel d'instructions pour combattre l'anxiété. *Lucho va s'en sortir*, m'avait écrit Rosa. Et nos sociétés ? me demandais-je. Au cours des trois semaines suivantes, dans l'existence bouleversée qu'était celle du confinement obligatoire, j'ai eu l'intuition que cette pandémie nous compliquait la tâche intangible de continuer à être des humains. Il se pouvait que fréquenter les grandes fictions du passé soit une façon de recharger les batteries de notre humanité usée. Comment amoindrir la souffrance ? Comment se rappeler la solidarité ? Une réponse possible, imprécise et ambiguë existait chez Camus et Boccace. Quelqu'un m'a demandé comment je supportais l'isolement ; j'ai parlé de ma routine de travail, des matinées organisées autour de mon roman. « Chaque soir, je me demande si cette crise fera ressortir le meilleur ou le pire des citoyens, et je pense qu'il y a déjà des preuves suffisantes de ces deux réalités, comme cela se produit en temps de guerre », ai-je déclaré.

J'ai regretté ces paroles dès leur publication. L'usage indifférencié du vocabulaire guerrier commençait à me déranger car cette voie paraissait mener à des endroits indésirables : quand on est en guerre, on accepte des morts qui seraient inacceptables en situation de paix ; quand on est en guerre, on est davantage disposé à renoncer à ses libertés et à ses droits, on abdique sa responsabilité de citoyen et on se met de bonne grâce – ou en tout cas sans trop de réticence – entre les mains des dirigeants. Et voilà que je venais moi-même de tomber dans le piège du langage, qui est capable de penser à notre place, d'autant plus lorsqu'on est confronté à l'inconnu. J'étais de nouveau assailli par cette question : Ce qui nous arrive est-il réellement inédit ? Il y avait évidemment de nouveaux facteurs dans notre relation à la pandémie : les mensonges propagés sur les réseaux sociaux et la méfiance que les gouvernements s'étaient attirée à raison déformaient notre perception d'une façon visiblement propre à notre époque. Mais il suffisait d'ouvrir le *Journal de l'année de la peste*, la chronique romancée de Daniel Defoe sur le fléau londonien de 1665, pour perdre cette certitude.

« Nous n'avions en ce temps-là rien de semblable aux journaux imprimés pour répandre les rumeurs », écrit Defoe. Puis il nous raconte que les autorités ont tout d'abord passé certaines morts sous silence, les attribuant à des facteurs différents de la peste, ou que des citoyens cachaient leurs symptômes « pour éviter que leurs voisins, se refusant à tout commerce avec eux, ne les fuient ».[1] Defoe parle des plus riches qui quittent la ville pour aller dans leur maison de campagne ; de la misère qu'il voit poindre dans la cité paralysée ; des certificats de santé que le maire pensait délivrer à ceux qui n'avaient pas encore contracté la maladie. C'étaient des variantes des informations publiées dans *La Repubblica*, *El País* ou *El Espectador*. Defoe a abordé le sujet il y a deux cents ans et il n y avait qu'à de se pencher sur les profondeurs de son époque

1. Daniel Defoe, *Journal de l'année de la peste*, Gallimard, 1959, traduit de l'anglais par Francis Ledoux.

pour mieux comprendre notre présent. À ce moment-là, un magazine colombien m'a demandé d'exposer dans un court texte mes prédictions quant à ce qui adviendrait après la pandémie – c'était ce que j'essayais de faire : m'intéresser au passé et comprendre le présent pour anticiper le futur –, et c'est alors qu'on m'a annoncé la mort de Lucho.

Les mots que j'ai écrits sont indissociables de mon état d'âme :

« Je n'ai pas grand espoir : une lecture rapide de l'histoire donne à entendre que l'humanité apprend peu des désastres ou oublie vite ce qu'elle en a tiré. Nous naviguons entre l'autoritarisme et la peur ; pour nous épargner la douleur causée par la perte de nos proches (je le sais car j'ai déjà perdu des amis), nous accepterons de condamner à la faim des millions d'êtres éloignés de nous. Les économies laminées seront la boîte de Pétri de violences diverses. Nous verrons tous les jours des actes héroïques ou de solidarité, mais cela ne suffira pas, car ce ne seront pas les courageux et les solidaires qui éliront nos dirigeants, mais les gens abusés par les populismes, désinformés par les réseaux sociaux, effrayés par la pauvreté. La question qu'il faut se poser n'est donc pas de savoir quels enseignements tirer de cette crise, mais comment préparer nos sociétés appauvries et divisées à celle que nous ne voyons pas encore apparaître. Comme le disait l'écrivain espagnol Rafael Sánchez Ferlosio : "D'autres mauvaises années viendront et nous aveugleront davantage". »

La presse commençait alors à parler d'une nouvelle découverte. En constatant que les otorhinolaryngologistes avaient contracté le virus avec une fréquence inexpliquée, les chercheurs ont suivi cette piste jusqu'à la source de la contagion : les patients qui venaient en consultation parce qu'ils avaient brutalement perdu le goût et l'odorat. En apprenant cela, j'ai envisagé sérieusement la possibilité d'une erreur de diagnostic, car j'avais eu ces symptômes sans même me douter qu'ils n'étaient pas ceux de la grippe porcine. Un mois s'est écoulé avant que les tests soient disponibles, au fil duquel le gouvernement a prolongé le confinement non pas une fois, mais deux. Je continuais de travailler à mon roman. Sur les conseils du pneumologue, je me suis rendu à l'hôpital pour une radiographie du thorax dont l'objectif, à la fois simple et redoutable, était de me confirmer ma totale guérison. Le résultat était tel qu'on l'espérait, mais le médecin me recommandait cependant d'effectuer la recherche d'anticorps afin d'en être absolument sûr. C'est ainsi que j'ai vu arriver chez moi une femme couverte d'une longue blouse jetable, avec des gants et des sur-chaussures en plastique, un masque plus grand que la normale, des lunettes à monture épaisse et une charlotte sur la tête. De sa tranchée, elle m'a prélevé assez de sang pour en remplir un petit tube. Je ne peux pas dire que le résultat m'ait surpris, car des jours entiers de réflexion à propos d'une évidence et plusieurs conversations avec ma femme m'avaient préparé à le recevoir. SARS-Cov-2. *Anticorps IgG : Positif.*

Je me suis rappelé l'accolade que m'avait donnée Lucho Sepúlveda quand nous avions pris congé l'un de l'autre : mon visage enfoui dans l'épaule de sa veste, sa barbe contre ma joue. Les heures passées à ses côtés devant un repas et un verre de vin me sont revenues en mémoire, de même que ses éclats de rire qui attiraient l'attention des clients assis aux tables voisines. Je n'ai pas pu m'empêcher de penser que le virus qui m'avait mis à plat toute une semaine avait eu raison de la vie d'un ami, ou plutôt qu'un ami m'avait transmis le virus qui avait fini par le tuer. J'ai cherché ma dernière radiographie sur la page web de l'hôpital et j'ai vu mon poumon entièrement sain, débarrassé des ombres blanches qui marquent le territoire de la pneumonie, les ombres dont la lente et incontrôlable invasion avait tué Lucho. Le lendemain, selon une étrange symétrie, Rosa m'a annoncé une nouvelle. Elle avait passé le même test sanguin et obtenu les mêmes résultats que moi : IgG positif. Des jours plus tard, quand je lui ai écrit pour lui demander si ça ne la dérangeait pas que je la mentionne dans ces lignes, elle m'a répondu : *Je me dis parfois que Lucho nous a sauvé la vie en nous refilant un virus plus faible parce qu'il l'avait déjà épuisé, pour nous immuniser contre cette saloperie. Alors, de temps en temps, je le remercie en pensée.*

Il y a dans ma bibliothèque une photo de Daniel Mordzinski où posent Lucho Sepúlveda, Rosa Montero, José Ovejero et Enrique de Hériz, qui était comme un frère pour moi et dont je ne me suis toujours pas remis de la mort, en mars 2019, suite à un cancer. Je suis devant eux, à califourchon sur une chaise. C'était à l'occasion de la présentation d'un de mes romans, *Les Dénonciateurs*, dans une librairie d'Oviedo, la ville où est mort Lucho. L'image date de mai 2005. Le photographe leur a demandé à tous les quatre de tenir mon livre et il m'en a donné un autre exemplaire. Quelqu'un a alors lâché une phrase inattendue et nous nous sommes mis à rire, à rire aux éclats, comme des amis, à être secoués de rire au point que j'apparais le visage caché derrière le livre. Cela fait des années, si bien que je suis incapable de me rappeler qui avait déclenché notre hilarité ni ce qu'il avait dit exactement, mais je suis sûr d'une chose, c'est ainsi que je veux me souvenir de mes amis : Enrique et Lucho, qui sont déjà partis, et ceux qui m'accompagnent encore ou me permettent de les accompagner ●

JGV

Traduit de l'espagnol (Colombie) par **Isabelle Gugnon**

DURER ET GRANDIR
DANS L'IMPRÉVISIBLE

PAR
Mireille Delmas-Marty

Pour que le monde d'après ne ressemble pas au monde d'avant, il faudra renoncer aux certitudes de la pensée dogmatique. Seule une pensée en mouvement peut affronter l'avenir et son indétermination.

Et si la pandémie était l'occasion inespérée d'une pause dans une mondialisation galopante ? Depuis une vingtaine d'années, nous avons vécu des crises mondiales quasi permanentes : crise sécuritaire avec les attentats terroristes, puis les naufrages de migrants, crise financière, puis sociale (prenant en France la forme inattendue des Gilets jaunes), crise climatique avec le dérèglement de l'écosystème, enfin crise sanitaire actuellement. Face à une telle avalanche, les collectifs humains ont imperturbablement poursuivi la même route. Maintenant qu'ils se sont immobilisés eux-mêmes face à une pandémie qui n'est pas la première mais qui, pour la première fois, est d'emblée perçue comme un fait social total à l'échelle planétaire, les humains sont-ils prêts à changer de cap ?

Tout se passe en effet comme si nous étions entrés dans le « pot au noir[1] », ce lieu au milieu des océans où les vents contraires se neutralisent et paralysent les navires, ou se combattent et provoquent le naufrage. Sécurité contre liberté, compétition contre coopération, exclusion contre intégration, innovation contre conservation, nos sociétés semblent tourner en rond comme des girouettes

1. Mireille Delmas-Marty, *Aux quatre vents du monde. Petit guide de navigation sur l'océan de la mondialisation*, Seuil 2016 ; *Sortir du pot au noir. L'humanisme juridique comme boussole*, Buchet-Chastel, 2019 ; *Une boussole des possibles. Gouvernance mondiale et humanismes juridiques*, Éd. Collège de France, 2020.

au gré du vent. D'où l'incohérence de certains choix politiques, par exemple à propos des services de santé : démantelés il y a peu au nom de la compétitivité, puis encensés, tels des héros, pour leur coopération dans la « guerre » engagée contre la pandémie au nom de la sécurité. À son tour la sécurité, érigée en droit quasi absolu, suspend l'ensemble des droits et libertés, à commencer par la liberté d'aller et venir. Même le droit à la dignité humaine, juridiquement « indérogeable », est ouvertement bafoué quand des morts sont privés de sépulture, tandis que des vivants sont discriminés comme « population à risques », voire suivis par « traçage » comme des produits dangereux.

Impossible de rester silencieux devant des pratiques qui, pour préserver la survie de l'espèce, finiraient par détruire ce qui fait le propre de l'humanité. Mais que dire et surtout comment faire pour freiner cette course qui mène nos sociétés dans le pot au noir ? Il faudrait profiter de ce moment inédit où semblent ébranlés des dogmes aussi résistants que la souveraineté absolue des États, la croissance économique et l'autorégulation par le marché, le dogme sécuritaire du risque zéro, ou l'anthropocentrisme qui place l'homme au centre de la Terre.

Ne nous trompons pas de route. Il ne s'agit pas de remplacer un dogme par son contraire. Le « monde d'après » n'est pas l'inverse du « monde d'avant ». C'est un monde hyperconnecté, fragilisé par la puissance de l'imprévisible. C'est pourquoi le changement de cap doit être un changement de la pensée : il faut renoncer aux certitudes de la pensée dogmatique pour les incertitudes d'une pensée dynamique, qui évoque la « pensée du tremblement » car elle oscille d'un vent à l'autre, d'un dogme à l'autre. Poursuivant la métaphore nautique, on pourrait dire que c'est une pensée en mouvement qui « faseille », comme les voiles sur un bateau qui « tire des bords » pour remonter contre le vent. Afin de s'adapter à l'imprévisible, la pensée dynamique doit rester modeste. Reconnaissant ses erreurs, elle apprend à les corriger par une sorte de bricolage : ajustement et réajustement. C'est la condition pour relever le pari lancé par Édouard Glissant « qu'il est possible de durer et de grandir dans l'imprévisible[2] ».

Durer dans l'imprévisible

Face à l'imprévisible, nous avons déjà des instruments pour « durer », mais nous devons apprendre à nous en servir.

Le premier instrument se nomme ***interdépendance.*** Il a fait son entrée en droit international, lors du premier Sommet de la Terre (Rio de Janeiro, 1992) : « La Terre, foyer de l'humanité, forme un tout marqué par ses interdépendances. » Mais personne, ou presque, ne l'a vu. Il a ensuite inspiré une « Déclaration d'interdépendance » (que nous avions rédigée au sein du *Collegium international éthique, scientifique et politique* autour de Michel Rocard, Milan Kucan, Ruth Dreifuss et Mary Robinson, avec notamment Stéphane Hessel, Fernando Henrique Cardoso, Edgar Morin, Peter Sloterdijk). Nous l'avions présentée en 2005 à l'Organisation des Nations unies (ONU), mais personne, ou presque, ne l'a lue. Nous l'avons de nouveau présentée en 2018, peu avant la disparition de Michel Rocard, au Secrétariat général de l'ONU, mais rien n'a bougé, et quand le virus est arrivé, sidérés, nous sommes restés comme paralysés.

Certes, le préambule de l'accord de Paris sur le climat souligne « le caractère planétaire des menaces à la communauté de la vie sur Terre » et le devoir de coopération qui en résulte pour les États. De plus, le projet d'un troisième pacte sur les droits de l'homme à l'environnement intègre les populations autochtones et les droits de la nature. Mais il y a urgence à ouvrir les négociations car la pandémie démontre cruellement à quel point les États, comme les êtres humains, sont devenus interdépendants, que ce soit

2. Édouard Glissant, « La pensée du tremblement n'est ni crainte ni faiblesse mais l'assurance qu'il est possible de durer et de grandir dans l'imprévisible », *La Cohée du Lamentin*, Gallimard, 2005, p. 23.

pour se procurer tests de dépistage, médicaments et vaccins, voire de simples masques de protection sanitaire, ou pour prévenir la propagation du virus. Oui, l'interdépendance humaine est désormais un fait incontestable qui devrait s'imposer comme un « mot d'ordre » et « guider notre transition vers le monde de demain »[3]. Encore faut-il en tirer les conséquences juridiques pour éviter le déni de réalité que pratiquent de nombreux dirigeants politiques, au nom de la souveraineté nationale.

Il faudra encore beaucoup d'énergie pour que les interdépendances, enfin reconnues, se transforment en une véritable ***solidarité***, deuxième instrument pour durer dans l'imprévisible. Comme le démontrent les difficultés actuelles de l'Europe, il ne suffit pas d'inscrire le principe de solidarité dans les traités pour en garantir l'effectivité. Et pourtant, expliciter les « objectifs communs » qui sous-tendent les solidarités est déjà une étape importante qui ouvre la perspective d'un épanouissement mutuel. Cette notion s'est d'ailleurs développée à l'échelle mondiale : d'abord avec les huit objectifs du millénaire pour le développement (OMD), principalement axés sur la lutte contre la pauvreté mais encore très vagues (Secrétariat général de l'ONU, 2000) ; puis les dix-sept objectifs du développement durable (ODD, 2015). La méthode se précise encore avec des objectifs plus spécifiques, qualitatifs et quantitatifs, pour le climat (accord de Paris, 2015), et le fera peut-être à l'horizon d'un futur traité modèle sur les migrations… et sur les pandémies.

Mais, pour être efficaces, les solidarités supposent la responsabilité juridique des acteurs les plus puissants, autrement dit, un État de droit opposable aux États. Certes, la création d'un État mondial n'est ni faisable ni souhaitable. En revanche, il est faisable – et urgent – de transformer la souveraineté solitaire des États en souveraineté solidaire et leur irresponsabilité illimitée en responsabilités « communes mais différenciées ». À défaut d'une juridiction mondiale, les juges nationaux peuvent déjà contribuer à responsabiliser les États, comme en témoignent, récemment encore, deux décisions de juges fédéraux brésiliens (des 20 avril et 21 mai 2020) qui, s'opposant aux choix purement économiques de l'État, ordonnent des mesures provisoires, encore susceptibles d'appel, pour sauvegarder les droits des peuples indigènes, le droit de l'environnement et le droit à la santé[4].

Certes, la création d'un État mondial n'est ni faisable ni souhaitable. En revanche, il est faisable – et urgent – de transformer la souveraineté solitaire des États en souveraineté solidaire et leur irresponsabilité illimitée en responsabilités « communes mais différenciées »

Il reste à prévoir la responsabilité des acteurs non étatiques quand ils exercent un pouvoir global, comme les entreprises transnationales (ETN), mais leur « responsabilité sociale et environnementale » relève de la *soft law* (un droit flou car imprécis, mou car facultatif, et doux car non sanctionné). Le durcissement en *hard law* pourrait cependant venir du droit national quand il élargit la notion d'intérêt social à certaines formes d'intérêt général (voir, en France, la loi de 2017 sur le devoir de vigilance des sociétés mères et des entreprises donneuses d'ordre à l'égard de leurs filiales et sous-traitants, et la loi Pacte de 2019 sur les « sociétés à mission »).

3. Enrico Letta, « L'interdépendance humaine guidera notre transition vers le monde de demain », *Le Monde*, 22 mai 2020.

4. Michel Prieur, « Halte au Covid-19 en Amazonie : le juge au secours des Indiens et de la forêt », à paraître, *France Forum*, 2020.

Il n'en demeure pas moins qu'à la différence des communautés nationales, la communauté mondiale émergente n'a, pour s'inscrire dans la durée, ni mémoire collective, ni histoire commune née d'un passé partagé. C'est pourquoi ***l'anticipation*** est le troisième instrument nécessaire pour durer dans l'imprévisible, à mesure que l'humanité prend conscience de son destin commun. Mais comment anticiper alors que plusieurs récits d'anticipation, et plusieurs destins possibles, se mêlent aujourd'hui dans un chaos de plus en plus incohérent ? Nous avons montré comment les vents contraires de la mondialisation opposaient la raison, économique, numérique ou hégémonique et la peur, qu'elle vienne du terrorisme, des migrations, du changement climatique, ou maintenant de la pandémie.

Voici le « récit-programme » de la raison, de type volontariste, qui cherche à orienter l'imprévisible en lui prescrivant une rationalité : celle du *tout-marché* du néolibéralisme, ou celle du *tout-numérique* du post-humanisme ; voire la raison conquérante de l'*Empire monde* qui, après avoir animé le monde occidental, se lève à l'Est dans une Chine qui revisite son passé. En faisant référence aux Classiques qui plaçaient sous l'autorité de l'Empereur tout ce qui est sous le ciel (*tianxia*), les nouveaux dirigeants tentent de légitimer le programme des « nouvelles routes de la soie », qui contrôlerait à la fois l'espace (terre, mer et air) et le temps (agenda prédéterminé).

S'ajoute le « récit-catastrophe », inspiré par la peur, qui tente de prédire l'imprévisible afin de prévenir les risques avérés. Éclairé par les connaissances scientifiques, il tend à s'élargir, devant les « risques de risques », de la prévention à la précaution et jusqu'à la prédiction (police et justice prédictives). Face au terrorisme global, puis face à la pandémie, il a balayé en peu de temps tout un ensemble de droits et libertés lentement acquis. Il est encore difficile de dire jusqu'où nous conduira le récit de la « Terre Mère » et la peur de son « grand effondrement », par changement climatique, épuisement des ressources planétaires, ou plus largement transgression des limites planétaires (*planetary boundaries*).

La sagesse serait de conclure la paix avec la Terre afin que la confiance apprenne à dominer la peur. C'est peut-être ce récit que Michel Serres nommait « contrat naturel ». En réalité il ne désignait pas un véritable contrat (qui serait encore plus fictif que le « contrat social »), mais une « compréhension écosystémique de l'existence humaine », qui associe le destin de l'humanité à celui du monde vivant pour en faire une aventure commune. Nous pourrions aussi le nommer « Mondialité », un « récit-aventure » qui prend au sérieux ce que le « discours antillais » décrit comme « pensée en archipel » ou « pensée du tremblement » (voir supra), au service d'une mondialité apaisée. La mondialité est « cette aventure sans précédent » qu'il nous est donné à tous de vivre « dans un espace-temps qui pour la première fois, réellement et de manière foudroyante, se conçoit à la fois unique et multiple, et inextricable[5] ».

Ouvert au monde qui vient, c'est le seul récit d'anticipation qui accepte d'accueillir l'imprévisible, confiant dans la capacité humaine à s'adapter, à la fois pour conserver une Terre habitable et respecter les droits des quelque 11 milliards d'êtres humains annoncés pour la fin du siècle. C'est peut-être aussi le seul – s'il résiste au chaos comme à la puissance des Empires mondes – qui permettrait de grandir dans l'imprévisible.

Grandir dans l'imprévisible

Grandir n'est pas seulement assurer la survie, voire l'extension de l'espèce humaine, mais c'est aussi apprendre à « humaniser » la mondialisation. La difficulté est que chaque communauté s'est donné une vision de l'humanisme au fil de son histoire. À l'échelle planétaire, comme nous l'avons souligné, la communauté mondiale n'a pas d'histoire commune.

5. Édouard Glissant, *op. cit.*

Elle forme malgré tout une sorte de « spirale des humanismes » qui engendre des principes « de justice », régulateurs ou réconciliateurs, permettant de réconcilier les vents contraires en un équilibre dynamique, mieux adapté qu'un ordre statique à un monde en mouvement.

Humaniser* : *la spirale des humanismes

Symbole de la permanence de l'Être dans l'évolution, une spirale n'est ni l'étendard d'un humanisme belliqueux que brandissaient les conquérants, ni le nouvel habit d'un impérialisme qui ne dit pas son nom. Elle témoigne plutôt de la pluralité des sociétés, suggérant l'enroulement sans fin des multiples visions de la Relation, entre humains mais aussi entre vivants, humains et non-humains.

L'humanisme le plus ancien est celui *de la Relation*, qui relie chaque humain aux communautés de proximité, famille, village, tribu, inspirant encore certaines visions traditionnelles comme l'*Ubuntu* en Afrique du Sud. Nous commençons à le retrouver, notamment en période de confinement, dans certaines pratiques d'entraide et dans un retour au niveau local. Agis en ton lieu, pense avec le monde…

Apparu ensuite, l'humanisme de *l'Émancipation* s'est lentement affirmé en Occident, de la Renaissance au XXe siècle. Réservé d'abord aux individus nantis, de sexe masculin et appartenant aux nations civilisées, il reconnaîtra peu à peu les « droits de l'homme », y compris les libertés fondamentales (civiles, politiques, économiques, sociales et culturelles), à tout être humain. Inscrit dans une Déclaration universelle qui consacre l'égale dignité de chacun (1948), cet humanisme, indispensable à l'émancipation de l'individu, ne suffit plus face aux interdépendances croissantes. Il appellerait une autre vision, un humanisme des interdépendances ou de la « Maison commune », pour exprimer le refus de placer les humains en surplomb et le désir de les relier, par interactions, aux êtres vivants non humains. Le risque serait alors, au nom de la survie du vivant, de renoncer à l'individu émancipé pour les « populations », que l'on étiquette afin de les suivre à la trace et si besoin de les éliminer comme produits dangereux (les suspects de terrorisme, les étrangers sans papiers, les malades contagieux ou qui pourraient l'être…). En somme, le risque serait de déshumaniser les humains, la première étape étant soit de les infantiliser, comme le montrent les pratiques actuelles face à la pandémie, soit de les robotiser, comme le permet l'essor des nouvelles technologies (numériques et biologiques). La réponse serait de reconnaître un humanisme de *la Non-détermination* qui conditionne à la fois la responsabilité humaine et la créativité.

Le risque serait de déshumaniser les humains, la première étape étant soit de les infantiliser, comme le montrent les pratiques actuelles face à la pandémie, soit de les robotiser, comme le permet l'essor des nouvelles technologies

C'est donc une véritable « spirale des humanismes », combinant ces différentes visions des humains dans leur relation aux générations futures comme aux non-humains, qui permettra aux humanités de s'adapter à l'imprévisible. S'adapter permettra, en partie au moins, d'échapper aux prescriptions des récits-programme et aux prédictions des récits-catastrophe, pour s'ouvrir aux équilibres possibles d'un récit-aventure, comme celui de la mondialité. Mais où trouver, pour assurer cet équilibre « dynamique », l'articulation entre les systèmes de droit des États-nations, agités de mouvements chaotiques, et un futur « *jus commune* » universalisable[6]. Où trouver

6. À paraître en 2020, ouvrage collectif, *Sur les chemins d'un « jus commune » universalisable*, Mare & Martin.

en quelque sorte le fil à plomb de la gouvernance du monde ?

Équilibrer : le fil à plomb de la gouvernance

L'humanité ne peut grandir dans l'imprévisible qu'en équilibrant les tensions à partir de principes communs « de justice », inspirés de la spirale des humanismes, pour réguler nos humanités. Ainsi, l'humanisme de la relation inspire les principes de fraternité et d'hospitalité ; l'humanisme de l'émancipation les principes d'égalité et de dignité ; celui des interdépendances les principes de solidarité sociale et de solidarité écologique ; enfin, l'humanisme de la non-détermination conditionne, comme on vient de le voir, les principes de responsabilité et de créativité. Cet ensemble de huit principes a vocation à réconcilier les inconciliables, y compris le redoutable couple sécurité/liberté qui sera équilibré, par exemple face à la pandémie, par les principes d'égalité et de dignité. De même que, face au changement climatique, le couple compétition/coopération sera équilibré par le principe de solidarité, sociale et écologique, et ainsi de suite pour les autres couples opposés.

Plongés dans l'octogone des « principes de justice » venus de la spirale des humanismes, les systèmes de droit éviteront les récits d'anticipation trop fixistes qui risquent d'immobiliser les humains et de déstabiliser l'équilibre juridique du monde

En somme, les juristes doivent être à la fois paysagistes et architectes. Paysagistes, ils apprennent à adapter les sociétés aux imprévisibles surgissements du monde vivant. Architectes, ils imitent les bâtisseurs, des pyramides aux cathédrales, qui réussissaient à amortir les mouvements perturbateurs des vents en plongeant un fil à plomb dans un seau d'eau afin de retrouver la rectitude, au propre et au figuré.

Au figuré, si le fil à plomb symbolise la rectitude des grands bâtisseurs de cathédrales, il peut aussi symboliser la rectitude des constructeurs d'un monde commun. Il montrera ainsi comment passer du grand chaos de la mondialisation dérégulée à une sorte de « pluralisme ordonné » qui rapproche les différences sans les supprimer, harmonise la diversité sans la détruire et pluralise l'universel sans le remplacer par le relatif. Pour qu'il y ait du commun, il faut qu'il reste des différences, mais qu'elles deviennent compatibles.

Pour rendre compatibles les différences, le droit pourra précisément servir de fil à plomb, s'il ne se contente pas de les juxtaposer mais contribue à cet ordonnancement commun à vocation mondiale que nous avons nommé « *jus commune* universalisable ». Plongés dans l'octogone des « principes de justice » venus de la spirale des humanismes, les systèmes de droit éviteront les récits d'anticipation trop fixistes qui risquent, comme on l'observe face à la pandémie, d'immobiliser les humains et de déstabiliser l'équilibre juridique du monde. Révérence gardée envers Blaise Pascal, ces principes fortifieront la justice. Au lieu de justifier la force, ils opposeront cette justice fortifiée à la force des récits-programme (tout-marché, tout-numérique ou Empire monde) qui prétendent prescrire l'ordre du monde. Ils utiliseront les descriptions des récits-catastrophe (crise sanitaire, notamment avec les pandémies, ou crise écologique, notamment avec le changement climatique), luttant à la fois contre les génocides et les futurs crimes « d'écocide » (littéralement la « destruction de la maison »), tout en renonçant à leur prétention à tout prédire et à prévenir l'imprévisible.

En conclusion, l'imprévisible appelle une pensée sans arrogance mais confiante dans l'aventure humaine : « Ce n'est pas l'effroi de périr mais l'ambition de vivre qui a jeté les humains sur les routes de la terre, de la mer et du ciel[7]. » L'ambition de vivre nous rappelle à la fois les limites de la planète Terre, la maison commune que nous devons protéger si nous voulons durer, et l'infinitude du cosmos qui nous incite à grandir. Durer et grandir dans l'imprévisible, c'est peut-être simplement apprendre à l'accueillir et s'adapter à lui, à la recherche de cet équilibre dynamique, toujours en mouvement. À l'inverse des récits-programme ou des récits-catastrophe, le récit-aventure de la Mondialité a l'ambition de stabiliser les sociétés sans immobiliser les humains ●

MDM

7. Pierre Teilhard de Chardin, *L'Avenir de l'homme*, Seuil, « Points sagesses », 2001.

PUCE ET ZIG

PAR

Valérie Mréjen

Dès les premiers jours de confinement, ma fille avait lu et relu toutes les bandes dessinées que nous avons à la maison et terminé, chaque fois trop vite, les quelques exemplaires que j'avais pu lui trouver au supermarché après des heures d'attente à l'extérieur du magasin. J'ai demandé à un ami voisin, amateur de brocantes et fidèle comme moi du marché parisien d'Aligre, s'il n'aurait pas quelques albums à nous prêter. Le temps qu'il aille voir dans sa cave, nous nous sommes retrouvés le lendemain, un gobelet à la main, à boire notre petit café accoudés à une poubelle. Il avait retrouvé un vieil album de « Zig et Puce » qui lui avait appartenu enfant, et avant lui à son père dans les années 1930. En le parcourant rapidement avant de l'apporter, il s'était souvenu, ou peut-être s'en est-il rendu compte à ce moment-là, que la représentation des Africains n'était absolument plus possible aujourd'hui. Esprit colonial de l'époque, caricatures de sauvages à grosses lèvres et langage primitif : la palette d'expressions des « cannibales » va de « y a bon » à « y a pas bon ». Chinois cruels, Juifs usuriers ou Arabes arriérés : tous les personnages que l'auteur aurait sans doute qualifiés de « métèques » en prennent d'ailleurs pour leur grade en termes d'image. C'était, définitivement, un autre temps.

Mon ami m'a prévenue qu'il avait collé un post-it sur la couverture avec les numéros des pages les plus douteuses à éviter. Il m'a suggéré de les enlever en les découpant avec un cutter : il l'aurait fait s'il avait eu le temps.

Une fois rentrées à la maison, j'ai essayé d'expliquer à ma fille ce dont nous avions parlé dans la rue en improvisant un bref cours d'histoire sur la colonisation, l'exploitation économique, l'annexion par la force et l'arrogance des pays qui alors étaient ou se voulaient puissants et cherchaient à l'être encore plus.

La censure ne m'a pas semblé être une bonne solution. Arracher ou couper, même nettement, les pages d'un livre me répugne. Surtout un livre ancien que le père d'un ami lisait et appréciait sûrement dans son enfance. Il faut dire que les aventures de Zig et Puce sont haletantes, cocasses, absurdes : ils rêvent de l'Amérique, où ils espèrent faire fortune, et passent leur temps à tout tenter pour y aller, accompagnés de leur pingouin Alfred. Alfred a été adopté quelque part au pôle Nord, où ils avaient atterri par hasard après un énième faux départ – « Nous l'appellerons Alfred, c'est distingué. » Ils voyagent par toutes sortes de moyens : montgolfières, avions, paquebots, trains qu'ils ratent systématiquement, charrettes, traîneaux, prototype de fusée, voitures qu'ils ne savent pas conduire, et à la fin, ils continuent à pied.

J'ai préféré opter pour des explications et le récit d'un passé qu'on aimerait quelquefois oublier. Nous avons évoqué les raisons pour lesquelles on ne peut plus aujourd'hui relire *Tintin au Congo*. Cela a existé, c'est une réalité : il est toujours plus utile de savoir que de ne pas savoir.

Sur certaines de ces pages finalement restées entières, j'ai donc décidé de customiser des phylactères. Sur l'une des premières planches, Zig et Puce arrivent par erreur dans un pays d'Afrique et, pour éviter de « se faire manger », décident de se noircir au cirage de la tête aux pieds pour se fondre dans la tribu.

J'avais initialement imaginé de faire de ces deux benêts un duo de performeurs qui réactiverait, pour mieux la dénoncer, la pratique du blackface, mais l'image même du geste était trop déplaisante pour en faire un détournement. Si la vignette existe bel et bien sur l'une des planches de la bande dessinée, j'ai préféré ne faire que l'évoquer avant de raconter les nouvelles aventures de ces jeunes Puce et Zig.

ON A DU MAL A SE L'IMAGINER AUJOURD'HUI MAIS A L'ÉPOQUE C'ÉTAIT RÉPANDU. LA PRATIQUE A ÉTÉ POPULARISÉE PAR UN COMÉDIEN BLANC, DONT LE PERSONNAGE, JIM CROW, A ENSUITE DÉSIGNÉ LES LOIS DE SÉGRÉGATION RACIALE.
CEST INOUI !!
QU'EST-CE QU'IL DIT ?
A TITRE EXCEPTIONNEL, ZIG ET PUCE VONT NOUS EN FAIRE UNE DÉMONSTRATION
AU COMBIENTIÈME DEGRÉ DOIT-ON APPRÉHENDER CETTE PERFORMANCE?
ILS REACTIVENT LA PRATIQUE POUR MIEUX LA DÉNONCER

L'ARTISTE INTERROGE LA NOTION D'EQUILIBRE
POUR DIRE QUE L'HUMAIN EST FRAGILE
SI VOUS SOUHAITEZ D'AUTRES INFORMATIONS, JE SUIS A VOTRE DISPOSITION. EN ATTENDANT, VOICI LE COMMUNIQUÉ DE PRESSE ET UN PLAN DU SITE. JE VOUS LAISSE DÉCOUVRIR BONNE VISITE
MISS PEGGY, JE VOUS PRÉSENTE UN DUO D'ARTISTES PROMETTEURS
PERMETTEZ-NOUS, MADEMOISELLE, DE NOUS PRÉSENTER... JE SOIS ZIG...
ET MOI, JE SOIS PUCE.
JE N'AI JAMAIS ENTENDU PARLER DE VOUS MAIS VOUS AVEZ UNE ALLURE IMPAYABLE. VENEZ ME RACONTER TOUT ÇA, JE SUIS SÛRE QUE CELA NOUS DISTRAIRA. IL FAUDRA VENIR ME RENDRE VISITE ET VOIR MA COLLECTION
OH, CE SERAIT FANTASTIQUE. NOUS QUESTIONNONS LES NOTIONS DE DÉRACINEMENT ET D'EXIL...
CHARMANT ! VOULEZ-VOUS PARTAGER MES OEUFS BROUILLÉS J'AI HORREUR DE LES MANGER TIÈDES

ON SE SENT QUAND MÊME MAL À L'AISE EN TANT QUE SPECTATEUR...
C'EST VOULU. ILS POUSSENT ASSEZ LOIN L'AMBIGUITÉ, VOIRE LA PROVOCATION
ÇA FAIT RÉFLÉCHIR
J'AI HONTE DE NOTRE PASSÉ COLONIAL
#MOI AUSSI

LE JOURNALISTE PARLE DE NOUS! ... LA PROPOSITION DES JEUNES ZIG ET PUCE A ÉTÉ POUR LE MOINS REMARQUÉE LORS DU SALON DES JEUNES POUSSES. ILS ONT SU SÉDUIRE UNE PARTIE DU PUBLIC ...
OUI... OUI!
HEIN? APPROPRIATION CULTURELLE ?
QU'EST-CE QUE C'EST?
... DEUX NAIFS QUI S'IMAGINENT AVOIR DÉCOUVERT L'AMÉRIQUE...

JE SUGGÈRE DE COMMENCER PAR LES GIARDINI ET LA PUNTA DELLA DOGANA
AH. J'AURAIS PRÉFÉRÉ L'ARSENAL MAIS BON
J'AI MAL AUX PIEDS, J'AI SOIF ET JE VEUX UNE GLACE
TROP BIEN, IL NOUS RESTE ENCORE À VOIR LES PAVILLONS DE LA POLOGNE, L'AUSTRALIE, LA SUISSE, LE BRÉSIL ET LA RÉPUBLIQUE TCHÈQUE
DE TOUTE FAÇON C'EST TOUJOURS TOI QUI DÉCIDES. JE VOULAIS PRENDRE UNE JOURNÉE POUR VISITER LA VILLE. JE TE L'AI DIT MAIS TU NE M'ÉCOUTES PAS.
ON N'AURA MÊME PAS LE TEMPS D'ALLER PIAZZA SAN MARCO BOIRE UN SPRITZ
C'EST D'UN COMMUN. PRENONS AU MOINS UN BELLINI AU HARRY'S BAR. TANT PIS POUR LE PAVILLON DES U.S.A.

ÇA N'EST PLUS CE QUE C'ÉTAIT. VRAIMENT, CES ENDROITS TOURISTIQUES... ON NOUS A PRIS POUR DE VULGAIRES GOGOS... MERCI POUR TES BONNES IDÉES
DE RIEN. À CAUSE DE TOI JE ME SUIS COUVERT DE RIDICULE EN COMMANDANT UN BELLINO

VIENS ICI ALFRED. ET SURTOUT, NE T'AFFOLES PAS LORSQUE TU VERRAS LE PUBLIC ENTRER NI QUAND LES GENS APPLAUDIRONT. ET SOUVIENS-TOI : JARDIN = JÉSUS. COUR = CHRIST
IL PARAIT QUE MARIE COLLIN EST DANS LA SALLE. IL VA FALLOIR ASSURER
WOW ! MAIS J'AURAIS PRÉFÉRÉ NE PAS LE SAVOIR. POURQUOI TU ME L'AS
DIT ?
AH ECOUTE, CE N'EST PAS LE MOMENT DE NOUS FÂCHER
POURQUOI TU ME FAIS CE GENRE DE COUP ? TU CROIS QUE JE N'AI PAS ASSEZ LE TRAC ?

QUELLE CHANCE D'AVOIR DECROCHÉ CETTE RÉSIDENCE. ALLONS-Y À PIED
C'EST EXCITANT CE GRAND ENDROIT VIDE RIEN QUE POUR NOUS
OUI, ET EN PLUS ILS DOIVENT NOUS METTRE EN RELATION AVEC DES COMMISSAIRES D'EXPOSITION SUR PLACE. JE SENS QUE NOTRE CARRIÈRE VA DÉCOLLER

MONSIEUR LE MAIRE TIENT À VOUS SALUER. MÊME SI LE PUBLIC N'A PAS VRAIMENT SUIVI, IL DIT QU'IL CROIT EN VOUS. C'EST UN ENTHOUSIASTE. IL A LE GOÛT DU RISQUE
IL FAUT DIRE QUE C'EST DÉCEVANT... PERSONNE LE SOIR DU VERNISSAGE...
LA SEMAINE PROCHAINE NOUS AURONS DES SCOLAIRES
EH BIEN, NOUS VOILÀ EN PETIT COMITÉ CE SOIR, C'EST UNE CHANCE ! JE VAIS POUVOIR ALLER ME COUCHER TÔT !

ON IRA FAIRE DES COURSES DEMAIN. IL PARAÎT QU'IL Y A UNE SUPÉRETTE AU VILLAGE. ON NE POUVAIT PAS DEVINER QU'IL FALLAIT APPORTER NOS COUVERTS
?

JE NE PEUX PAS ME RÉSOUDRE À MANGER MES COQUILLETTES SANS BEURRE NI SEL AVEC LES MAINS
ÇA VA ALLER, NE T'INQUIÈTE PAS. IL PARAÎT QUE DANS LES SITUATIONS EXTRÊMES ON EST BIEN OBLIGÉS
D'AVOIR DE BONNES IDÉES

MAIS QUE PEUVENT-ILS BIEN LEUR RACONTER ? ÇA FAIT DÉJÀ UNE HEURE QU'ILS SONT DEDANS...
ILS DOIVENT AVOIR UN DOSSIER BÉTON
ON NE VA PAS FAIRE LE POIDS AVEC NOTRE PROJET DE COMMANDE PUBLIQUE À LA CARTE IMPROVISÉ HIER SOIR...
JE LE SAVAIS, JE LE SENTAIS
ET SI NOUS ALLIONS ECOUTER CE QU'ILS DISENT DERRIERE LE BÂTIMENT ? ON EN AURA LE COEUR NET
TU ES SÛR ?

ET SI ON COMMENÇAIT LUNDI, VOUS SERIEZ PRÊTS ?
ABSOLUMENT, ON A DÉJÀ LA MAÎTRISE D'OEUVRE ET L'ENTREPRISE EST DISPO-NIBLE
TU ENTENDS PUCE !...

C'EST À VOUS, DÉSOLÉ ON A PRIS DU RETARD, NOUS ÉTIONS SOUS LE CHARME

LA PART DE L'AUTRE

RUMEURS DES SUDS ET TIERS-MONDISATION D'UNE FRANCE ARROGANTE

PAR

Silyane Larcher

La crise du Covid-19, en ébranlant les certitudes occidentales, a réveillé de vieux réflexes ethnocentristes. Depuis la position frontalière qui est la sienne, la politiste les pointe sans ménagement.

Moun mouri pa konnen pri sèkèy
(« Les morts ne connaissent pas le prix des cercueils »)
Proverbe haïtien

Prendre un vol, aux prix souvent indécents pratiqués par les compagnies aériennes qui – sous la protection du nationalisme économique de Bercy – desservent la Martinique pour y retrouver mes attaches familiales, ne m'avait même pas traversé l'esprit ! Se réfugier loin de Paris pour des contrées plus clémentes ou pour retrouver la chaleur de la convivialité familiale restait peut-être le privilège des propriétaires de résidences secondaires, on l'a beaucoup dit. Mais ce repli restait sans doute aussi une facilité pour ceux dont la famille vit à quelques centaines de kilomètres au plus. C'est donc depuis une position « archipélique », selon le beau mot d'Édouard Glissant, entre la ville de Saint-Denis en Île-de-France et la Martinique, mais aussi un peu la Guadeloupe par des liens amicaux, entre ici et « là-bas », au carrefour de « mes lieux », que j'ai traversé ces deux mois de confinement sur lesquels je fais retour dans ces quelques pages, après coup.

Si quelques intellectuels bienheureux ont trouvé dans ce temps suspendu du délice à produire leur meilleur rendement, l'assignation sanitaire à résidence – quand bien même la mienne fut confortable – me fit éprouver avec une étrange acuité la vanité et la violence de l'époque. Comme à tant d'autres, me restait en guise d'adaptation le repli vers mon espace domestique et vers ma propre intériorité : jamais je n'ai autant pratiqué la méditation que durant cette période ! Le confinement aura ancré une nouvelle routine dans mon quotidien. Car buissonner à l'écart du brouhaha anxiogène des réseaux sociaux et des médias fut souvent laborieux, les informations sur ce virus mal connu se faisant tour à tour effrayantes et incertaines.

Dans cette ambiance pesante, de micro-événements glanés çà et là dans l'actualité m'ont cependant parfois réveillée, tantôt pour m'arracher un sourire, souvent empreint d'ironie, tantôt pour m'inspirer exaspération ou indignation. Tel ce texte de Jared Diamond et Nathan Wolfe – respectivement géographe et virologue californiens – paru dans *AOC*, défendant avec un rare aplomb la thèse culturaliste et ethnocentriste selon laquelle, dans le fond, nous devions cette crise majeure à la croyance ancrée des Chinois dans les pouvoirs mystiques du pangolin. Seul un volontarisme du gouvernement chinois incitant sa population à renoncer à ses funestes (barbares ?) coutumes sortirait la planète de l'enfer des pandémies à répétition… Pas un mot des auteurs sur le fait que la Chine constitue l'une des mamelles de l'hydre aux mille têtes d'un capitalisme désormais prédateur de nos écosystèmes ! De manière sans doute exceptionnelle dans l'histoire du monde, la conscience par capillarité d'une commune vulnérabilité plaçait l'humanité devant le fait brut de sa condition interreliée. Cette épreuve d'humilité collective par laquelle une « conscience de la mondialité » se faisait ainsi jour, ne semblait pas avoir ébranlé les relais zélés de l'arrogance occidentale… Quelques détails venus de ma lecture des journaux ou de flâneries lors de mes moments à l'extérieur me reliaient toutefois à d'autres expériences humaines, en France et en d'autres lieux du monde, à d'autres petits bouts de vie, m'autorisant aussi l'échappée hors de la nasse des mensonges satisfaits et des lâchetés officielles du gouvernement français. La rhétorique guerrière qu'opposait Emmanuel Macron à ce nouveau virus m'apparaissait en effet d'une grandiloquence dérisoire confrontée au dénuement des nouveaux fantassins d'une guerre sanitaire incertaine qui, de longs mois auparavant, dans la rue, avaient dénoncé la misère d'un service public hospitalier que le couperet managérial de la tarification à l'acte avait méthodiquement mis à genou. Observer comment la gestion mondiale de cette crise brouillait la frontière politique et symbolique entre Nord et Sud de façon complexe, pas toujours pour le meilleur, maintenait en éveil mon attention aux soubresauts inédits du monde.

Illusion d'invulnérabilité

La planète n'en était pas à sa première pandémie de coronavirus. En 2003, le SARS-Cov, « frère aîné » du Covid-19 (SARS-Cov-2), également né en Chine, avait touché une trentaine de pays, essentiellement en Asie. En 2012, le MERS-Cov ou, selon une désignation tout orientaliste, coronavirus du syndrome respiratoire du Moyen-Orient, transmis à l'homme sans doute par la consommation de lait cru de dromadaire, n'avait guère franchi les limites de la région qui l'avait vu naître. Compte tenu de ces précédents continentaux et de l'intensification des migrations internationales de personnes et de marchandises, des scientifiques s'étaient déjà inquiétés des graves conséquences que laissaient craindre la naissance et la diffusion fulgurante d'un virus de la nature de celui qui nous frappe aujourd'hui. Peut-être la gestion maximaliste des risques sanitaires lors de la pandémie de grippe A (H1N1), en 2009, avait-elle renforcé chez certains gouvernants occidentaux quelque illusion d'invulnérabilité. Mais je ne pouvais m'empêcher de me dire qu'il eût fallu qu'un nouveau coronavirus déborde les rives des « Suds » et atteigne les capitales de l'Europe et de l'Amérique du Nord pour sortir les pays occidentaux, acteurs-clés – avec la Chine – des échanges mondiaux, de leur insouciante puissance. Ainsi, la blessure bio-écologique faite à l'Homme Blanc, transformant cette fois la pandémie en phénomène planétaire, nous plongeait dans l'épreuve affective collective de notre commune vulnérabilité.

Cette prise de conscience, sorte de nouveau savoir incorporé, transformait l'événement en cours, jusqu'alors confondu avec une altérité lointaine et abstraite, en malheur mondial. En atteignant le cœur des « Nords » chinois et occidentaux, la létalité et la grande contagiosité du virus avaient embarqué l'humanité dans une expérience anthropologique inédite : la conscience, sans distinction, de la fragilité des vies humaines et non humaines. Par son échelle, avec une densité quasi phénoménologique, cette crise sanitaire nous imposait collectivement une confrontation émotionnelle, dans nos corps, à travers la peur et l'angoisse, avec l'impermanence de la vie au cœur des contacts inter-humains, en somme du lien social, lui-même indissociable de notre rapport à l'environnement. Je comprenais durant ce temps étiré du confinement qu'il me fallait composer certes avec la peur pour moi et pour ma santé, mais surtout avec la peur pour les miens ici et dans la Caraïbe, qu'il s'agisse des êtres les plus chers à mon cœur, de mes collègues ou de mes voisins.

« De la médecine de guerre… », disaient certains, tant pour trouver en eux l'énergie du combattant que pour mettre des mots sur la cruelle réalité de la misère médicale de la septième puissance mondiale en temps de crise

Tout juste confinés, en France, avec un étonnement parfois mêlé de condescendance, on scrutait l'Italie qui se débattait avec la courbe exponentielle de ses morts. Je constatais avec une certaine ironie que les soutiens matériels et logistiques les plus efficaces arrivèrent aux autorités italiennes de Chine et de Cuba. En grenier du monde soucieux de redorer son blason, la Chine avait fourni en nombre du matériel médical aux soignants italiens. Fait plus surprenant, Cuba la frondeuse, soleil de la gauche marxiste et anticoloniale antillo-guyanaise de la génération de mes parents, quittait furtivement sa mise au ban du monde occidental à travers le visage de 65 médecins et infirmiers spécialisés en virologie accueillis en héros sur le tarmac d'un aéroport italien. La propagation du virus donnait à voir d'improbables solidarités. La crise mettait au jour l'ampleur du délabrement des institutions sanitaires en France, en Grande-Bretagne et en Italie, où la société de marché avait enserré l'accès au soin. À Mayotte et en Guyane, périphérisées dans la « Tiers-France », l'emballement de l'épidémie en situation de désert médical semblait vouer habitants, élus locaux et institutions sanitaires à un désarroi mêlé de fatalisme.

Tandis que les autorités françaises tergiversaient sur la nécessité des masques et l'utilité des tests dans le but d'occulter la pénurie, sur Twitter, des médecins acculés hélaient du matériel de ventilation auprès du Conseil de l'ordre des vétérinaires de leur région, des masques auprès de leurs concitoyens, et déployaient des trésors d'ingéniosité en s'inventant des protections sanitaires à l'aide de sacs-poubelle et de masques de plongée vendus chez Décathlon. « De la médecine de guerre... », disaient certains, tant pour trouver en eux l'énergie du combattant que pour mettre des mots sur la cruelle réalité de la misère médicale de la septième puissance mondiale en temps de crise. En effet, quand la ville de Wuhan compte dix lits pour 1 000 habitants, la France en compte six... J'en venais même à me demander si ce rituel, devenu pesant, des applaudissements quotidiens aux balcons et aux fenêtres à 20 heures ne constituait pas, par-delà l'élan de solidarité et d'espérance, l'effort dérisoire d'un peuple inquiet pour conjurer le spectacle du désastre de l'hôpital public. Manière par là de sublimer dans la joie commune une mélancolie nationale.

Entre condescendance post-coloniale et ignorance

Quelque chose d'un orgueil national blessé affleurait aussi de l'intérêt que les médias français accordaient à la Corée du Sud, à Singapour ou à Hongkong. La réactivité et l'anticipation de ces pays qui, forts des leçons du SARS, n'avaient pas eu besoin de confiner leurs populations suscitaient l'admiration, voire la fascination. Toujours hors d'Europe, les efforts d'organisation et d'inventivité – parfois au prix de méthodes martiales ciblant en particulier les populations les plus pauvres – dans des États en manque d'infrastructures sanitaires et en personnels de soin avaient cependant retenu mon attention. La fragilité des systèmes nationaux de soin du Vietnam et du Maroc, anciennes colonies françaises, semblait paradoxalement avoir interdit d'organiser tout désastre à venir. Interdit de « jouer avec la vie » quand on n'a guère les moyens de soigner les vivants. Pour éviter l'accumulation des morts, les gouvernants avaient anticipé très tôt les mesures de prévention. Dix jours après l'apparition de son premier cas de SARS-CoV-2, venu d'Italie, le Maroc a fermé ses frontières et progressivement confiné sa population. Les autorités ont réquisitionné les hôtels afin d'assurer l'hébergement d'une partie du personnel hospitalier, des patients et des personnes-contacts. Un fonds dédié à la lutte contre le virus fut créé afin d'assurer, entre autres, l'accessibilité des masques à l'ensemble de la population. Rendus obligatoires, ces derniers furent acheminés dans les commerces de proximité et vendus à moins d'un dirham (moins de 10 centimes d'euro). Les médecins marocains s'accordèrent, semble-t-il sans polémique, à prescrire de l'hydroxychloroquine et de la chloroquine à leurs malades. Tandis qu'en France, la molécule était au cœur de vives controverses cristallisées autour de la personne et des méthodes de Didier Raoult, Sanofi fournissait le Maroc en grande quantité... Dans la presse africaine, le virologue de Marseille, né au Sénégal, fut même érigé en icône africaine de la gestion vertueuse de la crise ! Peu à peu, les autorités marocaines développèrent les tests PCR dans un nombre croissant de laboratoires. Le pays compterait officiellement son plus grand nombre de morts en dehors de ses frontières... Le Maroc se retrouvait même en capacité d'exporter des dizaines de millions de masques de protection à une Europe comptant ses morts par milliers. Avec la même rapidité de mobilisation contre la propagation du virus – au risque de l'autoritarisme – et une coordination précise entre tests et confinement, le Vietnam avait aussi offert au monde une image de maîtrise remarquable de la crise.

Des lieux confinés aux marges du « Monde » déployaient ainsi des capacités insolentes d'anticipation, capacités à faire front devant un « ennemi » volatile, ce mal bio-écologique du coronavirus. Ces « Suds », d'habitude relégués au rang de « restes de l'Ouest », se montraient sur la scène mondiale à la fois modestes, lucides et efficaces dans la protection de leurs populations, dévoilant de la sorte une géographie déroutante, instable et complexe, de la panique morale. Comme à l'accoutumée en France, l'irruption de l'Afrique subsaharienne sur cette scène fut prise en tenaille entre condescendance postcoloniale et ignorance. C'est d'abord l'ampleur qu'avait prise sur les réseaux sociaux une polémique indigente entre deux médecins sur le plateau de LCI qui m'a d'abord surprise. À en croire les récits qui en furent rapportés, deux médecins débattaient de l'évolution de l'épidémie sur le continent, mais surtout des suites qu'il eût fallu y craindre. L'un d'entre eux se hasarda à suggérer que des protocoles de vaccin contre le Covid-19 fussent testés sur les populations africaines avant application aux populations européennes. Sans susciter ni l'étonnement ni l'inconfort des journalistes et des autres intervenants de ce pseudo-débat, deux savants occidentaux se penchaient donc, à distance, sur le corps massif d'une Afrique inerte offerte à leurs fantaisies. Les propos déchaînèrent les foules. Durant plusieurs jours, les réseaux, qui rassemblent notamment les militantes afroféministes auxquelles je m'intéresse depuis bientôt quatre ans, bruissaient de cet échange de bistrot cathodique. La rage fut telle que les universitaires Mame-Fatou Niang et Fred Eboko se fendirent de quelques tribunes.

Ces divagations prométhéennes donnaient certainement à entendre la nostalgie d'une médecine coloniale. Mais leur teneur autant que les passions qu'elles suscitèrent révélaient combien ce mot d'« Afrique » opère toujours comme un trope des représentations dominantes en France en même temps qu'il est l'objet d'un puissant désir, véritable faim d'Afrique, de la part des afro-descendants eux-mêmes. Signe que les sensibilités de notre époque ne sont pas tout à fait décolonisées, une part non négligeable des élites françaises peine encore à admettre qu'une proportion sans doute grandissante de la jeunesse française d'ascendance subsaharienne, n'en pouvant plus de croupir avec les siens au bas de l'échelle sociale, désespère de se voir représentée sous les traits d'une humanité affirmée et verticale, en un mot d'une Afrique en pleines subjectivité et dignité. De ces rapports de forces, également conflits de désirs, ressortaient cependant, telles les deux faces d'une même médaille, l'Afrique comme mirage, fiction où se concentrent les fantasmes de la toute-puissance, et *in fine* son absence comme réalité humaine plurielle, rationnelle, comme présence au monde mue par des forces sociales et historiques.

Bien que le continent soit inexistant de l'humanité digne de soins, les médias français laissaient échapper leur perplexité face à cette terre ingrate et décidément indocile à leurs chimères d'Afrique : « Pourquoi le désastre n'a finalement pas eu lieu ? »

Cette béance mimait l'absence, bien réelle, du continent dans les négociations des essais cliniques internationaux de l'industrie pharmaceutique mondiale. Reléguée au rang de partenaire inutile dans la guérilla que les multinationales se livrent entre elles, lui préférant la rentabilité de la Chine et de l'Inde, l'Afrique subsaharienne n'occupe même pas 5 % de la part des essais cliniques annuels de médicaments dans le monde. Seule l'Afrique du Sud figure parmi les États sollicités par l'Organisation mondiale de la santé pour son programme international d'étude clinique des réponses au Covid-19. Bien que le continent soit inexistant de l'humanité digne de soins, les médias français laissaient échapper leur perplexité face à cette terre ingrate et décidément indocile à leurs chimères d'Afrique : « Pourquoi le désastre n'a finalement pas eu lieu ? », lisait-on dans la presse. Et l'écrivain ivoirien Gauz d'opposer dans une tribune truculente de *Jeune Afrique* : « L'Afrique n'est pas concernée de la même façon pour la simple raison que, depuis soixante ans, l'incurie de ses hommes politiques, l'avidité des places financières, les foutaises des plans d'ajustement dits structurels, toutes les ambitions à la petite semaine d'aventuriers sans foi ni loi ont déjà fait le travail : il n'y a plus de vieux à tuer sur ce continent. »

Dans ce sillage, loin des voix autorisées d'intellectuels-mastodontes censés incarner par leur seule aura diasporique les manières incommensurables de penser l'Afrique, une centaine d'intellectuels africains (dont le Prix Nobel Wole Soyinka) publiaient dans *L'Humanité* une lettre ouverte aux dirigeants du continent. Ils y dénonçaient « l'imitation stérile » du confinement et invitaient à saisir dans la crise l'occasion d'initier en toute autonomie, à partir des savoirs disponibles sur et dans le continent, de nouvelles politiques publiques de santé, de recherche, mais aussi de coopération sociale panafricaine qui soient dégagées du corset de l'agenda développementaliste des organismes internationaux. En d'autres termes, les sociétés africaines pouvaient transformer l'épreuve du moment en opportunité pour réensemencer l'imagination et les pratiques de leur souveraineté.

Là où l'État ne répare plus la vie matérielle

Parallèlement à ces initiatives, ma condition récente de Dyonisienne portait mon regard sur le centre-ville de Saint-Denis et ses alentours, cet autre Sud, dans le Nord. À l'arrière-ban d'une France satisfaite, prétendument unie derrière son chef de guerre contre un ennemi invisible, se réaménageait une misère sociale qui, pas même dans les quartiers pauvres de Fort-de-France, ne m'était apparue si crue. Que restait-il du lien social en temps de confinement sanitaire pour des milliers de gens, selon la formule de Jacques Rancière, oubliés du « partage du sensible », vies exclues de la justice sociale, ces êtres que des politiques d'aménagement urbain avaient depuis fort longtemps frappé d'indignité sociale ? La « distanciation sociale » prenait un sens étrangement redondant, et donc inquiétant, dans des quartiers dont le délabrement, voire l'insalubrité, indiquaient une mise à distance ancienne de la solidarité commune. Ces êtres tenus à distance du « bien-vivre », ces vies jugées « sans qualité » qui allaient et venaient dans les rues après-midi et soir, ne pouvaient qu'être rétives aux contraintes du confinement… De vieux immigrés déposaient leur lassitude sur des bancs publics pour fumer, bavasser avec un voisin ou un ami. Prendre l'air, allumer une cigarette ou un pétard, boire une bière, transpirer sur le bitume devenaient vital aux plus jeunes pour ne pas sombrer. Car comment trouver repli dans un chez-soi qui ne fait pas refuge, n'offre ni (ré)confort aux corps éreintés de labeur ni abri aux âmes apeurées par le risque de la mort ? Là où l'État social ne répare plus la vie matérielle, dehors, malgré l'interdit préfectoral, malgré les détritus jonchant le sol, les bords du canal permettent encore à des parents d'offrir un lieu de récréation à leur progéniture. L'incohérence des discours officiels n'aidait guère une population souvent en mal d'accéder à l'information en français :

si les masques n'étaient pas nécessaires, le virus était-il si menaçant, dans le fond ? Et puis, semblait me dire un Africain d'une cinquantaine d'années au visage marqué lors d'un échange à La Poste, ces corps façonnés par les travaux harassants en avaient vu d'autres ! Ce virus qui ne faisait pas tant de victimes « au pays » devait bien être « une maladie de Blancs »...

L'incohérence des discours officiels n'aidait guère une population souvent en mal d'accéder à l'information en français : si les masques n'étaient pas nécessaires, le virus était-il si menaçant, dans le fond ?

L'insouciance mêlée de fatalisme devait pourtant vite céder le pas à l'abattement et à l'angoisse. À un prolétariat post-colonial usé de maintenir le monde et la vie, ces « activités essentielles », le contact direct ou indirect avec la mort avait présenté un tout autre visage du virus. L'effroi se lisait dans les yeux désormais encerclés de masques, dans les rues de plus en plus désertes, dans les files d'attente pour Western Union ou au supermarché. Les tensions confinées dans des logements « clustérisés » explosaient parfois. En forme d'impertinence opposée à un présent morne, des fenêtres et des balcons affichaient leur attachement à l'hôpital public et aux services publics. Comme un filet de solidarité servant à maintenir l'espérance d'une vie plus forte que tout, sur une fenêtre à quelques encablures de ma rue, je pouvais lire : « Tu es confiné(e) ; à la rue ; tu as faim : on a une assiette pour toi. 13 heures-15 heures : frappe au carreau, on est là »...

Dans ce paysage urbain, la présence discrète, presque évanescente, des femmes m'intriguait. Elle contrastait avec l'immensité de leur invisible besogne, et ce faisant, avec l'immensité de leur fatigue, occupées qu'elles étaient à faire tourner le monde. Je le comprenais aux pas toujours pressés de certaines, aux silhouettes écrasées sous de lourds cabas familiaux, aux traits tirés des caissières et à leurs regards dignes face au cataclysme en cours. Au sortir d'une de mes quelques courses, une jeune femme maghrébine vieillie par le manque s'approcha discrètement de moi, me demandant à l'oreille quelques euros pour compléter son achat de boîtes de lait et de pâtes. Ce furtif échange sonnait déjà comme un rappel cruel que le « monde d'après » s'inventait sur le dos de l'armée courageuse des oublié.e.s du présent... ●

SL

MÉMOIRE À CHEVAL MÉMOIRE À GENOUX

POURQUOI L'AMÉRIQUE CONTESTE SES STATUES

PAR

Sylvie Laurent

Le mouvement de déboulonnage actuel aux États-Unis ne peut être appréhendé sans mettre en regard la sur-présence de symboles de la suprématie blanche et l'invisibilisation de l'histoire de la violence raciale dans le pays.

Une fièvre « statuairoclaste » s'est de nouveau emparée des États-Unis. Du nord au sud, on abat, décapite, saisit au lasso et jette à terre ou dans les flots des monuments publics célébrant des figures de la grande compromission américaine, non pas tant d'avoir prétendu concilier expérience démocratique et esclavage en 1776, mais d'avoir renoncé, près d'un siècle plus tard, à réparer la faute originelle en ne réalisant pas la promesse égalitaire de 1865 : accorder la pleine citoyenneté aux Noirs libérés et reconnaître leur inaliénable dignité[1]. Les statues de confédérés qu'arborait paisiblement l'espace public américain jusqu'en 2016 sont les étranges lieux de mémoire de cette révolution manquée. Plus encore, il y avait un destin alternatif pour l'Amérique

1. Quatre années de guerre civile (1861-1865) furent nécessaires pour que les États séditieux de la Confédération, qui avaient rêvé de créer une nation blanche à jamais esclavagiste, réintègrent l'Union et consentent à admettre que la plantation n'était plus et que les Noirs seraient libres et citoyens.

après la défaite des États esclavagistes, et la mission de ces statues à la gloire des sudistes fut de l'annihiler.

Indûment naturalisés, presque minéralisés, comme s'ils avaient depuis toujours appartenu au paysage urbain, ces discours de pierre sont en réalité le fruit d'une « industrie de l'héritage[2] » savamment orchestrée. On le sait depuis les travaux pionniers de Maurice Halbwachs : la mémoire publique n'est que distorsion organisée du passé, une histoire reconfigurée et interprétée de sorte qu'elle serve l'idéologie du temps. Artefacts destinés à réhabiliter le Sud qui, humilié sur le champ de bataille en 1865, voulait rétablir son honneur sali, ces monuments ont ainsi signifié la résilience de la suprématie blanche lorsque, bien après la fin de la guerre, il s'est agi de martyriser de nouveau les Noirs.

Aux hommes nostalgiques de la plus brutale des dominations blanches échut dès 1865 la création du Ku Klux Klan, fondé par d'anciens officiers confédérés. Aux femmes, souvent filles et petites-filles des précédents, revint à la fin du XIXe siècle la fondation de l'association The Daughters of the Confederacy (« les filles de la Confédération »), dont le rôle fut de promouvoir l'installation de statues à la gloire des chefs sécessionnistes partout dans le pays. Non moins redoutables que leurs aînés, elles parvinrent à politiser la mémoire à rebours de l'histoire en inscrivant dans la pierre l'idée d'une innocence blanche fondamentale et d'un système esclavagiste foncièrement bienveillant, juste et noble. C'est donc pour accompagner la contre-révolution raciale qui se déploie au Sud, instaurant dès 1877 ségrégation, lynchages et terreur raciale, que l'on a dressé ces monuments de la réaction, proclamant ainsi : « Aux grands hommes blancs du Sud, la patrie reconnaissante ».

2. David Lowenthal, « Identity, heritage and history » *in* John R. Gillis (éditeur), *Commemorations. The Politics of National Identity*, Princeton University Press, 1994, p. 41-58.

Les fantômes d'un passé à clore

Contemporain de Halbwachs, l'historien et sociologue afro-américain W. E. B. Du Bois comprit les jeux dangereux de cette politique de la mémoire. Dès 1928, il interpellait les États-Unis sur sa tendresse commémorative à l'endroit du plus célèbre général sudiste, Robert E. Lee. Déjà, des centaines de monuments à sa gloire s'exhibaient dans le pays et cela lui semblait n'indigner que lui et les siens : « Chaque année, déplorait-il, on assiste à un effort renouvelé pour canoniser Robert E. Lee... », on met en scène « sa naissance aristocratique, ses prouesses militaires voire son génie stratégique ». En réalité, rappelait l'historien : « la vérité à laquelle nul ne peut échapper est qu'il mena une guerre sanglante pour sauvegarder l'esclavage *[...]*. Ce qu'il faut expliquer si l'on veut rendre un hommage, c'est sa débâcle morale et celle de ceux qui aujourd'hui le suivent en tolérant encore l'inégalité raciale et l'exclusion des citoyens de couleur ». Les activistes antiracistes d'aujourd'hui poursuivent le propos de Du Bois : monumentales, grandioses, didactiques et péremptoires, ces sculptures de soldats morts pour la cause sudiste – dont la figuration équestre et toute-puissante de Lee est emblématique – sont une harangue perpétuelle pour la domination blanche à laquelle consentent ceux qui les érigent, mais également ceux qui les laissent sur leur piédestal. Éléments structurants du paysage urbain et donc de l'imaginaire civique à l'œuvre, ces fantômes d'un passé toujours à clore proclament *urbi et orbi* que la défense de la domination blanche méritait le sacrifice de soi et des siens et que ce dernier est encore aujourd'hui admirable.

Or ces monuments ne sont pas qu'une poignée de statues ou d'obélisques, ici ou là tapis dans le Vieux Sud : ils sont omniprésents. On en compte près de mille cinq cents dans trente-et-un États ; cent écoles publiques portent le nom d'un chef confédéré (les plus célèbres étant Robert E. Lee et Stonewall Jackson). Petites stèles, noms de rues ou de bibliothèques, hommages iconographiques voire plaques ou dédicaces élogieuses sont insidieusement disséminés dans tout le pays ; ils sont un cadastre invisible, un sous-texte de l'histoire américaine dont on dit en surface qu'elle est devenue égalitaire et post-raciale. Ils ont aussi leur entrée dans les lieux les plus sacrés de la communion civique, même si l'on y accède par une porte de service : dans le grand cimetière militaire national d'Arlington, à une encablure de Washington, se trouve ainsi la statue confédérée inouïe sur laquelle une *Mammy* (stéréotype de la nounou noire en surpoids et souriante qui se complaît dans sa sujétion) tient affectueusement l'enfant blanc d'un officier sudiste. À ses côtés, un autre esclave suit résolument son maître au combat. On peut lire à leurs pieds : *Victrix causa diis placuit, sed victa Catoni* (« La cause du vainqueur a séduit les dieux mais celle du vaincu a séduit Caton ») ; dans ce mausolée des héros morts pour la démocratie, on prétend donc qu'il y avait plus de noblesse dans un Sud défait que dans tout le Nord et ses principes égalitaires.

Petites stèles, noms de rues ou de bibliothèques sont insidieusement disséminés dans tout le pays ; ils sont un cadastre invisible, un sous-texte de l'histoire américaine dont on dit en surface qu'elle est devenue égalitaire et post-raciale

La négation de la dignité noire, consubstantielle à l'ordre racial pleinement réinstauré au sud dès les années 1880, fut cependant loin de n'être qu'un archaïsme endémique à un *mezzogiorno* aigri par la débâcle. La mémorialisation publique de la guerre civile ne fut pas exempte d'imagerie raciste du côté des vainqueurs. Même des monuments célébrant l'abolition de l'esclavage pouvaient être insidieusement influencés par l'iconographie raciste telle que magnifiée au Sud. La plus célèbre statue commémorant l'émancipation des esclaves en 1863, sise à Washington et dévoilée en 1876, représente ainsi un Abraham Lincoln grandiose et magnanime avec, à ses pieds, un esclave noir agenouillé, victime passive et suppliante recevant la grâce. Reprenant la convention artistique de la manumission des esclaves romains sous l'Antiquité, le monument glorifie le maître et condamne le Noir libéré à n'être que sujet. En juillet 2020, la ville de Boston, qui en possédait une réplique, décida de se défaire de cette œuvre, tristement représentative du substrat raciste du paysage culturel américain.

Que ces statues et autres mémoriaux soient une violence épistémique infligée depuis leur érection à l'ensemble des Africains-Américains et aux nations indiennes est donc indéniable. Ce fut même là leur raison d'être puisqu'ils fabriquaient la communion blanche en réintégrant le Sud à la table nationale. Que tant de voix s'élèvent pourtant aujourd'hui face aux actions antiracistes pour conspuer leur « vandalisme » historique, leur volonté « d'effacer l'histoire », de « semer la division », voire de « falsifier la réalité » laisse donc l'historien pantois. Ces statues ont raturé le tragique pour populariser la romance et ont confisqué le passé ; c'est leur mise à terre qui permet d'élider l'élision et de rétablirl'histoire.

La mémoire clandestine de la contre-histoire

Car, pour comprendre la brutalité muette de ces milliers de mémoriaux et l'enjeu essentiel de la lutte pour la commémoration publique, il convient de comprendre que la sur-présence de ces symboles de la suprématie blanche est à mettre en regard de l'invisibilité de la mémoire de la longue histoire de l'oppression raciale aux États-Unis. L'hypermnésie de la gloire de l'Amérique blanche est à la hauteur de l'amnésie entretenue de l'histoire de la violence raciale à laquelle elle s'adossa et de la résistance farouche des dissidents noirs. Combien de centaines de monuments, plaques et lieux de mémoire manquants sur les grands lieux de l'expérience noire ? « Pas un bouquet déposé » remarquait Toni Morrison en 1989, pas même un « banc sur le bord de la route »[3] et c'est pour combler cette absence, ce silence, qu'elle s'était mise à écrire *Beloved*, son plus grand roman. L'indignité de ces mille hommages aux défenseurs de la subordination noire serait moins saillante s'il existait une contre-histoire lisible elle aussi dans l'espace public, faisant entendre la voix dissonante de ceux qui ont résisté à la propagande du Sud héroïque et du Noir joyeux sur sa plantation, si l'on célébrait sous les fanions étoilés l'inestimable contribution des citoyens de couleur à la réalisation du projet démocratique américain.

L'indignité de ces mille hommages aux défenseurs de la subordination noire serait moins saillante si l'on célébrait sous les fanions étoilés l'inestimable contribution des citoyens de couleur à la réalisation du projet démocratique américain

L'effacement de la mémoire collective de cette contre-histoire peut se mesurer simplement. Un seul musée aux États-Unis consacré exclusivement à l'histoire de l'esclavage, d'anciennes plantations devenues sites touristiques présentant souvent une vision romantique de la vie servile, des manuels scolaires d'histoire de Géorgie euphémisant « esclave » en « travailleur », quand ceux du Texas suppriment purement et simplement tout chapitre relatant un événement jugé « subversif » et « antiaméricain ». La méconnaissance de l'histoire nationale qui résulte de la propagande sudiste est à cet égard édifiante : une majorité d'Américains – toutes régions confondues – croit aujourd'hui que la guerre civile fut causée par la défense de la souveraineté du Sud et non par le désir de préserver l'esclavage. Les Américains en savent plus sur l'émancipation que sur cent cinquante ans d'esclavage, sur le succès des droits civiques que sur ce qui les a rendus impérieux. Même Martin Luther King, dont les griffes furent limées afin qu'il devînt le pasteur consensuel du « rêve » post-racial, dut attendre 2009 pour qu'un monument d'ampleur nationale lui fût consacré à Washington. Dans cette même ville, ce n'est qu'en 2016 qu'un grand musée national de l'histoire noire américaine ouvrit ses portes après des décennies d'errances, de résistance et de financements introuvables. Le petit musée de Jim Crow, racontant l'histoire politique et culturelle de la ségrégation, ouvrit ses portes en 2012 dans le Michigan dans un contexte de franche hostilité ; on lui reprochait d'entretenir la discorde nationale en parlant, « encore », de la race.

Les Africains-Américains ont donc cultivé leur mémoire de façon clandestine, en lisière du drapeau étoilé, et beaucoup sourient aujourd'hui lorsque le pays découvre Juneteenth, le jour où les esclaves apprennent leur libération, qu'ils célèbrent pourtant depuis cent cinquante ans. Ils ont aussi entretenu en sous-main la légende selon laquelle la statue de la Liberté était secrètement noire, car ils se souviennent, eux, que cette dernière fut offerte par la France pour célébrer la fin de l'esclavage et qu'à ces pieds gisent effectivement des chaînes brisées. L'Amérique blanche a de son côté

3. Toni Morrison, « Bench by the Road », extrait d'un entretien donné en 1989 à *World Magazine* disponible sur le site de la Toni Morrison Society.

oublié la signification originelle de sa Grande Dame dont le rôle devint de subjectiviser les Américains dans une conscience de soi héroïque – nous accueillons le monde – en lieu et place de « nous sommes un projet égalitaire inabouti ».

Un autre chemin politique

Il faut aux nations des monuments qui parlent au futur antérieur ; l'histoire n'est jamais achevée, elle est une déviation possible, peut-être encore en suspens, et dont il faut garder la trace. Il existait un autre chemin politique pour les États-Unis de l'après-guerre civile que la contre-révolution. D'autres lieux de mémoire faillirent advenir, d'autres conventions esthétiques et morales auraient pu occuper les parcs, capitoles et ronds-points. En 1863, l'année de l'émancipation, le sculpteur John Quincy Adams Ward réalisa ainsi non un péristyle au sommet duquel aurait trôné la figure tutélaire d'un soldat blanc guidant la nation vers son avenir, mais une modeste statue de bronze dédiée aux esclaves tout juste affranchi qu'il nomma *The Freedman* (« L'homme libéré »). Cette statue figure un ancien esclave, les chaînes aux pieds, dont le corps est entièrement engagé dans un mouvement de redressement. Il est en train de se lever, le geste est encore incertain, et son regard révèle qu'il reste encore beaucoup à accomplir. Mais aucun homme blanc ne préside à sa libération. Il se désaliène seul, dans une représentation réaliste de son humanité qui brise la traditionnelle représentation allégorique de l'esclave. La puissance de l'œuvre est telle que, lors de son exposition à Chicago en 1865, des critiques conquis réclament qu'elle soit reproduite et installée devant les bâtiments publics et peut-être dans les parcs de Washington. Il leur semblait qu'aucune autre production artistique ne pourrait aussi justement commémorer la sortie de l'esclavage et la réparation d'une nation brisée par le racisme. Mais l'esprit du temps était aux monuments flamboyants et définitifs, les égalitaires avaient déjà marqué le pas et la suprématie blanche l'emportait. *The Freedman* ne fut jamais sortie des coins sombres des musées[4].

Au discours univoque et perpétuel, l'art « anti- » ou « contre monumental » oppose la participation du regardeur qui donne son sens à l'œuvre et non le reçoit

Aujourd'hui est l'occasion non pas d'effacer mais au contraire de rétablir une vérité historique conflictuelle, riche de possibles non advenus, suggestive des rapports de pouvoir qui ont présidé à la domination d'un grand récit national sur un autre. La réflexion sur les monuments, leur place dans l'espace et dans le champ politiques est également à inscrire dans un paradigme plus général encore du rapport entre art, commémoration et mémoire. Un mouvement esthétique dit « anti-monumentalisme » a ainsi émergé depuis quelques décennies pour refuser l'autorité figurative, la verticalité massive et la permanence de la pierre qui prétendent incarner la mémoire. Opposées aux conventions esthétiques nazies, les premières œuvres anti-monumentales furent conçues en Allemagne afin de représenter plus subtilement la mémoire du génocide des Juifs. D'autres mémoriaux furent réalisés ensuite ailleurs, se pliant aux règles de l'éphémère, du liquide, de la transparence et de la subterranéité[5]. Au discours univoque et perpétuel, l'art « anti- » ou « contre

4. Kirk Savage, « Molding emancipation : John Quincy Adams Ward's "The Freedman" and the meaning of the civil war », *Art Institute of Chicago Museum Studies*, vol. 27, n° 1, 2001, p. 26-101.

5. Quentin Stevens, Karen A. Franck et Ruth Fazakerley, « Counter-monuments : the anti-monumental and the dialogic », *The Journal of Architecture*, 2012, 17:6, p. 951-972.

monumental » oppose la participation du regardeur qui donne son sens à l'œuvre et non le reçoit. C'est cette philosophie qui a présidé à la réalisation du mémorial le plus remarquable des États-Unis de notre temps, ouvert en 2018. À Montgomery, Alabama, au cœur des contrées qui ont pratiqué, légitimé et perpétué la sujétion raciale, The Legacy Museum et The National Memorial for Peace and Justice constituent le premier site mémoriel consacré à l'histoire du lynchage. Par l'ombre, la lumière, le geste fébrile du visiteur, il immerge ce dernier dans l'impensable, lui permet de toucher l'insondable.

C'est hélas une initiative privée et elle est loin de trôner dans l'espace public. Mais elle montre la voie d'une nouvelle pratique commémorative. Ce lieu propose, telle la provocante statue équestre d'un homme noir réalisée par Kehinde Wiley et installée en 2019 sur Times Square, à New York, un regard critique sur la fétichisation de la mémoire majoritaire et sa violence lorsque tant de voix minoritaires ne sont pas jugées dignes d'être célébrées. Voilà pourquoi on démonte des statues. La plupart des monuments déboulonnés (à peine une centaine) n'a d'ailleurs pas été victime de harponnages spontanés mais a été l'objet de décisions prises en conscience par les collectivités locales après des décennies de mobilisation intense des associations. Mais les coups d'éclats récents, assurément, ont eu la vertu de faire bruyamment dérailler une mémoire vandalisée et d'affirmer comme le personnage central de Toni Morrison dans *Beloved*, « l'avenir repose sur la possibilité de tenir le passé en respect » ●

SL

FABLE POUR AUJOURD'HUI

PAR

Kapka Kassabova

« Ce qui, de Tchernobyl, reste le plus présent dans ma mémoire, c'est la vie après: les biens privés de propriétaires, les paysages dépouillés de gens. Les routes qui n'allaient nulle part, les câbles qui ne menaient nulle part. Plus d'une fois, j'ai eu l'impression de noter le futur. »

Svetlana Alexievitch, *La Supplication*[1] (1997)

Il était une fois une vallée au cœur des Highlands écossais *où toute vie semblait vivre en harmonie avec tout ce qui l'entourait*[2]. Le fleuve, par la suite baptisé Beauly, du français « beau lieu », jaillissait de trois sources distinctes qui convergeaient au cœur du Strathglass, la « Vallée Gris-Vert » en gaélique. La vallée bruissait du murmure des chênes majestueux et des tout aussi nobles pins calédoniens (l'arbre-symbole national). Bergers et vachers chevauchaient par-delà les collines jusqu'au Great Glen du Loch Ness, sur les pas des tout premiers missionnaires chrétiens venus se mêler aux Pictes. Dans la forêt, le sol était tapissé de myrtilliers qui, l'automne venu, viraient au violet. Loups, aigles royaux, cerfs et chats sauvages y rôdaient. Des sources surgissaient, bouillonnantes, du flanc de la colline et, au printemps, des cascades tonitruaient.

1. Svetlana Aliexievitch, *La Supplication*, in *Œuvres*, trad. Galia Ackerman et Pierre Lorrain, Actes Sud, 2015.
2. Rachel Carson, *Printemps silencieux*, trad. Jean-François Gravrand et Baptiste Lanaspeze, Wildproject, 2009, p. 7. Ce texte est un hommage à l'essai de Rachel Carson (dont la version originale, *Silent Spring*, parut en 1962) qui servit de catalyseur au mouvement écologiste. Ce classique s'ouvre par un chapitre intitulé « Fable pour demain ». Les passages en italique sont des emprunts à Rachel Carson.

Et puis un mal étrange s'insinua dans le pays, et tout commença à changer[3]. C'était l'ère des barrages hydrauliques, édifiés pour apporter aux glens (les vallées) l'électricité à laquelle ils n'avaient pas encore accès. « Power to the Glens », se félicitait le slogan. Des milliers d'ingénieurs et d'ouvriers s'installèrent près du fleuve pour y travailler. Un notable du coin fit creuser une gravière sur son domaine pour fournir les chantiers en matières premières. De nouvelles routes et infrastructures furent construites. Les barrages se révélèrent un vrai miracle de l'ingénierie. Certes, il avait fallu sacrifier une ou deux cascades, engloutir quelques maisons, mais on avait promis à leurs propriétaires des emplois sur les barrages et l'électricité gratuite à perpétuité. Les vallées où, naguère, seuls les bois des cerfs et la fumée s'échappant des cheminées effleuraient le ciel étaient désormais hérissées de pylônes et de lignes à haute tension. De nouveaux lacs apparurent et le cours du fleuve fut altéré. Très vite, tous les cours d'eau d'Europe occidentale se verraient séquestrer, si bien que sur tout le continent, seuls les Balkans abriteraient encore des eaux fluviales indomptées. Mais ainsi allait la marche de l'avenir, c'était au sortir de la Deuxième Guerre mondiale quand on s'évertuait à faire renaître la vie des cendres de l'apocalypse. À cela on ne pouvait s'opposer. De même que les générations antérieures n'avaient pu, en leur temps, s'opposer à l'abattage des forêts calédoniennes en vue de bâtir les navires de l'empire et les cercueils pour enterrer les régiments de jeunes hommes sacrifiés lors de la Première Guerre mondiale. Les forêts mixtes originelles furent supplantées par la monoculture de pins. Au bout d'un moment, mais pas d'emblée, non, les gens finiraient par perdre confiance en la nature et en eux-mêmes. Ils ne sauraient plus différencier les myrtilles des fruits vénéneux. On en viendrait à ramasser les crottes de chiens pour les placer dans des sacs en plastique ensuite abandonnés dans les bois, à perpétuité.

Les décennies s'écoulèrent, les gens ne parvinrent guère à obtenir l'électricité gratuite qu'on leur avait promise, mais ils parvinrent à s'habituer au paysage changé. Les aigles royaux rôdaient encore dans les parages, mais pas les loups, ni les chats sauvages. Dans le fleuve, les saumons bondissaient toujours.

Et puis un mal étrange s'insinua dans le pays, et tout commença à changer. Un mauvais sort s'était installé dans la communauté [...][4]. J'étais aux premières loges depuis ma maison sur les berges du fleuve. C'était l'ère de l'« énergie

---

3. *Ibid.*, p. 7.
4. *Ibid.*

verte ». Il y avait beaucoup d'argent en jeu, beaucoup de bénéfices à se faire pour les grands groupes et les gros propriétaires terriens. Une nouvelle ligne électrique géante fut édifiée de part en part des Highlands. Le premier pylône sortit de terre non loin du fleuve, sur le rivage. Il était trois fois plus imposant que n'importe quel autre pylône jamais vu auparavant. Avec leurs 70 mètres de hauteur, ces mâts flambant neufs étaient les tours Eiffel des Highlands. De nouvelles routes et infrastructures furent construites. Les pylônes, les fermes éoliennes lucratives qui s'implantèrent dans leur sillage, la vaste sous-station de la taille d'une ville – tout ceci était un vrai miracle de l'ingénierie. Certes, il fallut éviscérer le paysage millénaire, des arbres furent sacrifiés, des oiseaux électrocutés, nombre de riverains contraints de vendre leurs maisons et de s'en aller. Pendant ce temps-là, ceux qui étaient restés sur place et vivaient désormais à l'ombre des pylônes, de la sous-station, à l'orée de la forêt rasée, ne profitaient guère de l'électricité, car elle était exportée vers les localités du Sud. Mais l'énergie verte, c'était la marche de l'avenir, et à cela on ne pouvait s'opposer. On n'allait pas revenir au nucléaire, quand même ?

Certes, l'invasion des pylônes entraîna aussi l'arrivée d'une entreprise en bâtiment dont le chiffre d'affaires avoisinait le milliard de livres Sterling, qui racheta l'ancienne carrière de dimension modeste et entreprit aussitôt de l'agrandir. Pour ce faire, on dut abattre davantage d'arbres et se débarrasser de quelques cairns datant du mégalithique. La forêt fut tout d'abord remplacée par un trou béant que l'on creusa jusqu'à une nappe phréatique, puis par une monoculture de pins. Plus un oiseau ne gazouillait parmi cet entrelacs de genêts et d'ajoncs qui perçait entre les pins rabougris. Mais les gens avaient besoin de gravier et de sable, à cela on ne pouvait s'opposer. Ils en avaient besoin pour leurs maisons, pour les allées où garer leurs voitures, pour les routes en constante expansion.

Les années ont passé, nous nous sommes accoutumés au paysage changé, aux acouphènes causés par les lignes à haute tension, à la douleur qui migre au creux de nos corps et de nos cœurs, au spectacle des pylônes plantés partout où le regard s'arrête, au tonnerre des pelleteuses titanesques qui extraient la terre là où jadis se tenait la forêt ancienne.

Notre sentier local se trouvait donc désormais au bord du site d'extraction : d'un côté le précipice, de l'autre, les vestiges de la forêt et du fleuve dont le nom évoque la beauté. Le peu qu'il restait du paysage naturel avait l'air dérisoire, à présent, tandis que le territoire alloué à l'industrie ne cessait de s'étendre : les grandes entreprises au chiffre d'affaires se comptant en milliards, les véhicules qui venaient abattre les arbres, les camions qui emportaient les arbres, les véhicules qui venaient extraire la terre, les véhicules qui emportaient la terre, les routes qu'il fallait élargir pour accueillir de tels mastodontes, les demeures bâties par les capitaines d'industrie tout juste intronisés, les voitures à bord desquelles ces magnats arrivaient ici, casque de chantier sur le crâne, le regard fuyant. Les barrages semblaient insignifiants comparés à tout cela.

Et puis un mal étrange s'insinua dans le pays, et tout commença à changer. Un mauvais sort s'était installé dans la communauté, de mystérieuses maladies décimèrent les basses-cours [...]. *Partout s'étendit l'ombre de la mort*[5]. Cette fois, ce mal avait un nom : Covid-19. Quel soulagement que de pouvoir enfin le nommer ! Notre affliction était demeurée trop longtemps sans nom. Alors nous restâmes cloîtrés pour tâcher de limiter les dégâts, et nous méditâmes sur notre condition, sur le sens de notre existence. À vrai dire, nous nous y attendions. Nous avions conscience d'avoir franchi un seuil fatidique dans la connivence avec l'extermination et l'extinction de tout ce qui est naturel, bon et vivant sur notre Terre et dans nos corps, les deux étant une seule et même chose (cela aussi, nous l'avions oublié, tout comme nous avions oublié quelles baies étaient comestibles). Nous avions conscience qu'il fallait agir quand l'Australie s'embrasait de toutes parts, quand l'Amazonie était réduite à l'état de monoculture géante pour les besoins du bétail et des hommes, quand les ultimes cours d'eau sauvages d'Europe se voyaient claquemurer par les États mafieux des Balkans à l'aide de fonds octroyés par l'UE, quand les politiciens érigeaient des murs et des camps de concentration pour bloquer et parquer des peuples qu'ils nous disaient *autres*, quand des humains trimbalant toutes leurs possessions dans un sac plastique fuyaient leur patrie en cendres pour être jetés en prison par des politiciens européens tout sourire en costume-cravate, nous percevions jusque dans nos os la nécessité d'un changement. Et la nécessité de renoncer à certaines choses pour voir s'opérer ce changement. La nécessité d'agir à dessein pour ne pas le subir. Même si nous en pâtissions déjà, puisque *la nature ignore les compartimentages*[6].

Ainsi, lorsque les saumons cessèrent de bondir hors du beau fleuve, qu'ils connurent un déclin spectaculaire, nous fûmes frappés d'une profonde tristesse, mais nullement surpris. Nous pensions, il est vrai,

5. *Ibid.* p. 7.
6. *Ibid.* p. 36.

que le saumon serait là pour toujours, tout comme l'eau pure, et que les réserves de gravier, de charbon, de bois, de pétrole étaient intarissables... Nous pensions que *nous* serions là pour toujours.

Et puis, dans le silence des premières semaines de confinement, quand les gens appliquaient les consignes à la lettre et ne mettaient plus le nez dehors, un bruit étrange se fit entendre. L'entreprise de travaux publics à plusieurs milliards de dollars s'employait à abattre le reste de la forêt. Elle s'apprêtait à poursuivre son expansion, jusqu'au fleuve, cette fois-ci. Des oiseaux en pleine nidification s'aventuraient dans les maisons et les prés, en quête d'un coin tranquille où élire domicile. Cerfs et biches couraient à travers champs, désorientés. De la forêt, rien ne subsisterait. Lorsque, sortis de quarantaine, nous avons longé le bord de l'abîme, il y avait, en face, un autre abîme en devenir.

Le chagrin se loge au niveau de la poitrine. Quand nous avons le cœur brisé, nous ne pouvons plus respirer.

Nous ne pouvons plus respirer, car il ne reste plus assez d'arbres pour produire l'oxygène qu'il nous faut.

Nous ne pouvons plus respirer, car nous voyons aux informations une kyrielle de créatures marines mourir étouffées à cause du plastique dans lequel nous rapportons nos légumes du supermarché, et parce que les barrières de corail que nous rêvons de voir, un jour, lors d'un voyage dans le Pacifique, se meurent aussi.

Nous ne pouvons plus respirer, car nous vivons de plus en plus la souffrance des autres comme la nôtre.

Nous ne pouvons plus respirer, car des espèces meurent par milliers, prises dans des flammes que *nous* avons activées via l'extraction, l'extermination, l'extinction.

Nous ne pouvons plus respirer, car nous sommes en train de tuer ce que nous aimons.

Nous ne pouvons plus respirer, car nous le savons : *aucune sorcellerie, aucune guerre n'[a] étouffé la renaissance de la vie dans ce monde sinistré. Les gens l'[ont] fait eux-mêmes*[7].

Nous ne pouvons plus respirer, car sur Terre, l'atmosphère est polluée par les sociétés de construction qui ont abattu les arbres, car l'eau est

7. *Ibid.* p. 8.

rendue toxique par les pesticides et les rejets de l'industrie pharmaceutique, car les retombées radioactives de Tchernobyl et Fukushima se sont immiscées dans nos systèmes endocriniens, si bien que nous souffrons d'étranges maladies auto-immunes, car nous sommes les enfants de l'ère du nucléaire qui tend vers un seul et unique but : l'extinction de l'espèce humaine par elle-même.

Nous ne pouvons plus respirer, car nous voulons nous éveiller de ce cauchemar et tout recommencer, nous racheter, dire « désolés », donnez-nous une seconde chance, comblez le gouffre et replantez-y une forêt, démolissez le mur et le camp de concentration bâtis à nos dépens par des politiciens malfaisants, suppôts de Pluton, cavaliers de l'apocalypse. Une femme violée, il y a peu, lors d'une guerre, interrogea son agresseur, un adolescent, sur le pourquoi de son acte. « Parce que je suis déjà mort », répondit-il.

Nous ne pouvons plus respirer, car nous avons envie de dire pardon même lorsque nous n'avons rien fait de mal.

Nous ne pouvons plus respirer, car des vérités immémoriales font surface tandis que fondent les glaciers, les souvenirs affluent avec force, l'étreinte ancestrale de la Terre nous appelle et, soudain, nous brûlons de nous reconnecter avec elle, avec nos semblables, nous avons faim d'intimité, de sens, de justice, nous brûlons de trouver un lieu sacré, au moment même où les forêts sacrées se font décimer, les montagnes sacrées éventrer, et que nous ressentons leur douleur comme s'il s'agissait de nos propres corps.

Nous avons le Covid-19.

Et à moins de revoir notre rapport au monde, nous serons contraints de porter des masques… Animés non pas par la nécessité de se protéger, mais par la peur, la honte, le chagrin.

Un souvenir subsiste. Celui d'une femme de la Vallée Gris-Vert qui avait entendu des bruits de marteaux-piqueurs et des voix d'hommes non loin du fleuve, là où, trente ans plus tard, se dresserait un barrage colossal. Une autre femme avait entendu « des sorcières chanter » là où la première ligne à haute tension et les tout premiers pylônes (les petits modèles) seraient disposés… Quand je longe mon fleuve par trois fois endigué dont le nom évoque la beauté, sur l'arête entre deux abîmes, sous les pylônes (les grands modèles) et que les fils électriques vrombissent au-dessus de moi comme un mauvais sort, qu'entends-je, au juste ?

J'entends que l'avenir est déjà là. Qu'il est temps de sortir de notre torpeur et d'arracher nos masques ●

KK

A Fable for Today
a été traduit de l'anglais (Écosse) par **Morgane Saysana.**

SORTIR DU NÉOLIBÉRALISME
FEUILLE DE ROUTE

TABLE RONDE

Laurent Jeanpierre
Razmig Keucheyan
Aurélie Trouvé

Comment réaliser la transition écologique dont nous avons besoin ? Faut-il planifier et s'appuyant sur un État réformateur ou tout miser sur les pratiques de résistance et les expériences alternatives localisées ? La combinaison des stratégies est-elle possible ?

Avec la situation de très fortes tensions qu'a connue l'hôpital public français au cours des mois de mars et avril 2020, l'idée que le néolibéralisme pouvait tuer a pris corps, au sens fort. Peut-on considérer pour autant que nous avons vécu une crise du néolibéralisme ? Et si oui, vous apparaît-elle comme inédite et/ou comme un aboutissement ?

Laurent Jeanpierre Je veux bien parler de « crise » du néolibéralisme, mais à condition, au préalable, d'avoir souligné que ce qui vient de se passer n'appartient pas à la famille attendue ou déjà historiquement théorisée de ce que nous entendons, par exemple, par crise du capitalisme. Nous ne pouvons pas faire comme si les théories du capitalisme ou les militants anticapitalistes avaient prévu cet arrêt partiel de l'économie. Toutes celles et tous ceux qui font semblant de ne pas avoir été déstabilisés me semblent ou bien se mentir à eux-mêmes, ou bien mentir aux autres. Je dirais que nous avons vécu – et vivons – une crise interne au néolibéralisme. Sa forme est particulière puisqu'une majorité de gouvernements a privilégié pendant quelques mois un certain nombre de vies sur le fonctionnement habituel de l'économie. Il s'agit d'une rupture car, jusqu'alors, la gouvernementalité néolibérale consistait à dire que l'économie pouvait tout gouverner, même les domaines comme la santé qui, traditionnellement, n'étaient pas régis seulement par les marchés. Le point de butée du néolibéralisme comme mode de gouvernement du capitalisme s'est révélé : celui-ci a de fait une difficulté avec ce qu'il faut appeler l'entretien de la vie. Cela a à voir avec les manières dont ont été malmenés depuis plusieurs années les systèmes hospitaliers, où des critères de gestion ou de remplissage des lits ont été imposés par-delà les exigences médicales, où les coûts du secteur privé, ceux des multinationales pharmaceutiques, sont les seuls à ne jamais être questionnés, etc. Pour le néolibéralisme, la vie humaine peut être un coût mais c'est aussi un capital (le capital humain). Or on ne peut pas à la fois valoriser et dévaloriser la vie. Cela vaut d'ailleurs, d'une autre manière, pour les vies des espèces et des milieux, celles des autres organismes vivants. Nous voyons bien qu'il y a, là aussi, des points de tension que je n'ose pas encore appeler des points de contradiction.

Avec la présidence d'Emmanuel Macron, ce qui se profile est plutôt l'approfondissement des logiques néolibérales, productivistes et autoritaires, en somme un approfondissement des logiques capitalistes

Aurélie Trouvé Il est incontestable que la crise sanitaire a été considérablement aggravée par la privatisation, l'extension du secteur marchand et la financiarisation. Tout ce que nous associons au néolibéralisme doit être également référé à sa composante productiviste. Celle-ci explique que le virus ait circulé à une vitesse hallucinante du fait des flux aériens. De même, la mise en contact entre les espèces animales et humaine s'explique par les effets de l'urbanisation et de la déforestation. Les chaînes de valeur et les flux tendus commerciaux nous ont privés des tests et des masques. Nous nous attendons d'ailleurs à faire face à d'autres difficultés, notamment pour des médicaments dont nous allons manquer de stocks. Sans compter que les fractures sociales et les rapports de domination qui sont au cœur du capitalisme actuel ont été exacerbés.

Ainsi en est-il des rapports entre femmes et hommes. Les « premières de corvée », caissières, institutrices, infirmières... dont on s'est rendu compte qu'elles occupaient des fonctions vitales pour la société, ont toutes un métier à forte dominante féminine et sont sous-payées. Ce sont elles aussi qui ont assuré la plupart des tâches domestiques dans une période où il fallait qui plus est suivre l'école à la maison ! Ce n'est donc pas seulement le système capitaliste dans sa composante néolibérale qui a été en jeu, mais également ses composantes productivistes et l'ensemble des rapports de domination qu'il engendre. Ce n'est pas pour rien au demeurant que les mobilisations à la fin du confinement ont porté aussi sur les violences policières : le traitement inégalitaire des populations, le racisme, tous ces rapports de domination aussi ont été renforcés et sont encore plus à nu.

Nous allons avoir probablement une confrontation beaucoup plus dure entre d'un côté les tenants du capitalisme tel qu'il a évolué et ceux qui s'y opposent. Comme il y a de plus en plus de contradictions sociales et écologiques, une branche autoritaire de plus en plus forte et, en face, des mouvements sociaux de plus en plus remontés, la confrontation s'annonce explosive. Et cela peut donner le pire comme le meilleur : un néolibéralisme avec son versant ultra-autoritaire, xénophobe, ou de pleines et réelles réponses alternatives, sociales, démocratiques et écologiques. Avec la présidence d'Emmanuel Macron, ce qui se profile est plutôt l'approfondissement des logiques néolibérales, productivistes et autoritaires, en somme un approfondissement des logiques capitalistes en place : le code du travail a été levé en partie pendant le confinement et les 35 heures sont remises en cause à l'occasion du débat sur les hôpitaux publics. Par ailleurs, un accord de libre-échange avec le Mexique a été signé par l'Union européenne (UE) et on entend déjà, au nom de la relance économique, des velléités du Medef pour assouplir certaines normes environnementales. Et bien entendu, du côté du financement, aucune réforme fiscale n'est en vue pour revenir sur les cadeaux fiscaux faits aux plus riches en début de quinquennat, et aucune forme d'annulation de la dette ne se profile alors qu'il y a de plus en plus d'économistes qui la soutiennent.

Razmig Keucheyan Le fait que ce soit une crise exogène et inattendue n'implique pas que nous ne puissions pas reconstruire rétrospectivement des causalités qui fassent le lien entre l'accumulation du capital et la destruction de l'environnement. Il est important de le rappeler parce que cela ne vaut pas que pour cette crise-là. Cela a été dit et redit, y compris par des gens qui ne sont pas du tout des marxistes, mais des spécialistes de la biodiversité : l'origine du virus et sa diffusion ont quelque chose à voir avec l'interpénétration des mondes humain et animal, dont le rapprochement fait que les virus circulent de plus en plus facilement ; or cela n'est pas étranger à l'accumulation à l'échelle du monde. Il n'est évidemment pas question de rabattre cet événement sur des causalités que nous connaissons, mais d'un autre côté l'effort explicatif rétrospectif n'est pas si difficile. Nous assistons peut-être à la première crise mondiale de la « seconde contradiction » – après celle entre le capital et le travail, il y a celle entre le capital et la nature. Elle préfigure aussi la crise environnementale proprement dite.

Pour reprendre la formule avancée par le journaliste Romaric Godin, le néolibéralisme est en train de muter en « socialisme de l'offre ». Que l'État paye les salaires du privé et prenne en charge une partie des coûts fixes des entreprises est ainsi en passe de devenir le mode normal de fonctionnement de l'économie. Le néolibéralisme n'a certes pas disparu, mais il est clair que cette crise a révélé l'émergence d'une situation nouvelle où l'État prend encore plus d'importance qu'auparavant. Par un certain nombre d'aspects, nous nous sommes effectivement trouvés plongés dans une économie de guerre. Nous avons bien été obligés de constater qu'il y avait des ressources en quantité finie – les masques ou les respirateurs ont été rationnés et le rationnement peut se définir comme la politisation de l'offre. Il y a eu aussi d'une certaine manière un calcul en nature – le discours ne portait pas sur le coût des masques ou des respirateurs, mais sur le nombre de masques et de respirateurs dont nous avions besoin. Or, politisation de l'offre et calcul en nature sont des caractéristiques des économies planifiées.

Cette question de l'économie de guerre ouvre un débat sur les alternatives au marché dans le contexte du changement climatique et de pandémies promis à durer. Dès lors se pose le problème de la planification des transformations à mener afin d'éviter le désastre – écologique mais aussi autoritaire. Quel rôle pour l'État et son appareil ?

LJ Est-ce le moment d'un tournant néokeynésien voire socialiste à travers des plans de relance pour sortir du néolibéralisme ? Je ne le crois pas. Le néolibéralisme est tout à la fois une configuration idéologique diverse et polarisée et un ensemble de technologies de pouvoir communes aux gouvernements public et privé. Cela explique sa solidité et sa résistance aux crises. Il est redoutablement plastique. Et les puissances privées et publiques profitent déjà du choc sanitaire, comme de toutes les crises récentes, pour faire progresser les marchés et la politique du capital. De plus, l'augmentation de la part de la concurrence dans l'ensemble des rapports sociaux ne s'est pas faite – et ne se fait pas – sans État. Michel Foucault dans *Naissance de la biopolitique* rappelle combien l'État peut travailler à produire la « raison du moindre État ». Il n'y a pas d'extériorité de l'État à la gouvernementalité néolibérale et bien peu de camps retranchés en son sein pour imaginer autre chose. Enfin, cette crise nous a montré une fois de plus que nous ne pouvions pas faire confiance à l'État, qu'il était incapable de planifier et de prévoir. Je ne vois pas non plus de parti ni de leader politique de gauche – ni aucun intellectuel – qui ait montré des capacités prédictives supérieures...

Cette crise nous a montré une fois de plus que nous ne pouvions pas faire confiance à l'État, qu'il était incapable de planifier et de prévoir

RK Penser que nous allons pouvoir faire les choses à distance de l'État et que tout y est désespérément et définitivement néolibéral ne donnera pas d'issue positive à la crise que nous vivons. S'agit-il pour autant de s'en remettre exclusivement à lui ? Bien sûr que non ! Nicos Poulantzas l'a formulé brillamment dans *L'État, le pouvoir, le socialisme* : le socialisme démocratique, c'est la mise en crise même de l'État sous l'effet d'une montée en puissance des mouvements sociaux. Je ne vois pas de modèle stratégique alternatif et il me semble tout à fait convenir pour la transition écologique radicale. Celle-ci ne se fera pas dans l'éparpillement. Évidemment on court toujours le risque de l'autoritarisme avec le plus d'État. Pour y faire face, le seul antidote est la construction de mouvements sociaux afin de faire en sorte de le démocratiser en profondeur. Je ne me fais aucune illusion, mais il peut y avoir au sein de l'État des secteurs qui voient bien les dégâts occasionnés par le néolibéralisme et qui sont prêts à participer à une bifurcation. D'autant qu'on n'arrivera à rien en se disant qu'on fera sans ces gens parce qu'ils seraient perdus à tout jamais. Comme disait Poulantzas, l'État n'est pas un bloc monolithique mais un champ stratégique.

LJ Il y a deux manières de gérer un niveau de conflictualité sociale ou d'inégalités et de tensions politisables élevé : la « carotte » et le « bâton ». Le bâton de la répression des mouvements sociaux a été tout particulièrement manié entre 2008 et 2019. La carotte d'une redistribution sociale pourra être d'usage à la suite de cette crise, mais pendant combien de temps ? Une des modalités du néolibéralisme est de gouverner par la dette et de s'assurer, à travers celle-ci, de la soumission des populations et des États. Je ne vois pas en quoi nous pouvons parler aujourd'hui de socialisation d'autre chose que des pertes des entreprises. J'ai un peu de mal aussi à penser que les contradictions internes du néolibéralisme nous permettent de rêver à la planification. Le problème de tous les scénarios de « monde d'après » que je vois fleurir, c'est que peu d'entre eux sont indexés à une observation réaliste des contradictions immanentes du capitalisme néolibéral, en particulier des pratiques déjà effectives de résistance à l'intérieur de ce capitalisme. Je ne m'intéresse pas aux ronds-points des Gilets jaunes, aux réseaux autonomes de solidarité pendant la crise sanitaire ou aux zones à défendre (ZAD) parce que j'aime ces formes de luttes ou les ZAD en soi, mais parce que ce ne sont pas des pratiques fantasmées, ce sont des pratiques concrètes, et déjà là, de partage d'expériences, d'entraides, voire de résistance écologique et socialiste. Tous les plans qui ont été faits pendant la crise me paraissent nuls et non avenus à partir du moment où nous sommes face à des gouvernements qui, de toute façon, sont animés par l'axiome « never let a serious crisis go to waste » (« ne jamais gâcher une bonne crise »), comme le dit Philip Mirowski.

RK Certes, mais le problème n'est pas l'État en soi mais le fait qu'il soit encastré dans des structures capitalistes aujourd'hui ! Un autre État est possible.

AT Avec la pandémie et ses retombées, c'est le retour massif de la question sociale mais également de la question écologique. Certes, la crise écologique était déjà là bien avant la crise sanitaire. Mais celle-ci nous rappelle notre vulnérabilité puisqu'elle puise en partie ses racines dans les dérèglements des écosystèmes et révèle nos fragilités face à des événements qui nous dépassent et que nous ne pouvons entièrement contrôler. Si la crise sanitaire frappe maintenant, la crise écologique ne nous laisse que quelques années pour transformer profondément nos façons de produire et de consommer. Et, d'ailleurs, cette crise écologique frappe déjà aujourd'hui. Ainsi les conséquences du changement climatique sur la paysannerie mondiale sont considérables. Cela représente la moitié des emplois dans le monde et cela concerne précisément les paysans qui ont le moins de ressources pour y faire face. Reste à penser le rôle de l'État face à cette double urgence sociale et écologique que la crise sanitaire a amplifiée.

Selon moi, l'État n'est que le produit de compromis institutionnalisés des rapports de force dans la société. Sur la question de l'utilisation de l'État, je suis favorable à la décentralisation, avec des moyens budgétaires et humains très importants donnés aux collectivités locales, mais dans le cadre d'une planification et d'objectifs fixés aux niveaux national et si possible international. Notamment parce que si on ne met pas de contraintes à l'échelon le plus haut possible, tout le monde nivelle vers le bas. On a donc besoin d'une planification nationale – enfin disons plutôt à l'échelon le plus élevé possible – parce que, notamment sur l'écologie, on ne peut pas faire autrement. Ensuite se pose la question de la décision du processus démocratique et des marges de manœuvre pour qu'il y ait une adaptation et une appropriation démocratique dans les territoires. Par ailleurs, je pense aussi qu'il faut un soutien beaucoup plus important aux secteurs associatif et coopératif. Cela ne peut pas passer seulement par le secteur public.

RK La planification écologique, telle que je la conçois – avec l'économiste Cédric Durand également – s'articule autour de plusieurs points. Tout d'abord, il y a la question du contrôle public de l'investissement et du crédit. Une des caractéristiques des sociétés capitalistes est que le crédit est un monopole privé. Si on veut acheter quelque chose ou lancer une entreprise, on doit aller voir un banquier privé qui décide de la pertinence du projet sur la base du critère exclusif de la rentabilité. Nous proposons un contrôle public du crédit et de l'investissement. Il y a tout un tas de besoins non satisfaits parce que non solvables ; à l'inverse, le capitalisme satisfait des besoins stupides, environnementalement néfastes parce qu'ils sont solvables. Par conséquent, il faut casser cette emprise du capital sur les besoins et leur satisfaction. Une manière sera de sortir du marché du travail et de le remplacer par une garantie publique de l'emploi. C'est ce que l'on appelle la « garantie de l'emploi », ou l'« État comme employeur en dernier ressort ».

Il est évident en outre que la planification écologique suppose des formes d'approfondissement de la démocratie, ne serait-ce que pour la distinguer des expériences désastreuses de planification au xxe siècle

La relocalisation est un autre point. Il y a la version de Thierry Breton – produire ici plutôt qu'ailleurs – et la nôtre, que nous voulons solidaire : elle suppose de casser les droits de propriété intellectuelle, de les partager avec les pays du Sud. Cela passe aussi par le fait de fabriquer autrement, autre chose qui soit bien plus durable. Il est évident en outre que la planification écologique suppose des formes d'approfondissement de la démocratie, ne serait-ce que pour la distinguer des expériences désastreuses de planification au xxe siècle – elles ont toutes été autoritaires. L'enjeu est de penser à une forme de planification qui garantisse des manières de délibérer par le bas sur les besoins à satisfaire.

Le dernier point tient à l'exigence de justice environnementale et à la construction d'un bloc social majoritaire qui puisse lier les questions sociale et environnementale ainsi que construire des politiques publiques où les deux ne soient pas dissociées. Il faut poser le problème concrètement aujourd'hui en s'inspirant de ce que font les mouvements sociaux parce que c'est de là que les idées viennent souvent. Il faut néanmoins de l'État pour faire tout cela. J'ai la plus grande admiration pour les militants des ZAD, des ronds-points ou du secteur de l'économie sociale et solidaire, mais je le redis, je ne vois pas comment, sans des structures étatiques, nous allons pouvoir réaliser la transformation écologique radicale dont nous avons besoin rapidement et à grande échelle.

LJ Il y a, chacun le sait, une longue histoire de l'opposition entre l'État réformateur, les tactiques léninistes et les stratégies de type libertaire. Ces différentes options stratégiques se sont affrontées, parfois violemment, et toutes les identités politiques de la gauche, même affaiblies ou décomposées, continuent à se distribuer en fonction de cette tripartition. Il est temps de prendre du recul avec cet héritage du dernier siècle. L'enjeu stratégique actuel, c'est de savoir comment la combinaison entre des réformes, des expériences alternatives localisées ou décentralisées et des formes de gouvernementalité socialiste étatisée peuvent s'articuler dans le temps et dans l'espace.

AT Mais les pratiques locales participent de la construction des blocs ! Il faut de toute façon changer les politiques publiques elles-mêmes. Parce qu'elles règlent une grande partie de nos vies justement. Une dualisation du système est aujourd'hui en marche. Si les alternatives, les pratiques locales et concrètes, ne sont pas un levier de transformation des politiques à un niveau national et international, elles resteront une niche. Prenons l'exemple de l'alimentation. Dans le même temps que vont se renforcer des pratiques de consommation autour des associations pour le maintien d'une agriculture paysanne (Amap), des marchés locaux ou des petites épiceries, le *hard discount* et une agriculture de masse de plus en plus polluante vont continuer de prospérer. 20 % de bio et local vont aider à cautionner les 80 % restants, issus d'une agriculture de moins en moins sociale, de moins en moins écologique. Et d'ailleurs, ces 20 % pourront en partie être récupérés par les multinationales et servir les profits des capitaux, avec un cahier des charges qui pourra progressivement s'éloigner des valeurs de l'agroécologie.

Il faut faire en sorte d'initier un changement profond de politiques, qui fasse par exemple que le « bio » devienne le modèle dominant, avec un versant social, la recherche d'une autonomie des exploitations agricoles face aux grandes industries d'amont et d'aval, face aux banques… Si on ne démonte pas les accords de libre-échange, si on ne fait pas en sorte que les multinationales soient désarmées, une grande partie des classes sociales défavorisées n'y aura pas accès. D'où l'idée d'une relocalisation écologique, sociale et démocratique, passant par une remise en cause du système économique dans son ensemble. Par ailleurs, il va falloir être clair sur ce qu'on entend, dans la gauche sociale et politique, par relocalisation. Car, à droite et à l'extrême droite, on va sans doute devoir faire face à des formes de protectionnisme revisité, alliées à de la xénophobie. On le voit déjà avec Donald Trump.

RK Je précise que je n'ai jamais plaidé pour le centralisme démocratique ! Quand j'affirme qu'il faut remplacer la coordination par le marché par la délibération démocratique sur les besoins, cela sous-entend que les besoins se discutent à l'échelle la plus locale possible. Car, pour reprendre la formule de la philosophe hongroise Ágnes Heller, « il n'y a de besoins qu'individuels ». Et seul le fédéralisme a la capacité de ré-articuler le lien entre le micro et le macro.

Jusqu'à présent, les ancrages national et local restent très prégnants dans les mobilisations sans pour autant que cela ne semble peser sur le cours des politiques conduites. On voit par ailleurs que l'Union européenne a bien du mal à exister dans son versant fédéral. Quels sont les leviers du changement ?

LJ On peut discuter de l'Europe pendant des heures, mais la gauche n'y a pas accès. Que celle-ci travaille donc déjà sur ce qu'elle peut maîtriser ! Des revendications sont portées par les mouvements sociaux, mais les discours m'intéressent beaucoup moins que les pratiques. Et d'une manière générale, il est de plus en plus difficile de traduire politiquement la mobilisation permanente dans laquelle on est entrés à la suite de la crise de 2008 et qui est renforcée par la crise de la représentation politique. Les mobilisations vont certainement s'accentuer, mais les répressions également. De plus le cadre national et le monde du travail sont des mondes de plus en plus difficilement politisables. Dès lors, il y a l'occasion de redéfinir effectivement le périmètre du politique en politisant, pour commencer, le quotidien. Il y a de fait une tendance de moyenne durée à la relocalisation des pratiques politiques – mais pas des activités productives. Le mouvement des Gilets jaunes en a été l'expression manifeste. Il me semble donc que c'est par là qu'il faut commencer parce que c'est investi, selon des modalités multiples, à la fois de manière radicale et réformiste, y compris avec des instruments détenus par les pouvoirs municipaux. Je ne souscris pas au purisme des outils : il n'y a que des agencements impurs et il faut travailler à une compréhension historique et analytique des engrènements qui ont été favorables au socialisme, et qui peuvent l'être maintenant pour l'éco-socialisme.

Il est de plus en plus difficile de traduire politiquement la mobilisation permanente dans laquelle on est entrés à la suite de la crise de 2008 et qui est renforcée par la crise de la représentation politique

Que la question des besoins soit la question régulatrice ne me pose aucun problème, mais je ne sais pas si les pratiques centrées sur les besoins sont des pratiques de délibération, comme Razmig Keucheyan l'avance. J'ai le sentiment que ce sont plutôt des pratiques d'entraide qui ne font pas entrer en ligne de compte les enjeux de délibération – raccourcir les circuits et pratiquer la solidarité alimentaire à travers les brigades de solidarité populaire révèlent bien la manière dont on arrive à satisfaire les besoins immédiats et à s'organiser collectivement pour les satisfaire. On peut déplorer que cela reste à une échelle micro mais, je le redis, il faut partir de ce qui existe et non de ce que l'on fantasme. La politique transformatrice n'est pas une médecine des pathologies sociales. Cela reste une vision élitiste ou gouvernementale. Et l'idée de construire des blocs électoraux n'est peut-être pas bien différente.

AT Je pense au contraire que l'UE est un enjeu important et très concret. On a tendance à renvoyer des choses que l'on pourrait régler à l'échelon national sur l'Europe néolibérale. C'est-à-dire qu'on exonère le gouvernement national de ses responsabilités. Or il y a la possibilité pour un État de désobéir. Cela n'a pas de sens de dire « à bas l'Europe » à mes yeux. En revanche, il serait tout à fait possible de désobéir de manière ciblée en déclarant que par rapport à tels ou tels besoins sociaux et environnementaux, on ne suivra pas les règles européennes. Une grande partie des souverainistes nationaux s'appuient sur l'idée que l'UE a toujours été néolibérale, de façon parfois déconnectée des États, alors qu'elle ne fait que correspondre à la transformation des États et de leurs politiques. Toutefois, si un gouvernement avec une politique réellement sociale et écologique arrivait au pouvoir, il devrait désobéir, ne serait-ce que sur la politique monétaire et budgétaire ou, plus concrètement, concernant le droit de la concurrence européen, si on voulait par exemple que les marchés publics donnent clairement la préférence aux producteurs locaux. Cela n'entame en rien l'idée d'une solidarité internationale et européenne effective. Il ne s'agit pas de baisser la part du budget à l'Union européenne, par exemple, notamment parce qu'y figurent encore des mécanismes de solidarité par le biais de la politique de cohésion. Cela veut dire aussi qu'on augmenterait l'aide publique au développement, qu'on annulerait la dette des pays pauvres, qu'on contraindrait nos propres multinationales sur leurs pratiques à l'étranger… La différence avec l'extrême droite sautera aux yeux au passage.

LJ Sauf que la force de gauche et le bloc que vous appelez de vos vœux, ainsi que tous les objectifs que vous vous fixez sont des objectifs qui me paraissent à l'heure actuelle inatteignables.

AT Il y a, c'est incontestable, une certaine faiblesse de la gauche sociale et politique, mais il est nécessaire de la construire si l'on veut changer la politique publique. On ne peut pas seulement s'en remettre aux alternatives locales et concrètes. Politiser le quotidien est sans aucun doute une voie, mais cela ne suffira jamais ! Encore une fois, parce que c'est ce que je connais le mieux, sur la question agricole et alimentaire, sans les mouvements sociaux et des rapports de force jusqu'aux échelles nationale et internationale, on n'arrivera à rien. Ainsi, il existe aujourd'hui une plateforme de dizaines d'organisations environnementales, paysannes et de solidarité internationale. Elle est devenue un acteur à mon avis presque aussi écouté que la Fédération nationale des syndicats d'exploitants agricoles parce qu'ils ont su construire des alliances larges sur des idées fortes, en rupture avec le système. Ce genre d'échafaudages, d'alliances, de coalitions, est une voie pour faire bloc et peser.

RK Je ne sais pas s'il faut chercher à creuser nos désaccords, ni même s'il y en a de réels au fond. Ce qui est certain, c'est que l'UE a été en dessous de tout dans le cadre de la crise. Il y avait pourtant l'occasion de construire une solidarité européenne autour des questions du soin et de la relance. C'était simple et intelligible. L'opportunité était historique et n'a manifestement pas été saisie.

Je défends l'idée qu'il faut faire du besoin de voyager un droit politique et remplacer le critère du revenu par un montant de kilomètres voyagés en avion par décennie – une sorte de compte ou carte carbone

Par ailleurs, je comprends la distinction entre discours et pratique, mais j'ai l'impression que la question des besoins permet justement d'articuler les deux. Quand je dis « délibérer démocratiquement sur les besoins », ce n'est pas selon le modèle de l'espace public de Jürgen Habermas. Un besoin, dans la plupart des cas, s'éprouve et se ressent plutôt qu'il ne se discute. On ne passe pas son temps à se dire « j'ai besoin de manger ». Le besoin a une forte composante affective, émotionnelle. Par ailleurs, il faut poser selon moi la question par besoin plutôt qu'abstraitement. Je prends l'exemple du voyage. Il s'agit d'un besoin historiquement construit et généralisé dans notre société. Or de fortes inégalités entre classes sociales persistent : voyager est aujourd'hui indexé sur notre revenu et c'est un besoin dont on sait qu'il va falloir fondamentalement le modifier car on se doit de répondre à la question suivante : « Qu'est-ce qu'un voyage soutenable ? » Je défends, avec d'autres, l'idée qu'il faut faire du besoin de voyager un droit politique et remplacer ainsi le critère du revenu par un montant de kilomètres voyagés en avion par décennie – une sorte de compte ou carte carbone. Alors évidemment, on ne va plus pouvoir partir en week-end en avion low cost dans la ville d'à côté. Mais ce n'est pas plus mal ! On peut en revanche imaginer que les gens disposent de six mois ou d'une année tous les cinq ans pour voyager. Voilà une manière de reconfigurer et de reconstruire les besoins différemment. Cela permet d'exercer une délibération démocratique et de faire décroître les effets du besoin sur les écosystèmes.

Mais la décroissance peut-elle constituer un projet assez puissant pour opérer et rallier des forces dispersées ? Faut-il en faire la sève d'un nouvel imaginaire ?

RK Si je prends mon exemple du besoin de voyager, il n'y a pas d'autre perspective que de fixer un seuil global à l'ensemble des citoyens d'une société afin de ne pas dépasser un certain volume d'émissions de gaz à effet de serre. Mais si on en fait un droit – comme pour le vote –, il est possible de le soumettre à la délibération démocratique. Évidemment, on pourra toujours décider de la destination ou de ses compagnons/compagnes de voyage, mais tous les paramètres qui influent sur les conditions de la vie collective et du rapport à la nature doivent être régulés démocratiquement. Le rationnement des voyages est une nécessité et on va devoir le faire pour les secteurs les plus importants, les plus polluants, les uns après les autres. C'est la seule méthode envisageable.

AT Que ça plaise ou non, la décroissance matérielle et énergétique est obligatoire à l'échelle nationale et globale. L'essentiel est de ne plus être dans une logique productiviste, qui est une impasse absolue. Il faut créer de nouveaux emplois dans des activités non polluantes. La question de l'emploi va devenir centrale et il faut la poser impérativement avec celle de la transformation écologique. Quand des emplois à Renault ou à Airbus sont en jeu, la transition écologique passe à la trappe alors qu'il est assez évident qu'il faut en finir avec les vols intérieurs et diminuer les transports automobile et aérien : comment le faire en assurant aux salariés le maintien de leur emploi ? De mon point de vue, le socle de la gauche pour les mois et années à venir, sa base idéologique large, repose sur un programme de création de *x* millions d'emplois pour la révolution écologique et sociale. Cela se passera à un niveau plurisectoriel. C'est-à-dire qu'il faudra sans doute faire décroître l'emploi dans les secteurs les plus polluants. On a quand même de grandes chances d'avoir moins d'emplois, dans le « monde d'après » que l'on veut, dans l'automobile et dans l'aérien. Et c'est là qu'on en revient à l'État en tant qu'employeur en dernier ressort. Pour cela, il va falloir mettre sur la table la question de la « sécurité sociale professionnelle ». Comment garantit-on à ceux qui ont déjà un emploi dans l'automobile qu'ils ne vont pas y perdre ? Comment reconvertit-on dans des secteurs d'avenir, comment engage-t-on la rénovation thermique des logements, le recyclage des déchets, les transports en commun ou l'agriculture bio ?... Il faut s'adresser aux travailleurs qui sont légitimement inquiets parce qu'ils vont perdre leur emploi. Si on n'en passe pas par là, on risque d'avoir d'un côté les « déjà convaincus » de l'écologie et, de l'autre, les salariés qui craignent pour leur emploi.

Reste à présent la question de ce bloc de gauche, social et écologique, et des alliances à former. De mon point de vue, il est d'abord nécessaire de reconnaître les échecs de la présidence Hollande, du social-libéralisme et plus largement des gouvernements précédents, y compris dits de gauche. Ensuite, plusieurs marqueurs me semblent essentiels, notamment sur l'emploi : 1. Le partage du temps de travail. 2. Une augmentation forte des moyens pour les services publics. 3. Pour toute aide publique, des conditions sociales et environnementales, la suspension des dividendes durant un an et leur encadrement ensuite, des conditions strictes de non-pratique d'évasion fiscale... Avec ce type de mesures très concrètes, on perd, c'est certain, tous les tenants du néolibéralisme au sens d'un partage toujours plus grand de la valeur entre les actionnaires... mais il reste encore beaucoup de monde ! C'est ainsi qu'un nouvel imaginaire collectif qui passe à la fois par des pratiques locales et concrètes *et* par le champ des idées doit s'élaborer.

La question de l'emploi va devenir centrale et il faut la poser impérativement avec celle de la transformation écologique

RK Vouloir agir sur les « imaginaires » me paraît trop abstrait. Prenons l'exemple des garanties sur les objets. Les chiffres le rappellent : 80 % des marchandises sous garantie sont rapportées par leur propriétaire, soit au concessionnaire, soit au fabricant, pour être réparées. C'est un chiffre qui après échéance de la garantie tombe à moins de 40 %. Il y a tout un secteur du mouvement social, Les Amis de la Terre notamment, qui allie constamment les pratiques et les discours. Les Amis de la Terre promeuvent l'extension de la garantie à dix ans. Aujourd'hui, c'est seulement deux ans. En l'augmentant, on incitera les gens à réparer beaucoup plus systématiquement. Et cela obligera les producteurs, les entreprises, à fabriquer des objets plus durables. Ce n'est pas de l'imaginaire, mais cela agit sur les imaginaires. La place du droit est centrale. D'ailleurs, c'est l'UE qui a obligé la France à passer d'un à deux ans de garantie. Tout cela pour dire qu'en plus des pratiques, des discours, des blocs, le droit est un instrument de lutte. On ne va pas attaquer l'imaginaire directement. Ce que l'on va faire, c'est contraindre les producteurs à construire des objets plus robustes et, par conséquent, freiner la rotation rapide des marchandises, c'est-à-dire le productivisme et le consumérisme capitalistes. Stratégiquement, on est obligés d'être pluralistes. Parce que le monde est si complexe aujourd'hui qu'on ne sait pas vraiment d'où les impulsions peuvent venir, et que celles-ci peuvent venir, soit simultanément, soit successivement, d'endroits très différents.

LJ Je ne peux qu'adhérer pleinement au parti pris matérialiste. Une chose dont il faut se souvenir, toutefois : une période de contraintes extrêmement fortes a été acceptée par une grande partie de la planète, peut-être sous condition qu'elle n'était pas durable. Mais la possibilité d'une contrainte massive et d'une transformation des habitudes pendant plusieurs mois au nom de la vie, en l'occurrence, d'une vie d'ailleurs dont la quantification a quand même fait débat, reste un mystère analytique et historique. J'ai observé pendant plusieurs mois la Convention citoyenne pour le climat. Il y a beaucoup des thèmes que l'on vient d'évoquer qui y ont été abordés avec des propositions excessivement concrètes de mesures à prendre ou pas en matière de voitures, de limitation de vitesse, d'interdiction ou pas des transports, de logement, de nourriture. Il était frappant de voir que beaucoup de ces propositions indispensables prenaient la forme de l'incitation et de la désincitation. C'est-à-dire du moins de contraintes possible. Observer que des mécanismes de contrainte aient pu s'imposer pendant la crise sanitaire, certes avec une discussion sur les libertés civiles, interrogent. Gouverner à la contrainte est apparu comme un possible.

AT Comme de dépenser des milliards d'euros non prévus en quelques semaines !

LJ Mais combien de temps cela va-t-il rester dans les mémoires ? La transformation des habitudes consuméristes risque de prendre des générations.

AT Il faudra bien des contraintes.

LJ Je n'ai pas dit qu'il fallait le faire sans contraintes ! On sort en France d'une séquence historique – celle des Gilets jaunes – où il y a eu un rapprochement nouveau entre les enjeux écologiques et de justice sociale. Je pense que c'est un acquis historique ; il va y avoir des pressions à opposer les deux horizons mais, malgré tout, il y a un mouvement de l'opinion assez net pour voir que les deux perspectives sont articulables et sont déjà articulées en réalité dans certaines demandes et dans certaines pratiques – de soin, d'éducation, écologiques, agricoles. Mais les conditions épistémiques d'une politique émancipatrice ont, je crois, beaucoup changé.

Qu'est-ce qu'était la critique ? C'était dire une vérité et dénoncer d'un même mouvement la fausseté de l'idéologie, des discours dominants ou le mensonge du pouvoir. Puis escompter de cette véridiction une mobilisation, une prise de conscience, comme on disait autrefois, une adhésion. Or ce nouage du savoir et de la politique fonctionne-t-il encore ? Ces conditions de félicité dans l'espace public ne semblent plus réunies. Ce n'est pas simplement que l'idéologie à l'époque néolibérale, le marché « libre » des idées, se manifeste par un confusionnisme généralisé. C'est que la gauche elle-même est gouvernée par les divisions idéologiques, prise dans des batailles de traditions historiques qui ont des effets massifs de démoralisation, de dépolitisation, où tout est en dernière instance affaire d'identification. C'est à mon avis un grand problème. Nos outils de raccord entre la critique et la pratique, ou la critique et la vraie vie, sont mis à mal par l'appareil médiatique et la structuration historique acquise de l'espace public. Et peut-être sont-ils devenus obsolètes. Il faut par conséquent imaginer d'autres ressorts pour la critique qui ne soient pas simplement ceux de la publicité, de la « propagande », de la divulgation. Cela veut sans doute dire sortir du rapport intellectuel au monde, se brancher à d'autres pratiques. Je ne vois malheureusement pas autre chose que de se décaler pour en sortir ●

LJ/RK/AT

PROPOS RECUEILLIS PAR
Vincent Casanova

PRINTEMPS
À REBOURS

PAR

Sophie Houdart

L'anthropologue se rend tous les ans au Japon, dans la zone sinistrée par le tsunami et l'accident nucléaire de 2011. C'est de ce terrain d'enquête qu'elle tire quelques «notes pour l'après».

Confinement 2020. Cela fait huit années que je me rends, au printemps ou à l'automne généralement, dans la préfecture de Fukushima. C'est depuis là, en quelque sorte, que je vis ce qui nous arrive. Comprenez bien : je ne suis pas *actuellement* là-bas et le voyage que je projetais cet été n'est lui-même plus d'*actualité* – comme cessent progressivement de l'être les Jeux olympiques qui avaient motivé cette nouvelle phase de l'enquête. Non que je sois à Fukushima, donc, mais à la faveur de cette période d'isolement, je plonge dans les données que j'ai amassées toutes ces dernières années en me rendant sur les lieux «nucléairement» contaminés, «tsunamiquement» sinistrés. Bizarrement, dans ce nouveau contexte, me vient la nostalgie de ce que j'ai pris tant de peine à aimer.

Sauf cette année, donc, je me suis rendue, tous les ans depuis 2012, à Tôwa-chô, située à une cinquantaine de kilomètres de la centrale de Fukushima Daiichi, dans une exploitation agricole qui œuvre activement au processus de «réparation» (*fukkô* 復旧) et de «revitalisation» de la région (*mura okoshi* 村おこし). J'ai suivi les campagnes expérimentales auxquelles participaient les habitants en collaboration avec des agronomes et des experts en radioactivité. J'ai pu voir les habitudes de vie se modifier à mesure des années, les gens trouver de nouveaux repères dans leur territoire bouleversé. Pour des raisons qui sont aisées à comprendre, je crois, les moments passés sur ce que les anthropologues appellent le «terrain» tiennent chaque fois en quelques semaines – et j'ai fini par me convaincre que le retour annuel venait compenser la brièveté de ces présences.

Tout le reste de l'année, cependant, je *me maintiens* avec les gens et les situations, y pensant chaque jour, y rêvant parfois. Je travaille et laisse travailler en moi l'écho de ce que j'ai vu, de ce que j'ai entendu. Ça prend de la place. Au cours de mon dernier séjour, il y a tout juste un an, j'annonçai à mon hôte, au moment de partir, que nous nous reverrions l'année suivante – et lui de s'étonner : Encore ? Il interrogeait : Jusqu'à quand allais-je venir ? Cette catastrophe, que rappelait ma présence, n'allait-elle jamais finir ? Justement si : cette année, cet été, c'était prévu. La tenue des Jeux olympiques, pour l'organisation desquels le Japon avait déposé sa candidature six mois seulement après la triple catastrophe, annonçait pompeusement sa clôture. « Jeux olympiques de la reconstruction », lisait-on ici et là. Clôture ajournée jusqu'à nouvel ordre, c'est la grande débandade, la catastrophe qui m'intéresse semble rebondir…

Passages obligés

Ce n'est pas la première fois que j'ai le sentiment d'avoir une catastrophe de retard, d'être déphasée, bloquée dans ce temps qui n'est pas le mien, ces lieux qui ne m'appartiennent pas. En 2016, tandis que nous remontions à plusieurs « le chemin étroit vers les contrées du nord » (le poète Bashô, 1694) et vers Fukushima, allongeant volontairement le périple, ralentissant notre pas[1], nous avions été *rattrapés* par un tremblement de terre catastrophique qui avait lieu au sud – sur les écrans de télévision, ce nouvel événement semblait écraser, du haut de son actualité, celui pour lequel nous avions fait le voyage, celui que le temps de l'enquête avait maintenu presque aussi vif, pour nous, qu'au premier jour. Le décalage nous avait sauté aux yeux. Nous qui pensions nous rapprocher à petits pas de la source du danger (au nord) nous en éloignions dans le même temps (au sud)…

Le virus ne se comporte pas comme du césium. Oui mais voilà, la manière dont le virus s'attache à chacune des matières qui font notre quotidien semble se décliner à l'infini

Et voilà qu'à nouveau les temps entrent en collusion. Fukushima et la pandémie semblent d'abord emprunter le même chemin. Non. D'abord c'est différent : ma fille a peur de sortir, elle se prend à craindre le Grand Dehors, tandis qu'au contraire je respire à pleins poumons parce que je sais la différence entre le confinement que nous vivons et le confinement après catastrophe nucléaire. Pour celui-là, il faudrait non seulement fermer les fenêtres mais encore les calfeutrer, et puis ne pas s'approcher trop près des vitres elles-mêmes. Oui, alors là, oui, respirer à plein poumons, cela m'importe franchement, comprends-je, et je le ferais sans hésiter figurer en haut de la liste des choses auxquelles je tiens[2].

D'accord.

Mais comme tout le monde, et comme je l'ai vécu il y a quelques années en me rendant dans la région de Fukushima, je passe les semaines suivantes à me demander : où est le virus ? Comment se déplace-t-il ? Mes enfants me disent de laver tout ce que je rapporte du magasin, de laisser mes chaussures au-dehors de l'appartement, et d'abord, encore, je reprends : Non, il ne faut pas exagérer, il faut faire attention à ce qu'on entend, le virus on

1. Une partie de ce travail d'enquête est réalisée avec un collectif (http://www.f93.fr/fr/project/11/call-it-anything.html) que je remercie ici chaleureusement.

2. Bruno Latour, *Où atterrir ? Comment s'orienter en politique*, La Découverte, 2017, p. 121.

sait bien comment il se transporte et tout le monde alors le dit, il faut tenir sa distance parce qu'il ne saute pas à plus d'un mètre (même chevauchant un postillon vigoureux) et il faut se laver les mains le plus souvent possible. Disant cela, je me rappelle la première fois que je me suis retrouvée à quelques kilomètres de la centrale de Fukushima Daiichi, on m'avait proposé une salade, de beaux radis blancs, et j'avais prétexté dormir à l'hôtel pour refuser poliment. Une fois de retour dans ma chambre, je m'étais déshabillée entièrement et avais mis à la machine toutes les affaires que j'avais portées dans la journée ; je m'étais lavée vigoureusement – si alors, j'avais pu me défaire de ma peau... Non, non, assurai-je encore à mes enfants, rien à voir, le virus ne se comporte pas comme du césium. Oui mais voilà, apprend-on bientôt, le plastique c'est tant de jours, le papier tant de jours, et la manière dont le virus s'attache à chacune des matières qui font notre quotidien semble se décliner à l'infini. Et la suite, je l'ai déjà traversée, manquant de répondre alors comme maintenant aux questions incessantes, les « cela, je peux ? », les « et cela ? », « et sur le bois ? », « et quand je lave, ça va où ? ».

Et puis, en lisant dans la presse qu'EDF lance son « plan pandémie » à Flamanville et que les sous-traitants s'inquiètent de ne pouvoir maintenir des niveaux de production et de sûreté dans les centrales avec des effectifs réduits, je me dis : Ah oui tiens, il ne manquerait plus qu'un accident nucléaire. Quelques semaines plus tard, à l'annonce du « pire incendie jamais observé dans la zone d'exclusion de Tchernobyl », je suis prise de vertiges. Ça s'emballe, me dis-je. Et bien que l'Institut de radioprotection de sûreté nucélaire, sur son site, assure maintenir « opérationnel son réseau de surveillance de l'environnement [...] malgré la période de confinement visant à faire face au coronavirus », je me demande s'il ne faut pas anticiper un confinement dans le confinement parce qu'on le sait maintenant : les nuages sont comme les virus, ils ne s'arrêtent pas aux frontières...

Quelques semaines plus tard, à l'annonce du « pire incendie jamais observé dans la zone d'exclusion de Tchernobyl », je suis prise de vertiges. Ça s'emballe, me dis-je

Dans la foulée – le pli est pris –, je me dis : Une canicule cet été. Je me dis : Une catastrophe naturelle, si tant est que la formule ait encore un sens... Emballement. Je pense au roman de Jean Hegland, *Dans la forêt*[3], le lent arrêt, qu'on croit longtemps passager, ça va reprendre, on pourra de nouveau faire comme avant, reprendre le cours de nos activités, et l'arrêt passager consiste à *entretenir* les facultés déjà acquises pour ne pas les oublier. Un jour, oui, la jeune sœur pourra sûrement redanser dans de grands opéras à Paris ou à Sidney, et il importe donc qu'elle *persévère* par des barres au sol quotidiennes, qu'elle s'entraîne devant son miroir. Il importe qu'elle n'oublie pas les gestes, qu'elle les fasse durer. Je ne me rappelle plus comment, précisément, dans le roman, cette importance finit par s'estomper au profit d'autres. L'aînée, elle, lâchera finalement les livres – mais quel temps infini pour se déprendre de ce qui s'y trouve... Et y renoncer vient plutôt de ne pas savoir lesquels choisir alors qu'on ne peut pas tout emporter. En forêt, rendez-vous compte. Des livres. Lesquels ? Et puis : à quoi bon ?

Un devenir avec

Mais quand je ne pense pas à tout cela, je suis plongée dans l'histoire de la paysannerie et de la foresterie japonaises. Je plonge aussi dans la lecture laborieuse des livres écrits par

3. Jean Hegland, *Dans la forêt* (1996), trad. Josette Chicheportiche, Gallmeister, 2017.

des agriculteurs dont j'ai fait la connaissance au cours de mes différents séjours. Quand je l'avais rencontré pour la première fois, en 2013, monsieur Sugeno, qui présidait alors le Réseau de l'agriculture biologique dans la préfecture de Fukushima, m'avait emmenée voir les expérimentations qu'il avait mises en place, dans ses rizières, sur une parcelle de sa forêt, en collaboration avec une équipe d'agronomes. Dans un des livres, intitulé *L'Accident nucléaire et la Reconstruction de l'agriculture* (*Genpatsu jikô to nô fukkô* 原発事故と農復興), qu'il avait coédité deux années après la catastrophe, je lis maintenant qu'il s'interrogeait sur les mesures de « restauration » (*fukkô*, donc) prises par le gouvernement : la transformation de parcelles contaminées en fermes de panneaux solaires, la construction d'une « usine agricole » complètement hermétique à la lumière du soleil et à l'air extérieur (entendre, à la radioactivité), était-ce cela « restaurer l'agriculture » ? Au lieu de cette restauration « prétexte » – prétexte au développement économique promu par l'État et les grandes entreprises –, monsieur Sugeno défendait, avec d'autres, l'idée d'une « reconstruction pour les habitants », une reconstruction à petite échelle qui laisse les personnes en prise avec leur environnement.

C'est lui aussi qui, pour parler de ce qui arrive aux gens de Fukushima depuis mars 2011, se fait fort de rappeler comment la vague de libéralisation des importations de soie sauvage et de lait dans les années 1970 avait eu pour conséquence une baisse drastique des fermes laitières et de la sériciculture. Afin de contrer cela, les agriculteurs avaient redoublé d'efforts pour reconstruire la région et revitaliser la communauté en utilisant les ressources du territoire. Entre autres, ils avaient fait « revivre » (*fukkatsu* 復活) les champs de mûriers : en coopérant avec des entreprises privées, l'administration, des organismes de recherche, ils étaient parvenus à contrôler l'augmentation de la teneur en sucre de leur production et avaient créé de la poudre de mûrier, du thé de mûrier, de la gelée et de la confiture de mûrier. C'est monsieur Sugeno, encore, qui, dans un autre livre, au titre non moins explicite de *L'agriculture pour vaincre les radiations. Retrouver l'espoir à Fukushima* (*Hôshanô ni katsu nô no itonami. Fukushima kara kibô no fukkô he* 放射能に克つ農の営み. 福島から希望の復興), lui, donc, qui voit dans l'agriculture le glaive pour lutter contre « les démons de l'atome » (*genshi no oni* 原子の鬼)...

Oui, la rhétorique de la guerre déclarée à l'ennemi invisible aussi, je connais. L'alliance sacrée – de tous avec tous, au-delà des clivages – devant le péril majeur. Et puis ça ne loupe pas. On nous annonce qu'il va nous falloir apprendre à « vivre avec » le virus. On ne pourra pas attendre indéfiniment l'élaboration du vaccin. La question mute donc : Sommes-nous prêts ? Sommes-nous prêts à négocier notre espace vital, à faire de la place à ce qui vient ? Sommes-nous prêts à *cohabiter* ?

On nous annonce qu'il va nous falloir apprendre à « vivre avec » le virus. La question mute donc : Sommes-nous prêts ? Sommes-nous prêts à négocier notre espace vital, à faire de la place à ce qui vient ?

La question est *tricky*, elle est vicieuse. Je la connais, elle aussi. Impossible d'y échapper quand on travaille sur une catastrophe nucléaire. Sans cynisme apparent, on a pu dire à des gens à Fukushima qu'ils pouvaient bénéficier – faire des bénéfices – ou profiter – faire du profit – ou avoir un retour de l'expérience qu'avaient déjà les Ukrainiens d'une catastrophe nucléaire. La question est vicieuse parce qu'elle porte la *promesse*, bel et bien, d'un « devenir avec » et l'ouverture d'un *possible* qui acterait « non pas uniquement de la perte en tant que perte, mais en tant que transformation[4] », et dans le même temps le *poison* d'un « gouvernement par adaptation[5] », comme l'appellent Soraya Boudia et Nathalie Jas. La terminologie de ces deux auteures sied parfaitement à ce que nous vivons : en quelques semaines, on est passé du « gouvernement par le risque », propre à l'état d'urgence qu'impose une guerre à mener contre un ennemi invisible et pernicieux – quoique fragile, dit-on aussi pour ne pas affoler, il ne sera pas très difficile de déjouer ses stratégies –, au paradoxe adaptatif du « vivre avec ». Ce n'est pas seulement que, demi-mesure après demi-mesure, la crise se « normalise » ; c'est, davantage, qu'on est passé d'une catastrophe « exogène » – l'image de l'envahisseur – à une catastrophe « endogène »[6] : le coronavirus est un pur produit de nos sociétés, il est une partie de nous, nous cohabitons dorénavant avec ce que nous avons créé. Plus de Grand Dehors, mais une Grande Promiscuité, une Grande Porosité… Pandémie ne vaut pas pour catastrophe nucléaire, bien sûr, et nous ne gagnerions rien à les rendre équivalentes. Mais force est de reconnaître que l'histoire « bégaie »[7]…

La grandeur de la bêtise

La « grandeur de la bêtise » : c'est ce qu'avait voulu nous montrer Hiroyasu Yamauchi, curateur du Rias Ark Museum of Art, tandis que nous visitions son musée, aussi connu sous le nom de « musée des Désastres » depuis 2012. Installé sur les hauteurs de la ville de Kessennuma, profondément affectée par le tsunami, le musée proposait essentiellement, jusqu'en 2011, une salle d'exposition permanente décrivant, à mi-chemin entre art et artisanat, la vie quotidienne et le folklore de la région. Nous n'étions pas venus pour cela, mais c'est par là que monsieur Yamauchi avait tenu à commencer : dans les époques anciennes, nous avait-il raconté sans préambule, plutôt que de révérer un dieu, les gens remerciaient chaque chose autour d'eux, la mer, qui apportait la subsistance, et la montagne, parce que tout de suite après avoir pêché, on retournait vivre en montagne. Ici, il n'y avait pas de plaine entre les deux. Pour cultiver du riz en grande quantité, il est nécessaire d'avoir des plaines. Mais ici, il y avait juste la mer et la montagne. Et les rivières. Pendant longtemps, on a considéré que c'étaient des terres pauvres. Mais la montagne et la mer procurent de nombreuses richesses. Les gens y vivaient depuis plus de trois mille ans. Ils vivaient de chasse, de pêche et de cueillette, et non d'agriculture. Ce n'est pas l'homme qui crée la richesse mais c'est la nature qui donne et l'homme qui en profite. C'est le premier sens religieux : remercier la nature pour ce qu'elle nous offre. Depuis presque deux cents ans, ça a changé, les gens se sont de plus en plus orientés vers une nature maîtrisée, exploitée. Particulièrement depuis 1945, le sens des valeurs a subi une révolution complète. On a construit des terrains plats là où il n'y en avait pas – entre la mer et la montagne, et pour ça on a construit des remblais sur la mer. Beaucoup de baies et de plages ont disparu. Là où les eaux douces et les eaux salées se rejoignaient, on a fait des séparations très nettes, et on a « redressé » les rivières pour pouvoir cultiver du riz. En 1960, on en était à un stade où les gens n'étaient plus obligés de cultiver leur riz eux-mêmes et les terrains qui avaient été dégagés pour cela ont été transformés en zones d'habitation et en secteurs d'activités. Ce sont tous ces terrains qui ont été détruits par le tsunami.

4. Émilie Hermant et Valérie Pihet, *Le Chemin des possibles. La maladie de Huntington entre les mains de ses usagers*, Les Presses du réel, 2017, p. 62.

5. Soraya Boudia et Nathalie Jas, *Gouverner un monde toxique*, Quae, 2019.

6. Sandrine Revet, « Le Covid-19, catastrophe naturelle ? », entretien, consulté le 27 avril 2020. https://www.sciencespo.fr/ceri/fr/content/le-covid-19-catastrophe-naturelle-entretien.

7. Isabelle Stengers, *L'Hypnose entre magie et science*, Les Empêcheurs de penser en rond, 2002, p. 29.

Tout d'une traite. Monsieur Yamauchi nous avait servi cette tranche d'histoire tout d'une traite.

En quelques semaines, on est passé du « gouvernement par le risque », propre à l'état d'urgence qu'impose une guerre à mener contre un ennemi invisible et pernicieux au paradoxe adaptatif du « vivre avec »

Après cela, il nous avait conviés à le suivre au rez-de-chaussée où était installée l'exposition des « objets catastrophés » (*hisai butsu* 被災物) pour laquelle nous avions fait le voyage. Destinée autant à prendre acte du nouveau régime artistique post-Fukushima (« Quand les modalités de la vie quotidienne changent, les expressions artistiques changent avec », pense monsieur Yamauchi) qu'à *réduire les impacts humains* de la prochaine catastrophe, l'exposition avait été conçue pour « aller chercher chez les gens la tristesse, la colère, la terreur même ». Pour ce faire, monsieur Yamauchi avait imaginé d'accompagner les photographies au mur et les amas d'objets posés à même le sol de petits textes « plutôt subjectifs », cherchant à transmettre un « ressenti face à la catastrophe », et d'autres dépliant, parfois incongrûment et avec une rudesse qui contrastait avec les premiers, une série de mots-clés. Ceux-là avaient été choisis parce qu'ils avaient envahi l'espace médiatique au moment de la catastrophe et constituaient, de l'avis de monsieur Yamauchi, des sortes de butoir à la réflexion et même à l'action. Comme « imprévisible » pour parler de la catastrophe nucléaire, ou « sans précédent » pour qualifier le tsunami. Il s'était presque énervé : la responsabilité nous incombait des mots que l'on emploie, utilisés à tort, ils portaient en germe la prochaine catastrophe. Il avait donc importé à monsieur Yamauchi de faire comprendre que les catastrophes sont des événements qui se répètent : elles *tournoient* sur elles-mêmes. En parlant, monsieur Yamauchi désignait là des estampes figurant le tsunami qui avait eu lieu dans la région en 1896 – on dit que 22 000 personnes y avaient trouvé la mort ; ici une série de photographies datées de 1933. Au moment où nous parlions, le Japon s'apprêtait à changer d'ère : nous étions encore à l'ère Heisei, la semaine suivante nous serions en Reiwa. Le tsunami de 1896 est connu sous le nom de « tsunami de Sanriku de Meiji » ; celui de 1933, sous celui de « tsunami de Sanriku de Shôwa ». Monsieur Yamauchi avait attiré notre attention sur des photographies du tremblement de terre qui avait eu lieu au Chili en mai 1960 : On dit qu'il s'agit du plus grand tremblement de terre historique, de magnitude 9,5, il a tué près de 140 personnes ici – ceci, on l'oublie souvent. En 2010, nouvel événement sismique au Chili, nouveau tsunami au Japon : cette fois-là, il n'y avait pas eu de dégâts humains, mais les exploitations d'huîtres avaient été totalement détruites. Et donc, l'année suivante, il y avait eu le tsunami de 2011. On dit « la grande catastrophe de l'est du Japon », mais le tsunami lui-même n'a pas encore été nommé. À la veille de ce nouveau changement d'ère, monsieur Yamauchi et d'autres militaient pour qu'on l'appelle « le tsunami de Sanriku de Heisei ». « Ce sont des appellations importantes pour les Japonais, ces ères, avait insisté monsieur Yamauchi. Par exemple, une personne célèbre qui a inventé quelque chose en Shôwa, on va essayer de retrouver son équivalent en Heisei. On se représente les choses cycliquement. » Avec lui, nous venions buter ainsi sur le modèle avant/après et la rhétorique de la rupture. À chaque ère sa catastrophe. Des avants, il y en avait eu plein, et c'est l'entretien de leur mémoire qui pouvait sauver des vies. Ce n'était pas inédit, ça avait déjà eu lieu, ça aurait lieu de nouveau. C'est sûr. C'est sûr et il fallait s'y préparer.

Depuis cette date, à chaque anniversaire de la catastrophe, étaient organisés, dans les écoles notamment, des exercices d'évacuation ; chaque année, on réapprenait où fuir et comment

L'avant de l'après

L'après-midi qui avait suivi cette visite, ainsi que le jour suivant, monsieur Yamauchi avait proposé de nous emmener voir non pas des endroits détruits mais des endroits reconstruits, avait-il souligné. Il voulait nous montrer les structures de prévention des catastrophes, des digues notamment. La politique de prévention des catastrophes, *bôsai* 防災, a commencé au Japon en 1933, au moment du tsunami dont il venait de nous parler. Depuis cette date, dans le village de Tarô où nous étions quelques jours auparavant, une digue de dix mètres de haut existait. Depuis cette date, à chaque anniversaire de la catastrophe, étaient organisés, dans les écoles notamment, des exercices d'évacuation ; chaque année, on réapprenait où fuir et comment. En 2011, quand la vague vint toucher Tarô, tous les enfants furent sauvés, nous avait-on raconté, parce que les exercices d'évacuation avaient juste eu lieu la semaine d'avant.

Depuis 1933. Chaque année. Tous les enfants.

Pour monsieur Yamauchi, cependant, la digue elle-même, qui laissait penser aux gens qu'elle les protégeait, était une erreur. En 2011, là comme ailleurs, les digues n'avaient pas empêché la vague de passer et nombreux étaient ceux qui ne s'étaient pas enfuis, pensant que la digue les défendrait. Dans les villages sans digue, au contraire, les gens avaient fui parce qu'ils avaient la mer sous les yeux. Les digues gigantesques qu'on construit partout le long de la côte du Pacifique auront le même effet, s'inquiétait monsieur Yamauchi, les gens ne s'enfuiront pas. Il faut comprendre une nuance très importante – plusieurs de nos interlocuteurs, lors de ce séjour, nous l'avaient d'ailleurs rappelée : les digues ne sont pas là pour arrêter les vagues et ne *préviennent* pas le désastre, elles sont là pour faire gagner du temps. À la prévention, *bôsai*, monsieur Yamauchi voulait substituer le *gensai* 減災, qui signifie « réduire les dégâts ». Et d'abord, donc : fuir. « C'est cela qu'il faut transmettre aux générations qui viennent après nous : si on ne fuit pas, on meurt. » Monsieur Yamauchi était en colère : ces Jeux olympiques qui cherchaient à *faire passer* la catastrophe étaient précisément l'inverse de ce qu'il fallait faire.

La responsabilité nous incombait des mots que l'on emploie : utilisés à tort, ils portaient en germe la prochaine catastrophe

Ce jour-là et le suivant, nous avions donc été d'un point à un autre, tantôt dans un quartier résidentiel fraîchement reconstruit, tantôt sur le chantier de construction d'un tronçon d'autoroute surélevé, tantôt encore sur telle digue puis telle autre, puis telle autre encore – toutes différentes. Sur le chantier d'autoroute, un panneau indiquait que « des travaux de restauration » étaient en cours, *saigai fukkyû kôji* 災害復旧工事. Je connaissais *fukkô* 復興pour désigner la reconstruction, mais n'avais pas encore rencontré le terme *fukkyû*. *Fukkyû*, m'expliqua-t-on alors, c'est recouvrer, retourner à l'état des choses telles qu'elles étaient avant la catastrophe, *moto ni modosu* 元に戻す. C'est ce que réclamaient au producteur d'électricité TEPCO certaines associations de plaignants : qu'on leur rende précisément ce qu'ils avaient connu – et c'est l'impossibilité pratique même de cette opération qui la rendait puissante parce qu'elle forçait à énumérer, sans rien laisser de côté, les choses auxquelles on découvrait tenir éperdument. *Fukkyû*, comprenais-je, désigne ainsi un acte de réappropriation, qui régénère en même temps qu'il invente, c'est un *reclaim*[8]. *Fukkô*, c'est réparer, restaurer aussi, mais en mieux, *motto yoku suru* もっとよくする : quelque chose – quelque chose de concret – s'est gagné dans l'opération. C'est *surmonter*, au sens propre du terme. Le concept de résilience est plein de *fukkô*, probablement... Et ce jour-là, c'était patent : nous étions devant un *fukkô* – on pouvait voir sur le chantier s'afficher presque en clair les points de croissance – qui tentait de se faire passer pour un *fukkyû*...

Notes à garder pour l'après, donc : ce que s'est évertué à nouer ensemble monsieur Yamauchi à notre intention durant ces deux jours, c'est au final de la subjectivité alliée à de la précision terminologique, le tout allié à de la persévérance. À la fois *nommer* précisément et intensément ce qui est en train d'arriver. Nommer pour *préparer* au fait que cela arrivera de nouveau. Enfin *faire durer* ●

SH

8. Émilie Hache, *Reclaim. Recueil de textes écoféministe*, trad. Émilie Noteris, Cambourakis, 2016.

UNE AFFICHE PAR **Annie Atkins**

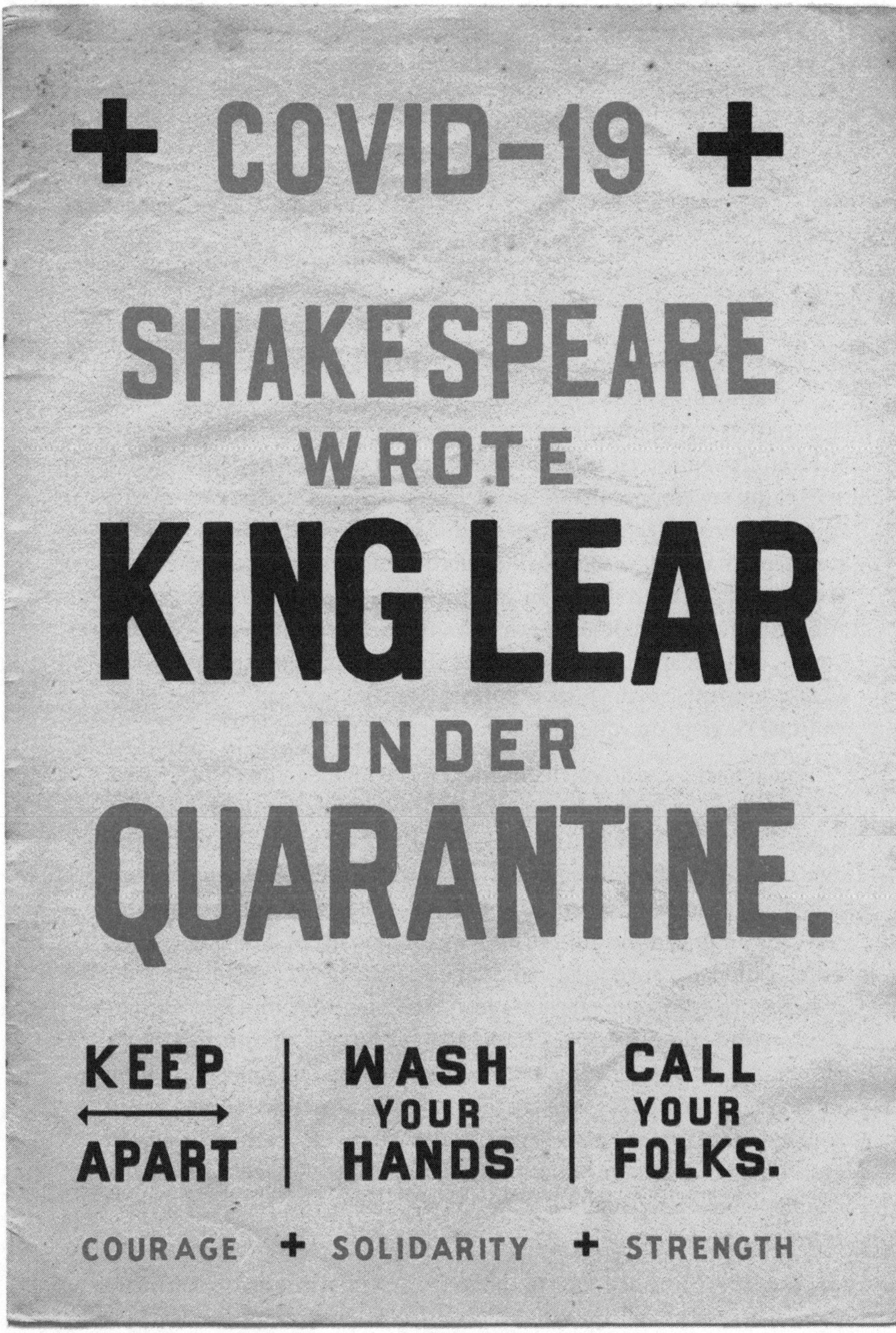

FRAGILITÉ

PAR
Arlette Farge

Un immense voile s'est étendu sur toute la planète. Cela ne veut pas dire qu'il ne fait ni nuit ni jour, pas même qu'on ne voit plus les nuages ni les étoiles. Non, c'est autre chose d'indéfinissable, qui ne détient aucun sens et qui enveloppe la Terre sans laisser aucune issue. Sous le voile, les êtres humains se débattent. Dans chaque pays, les choses se passent différemment ; mais dans chaque pays le voile est présent, insistant et peu docile. Il est étendu à l'extrême et, pour le moment, ne permet aucune sortie. Alors il faut vivre en dessous sans comprendre, et c'est en ce « lieu sous voile », qu'on n'aurait jamais imaginé auparavant, que toutes nos fragilités se donnent la main. Elles se donnent la main, mais sans se rencontrer, puisque l'arrivée du voile nous a interdit de nous réunir.

Quelque chose se détruit ici, en silence, sans même qu'on s'en aperçoive. Chacun réagit de façon différente, porte le masque de l'indifférence, celui du chagrin ou de la peur, ou encore celui de la force qui veut s'affirmer face aux autres. Derrière le masque, l'être est incertain, et c'est là que réside la plus grande fragilité. Vivre dans l'incertitude ressemble à une promenade qui conduirait vers des abîmes dont on ne connaîtrait pas le nom. Ainsi notre intime se trouve-t-il déchiré car il ne peut vivre et s'essaie à ne rien ressentir, ce qui l'abîme davantage. À l'intérieur de nous, une lumière s'est éteinte, remplacée par l'insécurité sur nos projets, notre devenir, et même par l'intense anxiété de devenir prisonniers pour longtemps d'une mémoire inquiétante, une fois le voile disparu. Oui, nous nous souviendrons et nous aurons mal. Mal d'avoir été blessés, mal d'avoir été emmenés au fond de la plus grande solitude et d'avoir été séparés charnellement de ce qui nous tient non seulement à cœur, mais à corps et à vie.

Fragile est un mot doux à prononcer ; aussi est-il rare qu'on s'en méfie. Ou, s'il arrive qu'on le perçoive dans un objet ou chez quelqu'un, on y fait de suite attention. Aujourd'hui sous le voile, et demain sans le voile, les fragilités sont des fractures, des mises à nu solitaires de ce qu'on ne pouvait concevoir auparavant. Il y a (il y aura) quelque chose de tragique dans certaines fragilités frappées au coin du virus, et nous n'aurons pas de nom à leur donner. Ce qui est pire, car nommer quelque chose ou une personne, c'est déjà l'apprivoiser. Impossible pour l'instant d'apprivoiser l'événement survenu ; il n'y a pas même de temps pour le faire, tant nous sommes démunis. Chaque heure, chaque jour apporte son décompte de douleurs, de nouvelles alarmantes, puis rassurantes, de moyens de s'en sortir, vite contredits, d'espoirs défaits, d'horizons manqués et de chaos surprenants. Mais il n'y a pas que cela dans nos esprits et notre psychisme, heureusement.

Fragilités et brisures ne signifient pas que le désespoir va venir s'installer. D'ailleurs au XVIe siècle, dès 1541, fragilité signifiait deux choses : « de peu d'importance » et « ayant un caractère éphémère ». Ces deux acceptions donnent de l'élan et permettent que se continue la route. Dans le sentiment de fragilité existent celui de persévérance ainsi que l'intime conviction que tout se mêle avec une profonde sensibilité. En ce moment si particulier, si imprévu et irréel, la sensibilité suraiguisée peut aider à ce que les brisures ou les destructions de l'âme laissent place à une volonté de partage, de compréhension. Aucune résignation dans la fragilité ; car, souvent, pointe en même temps une sorte d'impertinence face à ce qui nous est imposé. L'impertinence est un moyen de défense pour s'aventurer sur ce terrain mouvant, chaotique, instable et incompréhensible sur lequel nous errons. Et cela procure beaucoup de force.

Il y a peu, me revenait un vers de Shakespeare dans *Hamlet* (acte I, scène II) : « Fragilité, ton nom est femme. » C'est en 1603 que parut cette pièce, et, on le sait, l'affirmation de la fragilité féminine se poursuit siècle après siècle. Il n'est qu'à relire les petits livrets de la Bibliothèque bleue apparaissant au XVIIe siècle, à Troyes, livrets très populaires lus à la veillée et diffusés par les colporteurs. Au XVIIIe siècle, tout le monde connaissait ces livrets, dont le fameux *Miroir des femmes*, où le thème de la fragilité féminine était aussi constant que celui de leur « mauvaiseté » et de leur duplicité. Et puis rappelons l'immense succès de la chanson *Femme libérée,* chantée en 1984 par le groupe Cookie Dingler, dont voici un des morceaux : « Ne la laisse pas tomber, / elle est si fragile / Être une femme libérée, / tu sais c'est pas si facile »

Chaos surprenant, dessin de Valérie du Chéné, 2020.

Thème éternel, mais comment ne pas savoir à quel point, dans la plupart des crises extrêmes, graves ou désespérées, les femmes, affublées de leur fragilité prédite par ceux qui les regardent, ont un courage et une force étonnants. Émeutières du XVIIIe siècle, révolutionnaires, communardes, résistantes, femmes de Mai plus tard au Chili, combat des Iraniennes aujourd'hui et tant d'autres, elles sont là et à ce moment précis si difficile se moquent bien de ce qu'on dit d'elles. La fragilité, en réalité, les fait tenir : c'est souvent qu'elles voient en premier l'édifice menacé de s'écrouler ou les dictatures venir. Par contre, le virus les a fauchées comme tous, mais il est une certitude : quelque chose dans la fragilité accorde à l'être humain un niveau de sensibilité et d'émotion qui devient du savoir, de la connaissance et de l'appréhension de ce qui va se passer ou se défaire. Et les femmes en ce domaine jouent un grand rôle.

Que dire des hommes fragiles ? On les pense handicapés parce que déclarés peu virils ; il leur faut d'abord s'éloigner des poncifs et laisser leur fragilité intime accompagner leur masculinité de façon positive. Ainsi hommes et femmes – je rêve peut-être – détiennent-ils de vraies ressources (la fragilité en est une) pour vivre sous ce voile qui actuellement nous paralyse.

Mais il existe des fragilités qui ne se remettront jamais d'avoir été fragiles. Celles-ci sont sociales. Se promener dans les rues les rend d'une visibilité farouche. Ils, elles sont là, les sans-domicile, vagabonds, couchés par terre, avec devant eux un gobelet de carton. Ils sont là depuis longtemps mais nous ne les voyions pas. Les voir à présent en pleine lumière, en pleine nudité de leur situation nous rend coupables de ne pas avoir auparavant écouté leurs demandes, voire leurs supplications. Parfois regroupés sous des tentes, sans protection, avec de tout petits enfants, ils impressionnent ; ils sont si jeunes en même temps. Fragilisés à l'extrême ils ne sont pas, comme on le dit souvent, l'envers du décor, mais le décor lui-même, celui d'aujourd'hui et des avenues désertes.

À elles et eux s'ajoutent toutes les autres fragilités invisibles confinées dans des appartements d'immeubles de banlieue ; les habitants ici seront sans doute au chômage en quantité. Là il ne s'agit plus de force, de courage ni de dépassement de la fragilité, il s'agit d'un inexorable état de fait au-dessus duquel le voile s'assombrit puis s'appesantit de jour en jour. Or on sait qu'il ne craquera pas, ce voile, une fois le virus éloigné ; sur ces immeubles de la Seine-Saint-Denis et d'ailleurs, le voile épais de la misère fera son travail, la cacher d'abord, l'inscrire ensuite plus profondément dans les chairs de toutes et tous.

Sur notre planète sous voile est apparu le masque (avec force difficultés). Il protège et enlève du risque. Nous avançons et avancerons masqués, et ferons nos courses de cette façon si particulière, la respiration plutôt gênée. Cela ne serait rien si ces masques à l'infini n'effaçaient ce que nous avons de si précieux, altruiste et solidaire : le sourire. Aucun sourire à l'horizon : des hommes et des femmes marchent en s'évitant, les regards se croisent à peine ; nos expressions disparaissent. Un sourire qu'on ne voit plus, c'est un coquelicot qui n'a pas pu pousser à cause du mauvais temps. Pire encore : c'est une société fragilisée par son impossibilité à montrer ses visages, leurs charmes ou leurs peurs. Nous irons d'inconnus à inconnus ; la voix déformée par le tissu blanc posé sur notre bouche ; le regard sans lumière et le sourire absent : fragilité, ton nom est notre société masquée, sous voile, s'éloignant de l'autre et de la rencontre. Fragilité de nos rues où ne se verront plus ni la haine ni la tristesse, pas même la joie ni la bienveillance ; la béance primitive sera là au cœur de ces visages sans visage. Mais l'immense voile jamais n'empêchera l'amour. Comment cela se pourra ? On ne sait ; mais on sait ●

AF

LA MER DES INCERTITUDES

PAR
Myriam Revault d'Allonnes

Un réel qui se dérobe, un présent envahissant : de quoi perdre pied… Englués dans l'étendue de l'événement, nous sommes restés incapables de mesurer l'inédit de cette pandémie et plus encore d'imaginer l'avenir.

La pandémie que nous venons de traverser nous a-t-elle fait vivre une expérience inédite de l'incertitude ? Le présent à vif du confinement est désormais devenu passé et la distance temporelle, si courte soit-elle, autorise un autre regard sur l'événement et sur la façon dont cette épreuve a marqué nos manières d'être au temps. Il ne suffit pas de constater que le temps s'est fragmenté à un point sans doute jamais atteint et que nos existences, dans ce moment paroxystique, ont été scandées de la façon la plus hétérogène : par les informations et les statistiques délivrées quotidiennement, par les urgences les plus extrêmes auxquelles certains devaient faire face (question de vie ou de mort) ou par les petits rituels que beaucoup étaient contraints d'organiser au jour le jour pour « habiter » le confinement qui tenait lieu de « monde ».

L'expérience de la diversité des temps n'est pas nouvelle : nous savons depuis longtemps que le temps est multiple, que ses rythmes différenciés ne sont pas homogènes les uns aux autres et qu'il existe bien des manières de relier le passé, le présent et le futur. Plus encore, la crise du temps ne date pas de la pandémie. Le monde contemporain est un monde désynchronisé et éclaté. Faute d'un horizon de sens unificateur qui oriente l'action, l'harmonisation des temps, même dissonante, n'est plus assurée et notre perception est celle d'un avenir opaque. À cet égard, y a-t-il quelque chose d'inédit dans l'expérience que nous venons de vivre ?

Si nous revenons à la cartographie de la pandémie qui a rythmé nos existences quotidiennes, elle n'a pas ressemblé, tant s'en faut, à une carte du tendre. Exposée et mise à jour quotidiennement, elle se présentait sous forme de graphiques et de données comptables : chiffres des personnes contaminées, des entrées à l'hôpital, en réanimation, des décès, des sorties, des guérisons... On y lisait aussi les courbes qui nous informaient de l'évolution générale du Covid-19 (ascension, pics, plateaux, etc.). À l'approche du déconfinement, une nouvelle cartographie s'y est ajoutée, celle des couleurs : départements en rouge, vert ou orange selon les risques infectieux, la saturation des services hospitaliers et la modulation des mesures qui en découleraient.

Telles étaient, à peu de chose près, les seules « certitudes » – approximatives, fluctuantes et contestées au jour le jour – dont nous disposions. Mais ces chiffres étaient en fait le revers visible d'une incertitude à nulle autre pareille : sur les origines, les causes, les conséquences de l'épidémie, les traitements possibles, l'immunité et surtout l'avenir qui nous attendait. À cet égard, les explications ou précisions scientifiques n'ont pas dissipé le brouillard (elles ont même accru la confusion) tant divergeaient les interprétations données par les experts, eux aussi en proie à l'embarras. C'est l'occasion de rappeler que les sciences ne délivrent pas de savoirs dogmatiques et définitifs et qu'elles progressent elles aussi de manière discontinue, par des débats d'idées et des controverses. À tous les niveaux, nous avons vogué et nous voguons encore (ou plutôt nous dérivons...) sur la mer des incertitudes, et celles-ci n'ont pas seulement affecté notre appréhension collective – politique, sociale – de l'avenir. Elles ont aussi ébranlé nos singularités, nos vécus les plus intimes, nos représentations, nos imaginaires et nos affects en tous genres : sentiments, émotions, espoirs, craintes, angoisses, hantises...

L'inquiétude moderne

Si on la considère dans la longue durée, la dissolution des repères de la certitude n'est pas nouvelle. Elle est coextensive à l'émergence de la modernité. Privé des repères transcendants et des garanties ultimes qui soutenaient ses modes de connaissance et orientaient son action, l'homme moderne s'est trouvé confronté à une crise majeure et à la nécessité d'y faire face. « Quand Dieu quittait lentement la place d'où il avait dirigé l'univers et son ordre de valeurs, séparé le bien du mal et donné un sens à chaque chose, Don Quichotte sortit de sa maison et il ne fut plus en mesure de reconnaître le monde[1]. »

C'est pourquoi l'homme moderne, en proie au désarroi et à l'inquiétude extrêmes, s'est projeté dans un avenir censé éclairer ce dont ni le passé ni le présent ne permettaient plus de rendre compte. Investie par la croyance au progrès, cette projection dans le futur donnait sens à l'action et orientait les choix. Dynamisé en force historique, le temps devenait le moteur d'une histoire à faire, d'une tâche à accomplir. Cela ne signifiait pas pour autant que l'imprévisible, l'inquiétant, l'inattendu avaient disparu mais on pouvait y voir au moins une réponse qui, à défaut de dissiper l'inquiétude, arrachait la pérennité du monde à une contingence radicale. Comme l'avait souligné Kant, l'idée de progrès était une perspective « consolante » par l'avenir qu'elle laissait entrevoir. Elle rendait l'existence humainement supportable.

Or, bien avant l'irruption de la pandémie, de nouvelles incertitudes, celles de la modernité

1. Milan Kundera, *L'Art du roman*, Gallimard, 1986, p. 20-21.

tardive, avaient déjà profondément ébranlé cette croyance en un avenir orienté vers le mieux. La dilatation de l'avenir qui donnait à l'homme le sentiment de pouvoir tout conquérir s'était retournée, depuis des décennies au moins, en une indétermination qui engendrait la désillusion, voire l'effroi et même la terreur. La démesure de la puissance technologique était devenue un problème crucial et même vital pour la survie de l'humanité. C'est ainsi que le philosophe Hans Jonas avait préconisé le recours à une « heuristique de la peur », une peur réfléchie et pas seulement éprouvée, afin d'anticiper le danger que représentait désormais le futur. Le « principe responsabilité[2] » destiné à répondre à la menace qui planait sur l'humanité se substituait de manière emblématique au « principe espérance[3] » d'Ernst Bloch.

Or, bien avant l'irruption de la pandémie, de nouvelles incertitudes, celles de la modernité tardive, avaient déjà profondément ébranlé cette croyance en un avenir orienté vers le mieux

Pourtant, en dépit de la montée des incertitudes et de leur connotation de plus en plus négative, l'horizon d'attente – à savoir les diverses modalités par lesquelles nous anticipons l'avenir – n'avait pas disparu en tant que tel. Il s'était rempli différemment, marqué certes par la désillusion, la crainte, la conscience de la précarité et non plus par l'espérance. Mais ce qui demeurait inentamé, c'était l'idée de « ce qui n'est pas encore » : quelque chose qui ne s'était pas encore découvert, tissé de tous les pronostics, des souhaits et des espoirs, si ténus soient-ils, des peurs, des angoisses qui font les vies humaines. Et le « pas encore » laisse toujours place à l'inattendu, à l'imprévisible, à l'improbable…

L'expérience d'un présent interminable

Est-ce alors à une nouvelle modalité de l'incertitude que nous avons été confrontés ? Et d'ailleurs le terme de « confrontés » convient-il ? « Être confronté » ou « s'affronter » à quelque chose suppose une sorte de face-à-face, la désignation d'un extérieur ou d'une entité distincts de ce que nous sommes, de ce que nous pensons ou sentons être. Il me semble (et la rétrospection le confirme) que nous n'avons pas été « confrontés à… » mais « envahis par… » jusqu'au plus profond de nous-mêmes. Captés par l'immédiateté d'un présent au-delà duquel il nous paraissait impossible de nous projeter, contraints de vivre au jour le jour, confinés dans l'espace mais aussi dans l'instant.

À cela on pourrait objecter que le « présentisme » qui s'est emparé de nos sociétés contemporaines n'est pas un phénomène nouveau et que notre horizon est déjà en permanence celui d'un présent perpétuel, à la fois insaisissable et quasi immobile. C'est au fond ce que l'on aurait retrouvé sur un mode exacerbé dans le vécu de la pandémie : l'expérience de ce présent interminable, indéfini, omniprésent, auquel on ne peut échapper… Or cette situation inédite a entraîné, au moins de façon momentanée, une sorte de paralysie de la réflexion et de la représentation, une impuissance à envisager, à concevoir même l'idée d'un « horizon d'attente », si obscurci soit-il. On l'a constaté à la lecture des textes et des tribunes qui ont inondé les journaux : soit pour égrener des lieux communs plus ou moins consolateurs et lénifiants sur les bienfaits psychiques du repli sur l'intériorité, soit pour conforter les certitudes préétablies sur le mode du « on vous l'avait bien dit ».

2. Hans Jonas, *Le Principe responsabilité* (1979), trad. Jean Greisch, Cerf, 1990 ; « Champs essais », 2013.

3. Ernst Bloch, *Le Principe espérance*, trad. Françoise Wuilmart, Gallimard, 1976.

Faisant l'impasse sur le caractère inédit du phénomène, nombre d'analyses ont tenté désespérément de le réduire à des causalités antécédentes : effet de la mondialisation, du néo-libéralisme, de l'aggravation de la situation climatique, de l'absence de véritable politique souverainiste, du laxisme de l'ouverture des frontières...

Il ne suffit pas non plus – si nécessaire soit-il – de rappeler les évidences. La crise (elle n'est pas seulement sanitaire) du Covid-19 a été un révélateur. Elle a jeté une lumière crue sur les inégalités de tous ordres qui rongent nos sociétés : sociales, économiques, culturelles, scolaires, générationnelles, d'accès au soin ou au numérique, etc. Elle a rendu sensibles nos fragilités les plus extrêmes, nos liens d'interdépendance, le caractère à la fois vain et destructeur des rationalités gestionnaires et calculantes face à la contingence. Rien que nous ne sachions déjà, à moins d'avoir été délibérément aveugles...

Quant à l'opposition du « monde d'après » et du « monde d'avant », elle aura surtout fonctionné, dans la diversité de ses contenus, et sans que d'ailleurs on sache vraiment ce que désigne le terme de « monde », comme un slogan (ou un succédané) mettant en scène la nostalgie d'un passé perdu ou, à l'inverse, son rejet radical et la précipitation dans une projection futuriste dessinée à l'avance.

Saisis de sidération

Cette incapacité ou ce refus d'envisager le caractère inédit de l'événement relève probablement du désir de se protéger, de conjurer l'angoisse devant une expérience subjective tout aussi imprévue. Mais tenter de penser ce qui nous arrive, c'est d'abord prendre l'événement pour ce qu'il est : une rupture qui résiste à toute dissolution dans un schéma causal. Un événement déborde toujours les chaînes causales qu'on peut lui assigner, même si leur analyse s'avère pertinente. Il manifeste toujours une profonde disparité entre les causes et les effets et il est doté d'une puissance d'ébranlement qui constitue une épreuve, y compris subjective. Le fait qu'il existe des plans de gestion des pandémies et que les épidémiologistes (mais aussi les anthropologues, les géographes ou les historiens...) travaillent depuis longtemps sur leur dynamique ne change rien au fait que nos pires craintes ou nos plus vives espérances ne nous préparent jamais à ce qui va réellement se produire. Dès que survient un événement (même « prévu » ou « prévisible »), tout se trouve modifié et ce qui surgit, c'est un paysage inattendu, y compris en ce qui concerne nos capacités de réflexion et d'action, nos sentiments, nos émotions... Nous ne sommes pas dispensés de le « comprendre », mais « comprendre » ne signifie pas réduire à ce que nous savions ou connaissions déjà. Hegel disait déjà que le « bien connu » est, pour cette raison même, non connu. À rebours de ce que nous avons pu lire dans nombre de commentaires, prises de parole, tribunes, etc., il nous faudrait aujourd'hui méditer cette phrase d'Hannah Arendt : « l'événement éclaire son propre passé, il ne saurait en être déduit ».

Un événement déborde toujours les chaînes causales qu'on peut lui assigner, même si leur analyse s'avère pertinente

Il se peut que nous soyons aujourd'hui – et pour un certain temps – à la fois conceptuellement démunis pour « éclairer » ce passé et dépourvus des ressources que nous offre l'imagination pour anticiper l'avenir. Car l'événement qui fait ainsi rupture est une crise : il met la réalité en crise. Non seulement parce que, conformément à son étymologie médicale, celle-ci désigne le moment paroxystique où se décide l'issue de la maladie (bonne ou mauvaise, guérison ou mort), mais surtout parce qu'elle bouleverse et peut-être met à bas nos catégories de pensée et de jugement. La crise lie indissolublement la réalité objective et l'expérience vécue que nous en avons. Elle nous contraint à élaborer de nouveaux modes de compréhension de telle sorte qu'on ne peut ni s'en tenir au statu quo ni revenir au passé tel qu'il a été. Ce n'est pas un problème théorique ou abstrait : il engage des manières de vivre, des expériences existentielles, concrètes.

Sans aucun doute, quitte à vivre pour un bon moment dans le désarroi et à assumer « le savoir explicite de notre non-savoir[4] », devons-nous faire appel à notre faculté d'imaginer. Or elle peut se trouver, elle aussi, momentanément entravée, voire paralysée. Non pas parce que quelque chose d'irreprésentable et de « hors normes » s'est produit, qui excéderait nos ressources de figuration, mais parce que nous sommes (peut-être) encore saisis de sidération, incapables de nous représenter les choses autres qu'elles ne sont. Imaginer, nous dit Kant, c'est pouvoir se soustraire à l'immédiateté de la perception sensible et de la présence empirique. C'est pouvoir ne plus être affecté par l'immédiateté de la présence afin de rendre présent ce qui est absent.

Tenter de penser ce qui nous arrive, c'est d'abord prendre l'événement pour ce qu'il est : une rupture qui résiste à toute dissolution dans un schéma causal

Faute de repères, nous ne pouvions certes que suspendre provisoirement nos jugements. Il nous faut désormais prendre acte de la force d'obligation de la crise. Cette force d'obligation devrait nous conduire à plus ou moins long terme à refigurer notre rapport au monde. Lorsque nous opposons le « monde d'avant » et le « monde d'après » (celui que nous déduisons de notre présent) comme s'ils se situaient dans une temporalité linéaire, nous ne faisons en un sens que reconduire nos certitudes sans faire appel aux ressources de l'imaginaire.

Un réel absent

De ces ressources, nous avions momentanément perdu la disposition, précisément parce que l'immédiateté de la présence empirique et la pression de l'instant (ou de l'urgence) nous empêchaient de suspendre notre référence au réel. Mais cet empêchement était paradoxalement lié au fait que ce réel – celui de l'expérience commune, sociale – s'était *absenté*. Il y avait quelque chose d'absurde dans la situation de ceux qui, confinés, n'étaient pas (comme l'ont été les soignants mais aussi tous ceux qui organisaient notre subsistance et assuraient notre survie) aux prises avec l'urgence de l'action. L'incertitude extrême nous conduisait à répéter sans cesse de petits gestes quotidiens et à organiser des rituels qui rythmaient le temps comme de minuscules certitudes au jour le jour. Mais nous étions avant tout dépourvus du sol de l'expérience sociale, du monde sensible des relations entre les hommes, de la réalité concrète dont l'existence nous permet de faire un pas de côté, de nous déplacer, de faire le détour par l'imaginaire et de rendre présent ce qui est absent. Lorsque nous pourrons véritablement reprendre pied dans le monde commun, ce ne sera pas seulement une « reprise » (de l'économie, de la scolarité, des activités, etc.). Nous devrons réorienter notre regard et cela demandera sans doute encore beaucoup de temps et d'énergie.

L'expérience de l'incertitude n'est pas en soi, on l'a vu, une nouveauté. La dimension de l'incertitude absolue a émergé avec les Temps modernes et, en prenant pied sur

4. J'emprunte l'expression à Jürgen Habermas, dans un entretien donné au journal *Le Monde*, 10 avril 2020.

des terres inconnues, les hommes ont dû dès lors voyager dans un monde habité par le risque et l'insécurité. Les progrès scientifiques et techniques n'ont pas rendu, nous le savons, l'existence humaine calculable et prévisible. Mais vivre *dans* l'incertitude, ce n'est sans doute pas la même chose que vivre et agir *avec* l'incertitude. La belle métaphore de Hans Blumenberg dans *Naufrage avec spectateur*[5] peut nous aider à le comprendre : nous naviguons sans pouvoir désormais débarquer dans un port sûr. Mais si nous nous préparons à voguer durablement sur la mer, nous devons, faute de pouvoir ramener le bateau en cale sèche, apprendre à le réparer ou à le modifier en pleine mer. Plus encore, en l'absence d'une terre ferme que nous puissions atteindre à terme, il nous faut le construire en pleine mer. Toute la question est de savoir si nous sommes voués à dériver comme le naufragé qui s'accroche à sa planche ou à son radeau ou bien si, acceptant de naviguer *avec* l'incertitude, nous chercherons à construire et à réparer des bateaux ●

MRA

5. Hans Blumenberg, *Naufrage avec spectateur*, trad. Laurent Cassagnau, L'Arche, 1994.

LES RÊVES DE CONFINEMENT DE JUDITH OU L'IMPUISSANCE DES ADULTES

PAR

Bernard Lahire

Un virus-monstre, un appartement-prison, des sauveurs empêchés… Les songes d'une enfant et leur interprétation sociologique nous en apprennent autant que bien des discours sur le vécu des événements.

Exercice proposé: Remplacez le verbe «chanter» par le verbe «rêver» dans cet extrait d'un poème de Bertolt Brecht, datant de 1939:

Dans les sombres temps
Est-ce qu'on chantera aussi?
Oui, on chantera aussi.
À propos des sombres temps.

Au début de la période de confinement pour cause de pandémie de Covid-19, j'ai lancé un appel à rêves sur les réseaux sociaux (Twitter, Facebook), ainsi que dans plusieurs médias (radios, presse écrite, sites internet). Cette collecte de rêves a été accompagnée d'un questionnaire à caractère biographique, ainsi que de demandes d'explicitation sur les rêves mêmes et leurs contextes. Comme je me suis efforcé de le démontrer dans *L'Interprétation sociologique des rêves*[1], les rêves ne se comprennent qu'au croisement du passé

1. Bernard Lahire, *L'Interprétation sociologique des rêves*, La Découverte/Laboratoire des sciences sociales, 2018.

incorporé du rêveur et des contextes présents de l'actualisation de ce passé. L'actualité la plus brûlante, comme celle de la pandémie et du confinement, n'entre dans les rêves que si elle fait écho à des pans du passé des rêveurs, condensés sous la forme de schèmes incorporés de perception, d'action, de représentation ou d'appréciation. Dès lors qu'on a compris le jeu constant entre le présent et le passé, entre la situation présente qui rouvre telle ou telle « malle » de notre passé, et le passé qui détermine le rapport que nous entretenons à la situation présente, on prend du même coup conscience de l'artificialité de l'opposition entre les interprétations politiques ou sociales des rêves et les interprétations psychanalytiques, c'est-à-dire entre l'interprétation par les contextes présents (situation ou institution) et l'interprétation par l'expérience passée des rêveurs (par exemple la petite enfance saisie dans le cadre familial).

Le dépassement des lectures politiques et psychanalytiques

C'est la leçon qu'on peut tirer des discussions autour du célèbre livre de Charlotte Beradt[2]. À partir de 1933, alors que le régime nazi vient de s'installer en Allemagne, une jeune journaliste (elle n'a alors que 26 ans), juive et membre du Parti communiste allemand, Charlotte Pollak, commence à recueillir les récits de rêves d'une série de ses compatriotes. Interdite d'exercer son métier de journaliste par le nouveau pouvoir, elle entend témoigner de ce que le nazisme fait psychiquement à celles et ceux qui en sont les victimes. Les récits de rêves qu'elle collecte montrent que la scène onirique est le théâtre de tous les sentiments de dépossession, de dépersonnalisation, d'humiliation, de soumission ou de culpabilité, mais aussi de fascination ou d'attraction ambivalentes ressenties à l'égard de l'autorité, liés à la progressive mise en place d'un pouvoir totalitaire. Les rêveurs et rêveuses s'imaginent écoutés au cœur même de leur espace privé par des autorités qui ont placé des microphones partout ; ils se voient scrutés dans leurs pensées les plus intimes et rêvent que les murs de leur appartement comme ceux des habitations voisines ont disparu ; surveillés en permanence, ils se sentent agressés par des haut-parleurs hurlant, des images et des slogans politiques ou des uniformes militaires ; paralysés par la peur ou l'angoisse, ils se rêvent enfin souvent dociles, pliant devant l'autorité et se sentant comme soulagés de se voir adopter une attitude conformiste. Le rêve alerte et prévient du danger, autant qu'il intériorise et accepte la brutale réalité qui s'impose à lui.

Ce n'est qu'en 1966, alors exilée aux États-Unis depuis 1940 avec son mari, Martin Beradt (avocat et écrivain), que la journaliste désormais connue sous le nom de Charlotte Beradt publiera ce recueil de rêves, d'une valeur historique inestimable, qui témoigne du fait que la sphère politique envahit la subjectivité des citoyens et colonise l'intime, jusque dans les moments où l'être humain semble pourtant retiré de la société et de ses contraintes directes. Dans *Rêver sous le IIIe Reich*, Beradt mettait entre parenthèses l'histoire personnelle des rêveurs. Elle ne mettait pas en relation les rêves avec des séries d'expériences individuelles mais avec les caractéristiques politiques de l'époque de la montée du nazisme. Pour elle, le rêveur porte un regard cru et lucide en décrivant « avec une exactitude et une subtilité dont il n'aurait pas été capable éveillé » le mécanisme de la « domination totale[3] ».

Charlotte Beradt se méfiait clairement de la psychanalyse et cette méfiance est bien compréhensible si l'on se met à sa place. Ses motivations politiques face au nazisme faisaient qu'elle ne voulait pas que soit minimisée

2. Charlotte Beradt, *Rêver sous le IIIe Reich*, trad. Pierre Saint-Germain, Payot, 2002.

3. *Rêver sous le IIIe Reich*, *op. cit*, p. 47. Charlotte Beradt, qui a été la traductrice d'Hannah Arendt, emprunte cette notion à la philosophe.

l'importance d'un *contenu manifestement politique* en faisant du rêve le simple déguisement d'un *contenu latent d'un tout autre ordre* (lié notamment à la petite enfance et à la sexualité) censé être bien plus fondamental. La simple possibilité de rassembler des récits de rêves d'une époque donnée, et dont la thématique tourne autour du climat politique, prouve la force de l'ordre social qui imprime sa présence dans les plis les plus intimes des expériences individuelles.

Que la lecture soit psychanalytique ou politique, ce qui devrait sauter aux yeux des analystes, c'est qu'on ne sort jamais des cadres sociaux ; c'est seulement leur nature qui change : famille, école, institution culturelle ou sportive, parti, Église, milieu professionnel, État...

Mais on peut regretter que le dépassement de l'opposition entre les points de vue psychanalytique et politique ne soit pas opéré. Car ces deux points de vue sont parfaitement conciliables, à condition d'être intégrés dans un nouveau modèle théorique qui les associe dans une synthèse non éclectique (le collage, la juxtaposition ou l'hybridation a-théoriques des points de vue comptant parmi les pires des solutions face au problème à résoudre). Les sentiments de dépossession de soi ou d'aliénation, de culpabilité ou d'enfermement que créent certaines situations politiques ne peuvent pas ne pas réveiller, par analogie pratique, des situations enfantines (vécues à l'égard des parents) ou plus tardives (avec les différentes figures d'autorité successivement rencontrées) faites par les rêveurs et rêveuses. En interrogeant les personnes sur leur vie (familiale, scolaire, professionnelle, etc.) passée, on se donne les moyens de faire apparaître, derrière les images oniriques qui empruntent certains modèles de situation à un ordre particulier (politique) d'expériences présentes, une série de souffrances, d'humiliations ou de traumatismes passés de tout autre nature. Cela est d'autant moins surprenant qu'en renversant la perspective, on constate que l'univers familial originel, de même que l'univers scolaire par la suite, avec les formes d'exercice de l'autorité qui les caractérisent[4], ne sont jamais détachables du contexte global – économique, politique, culturel, etc. – dans lequel ils s'inscrivent et qui vient se réfracter en eux. Par ailleurs, l'univers familial est composé de membres qui sont eux-mêmes caractérisables par des places occupées dans la division du travail et par les expériences qu'ils y vivent.

Dans tous les cas, que la lecture soit psychanalytique ou politique, ce qui devrait sauter aux yeux des analystes, c'est qu'on ne sort jamais des cadres sociaux ; c'est seulement leur nature qui change : famille, école, institution culturelle ou sportive, parti, Église, milieu professionnel, État, etc. Ce que les chercheurs en sciences humaines et sociales distinguent pour des raisons liées à la division scientifique du travail (c'est même un principe de « spécialisation » de leurs travaux) est vécu par chaque individu comme des expériences successives ou parallèles qui se font en permanence écho ou entrent en contradiction.

Certains rêves recueillis par Charlotte Beradt mettaient d'ailleurs en scène le mélange des registres en condensant des scènes scolaires avec des éléments plus clairement politiques. Les deux registres étaient confondus ou condensés par les rêveurs, qui percevaient très bien l'analogie des situations. Si, dans l'ordre chronologique, les expériences

4. Erich Fromm parlait de la famille comme de « l'agence psychologique de la société » (Erich Fromm, *La Crise de la psychanalyse. Essais sur Freud, Marx et la psychologie sociale*, trad. Jean-René Ladmiral, Denoël-Gonthier, 1973, p. 152). Quant à la forme scolaire de relation d'apprentissage, elle est marquée par la variation des formes d'exercice du pouvoir. Voir Guy Vincent, *L'École primaire française. Étude sociologique*, PUL/MSH, 1980.

familiales de la petite enfance précèdent les expériences scolaires, professionnelles, politiques ou religieuses, cela ne vient pas pour autant effacer la spécificité des différents registres d'expérience que chaque individu relie psychiquement, le plus souvent sans le savoir, et entre lesquels il crée parfois des équivalences. C'est pour cela qu'il y a toujours plus dans la manière de vivre le rapport au politique que de l'expérience exclusivement politique. Mais cette vérité n'autorise toutefois pas à réduire ces dimensions de la vie sociale à du familial ou du sexuel. Il serait scientifiquement faux et moralement indécent d'affirmer que l'oppression politique mise en scène par les rêveurs et les rêveuses de Charlotte Beradt n'était qu'une façade derrière laquelle se cacherait, par exemple, du sexuel infantile. Mais il serait tout aussi faux de n'y voir que l'effet direct de la situation politique du moment.

Un contexte de pandémie sous confinement

Le changement brutal de cadre général de la vie collective organisé par l'État, en tant que *grand constructeur de règles de vie publiques*, fait de la situation de pandémie sous confinement un terrain quasi expérimental d'observation de la réalité sociale. Du jour au lendemain, les vies de millions de personnes ont basculé avec le rappel constant des « gestes barrière » (tousser ou éternuer dans son coude, se laver les mains avec du savon ou du gel hydro-alcoolique, tenir ses distances avec autrui, ne pas s'embrasser, ne pas se serrer la main, etc.), la restriction des temps et des motifs de sortie, l'interdiction des rassemblements, la fermeture des bars, restaurants, lieux de spectacle, musées, bibliothèques, etc., la nécessité de porter sur soi des papiers justifiant ses déplacements dans l'espace public, et aussi, bien sûr, la peur de la contamination, de la maladie ou de la mort (pour soi ou pour ses proches), l'angoisse de l'enfermement ou la peur de l'espace public, le manque de contact physique ou la peur de ce même contact, la crainte d'oublier ses papiers et de se faire contrôler par la police, *and so on and so forth*.

Ce nouveau cadre réglementaire général ne produit cependant pas les mêmes effets selon la situation sociale des personnes confinées : selon qu'elles travaillent ou qu'elles ne travaillent pas, qu'elles continuent à travailler comme avant ou qu'elles sont en télétravail, qu'elles ont conservé leur emploi ou qu'elles l'ont perdu, qu'elles sont encore scolarisées ou non, selon aussi la taille et la situation géographique de leur logement, selon leur niveau de ressources économiques, leur niveau de diplôme (surtout lorsque les parents sont censés se faire les relais de l'école auprès de leurs enfants scolarisés), etc. Mais le confinement pour cause de pandémie ne produit pas non plus les mêmes effets en fonction du passé incorporé des personnes qui le vivent. Celles et ceux qui ont déjà souffert dans leur vie de graves maladies, qui ont connu des traumatismes plus ou moins importants, qui sont hypocondriaques ou claustrophobes, qui ont constitué des dispositions anxieuses ou angoissées, etc., peuvent voir leur passé réveillé par la situation présente.

Retombées sur l'enfance

Sur plus de 700 rêves collectés durant la période de confinement (entre le 16 mars et le 11 mai), l'un d'entre eux a retenu particulièrement mon attention. Au début du mois de mai, j'ai en effet reçu le message d'une jeune mère qui m'envoyait le rêve de sa fille Judith, âgée de 4 ans et 2 mois, et à l'« activité onirique intense ». Judith est alors confinée à Paris, dans un appartement de 48 m², sans balcon, avec ses parents et sa sœur cadette, Anna, âgée de 10 mois. Sa mère, 38 ans, est chercheuse en littérature dans une université suisse ; et son père, 43 ans, professeur de lettres en classes préparatoires aux grandes écoles dans un lycée parisien.

Le 4 mai 2020, le rêve suivant de Judith était donc recueilli à son réveil par sa mère, « noté sous sa dictée » :

« Les super-héros et les héroïnes, ils sont venus dans une prison. Hercule était assis sur une chaise avec les mains attachées, et Wonderwoman était attachée avec une corde sur le plafond, et Astro Boy, il était attaché, et il y avait un cadenas sur la porte, il ne pouvait pas s'échapper, mais il voulait s'échapper par la fenêtre. Horus était assis par terre, les mains attachées aussi. Mais ils ne pouvaient pas sortir à cause du virus. Mais heureusement il y avait Judith, là, et on a tapé la tête du gros virus, parce qu'il était énorme, et Horus quand il est rentré à la maison, il était malade et on lui a donné un grand médicament. »

Pour comprendre de quoi parle vraiment ce rêve, qui raconte explicitement la lutte contre le virus[5], il faut se demander ce que représentent pour cette petite fille les différents super-héros que son imagination onirique met en scène, les personnes auxquelles ils sont associés, ainsi que les événements passés ou récents auxquels renvoient les personnages et les situations dans lesquelles elle les voit. C'est la mère de Judith qui a été mon informatrice et qui s'est aimablement transformée en enquêtrice auprès de sa fille pour obtenir quelques réponses à mes questions. Tous les propos entre guillemets sont donc ceux de la mère de Judith ou ceux de sa fille, rapportés par elle.

Tout d'abord, il faut préciser la situation de confinement de cette famille et les événements qui l'ont marquée. Le respect du confinement a été pour eux très « strict ». Ils sont le plus souvent restés chez eux, et pendant un mois ne sont même « pas du tout sortis ». La mère a eu des symptômes du Covid-19, et si elle a échappé à l'hospitalisation elle était « quand même très très affaiblie ». Elle raconte que Judith a été « très impressionnée » de la voir malade. Par ailleurs, quelque temps avant qu'elle tombe malade, son compagnon ne s'est pas non plus senti très bien et Judith a alors eu une parole assez marquante, qui manifestait sa peur de voir son père mourir : « Je me souviens d'une parole glaçante de Judith avant que je tombe malade. Son père a eu une matinée où il était très mal (on pense d'ailleurs rétrospectivement que ça a été une manifestation du virus) et il a dû rester au lit. Judith s'est alors exclamée : "Mais pourquoi on dirait que papa il est dans un cercueil ?" »

Du haut de ses 4 ans, Judith n'en construit pas moins son rapport aux autorités politiques de son pays en détestant le président de la République en tant qu'annonceur de mauvaises nouvelles

Pour une petite fille, entendre parler d'un virus qui la contraint à rester chez soi (et à ne plus voir ses camarades d'école), voir son père alité, puis sa mère malade, tout cela ne peut que déclencher des sentiments de peur. Peur de voir ses parents affaiblis ou, pire, mourir d'un virus invisible qu'elle va incarner dans son rêve sous la forme d'une espèce de monstre « énorme » ; peur aussi plus irrationnelle de la police et de la prison. Sa mère explique : « Plus globalement, sa crainte du virus s'est doublée d'une peur de la police qu'elle voit passer souvent sous nos fenêtres (il y a beaucoup de promeneurs sur le quai où nous habitons). Elle a très peur que la police nous arrête et nous mette en prison. Voilà pour le motif de la prison

5. La veille du déconfinement, le 10 mai 2020, Judith exprimait son désir de voir laver le monde du virus grâce à la pluie. Sa mère m'écrit : « Ce matin, elle m'a demandé s'il y allait avoir de l'orage comme hier soir ; j'ai dit que non, qu'il ne pouvait pas y avoir des orages tout le temps. Elle m'a répondu : "Mais si ! Comme ça, la pluie tombe dans le canal et dans la rue et le virus s'en va comme ça, pfiouuuu !" »

dans son rêve. » De même, du haut de ses 4 ans, Judith n'en construit pas moins son rapport aux autorités politiques de son pays en détestant le président de la République en tant qu'annonceur de mauvaises nouvelles : « Elle a aussi assimilé l'interdiction de sortir à la figure d'Emmanuel Macron, qu'elle a vu parler pendant son allocution. Elle l'a même surnommé Macron-Piment et le rend responsable de tous nos maux. »

Dans son rêve, tous les héros et superhéros que voit Judith sont en prison : Hercule, Wonderwoman, Astro Boy et Horus sont attachés, et la porte de la prison est cadenassée. Cette prison dont rêve Judith n'est pas tant liée à la peur évoquée par la mère d'être mis en prison par la police, mais est plus sûrement associée à l'appartement familial où toute la petite famille est confinée. Astro Boy voudrait pouvoir s'échapper par la fenêtre. Or, la mère de Judith précise spontanément dans sa description des conditions de confinement que, malgré l'absence de balcon, la disposition de l'appartement permet « une assez belle vue sur le bassin de La Villette », ce qui « égaye un peu notre quotidien ». La fenêtre est donc très concrètement, dans l'expérience de Judith, une fenêtre sur le monde, une possibilité visuelle de sortir de la prison-appartement dans laquelle elle est enfermée. Sa mère a le sentiment que « plus que le virus, c'est l'idée de ne pas pouvoir sortir librement qui l'angoisse ».

La veille au soir, les parents recevaient un mail de la maîtresse de Judith informant que les enfants des petites sections de maternelles ne pourraient pas tous rentrer à l'école le 11 mai, ce qui a « beaucoup affecté » Judith, qui regrettait de ne pas pouvoir revoir sa maîtresse et son amoureux : « Je manque ma maîtresse Véronique et mon prince charmant Théo. » Durant le confinement, les parents ont tenté de mettre en relation leur fille et son camarade de classe, mais l'expérience a été plutôt frustrante : « Nous avons tenté de faire un FaceTime avec le mini-prince charmant, mais ça a été plus frustrant qu'autre chose, elle était très triste après. » Par ailleurs, après deux essais infructueux de classe virtuelle, l'affaire était tellement compliquée avec des enfants très jeunes que la maîtresse n'a pas renouvelé l'expérience. Durant la période de confinement, ce manque de relations avec les membres de sa constellation familiale, amicale et scolaire a fait que Judith a régulièrement exprimé son désir de faire la fête et de retrouver toutes celles et tous ceux qu'elle aime : « Elle planifie depuis longtemps la "fête" qu'on fera "quand le virus sera parti" : il y aura de gros gâteaux à la fraise et à la crème chantilly, des framboises, des fraises, et il y aura "beaucoup de gens" : "Tonton, Yaya, Mina (les grand-mères), Abel (le cousin) et toutes les maîtresses aussi et tous les copains". »

Les héros présents dans le rêve font tous partie de l'univers culturel de Judith : des dessins animés ou des films qu'elle regarde, comme des histoires que ses parents lui lisent. Et même dans la rue de son école, la petite peut voir une peinture monumentale en hommage à Marvel (l'image de Spiderman sur un mur lui a même « fait peur pendant de longues semaines ! »). Parce que, bien avant la pandémie et le confinement, Judith « avait très peur la nuit » et qu'elle faisait des cauchemars, sa mère a décidé un jour de coller sur un poster leurs images et de l'afficher au-dessus de son lit comme pour veiller sur son sommeil : « Ils sont tous sur le poster : j'ai eu l'idée de lui faire faire ce collage car elle avait très peur la nuit (mais c'est une constante depuis très longtemps – elle a des problèmes de sommeil depuis qu'elle est née !) et que la symbolique "boîte à monstres" vantée partout ne servait à rien. Depuis qu'elle a ses superhéros, elle dort ! »

Sur la photo du poster en question que m'envoie sa mère se trouve en effet l'ensemble des personnages composant le panthéon héroïque personnel de Judith, certains étant clairement associés à son père, à sa mère ou à ses grand-mères. On peut y voir la figure de Wonderwoman, attachée avec une corde au plafond dans son rêve, et associée à sa mère : « On a vu un petit extrait sur YouTube, et je lui ai raconté que je me déguisais en Wonderwoman petite – donc ça, c'est de mon côté. » On y observe aussi le personnage de Moïse, sous les traits de l'acteur hollywoodien Charlton Heston : « Pendant la période de Pâques, on a parlé de la Pâque juive et des Pâques chrétiennes, on a vu ensemble des extraits des *Dix Commandements* qu'elle a adoré (hier, elle a vu un extrait de *Cléopâtre*, je pense qu'elle a beaucoup de goût pour les péplums) et elle a vraiment jeté son dévolu sur Charlton Heston qu'elle trouve "trop joli avec son petit chapeau égyptien"... (ses grand-mères sont d'accord avec elle). »

C'est donc elle qui « tape sur la tête du gros virus » et soigne Horus en lui donnant un « grand médicament ». Le rêve est en quelque sorte l'expression du désir de se substituer à la puissance parentale (temporairement) défaillante et de sauver son monde

Apparaissent encore sur l'affiche Hercule, qui est sur une chaise avec les mains attachées dans son rêve, et Megara, du dessin animé *Hercule* « qu'elle a vu chez sa grand-mère et qu'elle aime beaucoup (de toute façon, elle est passionnée par la mythologie) : c'était important pour elle qu'il y ait Megara (elle a un côté un peu fleur bleue) ». Présentes aussi, des images de Supergirl et Superman (« On ne les connaît pas très bien, mais elle a reçu un costume de Supergirl pour son anniversaire. ») et de « l'indétrônable Elsa », la « reine des neiges », « qu'elle connaît depuis presque toujours : elle a dû voir *La Reine des neiges* une cinquantaine de fois, elle le connaît par cœur et se déguise souvent en Elsa ».

Enfin, on a quelques personnages associés plus directement au père. Tout d'abord Dark Vador, aperçu « avec son père au moment de la sortie de *Star Wars* (mais elle est vraiment trop petite pour le voir vraiment !) », et associé aussi dans son esprit à un livre que sa mère avait offert à son compagnon pendant sa grossesse (*Vador et sa petite princesse*, de Jeffrey Brown). La mère de Judith pense que sa fille « attribue des qualités paternelles et protectrices à ce personnage » à cause de ce livre qui place Dark Vador en position de père qui élève sa fille (sa « petite princesse »). Puis on y trouve le personnage d'Astro Boy (tiré d'une série de *shōnen* mangas d'Osamu Tezuka), un robot muni d'une grande puissance qui se bat pour protéger l'humanité du mal, que Judith a vu en film, encore avec son père, et qui apparaît dans son rêve. Il voudrait s'échapper par la fenêtre mais est attaché.

Last but not least, toujours associé à son père, il y a le personnage d'Horus : « "Horus japonais", dit-elle, pour le différencier de l'"Horus égyptien", dont elle a lu l'histoire encore et encore (enfin, *nous* la lui avons lue). » Judith a vu *Horus, prince du soleil*, un dessin animé d'Isao Takahata, et l'a adoré. C'est avec son père qu'elle l'a vu et c'est elle qui apporte cette précision à sa mère lorsque cette dernière lui demande (sur ma suggestion) pourquoi elle a rêvé de ces héros-là : « Je suppose qu'ils [Horus et Astro Boy] acquièrent ainsi une valeur protectrice supplémentaire », ajoute sa mère. Mais Horus a un statut privilégié dans le panthéon héroïque de Judith : « Elle a une passion pour *Horus, prince du soleil* dont elle a vu un DVD de la médiathèque rapporté un jour par son père. Elle l'a tant aimé qu'elle l'a demandé pour Noël et elle l'a vu au moins une dizaine de fois. De tous les héros, Horus est le principal, le préféré. Dans le film, la quête d'Horus est motivée par les paroles du père mourant au début du récit. Mais lui est "mort mort, il a pas pris de médicament !". Avant le confinement, elle avait très peur de la mort, dont elle parlait toute la journée. Ça lui a passé curieusement. » Le personnage d'Horus est d'autant plus associé au père que Judith a vu son propre père alité et qu'elle a associé cet épisode familial à la mort (« On dirait que papa il est dans un cercueil. »)[6].

De l'impuissance parentale

Dans sa vie éveillée, Judith essaie de se raccrocher à des « images de sauveurs » : « Elle a, par exemple, demandé ce que Jules César pourrait faire pour empêcher le confinement ; et, bien sûr, tous les super-héros qu'elle connaît sont convoqués dans une espèce de panthéon salvateur. » Mais la nuit du rêve, les super-héros, qui ne sont sans doute dans le rêve, et peut-être même aussi dans la réalité, que des *analogon* de ses parents (et grands-parents), sont en état d'impuissance, comme l'ont été son père alité et sa mère malade. Les figures parentales sont ordinairement des figures surpuissantes pour les enfants. Mais elles sont malmenées et affaiblies par la maladie et le risque mortel. Elles restent aussi impuissantes devant la force de l'autorité publique qui prend la décision du confinement et veille à le faire respecter avec l'aide de la police (qui inquiète beaucoup Judith).

Ce dont témoigne le rêve de Judith, c'est sa prise de conscience de la vulnérabilité et de l'impuissance de ceux qui incarnent ordinairement à ses yeux la puissance, l'infaillibilité, l'autorité, la protection et le soin. Et c'est elle, petite Judith, qui se rêve en héroïne surpuissante en sauvant ses héros emprisonnés, attachés ou malades. C'est donc elle qui « tape sur la tête du gros virus » et soigne Horus en lui donnant un « grand médicament ». Le rêve est en quelque sorte l'expression du désir de se substituer à la puissance parentale (temporairement) défaillante et de sauver son monde.

Quatre jours plus tard, le 8 mai 2020 au matin, Judith racontait un nouveau rêve, qui s'apparentait davantage à un cauchemar, et qui confirmait le type de peur qui hantait les nuits de la petite fille. Ayant lu l'interprétation du premier rêve de sa fille, sa mère pouvait ainsi poser des questions plus précises à Judith à propos de l'impuissance des adultes, ce qui donna lieu au court dialogue suivant, la mère précisant bien que « les propos de Judith sont reproduits fidèlement sous sa dictée » :

« Judith *(en pleurs)* : Maman, j'ai fait un cauchemar *terrible* : c'était un horrible monstre, il avait un œil, beaucoup de dents très piquantes, des griffes sur les pieds et sur les mains, et il mangeait les hommes.

Mère de Judith : Les hommes ?

Judith : Oui, les hommes, les femmes, les petits enfants. Il mangeait aussi les grandes sœurs. Et aussi les bébés.

Mère de Judith : Et toi ? Il te mangeait ?

Judith : Oui.

Mère de Judith : Et les autres grandes sœurs ? Qui c'était ?

Judith : Je ne peux pas te dire parce qu'elles n'ont rien d'intéressant[7].

Mère de Judith : Et personne n'arrivait à le tuer, le monstre ?

Judith : Non !

Mère de Judith : Même pas les papas et les mamans ?

Judith *(à nouveau en larmes)* : Non !

Mère de Judith : Et tu es triste que les papas et les mamans ne puissent parfois pas tuer les monstres ?

---

6. Parmi l'ensemble des éléments qui ont pu créer une inquiétude précoce quant à la mort des adultes de son entourage, Judith avait 20 mois quand son grand-père paternel est décédé. Sa mère raconte : « Elle ne parlait pas encore, mais je suis sûre qu'elle avait compris ce qui se passait. J'avais acheté un petit livre sur la mort à cette occasion (*Lucie est partie*) et elle n'a jamais voulu le relire. Même toute petite, elle allait le cacher ostensiblement : j'avais donc compris qu'elle ne voulait pas aborder le sujet. En revanche, elle s'est mise à parler énormément de la mort il y a quelques mois, sans raison apparente : c'est comme si tout à coup elle se rendait compte que dans les contes il y a de nombreux morts (et "plein de mamans mortes" – c'est vrai qu'entre *Cendrillon*, *Blanche-Neige* et les autres, il y a de quoi faire). Elle en parlait de façon assez abrupte (elle a par exemple dit à ma mère que, quand elle serait grande, moi je serais vieille et que ma mère serait morte...) et apparemment sans angoisse, sauf un jour où elle s'est mise à parler de la mort en disant qu'elle en avait peur. Je pense qu'elle a très peur qu'on meure : d'ailleurs, si je tente de faire une grasse matinée, elle vient me réveiller manu militari pour être sûre que je vais bien et que je n'ai pas le virus... »

7. Judith n'a aucune grande sœur, seulement une sœur cadette, encore bébé. Cela explique sans doute pourquoi leur cas n'est pas très intéressant à ses yeux.

Judith *(dans un sanglot)* : Oui !

Mère de Judith : Et le monstre, c'est le virus ?

Judith *(silence, puis en larmes)* : Je veux faire des câlins à mes grands-mères et aller chez elles et jouer sur leurs lits. »

Ce qui s'exprime dans ce second rêve, outre le désir de sortie hors de l'espace domestique et de contact physique avec les grand-mères, c'est une fois encore le sentiment que les habituels adultes protecteurs ne peuvent plus jouer leur rôle et que le virus est, malgré sa taille microscopique, une sorte de monstre surpuissant capable de dévorer tout le monde. La fragilité et l'impuissance de l'humanité, fusse-t-elle économiquement, technologiquement et médicalement la plus puissante connue depuis l'avènement d'*Homo sapiens*, révélées par un virus invisible à l'œil nu : il y a des rêves d'enfant que nous serions bien avisés de ne pas ignorer[8] ●

BL

8. Ce texte est pour une large part extrait de l'ouvrage *La Part rêvée*, de Bernard Lahire, second volet de son *Interprétation sociologique des rêves*, à paraître en janvier 2021, La Découverte/Laboratoire des sciences sociales.

UNE AFFICHE PAR **Annie Atkins**

IMAGINER UN ESPACE DE COEXISTENCE

CORRESPONDANCE

Emanuele Coccia
Mathieu Potte-Bonneville

Voulons-nous d'une place pour les non-humains parmi nous? La pandémie a soulevé le question de manière aigüe. Elle a questionné aussi notre façon de «faire ville», de vivre ensemble dans la justice et l'égalité, comme en témoigne cet échange commencé pendant le confinement entre deux philosophes, l'un italien, l'autre français.

Cher Emanuele,

Cette lettre te parvient plus tard que prévu – tout me prend davantage de temps ces jours-ci; mes résolutions s'étirent, se défont, se reprennent à mesure que l'agenda se trouble dans la répétition de journées identiques et que toute tentative pour distinguer fermement un avant, un pendant, un après vient s'échouer sur la réalité d'une crise dont le temps ne ressemble pas à celui de nos horloges. De là, une série d'illusions ou d'erreurs de perspective: avec une constance qui serait burlesque si nous n'étions pas en deuil, nous ne cessons de rechercher des pics tout en nous efforçant d'aplatir une courbe, nous raisonnons par saison lorsque rien n'indique que l'automne sera, du point de vue sanitaire, substantiellement différent de l'été, nous convoquons le ban et l'arrière-ban de nos souvenirs scolaires pour imaginer cartable au dos d'improbables «rentrées», quand d'autres n'ont jamais débrayé et n'ont pas cessé de circuler dehors. À ce sujet d'ailleurs, à mesure que la conscience commune du temps social s'effilochait, l'espace de son côté durcissait la frontière, fabriquant chez la part de l'humanité commise à rester chez soi, et quand bien même la promiscuité y serait insupportable, une angoisse de ressortir dont l'intensité sourde passe de très loin la seule crainte de la maladie (on ne déchaîne pas impunément les pulsions asociales, la tentation de se soustraire une fois pour toutes au contact et au regard). Bref : je suis en retard.

Cette position de retrait-là sent un peu trop l'aristocratisme frustré, travers typique qui fait ressembler les philosophes à l'alpiniste déçu de constater, parvenu au sommet, qu'un groupe de touristes l'y a précédé

Ce retard tient également à la difficulté qu'il y a, ces jours-ci, à penser et à écrire. La difficulté ne tient pas simplement aux raisons habituelles, et d'ailleurs légitimes (vanité de penser quand la mort rôde, luxe d'écrire quand le crash économique menace). C'est aussi que chaque pensée qui se présente à moi de façon un peu trop facile est suspecte à mes yeux de reconduire un cadre théorique antérieur à la crise elle-même, et je crains de ne lire alors celle-ci que comme l'illustration ou la validation de thèses antécédentes, sur le mode pompeux ou fanfaron du « je vous l'avais bien dit ». En même temps, l'autre branche de l'alternative – l'attitude qui consiste à broncher devant l'obstacle, à se contenter de maugréer avec fatigue devant la somme de ce qui aujourd'hui se publie en matière de commentaires ou d'interprétations – cette position de retrait-là n'est pas satisfaisante non plus : elle sent un peu trop l'aristocratisme frustré, travers typique qui fait ressembler les philosophes à l'alpiniste déçu de constater, parvenu au sommet, qu'un groupe de touristes l'y a précédé, le privant de la contemplation solitaire du paysage.

Se méfier à la fois de la viralité du déjà-dit et de ses propres réflexes immunitaires, c'est fatigant, à force. Cela oblige surtout – c'est en tout cas la règle que je me suis donnée, la contorsion à laquelle j'ai tâché de me plier pour me sortir de l'impasse – à tenter d'identifier ce qui, dans la crise que nous traversons, déconcerte ou déstabilise ce que nous croyions devoir penser, ébranle les cadres de l'interrogation que la communauté philosophique menait, voici quelques mois encore, à propos du réel. À faire ainsi la chasse à ce qui, dans nos manières de réfléchir, s'est un peu lézardé, j'ai l'espoir que les contours du réel se laisseront reconnaître en creux, par les effets d'interruption qu'ils impriment à nos gestes et à nos discours. Être fidèle, en un sens, au tâtonnement d'Artaud, dans sa correspondance avec Jacques Rivière : « Il y a un quelque chose qui détruit ma pensée. »

Sur la carte de ces ébranlements, il y a une inquiétude qui te parlera peut-être. En un sens, la survenue de cette épidémie, les drames qu'elle occasionne et la réaction mondiale qui lui répond nous saisissent comme un drame au beau milieu des noces. Voici quelques années déjà que, toutes disciplines confondues – de l'anthropologie à l'histoire, de la philosophie à la littérature –, un mouvement de grande ampleur, comme la pensée contemporaine n'en avait pas connu depuis les années 1970, s'appliquait collectivement à abattre les piquets et l'enclos séparant notre humanité du reste des êtres, à envisager les modalités de notre coexistence et la multiplicité de nos liaisons avec le monde sur un plan de réalité dont aucune différence ni aucune hiérarchie ne seraient plus marquées au préalable. Rends-toi compte : nous avions mis des souris et des cyborgs dans l'histoire des femmes (Donna Haraway), des chevaux de guerre dans celle du conflit de 1914-1918 (Éric Baratay), des morts dans le quotidien des vivants (Vinciane Desprets), des ignames dans les familles des Indiens Achuar (Philippe Descola), des choses au Parlement (Bruno Latour), des plantes à même l'Être, leur synthèse chlorophylienne intercédant pour nous, dans tes propres travaux.

En octobre dernier parut ainsi en France un extraordinaire récit de l'anthropologue Nastassja Martin où celle-ci racontait comment, attaquée par un ours en Sibérie et le visage pris dans ses mâchoires, elle avait vu sa vie de survivante marquée par l'impératif de devoir, dans son propre récit et sa conscience d'elle-même, accueillir une part d'ours en elle comme sans doute elle avait laissé une part d'elle en lui. C'est le texte le plus bouleversant que j'aie lu depuis longtemps : et aujourd'hui je ne sais plus quoi faire de cette émotion.

Il sera difficile désormais de contester qu'un virus soit un acteur social, ou de dénier aux chauves-souris le droit de s'inviter à la table des protagonistes de l'histoire du monde

Car mon trouble intervient justement ici. De cet effort intellectuel pour modifier notre compréhension des rapports entre humains et non-humains, l'épidémie de SARS-Cov-2 apporte une confirmation immense et magistrale : il sera difficile désormais de contester qu'un virus soit un acteur social, ou de dénier aux chauves-souris le droit de s'inviter à la table des protagonistes de l'histoire du monde. Mais la confirmation est, en un sens, si éclatante qu'elle laisse désemparée, désarçonnée la pensée elle-même. Car dans le même temps, la réaction des sociétés humaines – et il n'est pas question pour moi de le leur reprocher ! – ne consiste évidemment pas à accueillir le virus comme un frère, mais à se réorganiser entièrement pour faire droit à l'impératif de protection, au point que l'intensité de cette réaction elle-même laissera des traces, des traces auto-immunes, des séquelles de tous ordres (économique, sécuritaire, géopolitique, etc.). Et de cette réaction, de ces efforts collectifs pour établir une frontière radicale, pour ériger un mur, je ne sais pas ce que nos pensées accueillantes à la multiplicité des non-humains peuvent exactement faire, ni si elles permettent de l'envisager différemment.

Pour le dire autrement, il me semble qu'une faille s'est ouverte entre, disons, l'affirmation spéculative d'une communauté de destin à toutes les choses, et l'aménagement pratique de leur séparation. Cette faille est, pour moi, un problème philosophique ; car une philosophie peut-elle se contenter de rassembler ce que la pratique sépare, sans verser dans ce que le marxisme nous a appris à reconnaître comme une position idéaliste ? Mais cette faille constitue également un problème politique. Après tout, le mouvement intellectuel dont je parlais, tout cet effort pour réévaluer notre position dans le monde, visait aussi à poser les bases d'une pratique et d'une politique différentes dans l'ordre écologique et environnemental : de ce point de vue, je ne trouve pas rassurante la manière dont, en France en tout cas, les mouvements écologistes ont multiplié les remarques sur « le monde d'après », mais sont restés presque entièrement silencieux dans le débat public sur les modalités de gestion de la crise elle-même. Beaucoup voient dans cette crise l'opportunité de redémarrer différemment, d'adopter des façons de faire, de produire, etc., à la hauteur du défi environnemental. Peut-être : mais il n'empêche qu'en elle-même, la stratégie de confinement, cette réaffirmation à l'échelle industrielle de la barrière séparant le socius de tout ce qui l'environne, oppose une sorte de démenti cinglant à toute tentative pour agir autrement. Dans sa préface aux œuvres complètes de Spinoza, Roger Caillois se demande « si le Dieu de l'*Éthique* a été capable de démontrer l'existence de l'homme ». J'arrive à un point de butée du même genre : si l'épidémie donne raison au souci pour le non-humain, comment éviter de voir cette raison se retirer de l'horizon qui est le nôtre, nous renvoyant les mains vides à nos solitudes phobiques ? Mais arrivé ici je me tais – je me demande si et comment, toi, tu te confrontes à ces questions.

MPB

Cher Mathieu,

Il se trouve que c'est moi qui suis en retard aujourd'hui pour te répondre, et je m'en excuse vivement. J'ai vécu le mois dernier dans un état de somnambulisme éveillé, comme si cela avait été le temps d'une journée, ou d'un rêve, sans interruption. Après tout, la maison est par définition l'espace du rêve, l'endroit où l'expérience quotidienne se défait dans l'obscurité, elle se mélange aux désirs les plus inavoués et redessine l'expérience en quelque chose qui peut être décliné à l'optatif ou au conditionnel, mais jamais au passé composé. C'est comme si, une fois enfermé dans la maison, il était impossible de vivre une expérience autre qu'un rêve. Et la quarantaine, l'injonction de rester à la maison, de se dissocier de l'espace public, urbain, de la ville, était involontairement l'injonction de plonger chacun dans son rêve : rendre impossible une expérience commune et se perdre parmi les écrans de ses propres projections. Elle n'a rien à voir avec l'adoption de moyens de télé-réunion. Vivre enfoui dans ses rêves (ou cauchemars) est ce qui nous rend le plus fragiles. Nous sommes tous encore à l'intérieur de ces labyrinthes.

Et c'est le sentiment que m'a donné le déconfinement : pas une interruption, pas un changement, mais le débordement du somnambulisme domestique dans les rues, dans les magasins, en plein air. Le lundi 11 mai, j'ai eu l'impression de voir la ville envahie par des somnambules, désespérés de sortir de leurs rêves, pour retrouver une expérience diurne devenue impossible.

Personnellement, la réouverture de la ville a coïncidé avec un sentiment très fort d'être devenu orphelin : la ville qui était ma maison – les théâtres, les musées, les universités, les cinémas – est fermée pour le moment. Et je me suis sérieusement demandé si cette ville, celle qui nous a arrachés ces dernières décennies au petit enfer bourgeois des maisons et des formes de cohabitation domestique encore construites selon les modèles du XIXe siècle, va rouvrir, va sortir de l'enfermement. J'ai l'impression que cet espace est fini pour toujours et que ce qui nous attend, c'est de le reconstruire, sous d'autres formes, et de nous débarrasser des maisons le plus vite possible.

Pendant des siècles, la ville a été à la fois un alibi et une fantasmagorie. C'était un alibi pour les existences domestiques qui s'étaient arrêtées dans des formes, dans des coutumes, dans des attitudes souvent prémodernes. La ville nous a permis de vivre autrement : de partager des corps, des idées, des moments qui ne pourraient être partagés différemment. C'était l'espace où les rêves devenaient une réalité partagée et la base de la construction commune d'un avenir possible.

Ces jours-ci, je me suis souvent demandé si les villes pouvaient refaire surface de la même manière ou si, au contraire, nous devions imaginer d'autres façons de quitter notre foyer, de nous débarrasser de nos maisons – ou de les repenser.

Eh bien, la très forte impression qui se dégage maintenant du déconfinement est précisément celle d'un sentiment encore plus fort de ne plus pouvoir quitter la maison, comme si d'une part, à cause de la quarantaine, elle était devenue ma maison, mais que d'autre part cette maison n'était plus un espace où je peux vraiment vivre.

Si je me suis attardé sur ces impressions, c'est parce que je crois que le problème que tu évoques – l'étrange schizophrénie parmi les discours qui, depuis des décennies, parlent d'élargir l'espace urbain au non-humain et la réaction que nous avons eue face à la pandémie – est lié à notre obsession du foyer, d'un espace sûr, bien ordonné, défini par une certaine appartenance à quelqu'un qui a le droit de ne pas être envahi.

L'obsession du foyer ne concerne pas seulement notre vie : nous l'avons projetée sur tous les habitants de la planète. Ce que nous appelons l'écologie est, de par son nom même, une théorie de la maison universelle. Ou, si tu préfères, une forme étrange de théorie de la quarantaine planétaire qui impose à chacun un foyer et le devoir de rester chez soi, de respecter le foyer des autres, de respecter la propriété privée des autres. L'écologie représente le monde comme un immense Schrebergarten (« jardin ouvrier ») dans lequel chaque espèce se voit attribuer une place, un petit jardin, un écosystème que personne n'a le droit d'envahir mais que les habitants n'ont pas le droit de fuir. Après tout, même les étiologies les plus radicales de la pandémie continuent à se nourrir de cette drôle d'imagination. Il a été dit que le SARS-Cov-2 a envahi nos villes parce que les humains avaient endommagé son « chez-soi », son habitat naturel. Comme s'il n'était pas normal, juste, évident, que les virus quittent aussi la maison, qu'ils se déplacent, qu'ils migrent, comme nous migrons, nous déplaçons, faisons semblant de sortir de la maison. Même lorsque nous parlons des forêts comme d'espaces dans lesquels vivent naturellement des espèces différentes de nous, et que nous en parlons comme d'espaces non construits, non arrachés à l'incapacité de la planète, nous faisons cette étrange erreur. Et dans ce cas, nous ne réalisons pas à quel point notre geste est violent. Le mot forêt vient du latin foris, « hors de ». Chaque fois que nous prononçons le mot forêt, nous pensons à un camp de réfugiés pour les non-humains. Chaque fois que nous parlons de respect pour les forêts, nous parlons de respect pour les camps dans lesquels nous massons le non-humain pour peu que celui-ci nous laisse libres dans la ville. Respecter la maison des non-humains, respecter les écosystèmes, c'est une façon de « les aider chez eux », une façon de sanctifier toujours et encore notre maison, notre ville.

C'est surtout parce que nous continuons à penser que les arbres, les virus, les lions, les pangolins et les aigles ont leur propre maison ailleurs, en dehors de la ville, que nous pouvons continuer à imaginer que nos villes – toutes nos maisons – doivent être protégées des étrangers, et surtout des étrangers non humains. Après tout, on oublie que Paris, Milan, Pékin, New York, Buenos Aires ou Melbourne ne sont pas des lieux qui accueillent naturellement les gens. Ce sont des espaces que nous avons arrachés à d'autres personnes vivantes qui y ont vécu avant nous. Chaque ville repose sur un génocide non humain qui nous semble nécessaire pour rendre notre survie possible.Tant que persistera cette étrange idée d'un espace naturellement destiné à accueillir telle ou telle espèce (et c'est l'idée de base de ce que nous appelons l'écosystème), nous ne pourrons jamais nous débarrasser de la schizophrénie dont tu parles, ni en ville ni en forêt.

Je n'ai évidemment aucune solution à cette schizophrénie. Mais je crois que si la ville doit être repensée, la « nature » doit l'être aussi, et je ne suis pas sûr que l'écologie soit la meilleure façon de le faire. Peut-être devrions-nous commencer à accepter que d'autres espèces transforment également le monde et le paysage, et en font quelque chose qui n'a rien de naturel. Nous devrions commencer à reconnaître aux autres espèces toutes les qualités que nous nous reconnaissons à nous-mêmes. Et à partir de là, penser que la cohabitation sur une seule planète n'est pas une question de respect des règles naturelles, mais de négociations, d'accords mutuels, de pactes qu'il faut sans cesse redéfinir en fonction des besoins des uns et des autres.

EC

Cher Emanuele,

La tristesse dont tu parles (sortir de chez soi et ne retrouver au-dehors qu'une ville brisée ou abîmée), cette tristesse est passée également par Paris ; sans doute a-t-elle traversé bien d'autres parties du monde, semant dans l'âme de leurs habitants un accablement, une ombre passagère qui chez certains s'attarde, une vague froide dont la cause d'abord sembla résister à toute identification : car n'avions-nous pas enfin le droit de faire ce que précisément nous désirions, sortir ? Et voici qu'au lieu de se réjouir, beaucoup voyaient leurs élans se contracter, comme un bourgeon trop tôt éclos s'expose au coup de gel et se flétrit ; ça n'allait pas, ça passerait sans doute, mais si fête il y avait, elle se déroulait ailleurs et l'on n'en était pas.

Et c'est ensuite, seulement, que le véritable printemps est venu – avec la grande et forte colère qui voit, depuis plusieurs semaines, tant de gens protester aux États-Unis et partout dans le monde contre les discriminations

À cette tristesse ne furent étrangers ni le somnambulisme que tu évoques, le grand vertige d'être resté longtemps au foyer (pour ceux toutefois, il ne faut jamais cesser de le rappeler, qui n'étaient pas commis à rester dehors), ni la façon dont l'espace urbain apparut écaillé, ramené à ses aspects les plus inhospitaliers, de sorte que l'on n'était plus chez soi ni dedans ni dehors – expérience dont tu tires une impressionnante leçon. N'y furent pas étrangers non plus, tout bêtement (mais le malheur est bête), les deuils tout proches et la crise à venir, qu'il faudra affronter. J'y ajouterais pourtant une composante supplémentaire. Dans le nouage politique de ce qui est commun et de ce qui ne l'est pas, le confinement a marqué un moment singulier : il fut imposé à tous, mais beaucoup s'en trouvèrent exclus ; il imposa une contrainte égale, mais accusa d'autant plus fortement l'inégalité des conditions auxquelles cette contrainte s'imposait, que cette inégalité se compte en mètres carrés par personne, en obligation de poursuivre le travail ou d'emprunter les transports, en manières de gagner sa vie, en distribution genrée des tâches au sein du foyer, en nombre de contrôles de police subis au sortir de chez soi, en degré de violence de ces contrôles, etc. À cette dialectique de l'égalité inégale répondit une étrange manière pour les espaces privés et publics d'échanger leurs déterminations ; car d'être devenu le lieu même autour duquel tournait l'impératif politique, le chez-soi se retournait comme un gant, laissait voir au-dehors ses atours luxueux (quelques écrivaines françaises, lancées dans l'écriture de « journaux de confinement » depuis leur résidence secondaire, en firent les frais et s'exposèrent aux moqueries) ou insalubres et invivables. Pour emprunter une comparaison à Patrick Boucheron, le confinement fut un séisme : comme un séisme, il ne se contenta pas de nous replier sur nos intérieurs mais ouvrit ceux-ci au regard de tous ; comme un séisme, il ne se contenta pas de s'appliquer indifféremment à tous mais révéla que les fondations de nos existences respectives sont loin d'être également solides. C'est ce fragile interstice, par où une question politique pouvait être posée, que le déconfinement nous parut refermer : d'un coup, le 11 mai en France, le temps était revenu pour chacun d'éprouver, malheureux, son écart particulier à une norme qui, pour n'être plus celle de tout le monde, n'était plus celle de personne, chômage, pauvreté, doutes redevenant choses privées dont on devrait s'arranger seul.

Paradoxalement donc, l'autorisation de ressortir sembla équivaloir un instant à une invitation à se disperser, à refermer derrière soi la porte de son existence privée. Et c'est ensuite, seulement, que le véritable printemps est venu – avec la grande et forte colère qui voit, depuis plusieurs semaines, tant de gens protester aux États-Unis et partout dans le monde contre les discriminations, les violences policières, l'invisibilité des non-Blancs. De mon point de vue, que le droit de manifester soit ressaisi à ce propos, et arraché à l'instrumentalisation des normes sanitaires, n'est pas une coïncidence. L'insoutenable agonie de George Floyd, après tant d'autres, n'aurait pas été ainsi reçue si elle n'avait pas rencontré le désir de justice que l'épidémie a longuement aiguisé, polissant une norme commune sur la surface rugueuse des inégalités sociales, au fil des mois où d'un même souffle on répéta que la vie avait une valeur suprême en s'arrangeant du fait que, visiblement, les vies avaient des valeurs variables. Aux États-Unis, les Afro-Américains représentent 40 % des décès dus au Covid-19, quand ils ne constituent que 13 % de la population générale ; en France, la ville de Saint-Denis (Seine-Saint-Denis), qui concentre un grand nombre de travailleurs pauvres et de populations issues de l'immigration, compte aussi le plus grand nombre de morts. À cet égard, rappeler que « les vies noires comptent » (« Black Live Matters ») répond exactement à l'énoncé selon lequel, pour défendre la vie, on ne devrait pas être obligé de compter.

Peut-être est-il temps, comme tu l'indiques, de substituer à l'illusion d'un monde où l'on serait chacun chez soi la renégociation générale de nos places et de nos relations – non seulement entre humains, mais aussi bien au-delà. Bonne nouvelle : déjà certains, confinés à l'inexistence, viennent de reconquérir la rue.

MPB

Nous ne devons pas seulement démolir les statues. Nous devons démolir tout ce qui continue à faire de la ville une simple agglomération de maisons, un simple agrégat d'injustices locales et privées qui tentent de s'équilibrer

Cher Mathieu,

C'est vrai : la quarantaine forcée – c'est-à-dire la détention à domicile dans l'espace domestique – a été avant tout l'expérience de l'injustice que d'habitude la ville corrige, efface ou tente de faire oublier en même temps. Il est normal que ce soit le cas : le foyer ne peut être que l'espace de l'injustice sociale, car c'est littéralement ce qui s'oppose à la médiation de la ville. Il est normal qu'il en soit ainsi : il n'y a pas de justice sans espace public, sans un lieu qui nous éloigne d'une certaine manière de l'ordre de la généalogie, de la propriété privée, de l'héritage, de l'identité acquise.

Le problème, cependant, me semble-t-il, n'était pas dans l'état du lien, mais dans son objet. Il ne peut y avoir d'égalité, de parité, de justice lorsque chacun est réduit à sa propre maison. L'égalité, la parité, la justice ne sont possibles que dans la ville. Et la suspension de la ville, la suspension de l'espace public ne peut que faire ressortir une injustice originale, la rendre plus évidente, palpable, manifeste, parce qu'elle n'est plus masquée par le surcroît de vie que l'espace urbain nous apporte chaque jour. Ce que nous avons appris, c'est que la ville n'était pas l'espace de la justice, mais l'espace dans lequel nous avions appris à oublier, à tolérer, à essayer de ne pas voir l'injustice.

Ce que la quarantaine a mis en évidence, c'est que les villes, telles que nous les avons connues, construites, imaginées, ne sont plus capables de produire cette justice. Nous ne devons pas seulement regagner la rue. Nous devons reconstruire, repenser l'espace qui sépare et relie les maisons. Nous ne devons pas seulement démolir les statues. Nous devons démolir tout ce qui continue à faire de la ville une simple agglomération de maisons, un simple agrégat d'injustices locales et privées qui tentent de s'équilibrer.

Mais surtout, nous devons essayer d'imaginer un espace de coexistence et de cohabitation qui dépasse l'opposition ou la tension entre la maison et la ville. Pour ce faire, nous devons nous libérer de plus d'un malentendu. Tout d'abord, il faut cesser de penser que la ville et la maison – et plus généralement la construction d'un espace commun – sont un problème architectural : un problème de géométrie des enveloppes maçonnées dans lesquelles se déroule nos vies privée et collective. La ville et la maison ne sont pas des formes d'espace, ce sont des formes de notre vie morale. La ville et la maison, ce sont des concepts et des réalités morales : ce sont les formes auxquelles nous déléguons la tâche de produire activement notre bonheur.

Il est inutile de jeter les statues des négriers américains si nous continuons à prendre comme modèle une société, la société grecque, qui a fait de la politique la vie qui reste une fois qu'une masse d'esclaves a libéré une élite des nécessités de la vie considérées comme « matérielles »

La réflexion morale qui doit nous permettre de repenser les limites et les formes de la vie heureuse doit également se débarrasser des préjugés qui font du bonheur quelque chose £de naturel, de spontané et non d'artificiel. Nous ne sommes pas naturellement ou spontanément heureux. Le bonheur, individuel et collectif, est toujours un artefact : quelque chose qui présuppose une transformation du monde et une négociation pour que cette transformation soit possible. La morale n'est pas la doctrine des bons sentiments, des attitudes, des émotions : c'est une théorie de la manipulation consciente et réfléchie du monde dans toutes ses parties, psychiques et matérielles.

Nous devrions également abandonner définitivement tout ce que nous avons volé et collecté sous le titre de « politique » et, surtout, tout ce qui nous ramène à l'héritage grec.

Il est inutile de jeter les statues des négriers américains si nous continuons à prendre comme modèle une société, la société grecque, qui a fait de la politique la vie qui reste une fois qu'une masse d'esclaves a libéré une élite des nécessités de la vie considérées comme « matérielles ». La *polis* grecque était une communauté qui était clairement, explicitement et fièrement esclavagiste e et sexiste. Débarrassons-nous de cet héritage. Cessons d'appeler « politique » l'effort de réflexion et de construction de la vie commune. Arrêtons de penser que pour vivre ensemble, nous devons être des mâles et des propriétaires de la vie des autres. Faute de quoi, tout ce qui se passe actuellement aux États-Unis ne servira à rien.

Il ne suffit pas de regagner la rue. Il ne suffit même pas de s'en prendre aux dirigeants actuels. Ils sont coupables, mais ce qui est coupable, c'est avant tout notre manque d'imagination pour envisager l'imbrication de notre bonheur collectif. Tâchons maintenant de donner un nouveau nom et une nouvelle forme au bonheur que nous voulons.

EC

TRADUIT DE L'ITALIEN PAR
Andrea Libero Carbone

Cette correspondance s'est tenue dans le cadre du projet « Viralité/Immunité, deux questions pour interroger la crise », initié par l'Institut français d'Italie. Nos remerciements à Christophe Musitelli et Andrea Libero Carbone.

LA VILLE MORTE

PAR
Benjamín Labatut

Il y a un peu plus de dix ans, en octobre 2008, le physicien anglais Freeman Dyson avoua qu'il était incapable d'entendre une certaine chanson de Monique Morelli – *La Ville morte* – sans être soudain submergé par une émotion que lui-même trouvait complètement inexplicable. Cette ballade, interprétée par une Morelli à la voix brisée et accompagnée par les sanglots d'un accordéon, regorge d'images spectrales : *En pénétrant dans la ville morte / Je tenais Margot par la main / Un éternel petit matin / Nous apportait sa lumière morte. / Nous allions de ruine en pétrin / Dans les rues, de porte en porte. / Ce qui avait été des portes / S'ouvrait sur d'étranges confins. / Je tenais ma femme par la main / Dans les rues de porte en porte.* Dyson avait beau écouter cette chanson en boucle, il n'y avait rien à faire, chaque fois ses yeux s'embuaient de larmes, au point qu'il en vint à avoir honte de l'écouter en présence d'autres personnes et qu'il ne s'y livra plus que dans la solitude, de temps à autre, quand l'envie l'en prenait. Sa réaction laisse d'autant plus perplexe qu'il ne parlait pour ainsi dire pas un mot de français, et qu'avant le jour où il demanda à l'un de ses amis de lui traduire les paroles il n'avait qu'une très vague idée de ce que racontait cette chanson, et lorsqu'enfin il la comprit il n'en éprouva aucune forme de consolation. Après s'être interrogé pendant des années, il finit par être convaincu qu'il y avait quelque chose de bien spécifique dans ces vers, écrits par le poète et romancier français Pierre Mac Orlan, qui entrait en résonance avec un souvenir enfoui dans les zones les plus profondes de son inconscient, comme si Monique ne chantait pas seulement pour les vivants mais pour les âmes innombrables des disparus dont les cadavres s'empilent, invisibles et oubliés, sous nos pieds.

Dyson finit par trouver une explication plausible à sa mélancolie, qu'il exposa dans un court essai intitulé « L'Archétype de la Ville morte », repris dans l'ouvrage du mathématicien russe Yuri I. Manin, *Les Mathématiques comme métaphore*. Manin y évoque la ville déserte comme « une forme de société privée de son âme et n'espérant aucune perfusion ; un cadavre qui n'a jamais été un corps vivant ; un Golem dont la vie même est la mort ». Il compare l'effet de cet archétype sur notre esprit au trouble sentiment de perte qui s'empare de nous quand nous tombons sur une ruche abandonnée, ou que nous regardons s'écouler le flot infini de l'eau dans les films d'Andreï Tarkovski, ce cinéaste russe de génie qui, obsédé par l'idée de saisir les images de nos rêves, s'immergea, lui-même, sa femme et son équipe, dans des rivières de produits chimiques dangereux pendant le tournage de *Stalker*, le film qui finirait par lui coûter la vie, la danse hypnotique des torrents iridescents entremêlés qu'il capta sur d'éphémères morceaux de celluloïde étant le produit de déchets toxiques rejetés par plusieurs usines désaffectées, ce qui provoqua sans doute la tumeur cancéreuse qui devait lui ravager les poumons et le tuer en 1986, quelques mois après son cinquante-quatrième anniversaire, et qui emporterait aussi Larisa, sa femme, ainsi que son acteur fétiche, Anatoli Solonitsyne, frappé par la même maladie.

Dans *Stalker*, un gigantesque territoire – connu sous le seul nom de « Zone » – a été contaminé, au point que toute vie y est devenue impossible, par une force invisible qui non seulement infecte le corps et l'esprit des gens mais peut-être même jusqu'à leur âme. La région a été mise en quarantaine par les forces armées gouvernementales ; cependant, un petit groupe d'hommes et de femmes désespérés sont irrésistiblement attirés par ce lieu, comme des phalènes par une flamme radioactive, poussés par la rumeur selon laquelle, au cœur de la Zone, dans la partie la plus étrange et inconnue de ce territoire, existerait une pièce, d'apparence banale, dans laquelle quiconque, à condition de parvenir à y entrer, voit tous ses vœux exaucés. Pour franchir les obstacles de la Zone, ceux qui partent à la recherche de cette pièce doivent engager les services de guides professionnels, appelés les « *stalkers* », qui les aident à naviguer dans ces paysages chaotiques, au milieu des ruines abandonnées et des structures effondrées, envahies par la végétation qui a repris ses droits sur cette terre, recouvrant les traces des chenilles de tanks rouillés, les façades des usines, des écoles, des hôpitaux et de beaucoup d'autres bâtiments à demi écroulés, rendus méconnaissables par leur état avancé de vétusté et de pourrissement. Dans cet endroit, on dirait que les lois du monde sont suspendues ; le temps s'écoule en boucles étranges, les souvenirs et les rêves s'incarnent, les cauchemars sont aussi réels et terrifiants que la vie éveillée. Le décor est empreint d'une mélancolie entêtante sous l'emprise de laquelle tombent les *stalkers* et tous ceux qui cherchent à exaucer leurs souhaits les plus chers. Car la Zone est un lieu manifestement animé, habité par quelque chose qui ressemble à une conscience humaine, même si elle est totalement inhabitée et hostile, un revenant obstiné qui a trouvé le moyen de résister au passage inexorable du temps et qui, à l'instar des images des horreurs du passé convoquées par l'archétype de la Ville déserte, refuse de disparaître.

Manin explique l'ubiquité de cet archétype dans notre mémoire collective comme étant le produit des expériences accumulées des peuples innombrables qui, dans les temps les plus reculés, sont tombés par hasard sur les ruines d'un ancien temple oublié, à moitié réduit en poussière et enfoui dans les sables du désert, enterré sous les arbres luxuriants de jungles impénétrables ou niché au sommet des plus hautes et inaccessibles montagnes, des ruines de dimensions si colossales qu'il devait sûrement s'agir d'une demeure hébergeant des dieux ou des créatures venues d'une autre planète, des lieux hantés qu'il convenait de craindre et de fuir comme les Saxons évitaient les murs des anciens bâtiments romains, dans lesquels ils voyaient les restes d'édifices construits par des géants mythologiques où personne n'avait jamais habité.

La ville morte existe depuis des temps immémoriaux ; elle remonte à l'aube de la civilisation, à l'époque où les tout premiers hommes ont commencé à se rassembler en communautés toujours plus étendues et qui, à mesure qu'elles se renforçaient et florissaient, incitaient d'autres peuples à lever des armées pour les envahir, les piller et les détruire. L'archétype de la ville déserte est une construction mentale distillée à partir des souffrances d'innombrables communautés bien réelles. C'est la dernière lueur laissée dans leur sillage par les incendies qui ont fait partir en fumée leurs édifices, les ultimes frémissements des tremblements de terre qui ont pulvérisé leurs fondations, les douleurs de la famine provoquée par la sécheresse, les cicatrices des fléaux qui ont vidé leurs rues du jour au lendemain. Mais ces images fantômes, avertit Manin, si inconsistantes soient-elles, ne sont ni passives ni neutres : au contraire, elles nourrissent nos désirs les plus sombres et les plus violents. Une envie profonde de dissolution. L'appétit frénétique de voir détruit tout ce que nous connaissons. Un besoin de purifier ce monde des souillures de l'humanité, de libérer notre planète non seulement des démons du progrès mais de tous les maux engendrés par notre nature maudite. Notre inconscient collectif, écrit Manin, n'est pas un bagage mental inerte, c'est une impulsion irrationnelle qui nous attire vers la mort et la destruction. Indifférent aux rêves de la raison, l'inconscient n'est pas une force qui nous conduit à l'intégration et à l'intégrité, mais plutôt une cohorte de folies, de démence et de chaos, le chant d'une sirène à laquelle il nous faut résister avec véhémence. « Ce n'est qu'en prenant soin de la conscience collective, écrit Manin, que nous pourrons lutter contre ce potentiel destructeur. Sinon, la Ville déserte sera notre dernière demeure. »

Le protagoniste de la chanson qui exerçait une telle fascination sur Freeman Dyson est un vieux soldat, qui sert dans les rangs d'une armée d'occupation. Ce combattant anonyme n'est pas éveillé dans la chanson, mais endormi, et il rêve : il se voit marcher au milieu des décombres et de la poussière d'une ville conquise, tenant sa femme par la main, contemplant à ses côtés les sombres ruines qui les cernent de toutes parts. Ils passent devant des maisons éventrées par les bombardements, des voitures incendiées, des sépultures béantes et les morceaux de métal tordus d'une aire de jeux que le feu a fait fondre, des scènes de dévastation quasi inimaginables dont ses frères d'armes et lui-même sont la cause. Le soldat a beau savoir que cette vision n'est qu'un rêve, et que dans le monde réel il est en train de dormir dans un baraquement, loin du carnage et des bains de sang, il ne supporte pas l'idée de lâcher la main de sa femme, car il est convaincu, avec cette certitude absolue que seuls confèrent les rêves, qu'il ne la reverra jamais, ni dans ce monde ni dans le prochain, et pourtant, lorsqu'il entend sonner au loin l'appel du clairon, il met son fusil en bandoulière, dépose un baiser sur les lèvres de sa femme, et retourne dans la mêlée.

*

Le 17 mai 1973, tous les habitants de la petite ville de Mazamet s'allongèrent dans la rue pour faire le mort.

Pendant un quart d'heure, des dizaines de milliers d'hommes, de femmes et d'enfants restèrent étendus au sol, affaissés sur les trottoirs sous le soleil brûlant ou contre la portière de leur voiture, les bras inertes, les jambes repliées, comme si un fléau s'était soudain abattu sur la ville tout entière, décimant l'intégralité de la population au même moment. Cette étrange performance collective géante n'avait pas été organisée par quelque représentant de la scène avant-gardiste aux ambitions démesurées, mais par les autorités françaises chargées de la sécurité routière. L'opération « Mazamet ville morte », ainsi qu'elle avait été baptisée, était censée attirer l'attention sur les dangers de la vitesse au volant. On avait choisi cette ville en particulier – charmante localité du Sud prisée par les vacanciers et entourée de forêts – parce que le nombre de ses habitants correspondait exactement à celui des victimes d'accidents de la route en France l'année précédente : 16 610. Ce spectacle morbide fut filmé par l'ORTF et diffusé dans l'émission *24 heures à la Une* : la vidéo, filmée grâce à plusieurs caméras au sol et un hélicoptère, montre des centaines d'enfants recroquevillés devant le monument aux morts, allongés sur le dos, le visage tourné vers le ciel, vêtus de pantalons en velours, de shorts rayés ou de jupes plissées et de socquettes, tandis qu'on aperçoit, deux rues plus loin, des voitures en flammes. Michel Tauriac, le journaliste qui avait eu l'idée de cette opération, était resté persuadé jusqu'à la dernière seconde que ce serait un échec complet (un ancien joueur de rugby et héros local, Lucien Mias, avait violemment protesté contre cette idée, affirmant : « Un Mazamétain meurt debout »), car il doutait qu'un si grand nombre de personnes se prêteraient au jeu et tomberaient raides mortes sur commande, comme des animaux de cirque. Mais il se trompait : le moment venu, même les nonnes s'allongèrent entre les murs de leur cloître.

À deux heures de l'après-midi, la gendarmerie bloqua tous les accès à la ville. À 14 h 15, les sirènes retentirent, donnant le signal pour que chacun se mette en place, tandis qu'une voix dans des haut-parleurs installés un peu partout en ville grésillait : « Attention, tenez-vous prêts. » À 14 h 20, l'interruption totale de la circulation fut ordonnée. À 14 h 29, les cloches de l'église se mirent à sonner, et tout le monde sortit de chez soi, des écoles, des cinémas, des hôpitaux, des casernes de pompiers, des bureaux de poste, des épiceries, des cafés, des musées, des usines, des restaurants, des ateliers, des supermarchés et des boulangeries pour recouvrir les rues et les trottoirs d'une nuée de corps inanimés. Un lourd silence s'abattit sur la ville, uniquement troublé par les rafales des appareils photo et le tourbillon des pales de l'hélicoptère. Ce qui surprit le plus Michel Tauriac, c'est que les gens mirent en scène leur propre mort : sans qu'on leur ait rien demandé, obéissant à une étrange impulsion théâtrale, certains étaient restés assis dans leur véhicule, la joue paisiblement posée sur le volant, comme s'ils s'étaient suicidés en respirant les gaz de leur pot d'échappement ; d'autres dépassaient de leur voiture par la vitre baissée, les bras ballant jusqu'au sol, tandis que d'autres encore avaient choisi d'expirer violemment, projetés sur le capot par une collision frontale, et demeuraient là, immobiles, telles des statues dionysiennes. D'autres enfin étaient simplement assis, les yeux fermés, la nuque appuyée contre le chrome étincelant de leurs pare-chocs.

*

William Burroughs était obsédé par les virus.

Ses livres en sont remplis. Comme le sang des chauves-souris, son corpus était un réservoir mortel, un terreau fertile pour les créations mentales hautement toxiques qui jaillissaient de son imagination malade, mutaient puis infectaient le reste du monde, laissant des traces de leurs anticorps partout autour d'elles. Burroughs est connu pour avoir affirmé (avec cette terrible prescience qui le rend indispensable) que le monde lui-même est un virus. Ce n'est pas une création humaine mais quelque chose d'étranger à notre espèce, une entité qui a infecté les premiers hommes et qui se sert de nous comme hôtes pour se propager et se reproduire. Il réside en nous, il nous contrôle et nous modèle. Nous lui obéissons, à notre corps défendant. Ce que nous pensons avoir de plus humain – cette voix constante dans notre tête – est en réalité un Autre, qui a envahi notre corps et nous force à parler en continu, fût-ce à nous-mêmes : « L'homme moderne a perdu l'option du silence. Essayez d'arrêter le langage subvocal. Essayez de tenir dix secondes de silence intérieur. Vous vous heurterez à un organisme résistant qui vous force à parler. Cet organisme est le mot. » Ebola, la grippe, la variole, l'herpès, l'hépatite et la maladie de la vache folle figurent en bonne place dans les écrits de Burroughs, aux côtés de nombreux pathogènes imaginaires. Mais, de toutes ses créations virales, le « virus verbal » est sans doute le plus étrange, car au nombre de ses symptômes figurent non seulement ceux qu'on attribuerait naturellement à ce genre de maladie (toux, fièvre, difficultés respiratoires, inflammation) mais aussi « la production de réalité objective ». Le virus verbal, écrit Burroughs, fixe le sens. Il épingle la réalité dans notre esprit comme l'entomologiste épingle ses spécimens sur les panneaux de liège de sa collection, embrochant leur corps d'insecte avec de fines tiges de métal. « Les virus ont la capacité de se rendre eux-mêmes réels, dit-il encore. C'est l'une de leurs façons de fonctionner. » Aux yeux de Burroughs, fasciné à l'évidence par la mort, les organismes viraux avaient un pouvoir spécial, car ils occupent un espace étrange et liminal entre le royaume des morts et celui des vivants : « On pense que le virus est une dégénérescence de formes de vie plus complexes. Il est possible qu'à un moment il ait été capable d'une vie autonome. Tombé à présent à la frontière entre matière vivante et morte. Il ne peut montrer des qualités vivantes que dans un hôte, en utilisant la vie d'un autre – par le renoncement de la vie elle-même, une chute dans l'inorganique, machine inflexible, dans la matière morte. » Il pensait également qu'à chaque virus correspond un Maître Virus, lequel est une image détériorée de cette espèce, et il écrit quelque part que nous, les êtres humains, pourrions bien être nous-mêmes un type de virus, dont la seule raison d'être serait de se reproduire à l'infini – « un virus qui peut à présent être isolé et traité. »

*

La pandémie de Covid-19 ravage des villes dans le monde entier, mais ici, dans les montagnes, peu de choses ont changé.

J'écris ces mots pendant les derniers jours du mois de mai, dans une petite ville isolée au sud du Chili. Partout dans le pays, des millions de gens sont confinés, en quarantaine ou volontairement enfermés chez eux, survivant, pour ainsi dire, *tout au bord de la vie,* ce qui correspond très exactement à la façon dont le professeur de microbiologie Ed Rybicki décrit le territoire particulier dont se sont emparés les virus. Ici, dans l'hémisphère sud, mai est le mois où les dernières fleurs se fanent et où les couleurs chatoyantes de l'automne tapissent le sol. Pour les animaux sauvages, la nourriture se fait rare ; à Santiago, des pumas se baladent dans les rues. Ils sont descendus des Andes, attirés par l'étrange silence qui s'est abattu sur la capitale durant le couvre-feu national. Ces fantômes élancés, qu'aucun Chilien ne connaît vraiment, des créatures timides et fuyantes qui évitent les humains à tout prix, sont filmés en train de rôder dans des quartiers chics où les gens n'ont jamais vu un prédateur de près.

Ici, dans mon jardin, une noria de colibris se disputent les dernières gouttes de nectar. L'un d'eux défend férocement l'accès à la mangeoire que j'ai suspendue au milieu des nombreuses plantes grimpantes que je m'obstine à essayer de faire pousser, bon an mal an, en dépit du fait que les gelées d'hiver détruisent la plupart des nouvelles pousses. Je n'ai jamais vu autant de colibris. Autrefois, il me fallait rester immobile pendant très longtemps avant que l'une de ces créatures émeraude apparaisse ; aujourd'hui ils me foncent presque dessus en plongeant du ciel, aveuglés par la rage et la soif. Leurs querelles offrent un spectacle qui ne laisse pas de me réjouir, même si je sais que c'est le signe de la férocité de la sécheresse qui s'est abattue sur le Chili, car les fleurs sauvages dont dépend leur survie sont devenues très rares. Leur existence est tout entière animée par une faim permanente, leurs cœurs minuscules battant à mille pulsations par minute. À nos yeux, ce sont de fascinants feux follets de beauté, qui disparaissent en un éclair, aussi délicats que les fleurs dont ils se nourrissent ; pour eux, nous sommes aussi lents que des arbres et aussi ternes que de l'argile. La violence est la seule chose que nous ayons en commun : de leur bec affûté comme une aiguille, ils se battent constamment pour de la nourriture destinée à de bien plus petits animaux. Un colibri doit manger en permanence, ou alors il est condamné à mourir. Comme nous, ils se reposent la nuit, sombrant dans une espèce de torpeur, un état d'animation suspendue pendant lequel la température de leur corps chute en dessous du seuil de l'hypothermie, leur respiration s'interrompant presque complètement et leurs pulsations cardiaques ralentissant à l'extrême. Blottis dans un nid ou suspendus la tête en bas, ils dorment d'un sommeil de mort, plus profond que nous ne pourrions jamais l'imaginer, peuplé de rêves de nectar. Même s'ils pèsent moins de trois grammes, ils peuvent résister à des turbulences qui feraient voler en éclats un avion de chasse, et pourtant ils sont loin de la grâce parfaite et connaissent mille et une façons de mourir. Sans nourriture, ils meurent en moins de deux heures. Certains ne survivent pas au froid de la nuit. Certains se font déchiqueter par les griffes d'un chat, meurent emportés par une tempête ou se fracassent le crâne contre les carreaux de nos fenêtres. D'autres meurent en se tordant de douleur après s'être fait piquer par une guêpe furieuse ou par un essaim d'abeilles affamées. L'agriculture et l'urbanisation rampante détruisent leur habitat, les pesticides et les déchets toxiques empoisonnent leur sang, mais même dans la mort ils conservent leur grande beauté, comme un ultime cadeau que nous offrirait cet oiseau touché par le baiser du soleil : si on laisse son corps minuscule exposé à la lumière, il demeure parfaitement conservé, car chacune de ses fibres est gorgée de sucre.

Nous ne sommes plus qu'une cinquantaine ici. La ville la plus proche est à une heure de route. Je n'ai pas vu âme qui vive depuis des mois.

C'est ma femme qui descend de la montagne, tous les dix jours environ, pour chercher de la nourriture et des provisions. Elle prend alors le seul de nos portables qui fonctionne ici, au cas où elle aurait un accident, et ma fille et moi nous retrouvons entièrement coupés du reste du monde. Si quelque chose lui arrivait, je serais le dernier à l'apprendre. Dans les circonstances où nous nous trouvons – le pays paralysé par la terreur de la pandémie et les milliers de nouveaux cas rapportés chaque jour –, le moindre événement peut être synonyme de tragédie. Aujourd'hui, par exemple, ma chienne a déterré un rat mort.

Elle l'a trouvé dans le jardin la semaine dernière, alors qu'il était encore en train d'agoniser. Il avait probablement grignoté l'un des petits appâts empoisonnés que je mets dans le grenier. Ma chienne est venue le déposer à mes pieds ; le raffut des rongeurs la rendait à moitié folle, et elle était manifestement très fière d'avoir enfin réussi à en attraper un. Je l'ai éloignée, inquiet à cause des produits chimiques mortels encore actifs dans le système sanguin de la vermine, et je suis allé enterrer le rat à bonne distance de notre maison. Mais je n'ai pas creusé assez profond. Cet après-midi, ma fille âgée de huit ans a déboulé en hurlant : « Le rat, le rat ! Kali a déterré le rat ! » Je me suis précipité dehors et je suis allé voir le trou, ma chienne remuant la queue derrière moi, les pattes et le museau noirs de boue. J'ai essayé de calmer ma fille. Bien sûr que non elle ne l'avait pas mangé, il était beaucoup trop gros, elle avait sans doute simplement joué avec pendant un moment, ou bien elle était allée l'enterrer ailleurs. Nous avons cherché, mais en vain, alors j'ai appelé la vétérinaire. Nous avons discuté longuement, puis j'ai rassuré ma fille, tout irait bien. Mais je n'en suis pas sûr. Les symptômes de ce poison spécifique mettent plusieurs jours à se manifester, et ils sont atroces. Ecchymoses, vomissements, perte de l'appétit et de l'équilibre, hémorragie des yeux, du nez, des oreilles et de la bouche. Il n'existe aucun antidote, aucun traitement. La seule chose que nous puissions faire – la seule chose que nous puissions *tous* faire –, c'est de rester sur le qui-vive, et attendre.

Espérer ●

BL

Traduit de l'anglais par **Pierre Demarty**

CRISE ÉCOLOGIQUE ET CORONAVIRUS : LA PANDÉMIE DE LA DERNIÈRE CHANCE ?

PAR

Vincent Message

Si la mise à l'arrêt de notre économie a entraîné une baisse de nos émissions carbonées, celle-ci reste bien inférieure aux objectifs posés pour espérer limiter le réchauffement climatique à 2 °C. Symptôme du dérèglement de notre rapport au vivant, le Covid-19 nous impose de bouleverser notre modèle de société.

C'est l'histoire du roi de Perse auquel un courtisan offre un magnifique échiquier. En échange, il demande au roi de déposer un grain de riz sur la première case, deux grains de riz sur la deuxième case, quatre sur la troisième, et ainsi de suite. Le roi souscrit à cette demande. Le roi accepte sans se rendre compte que la 21e case rapportera au courtisan un million de grains de riz ; la 41e, mille milliards de grains de riz ; la 64e, plus de riz qu'il n'en a dans ses entrepôts, et même qu'il ne s'en produit au monde. Jorge Luis Borges aurait pu réécrire cette légende que consigne Ibn Khallikân en 1256. Fin février, c'était mon tour de la raconter à mes étudiants, parce que Dennis et Donella Meadows la reprennent dans *Les Limites à la croissance* (1972) pour illustrer la force des processus exponentiels et marquer à quel point ils peuvent être contre-intuitifs. Mi-mars, alors que le nombre de personnes atteintes du coronavirus doublait tous les trois jours, les courbes exponentielles nous ont tous rattrapés, interdisant le mardi des gestes qui étaient encore spontanés le vendredi précédent, nous coupant brutalement de la possibilité de faire des projets, de concevoir l'avenir autrement que comme un réseau d'hypothèses que le réel met sans arrêt à mal et que nous devons tout le temps reconstruire.

Être séparés de ceux qu'on aime, ne pas pouvoir prendre de leurs nouvelles, ne pas savoir s'ils sont vivants ou morts, apprendre leur sort plus tard, ne pas avoir pu les embrasser ou les enterrer dignement – ces violences ont été une condition fréquente pour la majorité des humains avant nous. Vingt ans après la peste d'Athènes, Thucydide, qui en a lui-même réchappé, évoque la soif horrible d'agonisants qu'aucun traitement ne soulage, et ces consultations d'oracles auxquelles on cesse d'avoir recours parce que le mal se montre le plus fort. Témoin de la peste bubonique en Toscane, Boccace donne à voir le chaos des villes où les lois n'ont plus cours, où les parents et les amis abandonnent les malades, qui expirent sur la voie publique et finissent à la fosse commune. Un siècle après que la deuxième pandémie de choléra a endeuillé la Provence, Giono fait s'envoler des nuées de corbeaux qui se nourrissent des cadavres dans les maisons désertes : le paysage est une menace, les gendarmes barrent les routes et tirent à coups de fusil sur ceux qui veulent s'enfuir loin des régions contaminées.

L'arrêt soudain de la vie économique, même provisoire, même dans le scénario optimiste où nous échapperions à une deuxième vague, engendre des ravages sociaux que nous n'avons pas fini de mesurer

Historiciser sans minimiser

En 2020, en France, nous n'aurons pas connu cela – mais des drames contenus entre les murs des hôpitaux et des maisons de retraite, une catastrophe sans fracas et sans épisode de panique, et des rues silencieuses comme elles ne le sont jamais. Si on ignore encore beaucoup sur le virus, il relève tout du moins de phénomènes que depuis Pasteur nous avons appris à comprendre – alors que les malades au chevet desquels se penchent Thucydide, Boccace et Giono se tournaient en vain vers le ciel, s'accusaient de péchés ou retournaient l'accusation vers des boucs émissaires dont les cadavres s'empilaient bientôt sur les corps des victimes. Prendre en compte le temps long et historiciser permet de se rappeler que nous avons fait d'immenses progrès – donc de ne pas céder aux sirènes du déclinisme et de nous sentir redevables aux avancées d'une technoscience si souvent néfaste par ailleurs. Nos gouvernements ont pu mettre au point des consignes respectées en quelques jours sur tout le territoire. Nous avons pu savoir ce que devenaient nos proches, à défaut de les voir ou de pouvoir les toucher. Ceux qui sont morts ne sont pas morts seuls, même s'ils n'ont pas eu droit aux funérailles que nous aurions voulues. Là où les pestes ont malmené nos sociétés pendant des siècles, il est probable enfin qu'une poignée d'années suffise pour que les scientifiques développent des traitements ou un vaccin contre ce coronavirus.

Mais historiciser, ce ne doit pas être minimiser. Le virus a déjà fait des centaines de milliers de victimes. L'arrêt soudain de la vie économique, même provisoire, même dans le scénario optimiste où nous échapperions à une deuxième vague, engendre des ravages sociaux que nous n'avons pas fini de mesurer. La pandémie est grave, enfin (et, si on prend du recul, peut-être surtout), parce qu'elle survient à un moment crucial de notre histoire collective. Depuis la fin des années 1980, nous exploitons les ressources de la biosphère beaucoup trop massivement pour que celle-ci puisse les régénérer. Notre empreinte écologique a dépassé la capacité de charge de la Terre. Nous aggravons continûment une dette écologique bien plus lourde de conséquences que la dette budgétaire, parce qu'elle n'est pas contractuelle et ne se renégocie pas. Des scientifiques du Groupe d'experts intergouvernemental sur l'évolution du climat (Giec) aux lycéens en grève, en passant par le secrétaire général de l'Organisation des Nations unies (ONU), António Guterres, il n'a pas manqué de voix pour nous rappeler (sur tous les tons et depuis toutes les positions politiques) que nous n'avons plus que quelques années pour changer de cap et éviter de basculer dans un monde invivable. Notre trajectoire actuelle, qui a débuté avec la « grande accélération » aux lendemains de la Seconde Guerre mondiale, est celle de courbes exponentielles proprement insoutenables – qu'on considère l'exploitation des ressources, la consommation d'énergie ou la démographie humaine. Les populations animales se sont réduites de moitié depuis 1970, et sur les 8 millions d'espèces que compte la Terre, un million sont menacées d'extinction. Depuis le début de la révolution industrielle, nous avons émis 2 100 milliards de tonnes de CO_2, et nous ne pouvons pas nous permettre d'en émettre plus de 800 milliards supplémentaires si nous voulons garder une chance de limiter le réchauffement en dessous de 2 °C. Au rythme actuel, nous aurons atteint ce plafond autour de 2040.

À l'heure de bâtir le monde d'après, la question est de savoir si nous allons profiter du « temps d'attention réflexive » que le ralentissement de l'économie a libéré pour sortir de cette course écocidaire et suicidaire

Si on essaye de rétablir des ordres de grandeur, que les médias d'information, rivés pour la plupart d'entre eux à des temporalités de court terme, ne nous aident pas à assimiler, nous avons donc affaire d'un côté à une épidémie qui va déstabiliser nos sociétés pendant quelques années et y provoquer une surmortalité dramatique mais ponctuelle, et de l'autre à un bouleversement des conditions d'habitabilité de nos milieux d'une ampleur inédite dans l'histoire de notre espèce, et qui pèsera sur le sort du vivant pendant, a minima, plusieurs milliers d'années. Il est patent, à cet égard, que les degrés de mobilisation auxquels le pouvoir politique nous enjoint sont inversement proportionnels à la hiérarchie réelle des problèmes. Comme y insiste Bruno Latour, nous ne sommes pas modernes : nous avons échoué dans notre projet de nous affranchir des déterminismes bio-géo-physiques ; nous dépendons toujours aussi étroitement des conditions écosystémiques qui ont permis le développement des civilisations – et commençons seulement de comprendre que ce projet d'arrachement a toujours été illusoire parce qu'il postule une Terre en forme de corne d'abondance, qui peut flotter dans nos fantasmes, mais qui n'existe pas.

À l'heure de bâtir le monde d'après, la question est de savoir si nous allons profiter du « temps d'attention réflexive » (Yves Citton) que le ralentissement de l'économie a libéré pour sortir de cette course écocidaire et suicidaire, ou si, comme après le krach de 2008, nous allons essayer de suturer la plaie de cette crise sans prendre en compte ce qu'elle nous révèle des dysfonctionnements du capitalisme mondialisé et du dérèglement de notre rapport au vivant. L'enjeu est de devenir enfin réalistes, enfin matérialistes, enfin sérieux, c'est-à-dire de rompre avec la croyance selon laquelle les théories qui fondent l'économie de marché auraient plus de poids que les équilibres qui régissent le système Terre – équilibres sans lesquels il n'y aurait eu ni évolution du vivant, ni révolution cognitive décuplant l'impact des sapiens sur les écosystèmes, ni développement de la moindre forme d'économie de marché.

Mortalité silencieuse

Comment comprendre, malgré l'abondance des alertes scientifiques, qu'une menace infiniment plus grave suscite une réaction collective infiniment plus faible ? Une piste tient au fait que le problème de l'arbitrage entre vie et économie est plus simple à résoudre dans le cas du coronavirus que dans celui de la crise écologique, entre autres parce que les échelles géographiques et temporelles impliquées sont incommensurables. Au nom de la valeur supérieure de la vie humaine, nos États ont sacrifié pendant quelques semaines décisives la production de richesses et beaucoup de nos libertés fondamentales. Contrairement à ce qui est souvent affirmé en un raccourci trop rapide, l'épidémie a prouvé que la marchandisation de nos existences est incomplète et que nous ne vivons pas (ou pas encore) sous le règne du « tout économique ». Qu'ils soient démocratiques ou dictatoriaux, les États sont plus disposés qu'il y a un siècle à sauvegarder des vies humaines au détriment de leurs intérêts matériels. Ce respect de la vie biologique, que Didier Fassin conceptualise sous le nom de « biolégitimité », ne me semble pourtant avoir opéré que sous deux principes. Tout d'abord un principe d'identification : le virus nous a tous reliés, de poignée de main en embrassade, de souffle en souffle, et les élites (en particulier les plus âgés de leurs membres) ont pu se sentir directement menacées. Même si, par leurs conditions d'existence, elles y ont été beaucoup moins exposées que les classes populaires et les travailleurs de première ligne, il n'était pas possible pour elles de penser que le virus ne toucherait que les autres – comme l'ont emblématisé les contaminations de Boris Johnson et Jair Bolsonaro ou les décès de figures des mondes politique et artistique. Le deuxième principe est celui d'une quantification simple et d'une imputation directe : durant le confinement, je n'ai cessé de suivre, sidéré et hypnotisé, le nombre des personnes atteintes, décédées ou guéries sur les sites de l'université Johns-Hopkins et de Worldometer. Les marges d'erreur étaient importantes, les remontées du terrain et les méthodes de calcul bien sûr très imparfaites, mais un décompte à l'unité près pouvait au moins être tenté. Il est flagrant qu'il n'en est pas de même quand il s'agit d'estimer combien de vies gâchées ou de morts causeront la crise économique, les licenciements, le chômage, les dépressions et les divorces, la précarité énergétique et alimentaire, toutes les formes d'appauvrissement qui vont limiter, pour la majorité d'entre nous, les possibilités de réalisation de soi. Si l'urgence écologique ne suscite pas, de la part de nos gouvernants, une mobilisation à la hauteur des enjeux, c'est donc d'abord que les intérêts économiques qu'il faudrait sacrifier pour respecter l'accord de Paris devraient l'être sur une période de temps beaucoup plus étendue que les deux mois de ce premier confinement, et d'autre part que les élites ne perçoivent pas l'effondrement du vivant comme une menace immédiate qui les concernerait en personne et qui serait aisément quantifiable. La menace est pour d'autres, pour les milliards de non-humains brûlés dans les incendies d'Australie ou d'Amazonie, pour les milliards d'humains de plus en plus vulnérables à la hausse des températures, à la sécheresse et à la montée des eaux, pour les humains et les autres animaux dont les vies sont à venir et qui (comme en général les absents) ne parviennent décidément pas à obtenir voix au chapitre. Pourtant, on sait que la pollution de l'air tue chaque année 50 000 personnes en France – à comparer aux 30 000 victimes de la première vague de Covid-19. Un rapport de l'Organisation mondiale de la santé (OMS) publié en 2018 estime à 250 000 le nombre de morts qui seront imputables au réchauffement climatique, chaque année, à partir de 2030. Cette mortalité silencieuse a simplement le tort d'entrer dans des tableaux cliniques multifactoriels où l'imputation des décès est plus complexe que dans le cas du coronavirus.

Les gouvernements qui ont mis l'économie à l'arrêt au nom de notre santé sont en somme les mêmes qui mettent en danger le devenir de nos sociétés sur le moyen-long terme au nom d'impératifs économiques. C'est en partant de cette contradiction que Bruno Latour plaide pour une biopolitique étendue, par quoi les États s'occuperaient non seulement des corps des citoyens, mais aussi de l'habitabilité de la planète, non seulement de nos conditions de vie, mais aussi des conditions sine qua non de *la* vie terrestre que sont les équilibres climatiques et la préservation des écosystèmes. Le coronavirus ne s'oppose pas à la crise écologique : il se présente comme un symptôme indéniable et déjà considérable du dérèglement de notre rapport au vivant. L'émergence, à des intervalles de temps resserrés, de nouvelles maladies infectieuses témoigne en effet à la fois d'une amélioration de nos capacités de diagnostic et d'une aggravation de la crise écologique. Comme le constate l'anthropologue des catastrophes Sandrine Revet, la pandémie n'est pas « une perturbation anormale d'un fonctionnement "normal", mais bien au contraire l'une des conséquences normales d'un fonctionnement anormal ».

Un rapport de l'Organisation mondiale de la santé publié en 2018 estime à 250 000 le nombre de morts qui seront imputables au réchauffement climatique, chaque année, à partir de 2030

Dangereux trompe-l'oeil

La manière dont nous allouons notre attention est décisive à cet égard : la critique vers l'aval, qui porte sur la gestion de la pandémie et met au jour, par exemple, le sous-financement de nos services de santé, la suppression de nombreux lits d'hôpitaux, le manque de masques et de tests, soit l'ensemble des mesures austéritaires qui ont entravé la capacité de réaction de nos États, ne doit pas nous détourner d'une critique vers l'amont, scrutant les origines de l'épidémie et destinée à en prévenir la répétition plutôt qu'à en soigner les effets. De ce point de vue, le discours consistant à affirmer que les épidémies ont toujours accompagné l'histoire de nos sociétés jette un voile aussi pudique que dépolitisant sur des causes qui ne sont pas si difficiles à identifier. Didier Sicard et Jean-François Guégan (en infectiologues), Philippe Descola et Frédéric Keck (en anthropologues) incriminent le rétrécissement sans précédent des milieux peu anthropisés. L'urbanisation des zones intertropicales, la déforestation massive, l'exploitation des animaux sauvages et l'élevage intensif créent les conditions de proximité pour le passage vers l'humain de virus et de bactéries avec lesquels les animaux ont co-évolué dans leurs habitats naturels. Lutter contre l'émergence de la prochaine zoonose requerrait dès lors d'un État comme la France des mesures moins intuitives pour l'opinion publique mais probablement tout aussi efficaces que le refinancement de notre système de santé : il serait par exemple crucial de mieux doter la recherche de terrain sur les maladies infectieuses ; pour freiner la déforestation, en particulier lorsqu'elle détruit sans retour les forêts primaires, il faudrait que l'Union européenne se résolve à ne plus importer de bois précieux, d'huile de palme, de soja ni de viande bovine en provenance des pays tropicaux – en assumant les représailles commerciales par quoi le Brésil, la Chine ou la Malaisie pourront être tentés de répliquer. Or il y a fort à parier que ces propositions ne seront pas les plus audibles dans le débat qui s'engage : englués dans notre arrogance technoscientifique, nous continuons de penser que nous pourrons réparer, compenser, trouver des solutions, quand il faudrait plutôt éviter de détruire, d'abîmer, d'aggraver les problèmes – et dans cette attitude quasiment inchangée de maîtres et possesseurs, nous perdons des années de plus en plus précieuses, gâchons un temps que nous n'avons plus.

Quelques dauphins dans la lagune de Venise, les étoiles qui font signe dans le ciel de Wuhan, les eaux de la Seine plus translucides – le fameux « répit pour la nature » dont les images ont circulé est un dangereux trompe-l'œil. Le coronavirus n'est pas une bonne nouvelle pour le combat écologique. La crise que le virus engendre a déjà reporté d'un an la prochaine conférence des parties (COP), et risque de diminuer les ressources dévolues à l'atténuation du changement climatique et à la lutte contre l'érosion de la biodiversité. Dans une partie de l'opinion publique, il est à craindre que les plans de relance économique ne refoulent à l'arrière-plan des préoccupations écologiques qui commençaient tout juste à émerger. Comment, de fait, se soucier de la fin du monde quand on aura plus de peine que jamais à boucler ses fins de mois ? Or les écosystèmes n'ont pas besoin d'un répit d'une année, mais d'une diminution méthodique et planifiée de la pression que nous exerçons sur eux. Selon le Haut Conseil pour le climat, les rejets carbonés vont diminuer en France d'environ 10 % pour l'année 2020. La baisse est appréciable, mais inférieure à ce qui serait nécessaire pour respecter les objectifs de l'accord de Paris... Le site d'investigation Carbon Brief estimait récemment qu'un enfant né en 2017, avec une espérance de vie de 85 ans, ne devrait pas dépasser des émissions de 2 tonnes de CO_2 par an pour rester en deçà de la limite de 2 °C. C'est presque six fois moins que l'empreinte carbone annuelle moyenne des Français, qui tourne autour de 11 tonnes. Faire un aller-retour à New York en avion, ou rouler 9 000 km en voiture, c'est déjà consommer la moitié du budget carbone annuel dont disposent nos enfants. Il est sidérant, lorsqu'on a ces données en tête, de constater que les médias dominants disqualifient de façon aussi systématique celles et ceux qui parlent de décroissance. Latour lui-même estime que le mot est piégé car personne n'a envie de décroître. Comme le montre Sébastien Bohler à travers le prisme des neurosciences, notre cerveau est de fait programmé pour vouloir toujours plus – de nourriture, de sexe, de pouvoir ou d'information. Les individus les plus sensibles à ces gratifications sont ceux qui, dans l'histoire de l'espèce, ont le mieux résisté aux pressions sélectives. Que nous soyons mal équipés pour lutter contre ces addictions prédatrices n'ôte pourtant rien au fait que la décroissance n'est pas une question de choix idéologique. Les réactualisations du rapport Meadows montrent qu'un arrêt de la croissance aura lieu au cours du XXIe siècle. Soit nous le planifions sous la forme d'une transition écologique radicale, soit nous le subirons sous la forme d'une série d'effondrements – auxquels nous serons mal préparés, et dont nous aurons les pires difficultés à assumer les conséquences. Du reste, alors que l'accélération de nos quotidiens banalise la fatigue chronique, les troubles du sommeil et les épisodes dépressifs, faisant planer sur chacun de nous le risque d'un effondrement mental qui préfigure l'effondrement social, il est probable que le désir de ralentir, de rompre avec ce régime d'hyper-mobilité et de suractivité commence à faire jeu égal dans nos cœurs avec cet idéal moderne qu'est la recherche d'une vie intense.

Englués dans notre arrogance technoscientifique, nous continuons de penser que nous pourrons réparer, compenser, trouver des solutions, quand il faudrait plutôt éviter de détruire, d'abîmer, d'aggraver les problèmes

Développer un matérialisme profond

Lentement mais sûrement, l'intelligence publique des sciences qu'Isabelle Stengers appelle de ses vœux progresse. Si une fraction importante de la société civile paraît prête à tirer les enseignements de l'épidémie, à sortir de la croyance selon laquelle les modes de vie occidentaux pourraient être généralisés, à ne pas rater cette dernière chance qu'ouvre ce ralentissement forcé, peut-on nourrir l'espoir que la même prise de conscience atteigne les décideurs ? Que leur matrice intellectuelle soit celle du néolibéralisme ou du capitalisme d'État, la plupart semblent encore privilégier l'option confortable du déni – sous la forme radicale du climato-négationnisme, ou bien sous celle, plus modérée mais pas beaucoup moins illusoire, d'une croissance verte réconciliant par un miracle écologie et production. Des décennies de critique du concept de produit intérieur brut (PIB) n'ont pas suffi à ce que cet outil de mesure aberrant soit abandonné au profit d'indicateurs qui appréhendent la création de valeur en prenant sérieusement en compte la destruction de capital naturel qu'elle implique. Pour nous mettre à vivre sur Terre, et pas dans le fantasme révolu de la globalisation, nous avons besoin de développer un matérialisme profond, conscient que la richesse produite par les économies humaines reste quantité négligeable à côté de celle que créent les plantes en libérant de l'oxygène, les glaciers en alimentant nos fleuves en eau douce, ou les insectes en pollinisant les cultures. À tenir les écosystèmes pour un stock de ressources bon marché, à minimiser les dégâts environnementaux et leurs conséquences en matière de santé publique, le capitalisme extractiviste ne cesse de biaiser les décisions politiques en faveur de la seule production.

La pandémie en cours ne va pas d'elle-même modifier les rapports de force. Les catastrophes ne nivellent pas les inégalités, elles les aggravent (Sandrine Revet). Les plus faibles seront encore affaiblis, les plus pauvres encore appauvris, et les secteurs les plus fragiles auront du mal à se relever. Les productivistes ne sont pas seulement mieux organisés, ils occupent des postes plus importants dans les chaînes de décision, dans les gouvernements, aux conseils d'administration des grandes entreprises, et disposent de capitaux massifs pour influencer les politiques et l'opinion publique – tandis que les écologistes essayent de se faire entendre depuis les partis d'opposition, les organisations non gouvernementales (ONG), ou depuis le monde scientifique, intellectuel et culturel. Si la conscientisation progresse alors que le combat est à ce point inégal, c'est que les faits ont la tête dure et que les catastrophes qui témoignent de l'aggravation de l'urgence écologique se sont multipliées ces dernières années.

La souffrance au travail est liée pour une bonne part au fait que des millions de nos concitoyens, conscients que leur activité est nocive socialement et écologiquement, ne peuvent pas s'en désengager car leur subsistance en dépend

La relance d'après 2008 a verrouillé une trajectoire obstinément extractiviste. Dans un contexte de chute des prix du pétrole, les investissements carbonés ont d'ailleurs rebondi à partir de 2015. Si nous ne voulons pas anéantir notre dernière chance d'éviter un monde à plus de 2 °C, les plans de sortie de crise doivent cette fois-ci prendre en compte les co-bénéfices environnementaux de l'action publique. Plus un seul euro d'argent public ne devrait être investi dans des projets incompatibles avec les objectifs de l'accord de Paris. Portées par les ONG ou, depuis juin, par la Convention citoyenne pour le climat, les propositions existent. Elles n'ont désormais rien d'inattendu ni d'inédit. Il s'agit moins d'en inventer de nouvelles que d'affronter les coalitions d'intérêts qui s'opposent à leur financement et à leur mise en place. Certaines propositions vont dans le sens d'une création massive d'emplois, comme l'amplification des programmes de rénovation thermique des bâtiments, ou la réorientation de la politique agricole commune (PAC) vers l'agro-écologie. D'autres vont au contraire dans le sens de la sobriété en anticipant l'arrêt inéluctable de la croissance. Taxer les biens et les services les plus polluants, interdire d'en faire la publicité, afficher l'empreinte carbone de chaque produit – autant de mesures de bon sens à quoi rien ne devrait faire obstacle. Plus difficile à mettre en œuvre, l'instauration d'un revenu inconditionnel d'existence serait aussi décisive pour nous aider à repasser en dessous de la capacité de charge de la Terre. Donner aux gens les moyens de vivre une vie décente hors de la course à la maximisation des profits permettrait de faire décroître les secteurs où la destruction de capital naturel et humain l'emporte sur la création de capital matériel et financier. La souffrance au travail est liée pour une bonne part au fait que des millions de nos concitoyens, conscients que leur activité est nocive socialement et écologiquement, ne peuvent pas s'en désengager car leur subsistance en dépend. Les entreprises jouent sur cette corde en repoussant par le chantage à l'emploi toute accélération de la transition écologique. Financé par une taxe sur les transactions financières et monétaires (que Yann Moulier-Boutang appelle la « taxe pollen », car c'est la circulation de la richesse qui pollinise notre monde), ce revenu inconditionnel d'existence serait aussi un puissant facteur de justice sociale : pour continuer d'attirer des salariés vers les emplois les plus aliénants, ceux sans lesquels, comme le confinement l'a prouvé, une société ne tient plus, mais qui sont aussi souvent ceux qui « asservissent notre attention sans la vivifier » (Yves Citton), les employeurs seraient enfin contraints d'améliorer les conditions de travail et de revaloriser les rémunérations.

On sait bien qu'il est plus facile, comme le dit Fredric Jameson, d'imaginer la fin du monde que la fin du capitalisme. Cela fait pourtant 65 millions d'années, depuis l'extinction du Crétacé, que la vie se rediversifie sur Terre – et 500 ans seulement que le capitalisme existe. Si nous profitons de ces temps de pandémie, où la plasticité idéologique s'accroît, où les certitudes vacillent, pour sortir de l'hyperproductivisme et prendre enfin conscience des égards que nous devons au vivant, alors (et alors seulement) nous pourrons vivre dans l'espoir que les victimes du Covid-19 ne seront pas mortes en vain ●

VM

LE RÊVE CALIFORNIEN

CALIFORNIA DREAMIN'

PAR

Zrinka Stahuljak

On a toute une vie derrière soi pour puiser dans l'expérience et pourtant aucun récit du présent. Les vérités personnelles et universelles s'effacent. Seule la capacité d'observation persiste, une description du monde accompagnée d'imagination et de mémoire. Voici un état des lieux, un cahier dans l'archive des expériences pour faire advenir ce qui n'est pas encore[1].

L'élection pour la catastrophe

La façon dont on s'installe dans un lieu dit-elle quelque chose sur notre avenir ? Le récit qu'on trame dans l'après-coup détermine-t-il une réponse future à l'inattendu ? Depuis que j'ai traversé l'océan Atlantique pour m'établir aux États-Unis, et à chaque déménagement qui m'a fait traverser ce pays de la taille d'un continent, j'ai toujours été frappée par les débuts.

---

1. Avec mes remerciements à Kathleen McHugh, dont le compagnonnage et la conversation vive ont transformé le confinement en découverte.

L'arrivée dans le Kansas, en plein milieu du pays, dans le bastion du conservatisme états-unien, s'est faite pendant la saison des tornades. Venant d'un pays méditerranéen, j'aime le ciel noir et lourd d'avant l'orage, le contraste de la lumière contre le fond sombre fait ressortir les couleurs avec une intensité rare. J'éprouve un plaisir corporel au grondement du tonnerre dans la distance, au craquement violent de la déchirure du ciel, parfois aussi puissant qu'un coup qui fait trembler les murs, au vent, à la pluie. Mais au Kansas, je n'ai que le souvenir de ma peur, de mon ignorance, ne connaissant pas les procédures de sécurité à suivre, une mémoire, pas du vent mais d'une puissance aérienne. Un mur. Sans tonnerre. Je m'étais cachée au sous-sol de l'immeuble à côté du mien grâce aux voisins. L'immeuble dans lequel j'avais à peine emménagé n'en avait pas, or, comme j'apprenais en le faisant, pendant une tornade il faut se cacher au-dessous du niveau du sol.

Deux ans plus tard, j'arrivais en Géorgie, dans l'ancien Sud esclavagiste et ségrégationniste (confédéré). Durant le premier mois, j'ai eu l'expérience d'un autre phénomène : l'ouragan. De nouveau, je traversais une intempérie dans l'inconscience, passant la nuit dans mon appartement nouvellement occupé, au premier et dernier étage, sous le toit de la maison et sous les arbres et les pins. Le lendemain matin, je découvris dans ma rue de la ville d'Atlanta que quelques maisons s'en étaient sorties avec des troncs d'arbres dans leur toit.

Deux mois après mon installation à Boston, au Massachusetts, le berceau de la révolution d'indépendance américaine, où j'occupais mon premier poste de maître de conférences, je prenais la voiture pour descendre vers New York. J'avais à peine terminé la première semaine de cours, et je devais me rendre à Édimbourg, en Écosse, pour un colloque. À l'époque, je n'avais toujours pas la nationalité américaine et avais besoin d'un visa. Vers 8 h 45 du matin, je sortis du métro new-yorkais pour mon rendez-vous à l'ambassade britannique, au cœur de l'île de Manhattan, à quelques rues de Times Square, la place iconique new-yorkaise. On était le 11 septembre 2001.

Ayant vécu à Boston deux des cinq pires tempêtes de neige en seulement quatre ans, parfois sous des températures de – 20 °C, je fus enchantée quand l'université de Californie à Los Angeles m'a proposé un poste. J'y arrivais en septembre 2006. Et depuis je n'ai qu'une seule peur : que le « Big One », le séisme qui va en finir avec le paradis californien, ensoleillé, doux, ne frappe. Depuis 1857, le Sud californien attend cet événement de magnitude 7 ou plus, le long de la fissure de San Andreas qui traverse la Californie du nord au sud. San Francisco avait connu la dévastation en 1906, et encore en 1989, Los Angeles en 1994. Mais tout cela n'est rien en comparaison à l'échelle du « Big One » qui ferait de la Californie une île… Le terme est largement dépassé – et moi, j'attends toujours, j'attends que la catastrophe marque un début. De temps à autre, j'imagine que je serai ailleurs quand cela arrivera, en France ou en Croatie, mes deux autres pays, ou encore dans un avion parcourant le globe, comme cela a souvent été le cas ces dernières années. Dans les airs, je ne sentirai rien ; mais je m'inquiète que l'avion ne puisse atterrir. Parfois, comme récemment, le tremblement de magnitude 4,9 sert de rappel à l'imminence d'une catastrophe possible. Contrairement aux tornades, ouragans et tempêtes de neige, les séismes, comme les attentats, sont toujours imminents. On ne peut pas les prévoir avec assez d'avance. On ne peut pas être prêts.

Sans doute que ces expériences de début sont d'autant plus marquantes qu'on a la conscience, ou l'illusion, que les débuts donnent le ton. Il n'est peut-être pas surprenant d'avoir eu ce sentiment après avoir vécu une guerre. Au début des années 1990, j'ai vu naître un conflit toujours plus tendu, montant crescendo, on entendait les discours intérieurs de haine et extérieurs de pacification. L'ex-Yougoslavie, ce pays construit sur la crête de l'ancienne ligne de partage entre les empires ottoman et austro-hongrois, a éclaté en juin 1991. Je passai la première moitié de 1992 en tant que fixeuse pour des journalistes et la Communauté européenne, souvent sur les lignes de front, en mission.

L'expérience de la guerre prédispose à la pensée de la catastrophe. Mais quand la pensée devient le sentiment, une quasi-conviction, d'être élue pour la catastrophe ? Comment m'expliquer sinon que j'aie pu, par un concours de circonstances encore, passer une semaine à Prague en novembre 1989 au moment de la révolution de Velours ? Se trouver à répétition dans l'épicentre d'un événement, pourtant sans être dans l'œil de la tempête. Éviter le centre mort pour en être le témoin vivant. Être là mais pas dedans. Le vivre sans en mourir.

L'arrivée en Californie était donc à la fois le comble de la catastrophe possible – imminente car sans prévision, une secousse se déclenche en à peine quelques secondes d'avertissement audible, à la différence d'une intempérie, d'une guerre, d'une révolution – et par là même la sécurité. Ne pas voir la chose venir, ne pas suivre la montée des tensions, être en revanche dans la contingence de la catastrophe, c'est un soulagement.

Peut-être aussi le sentiment, entre deux postes de travail, d'avoir fait son choix de la catastrophe à venir : plutôt que de devoir ramasser des mètres de neige à la pelle chaque hiver, ou d'être sûre de vivre au moins un ouragan par saison, faire le pari d'un grand tremblement de terre qui peut-être n'arrivera pas tant que j'habiterai et travaillerai ici. Les intempéries sont des phénomènes de saison ; même une guerre dépend des saisons, car les températures douces sont préférables au froid. Mais un séisme est à la fois à tout moment et jamais, un événement sans saison, avec un avenir certain et, à chaque jour qui passe, non advenu.

Compte tenu de tous mes débuts, il fallait donc reprendre le chemin d'une catastrophe. Pendant quinze ans, j'avais pu avoir la naïveté de faire mon choix, et mon pari, d'élire mon destin de catastrophée. Si je devais y passer, ce serait dans un tremblement de terre.

Au bord du précipice

La Californie, et surtout la Californie du Sud, appelée « SoCal » (j'ai mis des années à comprendre que l'abréviation dans laquelle je lisais « so California » signifiait « Southern California »), incarne dans ma mythologie personnelle l'Eldorado de Candide : le pays de la corne d'abondance, elle est majoritairement hispanique depuis la colonisation par les Européens qui l'ont arrachée aux peuples autochtones (« indigenous peoples of California » ou « native Californians »). Tout y est en abondance : le soleil, la lumière, les températures modérées sur toute l'année, l'espace, la nature – l'océan, le désert, les montagnes, les champs. C'est aussi un paradis agricole, surtout de produits biologiques. Quand on est européenne dans un pays où généralement rien qui se consomme par la voie orale n'a beaucoup de goût, les meilleurs fruits et légumes, le meilleur vin sont un luxe, une redécouverte des sens. C'est le pays des horizons ouverts, la perspective à l'ouest n'est nullement encombrée, le Pacifique s'étend jusqu'au nouveau jour et le nouveau continent, le Japon et l'Asie. L'ouverture sur l'océan, au bord de ce précipice liquide infini, explique peut-être l'attachement des Californiens aux plages. Le « surfing » est le mode de vie singulièrement californien, immortalisé dans les chansons du groupe The Beach Boys. L'eau est en effet une obsession californienne. On ne quitte jamais le ciel des yeux : parce qu'il est éternellement bleu, la pluie et la sécheresse sont une préoccupation permanente dans ce paysage désertique. Le climat se fait dans l'interaction entre l'humide et le désertique : l'air, les paysages, la végétation, notre style de vie, tout est déterminé par l'eau.

La Californie m'a séduite dès que j'y ai mis les pieds il y a trente ans : son mode « laid-back » (décontracté), un mélange de laisser-faire et de douceur de vivre qui reste un engagement. Le laisser-faire n'est pas une indifférence, c'est une bienveillance, une idée de vivre ensemble sans déranger l'autre, dans une douceur de vivre qui est une passion. Une passion qui n'est pas adhésion, fanatisme, car il y a toujours de la place pour l'autre. La Californie est pour moi le seul État des États-Unis qui réunisse une grande histoire intellectuelle et une grande joie de vivre : réfléchir et prendre plaisir.

Pourtant, pendant les dix premières années de mes migrations américaines, je ne rêvais pas de Californie, même séduite, je ne voyais pas son attrait permanent. Peu importe si, au milieu de mes hivers, « all the leaves are brown and the sky is gray[2] », toutes les douceurs californiennes n'arrivaient pas à me convaincre de partir si loin, trop loin, à douze heures de vol de l'Europe, de vivre avec 9 heures de décalage horaire. Le point le plus extrême de la civilisation occidentale, une contrée qui ne regarde pas en arrière mais se penche en avant encore plus à l'ouest, au-delà de son bord pacifique, vers la civilisation asiatique.

Jusqu'au jour où assumer mon parcours d'élection pour la catastrophe, lâcher prise pour me lancer dans le vrai inconnu, aller aussi loin que possible dans la limite de mon courage, plutôt que d'introduire la limite du hasard – c'est faire le choix le plus risqué et le plus sûr – m'ont poussée à m'installer au bout du monde occidental. C'est ici, en attendant que ce nouveau début soit marqué par une catastrophe sismique, que je vivais dans une triangulation. Entre la France, ma demeure intellectuelle, la Croatie, pays de mes origines, et la Californie, mon aboutissement, aussi loin que je me serai risquée, car je n'envisage plus de faire le tour du globe en allant toujours plus à l'ouest, en tout cas je n'en recherche plus activement l'opportunité. Jusqu'au moment de faire le choix californien, mes choix avaient été guidés par la ressemblance – j'avais pris le poste à Boston car je croyais y reconnaître quelque chose de la Vieille Europe. Par la suite, j'ai vite appris que c'était une fausse généalogie mais une réelle analogie par l'ancienneté ; l'Europe de l'Ouest et la côte Est américaine partagent un sentiment de vieux privilège, déplacé et dépassé, mais indéfectible et incessible. Autrefois, partir à l'ouest de l'Europe ou sur la côte Est états-unienne, qui lui reste proche, c'était se rendre compte de sa propre différence, par « l'orientalisme ». À la suite de la guerre qui

2. La chanson des années 1960 de The Mamas and the Papas, *California Dreamin'*.

avait résonné en Occident, être croate ou ex-yougoslave, c'était n'être ni européenne ni occidentale. Je suis l'enfant d'un pays communiste qui n'avait jamais surmonté son héritage des Balkans, qui s'était dissout dans la « guerre civile », qui était donc un pays des « Orientaux » des Balkans et des (tribus) non civilisé(e)s. Combien de fois avais-je entendu cette accusation de tribalisme pour expliquer le rejet d'un rêve multi-ethnique et pluri-religieux en Europe. Venir des « Balkans », c'était être l'autre de l'Europe, venir de ses bas-fonds. Je vivais une dévalorisation par la différence. Mais en Californie, tout cela n'avait plus aucun sens, on est trop loin, dans l'espace, dans le temps, dans l'histoire, le lien californien avec l'Europe et son histoire est moins fort que son lien avec le Mexique, son ancien État maître, et celui avec l'Asie, d'où vient une grande partie de sa population.

La France, le centre, la Croatie et la Californie, les extrêmes oriental et occidental de mon parcours. Le travail de soi et le travail intellectuel se sont affinés dans la différence plurielle, non pas dans l'enracinement. La triangulation permet de creuser entre deux pôles de différence pour percevoir une troisième position. Elle se décale à chaque prise de vue, à chaque changement d'optique produit par le changement de site. Cette vision est loin de la perspective linéaire ou de l'image en miroir. Après des années d'un faux choix binaire, entre l'Europe occidentale et la côte Est états-unienne, entre le même et le semblable, j'ai choisi la Californie et une vie triple. Un choix de vie interconnectée entre trois langues.

Après quinze ans de cet équilibrisme qui demande beaucoup de temps dans l'avion, mais impose aussi de toujours s'interroger sur son centre et sur sa perspective, d'affiner sa vision et sa compréhension à cause d'une remise en question permanente, je me suis souvent demandé si je n'avais pas été trop chanceuse dans le pari que j'avais fait. Si la dette à payer n'arrivait pas à son échéance. Dans mon arrogance d'avoir élu ma catastrophe, je n'avais jamais imaginé que je me retrouverais paralysée, coincée à l'autre bout du monde, coupée du monde, à cause d'une pandémie sans issue ni fin prévisibles. Que je serais obligée de me poser pour un temps indéfini dans le lieu que j'avais choisi parce qu'il rentrait dans une configuration triangulaire, parce que la vie dans les trois lieux était possible de par la vitesse de mes déplacements, par la maîtrise de toute une vie de décodage. J'étais loin dans le temps, loin dans l'espace. Le bord pacifique occidental est l'extrême fin de journée, le coucher de soleil. Une chronologie et une géographie du bord et du bout. Au bord du précipice, le « Big One » frappait et j'étais à la dérive sur l'île de la Californie.

Quand j'envisageais le séisme destructeur, je me consolais toujours à l'idée que cette catastrophe serait circonscrite dans le temps et dans l'espace. Toutes les catastrophes que j'avais vécues l'avaient été, même si elles résonnaient dans le monde entier, même si elles suscitaient les réactions les plus vives de tous les continents. Oui, la guerre de l'ex-Yougoslavie avait déplacé les frontières et les réfugiés. Bien sûr, le 11-Septembre avait précipité une suite de guerres à la chaîne à des milliers de kilomètres de son impact. La catastrophe était circonscrite car on la vivait physiquement dans des endroits précis, et ailleurs on en avait l'expérience par procuration, par les images défilant en boucle sur les écrans. La procuration voulait dire qu'il y avait un ailleurs à la mort. Là où elle n'avait pas eu lieu, la vie continuait son cours comme avant, dominée par l'économie et la politique, sans que les discours ni les structures changent. Ainsi, il en serait du cas d'un séisme. Après quelques jours, si on survivait à l'effondrement, on recevrait de l'aide mondiale, on recommencerait, ici ou ailleurs. Il y aurait toujours un autre endroit, dans un autre fuseau horaire, où le fil de la vie n'aurait pas été rompu. Ces autres lieux, ces autres heures nous aideraient à renouer le fil. Et s'il fallait quitter l'Eldorado, être catastrophée ne serait-il pas un nouveau début, dans un autre lieu, à une autre heure ? On surmonterait et continuerait parce que le monde tournerait comme avant, que le choix soit de reconstruire du neuf ou « à l'identique ».

Mais comment continuer sa vie si personne ne peut venir vous aider puisque chacun essaie de survivre à la catastrophe ? Comment renouer quand toute la planète partage la même catastrophe simultanément ? Il n'y avait plus d'ailleurs à la mort. La pandémie de Covid-19 m'a guérie de ce sentiment d'élection pour la catastrophe. Aucune catastrophe n'a jamais tourné autour de moi, n'a été pour moi, n'a été une « expérience ». Je n'ai mené ni une vie d'exception ni une vie d'élection, je n'ai pas eu d'expériences hors mesure, je ne suis pas unique par mon vécu et je n'ai pas de récit, pas plus que quelqu'un d'autre. Je suis dépossédée de récit car la catastrophe nous appartient à toutes et à tous. Quel récit nous appartiendrait en propre quand l'expérience nous est commune ?

C'est comme si la globalisation atteignait le comble de son évolution : le lieu et le temps, qu'on ne distinguait déjà qu'à peine, tellement on était interconnectés, ont abouti à une invariabilité. On a fini dans ce paradoxe : dans le passé, on vivait dans la continuité sans rupture des temps, toujours avec la possibilité de s'installer ailleurs car la machine planétaire continuerait de tourner sans que rien ne change quelle que soit l'ampleur des catastrophes – des guerres, du terrorisme, de la crise économique. L'unité mécanique du temps niait jusque très récemment la pluralité des temps planétaires, la différence simultanée des histoires et des pouvoirs. Cette uniformité mécanique, dictée principalement par les marchés, l'invariabilité, la non-différenciation – tellement d'aéroports se ressemblent, et notre mobilité était facilitée par l'uniformité de choix de consommation et de services –, nous les recevons maintenant en pleine figure. Notre mobilité de l'invariabilité a propagé le virus.

Mais le paradoxe de ce monde du même, c'est de ne plus vivre ensemble. On est ensemble séparément. Physiquement, on a atteint le sommet du « global-local » : que chacun.e soit ancré.e dans sa localité est un fait globalement répandu. On est figé dans un lieu, dans l'invariabilité de l'expérience simultanée de la catastrophe. Il n'y a pas d'ailleurs. Nous vivons tous à peu près le même présent, nous ne sommes pas dans la procuration. L'événement ne nous est que trop saisissable : il est dans notre corps.

Notre présent révèle ce qui était opérant déjà bien avant : dans un monde globalisé, on vivait dans l'invariable du temps. Dans un monde aplati. Nous l'avons poussé au bout de ses manifestations.

Dans la souffrance d'être à l'autre bout du monde, au bout des temps (des fuseaux horaires), si loin, trop loin et sans terme, une lueur perce : que cet événement commun au globe répare – parce qu'il détruit son caractère mécanique – notre rapport au temps. La conscience de la pluralité des temps, des expériences, est ce qui est réparé, d'une façon douloureuse ces jours-ci, on la saisit parce qu'on est dans un présent invariable. Le passé est devenu ceci : un passé différent, autre que notre présent. Nous sommes en rupture avec notre passé et incapable de le relier à un avenir. On vit une exception des temps et on ne peut pas s'empêcher de comprendre la différence et la pluralité des temps qui sont notre condition.

Cette différence humaine des temps – sans concordance – est bien ce qui est troublant, car nous ne sommes pas dans un entre-temps, mais dans un temps qu'on ne maîtrise plus. On ne choisit pas sa catastrophe.

Ceci n'est pas une guerre

Qu'arriverait-il si à la pandémie se rajoutait un séisme massif qui détruirait soit San Francisco soit Los Angeles ? L'ironie des temps et lieux pluriels, même dans un temps invariable, c'est qu'il y a bien eu un séisme de magnitude 5,3, loin et pourtant si près. Le 22 mars, le centre du vieux

Zagreb a été sérieusement endommagé en pleine pandémie. Ce séisme a rétabli, quoique temporairement, le vécu d'un événement dans la procuration – je ne vis pas la même catastrophe que mes parents et mes ami.e.s, et ils en vivent deux. Leur catastrophe ne m'appartient pas et momentanément la pluralité des temps a percé dans cette distinction. L'ironie d'une catastrophe autre que celle qui nous unit dans un temps simple, invariable. Mais aussi le retour de l'historicité qui produit la différence des temps.

À vrai dire, ce scénario de mauvais film – un séisme au milieu d'une pandémie – n'était pas ma première pensée au début du confinement à Los Angeles, le 19 mars, mais peu à peu les images des gens se précipitant sur les packs de bouteilles d'eau m'ont fait prendre conscience de la signification de leur geste : l'exercice annuel du « Great California ShakeOut » avait porté ses fruits, le réflexe avait été acquis de se préparer pour la catastrophe idiosyncratique californienne. Les pièces les plus importantes des kits de survie du séisme qu'on peut acheter à tous les coins de rue sont l'eau et les tablettes d'épuration de l'eau. La panique concernant l'eau potable (après une première vague d'achat de papier-toilette) était comparable au réflexe que provoquaient les sirènes anti-aviation déclenchées tous les premiers mercredis du mois à midi en France. Imaginons que pour se protéger du virus on s'arrache des masques à gaz. La réaction des Californiens était néanmoins un comportement louable devant l'ampleur de la catastrophe : tomber dans la panique de devoir se fournir en quantités autres que de coutume, c'était en reconnaître la gravité. Les Californiens se trompaient en masse sur leur catastrophe, car toutes les catastrophes ne se ressemblent pas. Les mesures de défense et de protection dans une pandémie virale ne sont pas celles d'un séisme dévastateur. Mais comment ne pas se tromper de catastrophe quand un événement pareil arrive pour la première fois ? Comment ne pas puiser dans son trésor d'expériences, dans son répertoire de gestes habituels ?

Or il ne faudrait pas se tromper de catastrophe : ceci n'est pas une guerre.

Si c'est une guerre, il faut vite suivre l'exemple de ceux et celles aux États-Unis qui se sont rués dans les armureries pour acheter en masse des armes. Par la suite, ces magasins ont été fermés dans la plupart des États, la Californie donnant l'exemple car ils y sont considérés comme des « commerces non prioritaires », non essentiels. Des plaintes arguant de leur nature « essentielle » ont été déposées auprès des juges, aussitôt rendus publics les décrets de confinement. Si on écoutait les discours des dirigeants du monde, ils avaient raison de vouloir s'armer.

Le 16 mars, Emmanuel Macron a déclaré solennellement que « nous [étions] en guerre ». Le lendemain, Donald Trump proclamait pour la première fois que c'était une guerre, « notre guerre », « guerre médicale ». Le 7 mai, il qualifiait la pandémie d'attaque pire que celle de Pearl Harbor, l'entrée des États-Unis dans la Seconde Guerre mondiale : une référence claire à la « menace » venant de la côte asiatique, autrefois du Japon, aujourd'hui de Chine.

Les discours militaristes ne recourent-ils pas au trousseau de métaphores et au répertoire de gestes familiers et reconnaissables par toutes et tous ? Historiquement, l'image du bon leadership s'exprima le mieux dans la guerre. Les présidents états-uniens ont certes diligemment exploité ce langage depuis la fin de la Seconde Guerre mondiale : la guerre contre la pauvreté (« war on poverty » de Lyndon B. Johnson, 1964), la guerre contre les drogues (« war on drugs » de Richard Nixon, 1971), la guerre contre le terrorisme (« war on terrorism » de George W. Bush, 2001). Bush affina ses propos initiaux pour annoncer une guerre contre la terreur (« war on terror »), déclaration qui à l'époque avait provoqué des débats intarissables sur la justesse de l'expression et sur la différence entre la « terreur » et le « terrorisme ». La terreur a fini par l'emporter sur le terrorisme. Mais on s'est attardé beaucoup moins sur l'utilité de la métaphore guerrière. Ces dernières années, depuis 2017, les États-Unis vivent dans l'ambiance d'une guerre commerciale (« trade war »).

Mais cette description ne correspond pas à la situation. Une pandémie n'est pas une guerre, même si elle est comme une guerre. Il y a quelque chose de juste dans l'analogie : le virus est comme une balle, chacun peut en être atteint. Ainsi faut-il prendre le maximum de précautions pour éviter d'être sur son parcours. Mais la pandémie n'est pas un siège, même si elle y ressemble par moments. Nous sommes tous, les uns après les autres, pris dans la même pénurie de places hospitalières, d'équipements, de médicaments, de personnel, comme dans un siège. Comme les gens de Sarajevo, par exemple, nous sommes immobilisés à l'intérieur d'un périmètre. Mais, alors qu'on peut sortir d'une ville assiégée, nous ne pouvons pas nous réfugier. De même, un siège peut être levé en principe, on peut demander des secours extérieurs puisque les mécanismes et les moyens existent ailleurs que dans le lieu des combats. Mais, dans notre cas, nous sommes tous à l'intérieur. Le confinement ne peut être entièrement levé car les moyens manquent : c'est une drôle de guerre quand les armes n'existent pas pour la combattre, tel un vaccin ou un traitement. On peut développer l'analogie encore. Une guerre est toujours locale, circonscrite dans l'espace (seule une guerre nucléaire que nous n'avons jamais vécue aurait pu se comparer à ce que nous vivons). Ainsi, les mesures de sécurité sont, de manière analogue, une tentative d'établir des lignes de front : les hôpitaux seraient la première ligne. On produit donc des « règles » pour créer des lignes de séparation, des espaces de confrontation. Et quand le confinement sera levé, les lignes de front disparaîtront. Tout un chacun est et sera une ligne de front. Une drôle de guerre où le front est là où se trouve l'homme et dans laquelle on ne peut pas tuer le virus avec une balle.

Certes, la métaphore militaire ne demande pas une analyse approfondie de son intentionnalité : se projeter en général, en vrai leader, celui qui surplombe le champ de bataille et prend des décisions stratégiques jusqu'à défaire l'ennemi et sauver la nation. La pauvreté de l'analogie exprime peut-être le plus nettement la recherche d'une idée qui réunirait dans un effort commun toute la population derrière un chef incontesté. Rassembler et rallier pour mieux suivre et ne plus remettre en cause la hiérarchie de facto. Le militarisme du discours remplace la controverse sur l'organisation et l'avenir de la société, l'affrontement incessant autour des questions d'économie et de politique. Le militarisme impose le silence par le bruit de la guerre.

Le 6 mai, le président des États-Unis, Donald Trump, s'est déclaré « président du temps de guerre » (« wartime president »). La signification est la plus littérale. Se dire président du temps de guerre indique tout simplement un état de fait : il y a une crise, en même temps que Trump préside. La simultanéité de deux occurrences, la conjoncture de deux événements, chacun sans aucun lien avec l'autre. C'est au plus un simple constat qui n'engage pas un comportement de leader. Trump refuse la responsabilité du gouvernement aussi bien que sa propre responsabilité de coordonner une réponse sanitaire au niveau fédéral, ce qui éviterait une concurrence inutile entre ses 50 États. Cette situation, peu commune aux États-Unis, se rapproche de celle qu'ont vécu les États membres de l'Union européenne. Par conséquent, Trump reporte la charge sur les gouverneurs des 50 États qui composent « l'union » des États américains, les États-Unis. Tout en proclamant « notre guerre », Trump refusait d'invoquer les pouvoirs du « Defense Production Act » de 1950 (loi amendée en 2009) et de mobiliser « la base industrielle nationale pour fournir le matériel et les services pour la défense nationale et anticiper et répondre aux conflits militaires, aux catastrophes de force majeure ou d'origine humaine, et aux actes terroristes sur le sol des États-Unis ». Il n'a jamais mis à profit ces pouvoirs extraordinaires pour commander la production de respirateurs ou d'équipements de protection ; mais il a vite obligé les ouvriers dans les abattoirs – une population majoritairement non blanche, mal payée, sans congé maladie – à continuer leur travail, sans protection adéquate, pour que la population états-unienne ne soit pas privée de la viande nationale, le steak, chair fraîche saignante. Là où chacun aurait pu être une ligne de défense dans un combat médical, chacun un arsenal virologique.

Ce refus de responsabilité et de leadership a obligé les gouverneurs états-uniens à déclarer l'état d'urgence État par État. La décentralisation de la responsabilité, la fragmentation d'une catastrophe commune en une série de comportements autonomes, se répercute jusqu'au plus élémentaire, l'homme, l'individu : le président du temps de guerre en appelle aux « citoyens-guerriers ». L'atomisation de l'État fédéral, la pulvérisation du commun en entités autonomes, instrumentalise la pandémie en outil de division intérieure ultime. On aggrave délibérément les luttes de race et de classe. Aux États-Unis, le virus tue les populations non blanches de manière disproportionnée. Les non-Blancs sont les plus défavorisés, sans assurance maladie ni congé maladie, aux postes les plus exposés et mal payés, dépendants des transports en commun. La race est visiblement un problème de classe, mais ce sujet reste tabou aux États-Unis. Le discours militariste, rassembleur en apparence, n'encourage nullement dans ses effets le retour de l'État-providence mais transforme la chose la plus commune – la vie, la catastrophe – en morcellement de la base sociale. Aux États-Unis, chacun est le créateur responsable de son propre rêve américain. S'il y a une guerre aux États-Unis, ce n'est pas une guerre contre le virus, mais une guerre contre sa propre population, et l'incitation à la guerre entre des catégories sociales.

En vulgarisant la frange extrême du mouvement survivaliste (« survivalist »), le discours militariste de Trump incite donc les « citoyens-guerriers » à une guérilla de chacun pour soi, de chacun contre tous, de la survie du plus fort. Reprendre sa liberté, en dépit des ordres de confinement des gouvernement locaux, ce serait être responsable de soi-même, s'occuper de soi-même en tout domaine, ne rien devoir à personne ni au gouvernement. Être libre de tout lien. Oui, les magasins d'armes sont un commerce « essentiel ». Et Trump est bien un « président en temps de guerre » – une guerre qu'il attise.

Trump cherche un autre effet. Les citoyens-guerriers ne sont pas appelés à se rendre sur le champ de bataille médical, ce qui impliquerait un leadership de la part du gouvernement. Au contraire, le champ de bataille est économique. Autrefois on se sacrifiait pour la nation, aujourd'hui on se sacrifie pour l'économie. Le discours militariste dispense du souci de l'autre, puisqu'on en appelle au sacrifice, on parle à celui qui est déjà mort. De quoi y aurait-il à se soucier si l'ouvrier a pris sa décision de retourner au travail, le droit de travailler devenant le principe de la liberté, l'expression la plus profonde de « America is a free country ». Aux États-Unis, le droit au travail devient le droit de mourir, car la plupart de ceux qui doivent impérativement travailler ces jours-ci pour pouvoir vivre n'ont ni trésorerie, ni assurance maladie, ni congé maladie. *Live and Let Die* (« vivre et laisser mourir ») est une chanson bien connue du groupe The Wings, que Trump a diffusé lors d'une visite aux ouvriers d'une usine fabriquant des masques de protection.

En quoi la rhétorique de Trump, qui demande le sacrifice individuel, voire l'héroïsme si prisé aux États-Unis, serait différente du « nous » macronien ? Pourquoi faudrait-il que « nous » soyons en guerre ? Quel genre de guerre est le combat commun où il s'agit de produire des respirateurs et des masques chirurgicaux ? Dans une « guerre » des soins, médicale, le but est la fabrication du matériel pour soigner, plutôt que pour tuer. Or, soigner, faire vivre, c'est l'antonyme de la guerre, de faire mourir. Est-ce bien pour cela, parce qu'il vise la santé, la thérapeutique et les soins, qu'un combat médical doit être transformé en guerre ? La métaphore militariste voile le genre de notre guerre commune. Soigner, guérir, protéger sont-ils un métier et une vocation trop féminins pour les présidents ? Pour soigner, il faut se soucier, être prévenant. Le virus ne serait-il pas assez viril ?

Non, ceci n'est pas une guerre, car si c'en était une, nous aurions subi notre défaite au déclenchement des hostilités. Mais si notre catastrophe commune est comme une guerre des soins, peut-être composerons-nous un autre futur. La cohabitation avec le virus, que ce soit celui-ci ou, comme nombre d'épidémiologistes le craignent, un autre aux taux de contagiosité et de mortalité encore plus élevés, cela oblige à se soucier de soi et de l'autre. Si nous voulons encore vivre dans un monde interconnecté, le soin et le souci de l'autre – le lien à l'autre – sont la première ligne de front, le point de contact à partir duquel se retissera notre société.

L'État-nation

La question qui me hante depuis le début de mes migrations de catastrophe en catastrophe reste intacte : la façon dont on s'installe détermine-t-elle notre avenir ? Autrement dit, le seuil est-il forcément le portail d'entrée et une forme d'issue ? Dans quelle mesure les archives historiques deviennent-elles les archives de notre avenir ?

Face au délitement de l'État fédéral et au discours militariste des États-Unis, la Californie a proposé un autre concept aussi fort que la guerre : le concept d'État-nation. Son gouverneur, Gavin Newsom, a qualifié la Californie d'État-nation à plusieurs reprises depuis le début de la crise sanitaire. La toute première fois est survenue le 15 mars, quatre jours avant son annonce du confinement. Face à un événement sans précédent – sans histoire –, Newsom évoquait une vieille histoire. L'État-nation est une forme étatique de souveraineté d'un peuple qui s'identifie d'une manière plutôt homogène. Cette communauté se définit par l'identité de langue, de mémoire, de coutume, de culture et d'origine, et se regroupe sur un territoire uni qui lui appartient souverainement. L'État-nation est un phénomène récent, moderne, issu des guerres d'indépendance ou des révolutions. Au temps des empires marqués par la pluralité des langues, des histoires, des cultures, des religions, a succédé cette configuration ethnolinguistique qui domine aujourd'hui le globe.

Les États-Unis se disent être une nation fédérée de 50 États. Alors qu'on peut se dire américaine (et non pas états-unienne, une anomalie car les États-Unis ne sont pas l'Amérique ; une Canadienne ou une Mexicaine ne peut pas s'identifier comme Américaine), il n'existe pas de nationalité californienne. Les États fédéraux forment la nation, mais ne sont pas des États-nations. Ainsi, se proclamer « État-nation » est une déclaration d'indépendance par rapport à l'État fédéral, et peut-être une déclaration de guerre. En cela, Newsom suivait la logique du discours militariste : s'il y a une guerre, il y a une possibilité de sécession. Si elle s'origine dans un discours militariste, constituant la menace d'une nouvelle guerre civile – la première guerre civile des États-Unis (1861-1865) a eu lieu pour déterminer la forme, fédération ou confédération, et la nature de l'Union, abolitionniste ou esclavagiste –, elle défend surtout une autre vision du monde, une façon différente de gérer la catastrophe et d'imaginer la vie et la mort, de vivre et de soigner.

Pour Newsom, cela ne signifiait pas une sortie californienne de l'union des États. Il envoyait en revanche un signal fort pour dire que, face à la la politique de désunion du gouvernement fédéral, la Californie serait, comme elle l'a toujours été, autonome et un modèle à suivre pour l'Union. Depuis les années 1960, la Californie impulse la politique fédérale en matière d'environnement, de santé publique (le sida), d'immigration. Elle a aussi été le premier État des États-Unis à ordonner le confinement de sa population. Le 7 avril, Newsom a recommencé et vanté la capacité d'achat de la Californie, l'immense poids de la cinquième économie du monde, le pouvoir de « l'État de Californie en tant qu'État-nation ». En effet, la Californie, avec 39 millions d'habitants, est l'État le plus peuplé et le plus grand contributeur aux caisses fédérales, 15 % du produit intérieur brut (PIB) de l'Union. Newsom a négocié directement les contrats d'achat d'équipements de protection et proposé même d'en exporter vers d'autres États de l'Union ; quelques jours plus tard il a fait don de respirateurs à des États moins fortunés. L'importation et l'exportation sont un geste souverain. Ainsi, la Californie se mettait à la tête de l'Union, humiliant, par comparaison, le gouvernement fédéral qui s'obstinait dans le déni et la minimisation de la gravité de la pandémie, dans des déclarations telles que : « Ça passera "comme un miracle". »

Vivrai-je une deuxième guerre d'indépendance, après celle de la Croatie ? Après l'élection présidentielle de 2016, on a beaucoup évoqué le « Calexit ». La Californie a tout : la technologie, l'agriculture, la viticulture, la culture (surtout l'audiovisuel à Hollywood) et le tourisme. Mais en matière vitale, elle n'a pas l'autonomie que requerrait une déclaration d'indépendance : l'eau. La Californie dépend de l'accumulation d'eau et de neige pendant la saison des pluies. La longue période de sécheresse entre 2011 et 2019 a failli être dévastatrice. L'autre source d'eau majeure provient du fleuve Colorado, et en tant qu'ancien membre de l'Union, la Californie ne pourrait pas compter sur la bienveillance des États voisins qu'il traverse. En outre, la sécession ne pourrait pas se faire pacifiquement, car il faut l'accord des deux tiers des États pour quitter l'Union.

Peu importe, dans une catastrophe commune, il est tentant de se demander quel serait le type d'État-nation à émerger dans l'après-coup du Covid-19. Il est tout aussi réconfortant d'imaginer les paramètres d'un nouvel État-nation avec un leader qui n'a pas peur de manifester son souci des autres ni de prendre soin des autres. La vision alternative de celui qui soigne l'autre, qui se soucie de la diversité. Est-ce étonnant de la part du gouverneur qui, autrefois alors qu'il était maire de San Francisco, avait autorisé le mariage gay en 2004, un geste illégal et juridiquement vide à l'époque mais qui a mené à la légalisation du mariage gay, d'abord en

Californie, puis au niveau fédéral, en 2013 ? Si elle déclarait son indépendance, la Californie serait un État-nation qui changerait peut-être la définition de la nation : l'identification californienne ne passe pas par une seule langue, la population est majoritairement hispanophone, quoique répartie de manière plus ou moins égale entre les Hispaniques, les Blancs et les Asiatiques, avec une minorité de Noirs et une présence conséquente de groupes autochtones. Newsom l'a dit au moment d'annoncer le confinement : « Un État aussi grand que le nôtre, un État-nation, est composé de parts multiples. Mais à la fin, nous faisons un seul corps. Il y a une réciprocité et une reconnaissance de notre inter-indépendance qui nous obligent aujourd'hui à instaurer le confinement dans l'État de Californie. » Un État-nation par sa taille, par son échelle, et dont l'identité – le corps – serait la pluralité des héritages culturels et raciaux, les parts multiples. Ce qui unit ce corps politique californien, c'est l'idéal abstrait – car cet État n'est pas une représentation identitaire – de la douceur de vivre et du bien-être sous des cieux cléments.

Newsom propose l'union des parts hétérogènes autour de l'idée d'un État qui fait nation de par la richesse de sa diversité. Il n'innove pas en matière de gouvernementalité – il propose un État arbitre qui s'occuperait du bien-être de sa population diverse –, mais il la redéfinit. Remplaçant le peuple par la population, il rompt avec la politique identitaire de l'État. Il restitue le droit élémentaire de la majorité à bien vivre et l'oppose au règne de la minorité blanche pour qui le droit à la liberté personnelle va de pair avec leur suprématie raciale et économique au détriment de tous les autres. Au bord du précipice, dans notre catastrophe, la Californie, est devenue une île.

Le droit sanitaire pourrait-il unir jusqu'à être érigé en principe démocratique et invoquer le droit à l'autodétermination ?

California Dreamin'

Avant de me découvrir dépossédée de récit par la catastrophe commune, je n'avais jamais rêvé de Californie. Je l'aimais, j'en profitais, je la vivais et m'en imprégnais quand j'y étais. Ailleurs, je l'oubliais. Le rêve californien m'aurait impliquée dans un avenir. Rêver de Californie aurait signifier y rester et y mourir, loin, au bord de ce précipice pacifique, à la fissure entre monde occidental et monde oriental, à la fin d'une journée et avant qu'une autre ne commence. J'ai vécu longtemps dans la croyance que je pouvais être pleinement dans trois endroits en même temps, grâce à beaucoup d'heures dans les airs. Mais être pleinement dans un seul lieu ?

Aujourd'hui, je rêve de Californie : je rêve d'un État qui ne serait pas une nation, car la première expérience croate m'a guérie de l'homogénéité et du nationalisme. Oui, je rêve de pouvoir être pleinement dans un seul lieu car il est pluriel, il réunit l'Orient et l'Occident.

Aujourd'hui, rêver de Californie est aussi une promesse que je pourrai parcourir en dehors encore. Il ne s'agira plus d'immanence – le fait d'aimer la Californie quand j'y suis – mais de liberté de choix d'y rester ou d'en partir. Rêver de Californie, de ce qu'elle a toujours été, alors que je ne le savais pas en attendant que la catastrophe me donne un nouveau début, mais voilà, notre catastrophe commune est un début, je rêve car je ne l'ai pas, je rêve d'avoir le choix de rester ou de partir.

Peut-on assister deux fois dans sa vie à la création d'un nouvel État ? Si la déclaration d'indépendance prenait effet, serait-ce une catastrophe, un nouveau début ? Aujourd'hui, au bord du précipice pacifique, je rêve de la Californie qui en adviendra, de l'île qui sera un continent[3].

*

Post-scriptum[4] : « Le virus, c'est le racisme. » Cette phrase, apparue peu de jours après le meurtre de George Floyd, Noir, 46 ans, par un policier blanc, résume le séisme pour la justice raciale et sociale qui secoue les États-Unis depuis le 25 mai 2020. Elle énonce une évidence double : que le racisme sévit comme le virus ; et que l'attitude envers le virus est profondément liée aux attitudes raciales, car ce sont majoritairement les mêmes qui refusent de porter le masque en prétextant un droit constitutionnel de liberté personnelle, et qui sont le socle de la discrimination raciale, anti-Noirs, armée. Le luxe de la liberté personnelle n'est pas distribué de façon égale entre ceux qui ont posé les règles du jeu et ceux qui les suivent, les gouvernants et les gouvernés, les suprémacistes et ceux qu'on aurait voulu supprimer. L'ampleur des manifestations contre les violences policières et contre le racisme (que la situation sanitaire aux États-Unis a rendu à la fois flagrant et insupportable), et la progression de l'épidémie montrent en parallèle que le virus est systémique aux

3. Ce texte a été rédigé le 10 mai 2020, à Los Angeles.
4. Le 1er juillet, à Los Angeles.

États-Unis, et le déni blanc assez profond pour appeler à une deuxième guerre civile. Souvent on dit que la politique raciale de la Californie est des plus progressistes. En 1948, la Californie était le premier État à déclarer inconstitutionnelle l'interdiction du mariage interracial. Même si elle a rejoint l'Union en 1850 comme État non esclavagiste, elle est néanmoins face à une longue histoire de l'esclavage des populations autochtones par les franciscains au XVIIIe siècle. En juin 2020, les statues du franciscain Junípero Serra ont été systématiquement déboulonnées et la statue de Christophe Colomb – dont l'arrivée, quoique loin de la Californie, est considérée comme le début du génocide des populations autochtones des Amériques – enlevée de la rotonde du Parlement californien. La Californie montre que la transformation systémique commence avec les origines de la colonisation. Le socle à démonter est le mythe de la pureté raciale américaine et le mythe des terres vierges et vides, pouvant être librement conquises et cultivées. Depuis l'extrême occidental qu'est la Californie s'opère peut-être l'inversion de la conquête des Amériques qui progressait autrefois de l'est vers l'ouest, un changement de perspective radical et global à la mesure d'une réorganisation radicale et globale par la pandémie. L'île conquerra-t-elle le continent ?

ZS

SAUVEZ-LES TOUS
DIEU RECONNAÎTRA LES SIENS

PAR
Pierre Zaoui

À observer cette crise du coronavirus, il apparaît que nous sommes passés de sociétés tenues par l'espérance d'un salut religieux à des sociétés obsédées par la préservation de la vie du corps. Est-ce ainsi que les athées pensent leur salut?

«Le grand secret du régime monarchique et son intérêt majeur
est de tromper les hommes et de colorer du nom de religion
la crainte qui doit les maîtriser, afin qu'ils combattent pour leur servitude,
comme s'il s'agissait de leur salut.»
Spinoza, préface du *Traité théologico-politique* (1670)

«Rien n'est si bon, si solide, que la pensée de son salut.»
Madame de Sévigné (17 mai 1671)

«Argan: Mais raisonnons un peu, mon frère.
Vous ne croyez donc point à la médecine?
Béralde: Non, mon frère, et je ne vois pas que,
pour son salut, il soit nécessaire d'y croire.»

Molière, *Le Malade imaginaire*, III, 3 (1673)

Combien de vies furent sauvées ? Aurait-on pu en sauver davantage ? Combien n'auraient pas été sauvées sans le confinement, les gestes barrières, le dévouement des personnels hospitaliers ? Ces questions ont tourné obsessionnellement en boucle pendant plus de trois mois. À maints égards, ce sont des questions politiques. Comment la sauvegarde de la vie biologique, non qualifiée, vieux et jeunes, riches et pauvres mêlés, en est-elle venue à constituer l'alpha et l'omega de nos politiques publiques ? Même lorsque Donald Trump ou Jair Bolsonaro ont critiqué le confinement et la lutte contre l'épidémie de Covid-19, c'était au nom des vies qui allaient être dévastées par la crise économique à venir. Plus encore, est-il sûr que nos sociétés aient tenté de sauver toute vie à parts égales ? Les sans-abri, les prisonniers, les migrants ont-ils vraiment été sauvés avec le même désir que les citoyens ordinaires ? Didier Fassin a très justement interrogé, dans les précédents cahiers *Par ici la sortie !* (juin 2020), et la primauté universelle proclamée de cette sauvegarde « quoi qu'il en coûte » des vies humaines – ce qu'il appelle la « biolégitimité » –, et les discriminations invisibles qui s'en induisent.

À d'autres égards, toutefois, ces questions témoignent d'un autre bouleversement à la fois plus profond et plus superficiel : le passage de sociétés tenues par l'espérance d'un salut religieux, entendu comme promesse d'une félicité éternelle, y compris dans ses formes sécularisées (communisme, socialisme, anarchisme), à des sociétés vouées presque exclusivement à un salut athée ou matérialiste, entendu comme préservation le plus longtemps possible des vies biologiques individuelles. Il serait moins alors question de biolégitimité, c'est-à-dire du fondement moderne de l'action politique, que de salut au sens étymologique de *soter* en grec ou de *salus* en latin, de santé ou de sauvegarde. De ce point de vue, on devrait plutôt parler de « biosotériologie », c'est-à-dire d'une science du salut biologique qui viserait à expliquer comment le souverain bien d'aujourd'hui, celui dans lequel on est en droit de placer son espérance et sa délivrance, réside presque exclusivement dans la préservation des seules vies biologiques, et donc dans le contraire d'une délivrance ou d'un rachat, dans une capacité inédite à s'accrocher autant qu'il est possible à sa vie d'avant.

La quasi-totalité des philosophes anciens et classiques ont toujours maintenu une différence de nature entre deux types de vie : une vie bonne, heureuse, vraie, rare et sauvée, et une vie mauvaise, déréglée, fausse, commune et perdue

Il y aurait là un phénomène nouveau, tant cette biosotériologie ou conception nouvelle du salut ne signifierait pas un retour au sens préchrétien ou préislamique de salut. Au moins deux gouffres nous séparent en effet des Anciens. D'abord, la plupart du temps, quand ceux-ci parlent de salut, par exemple dans l'idée grecque de *Zeus soter* (Zeus sauveur) ou dans la notion romaine de *salus populi*, il s'agit essentiellement d'un salut collectif, du salut de la Cité ou du peuple, non d'un salut individuel, comptable en termes de vies dénombrables à sauver. Même à l'âge classique, quand Spinoza ou Locke reprennent la formule cicéronienne *salus populi suprema lex* (« le salut du peuple est la loi suprême »), il n'est encore question de salut que d'un point de vue collectif, la vie individuelle restant entièrement subordonnée au bien commun, y compris au prix de son éventuel sacrifice. Ce qui s'est joué au contraire dans la période de confinement pour endiguer la pandémie de coronavirus, c'était l'idée que le salut de tous passait intégralement dans le salut de chacun ou de quelques-uns et qu'il valait même la peine de mettre en danger nos sociétés d'un point de vue politique, social, économique, psychique même, pour sauver le plus grand nombre de vies individuelles possible. Secondement, la quasi-totalité des philosophes anciens et classiques ont toujours maintenu une différence de nature entre deux types de vie : une vie bonne (*eu zôê*), heureuse, vraie, rare et sauvée, et une vie mauvaise, déréglée, fausse, commune et perdue. L'opposition ici n'est pas tant lexicographique, à la manière dont Hannah Arendt puis Giorgio Agamben ont figé une opposition entre *zôê* (vie générique, non qualifiée, vie nue) et *bios* (vie particulière, proprement humaine), qui n'existe pas dans la langue grecque, que proprement conceptuelle : il ne peut y avoir ni philosophie, ni morale, ni perfectibilité humaine si l'on ne distingue pas radicalement au sein de la vie en général deux types de vie, une vie bonne et une vie gâchée, suivant l'axe non d'une biopolitique mais d'un salut possible. Or quand on parlait de sauver des vies pendant la pandémie, il n'était en rien question d'un tel salut, l'opposition vie/mort écrasant toute distinction possible entre différentes formes de vie au sein de la même vie biologique. C'était un salut d'un autre type, ni grec, ni chrétien, ni monothéiste en général, un salut qui se jouait en deçà de toute distinction entre le bon et le mauvais, le vrai et le faux, le rare et le commun, et un salut d'un genre peut-être absolument nouveau puisque à la fois parfaitement particularisé, se jouant pour chaque vie individuelle, et parfaitement indifférencié, chaque vie individuelle étant n'importe quelle vie réduite à une simple unité dans un décompte statistique.

Tout le problème est alors de savoir comment il est possible de concevoir un tel salut supportant l'exigence inconditionnelle de sauver des vies puisqu'il ne s'agit ni d'un salut religieux, ni d'un salut sécularisé transférant les catégories théologiques de la vie divine (béatitude, félicité éternelle, vraie vie) à la vie profane, ni d'un salut philosophique au sens ancien (vie bonne). En un sens, c'est un salut purement nihiliste ou survivaliste, incapable de créer pour la vie d'autres valeurs qu'elle-même ; en un autre sens, c'est un salut créateur d'une valeur nouvelle, peut-être grosse de toute une nouvelle hiérarchie de valeurs : le soin du corps comme valeur primordiale. En un sens, c'est un salut enfin rationnel, « par l'intelligence des choses », dirait Spinoza, qui dépouille l'idée de salut de toutes ses promesses chimériques pour le réduire à son noyau de vérité – sauvegarder autant qu'il est possible la santé des corps – ; en un autre sens c'est un pur « salut par l'obéissance » dans lequel personne, ni même les médecins ou les épidémiologistes, ne comprend comment procèdent ces virus nouveaux, et qui n'exige en son fond rien d'autre qu'obéir. Autrement dit, c'est un salut qui s'identifie à la liberté humaine, qui libère le désir de vivre de tout idéal ou valeur qui lui serait extérieur, mais c'est également un salut hyper-normatif et terriblement aliénant – jamais, peut-être, une épidémie fut aussi peu accompagnée de ces explosions de désirs, de débauches, d'illégalismes qu'ont pu décrire Jean Delumeau ou Frédérique Audoin-Rouzeau[1].

Essayons de frapper un peu à coups de marteau sur cette double ambiguïté pour voir de quoi il retourne, si elle est solide ou en carton.

Salut nihiliste ou salut par le corps ?

Le survivalisme est un nihilisme au double sens du terme : il dévalue toutes les valeurs et disloque toute idée de bien commun ou supérieur. Toute épidémie produit des comportements survivalistes, des fuites irraisonnées, des paniques égoïstes, des brutalités

1. Voir Jean Delumeau, *La Peur en Occident (XIVe-XVIIIe siècles). Une cité assiégée*, Fayard, 1978 et Frédérique Audoin-Rouzeau, *Les Chemins de la peste. Le rat, la puce et l'homme*, Presses universitaires de Rennes, 2003.

d'homme qui se noie. La nouveauté extrême de l'épisode pandémique que nous venons de vivre tient d'abord au fait qu'il a produit une panique survivaliste à tous les niveaux du corps social : contre tous les systèmes de fins qui tentaient d'élever la valeur de la vie au-dessus de la simple survie biologique en lui fixant un horizon de sens et de valeur aristocratique – grandeur, beauté, puissance, intensité, transmission – ou démocratique – liberté, égalité, dignité, solidarité –, contre les formes les plus élémentaires du sentiment de la vie – mouvement, énergie, ouverture, plaisir, partage, rencontre –, contre les gestes les plus immémoriaux obligeant notamment à accompagner les mourants et à leur donner une sépulture décente, les États comme les institutions politiques et morales des principaux pays touchés ont enjoint à chacun de se calfeutrer, et l'écrasante majorité des citoyens a acquiescé à cette injonction.

Pour la première fois, peut-être, nous avons pu expérimenter le survivalisme, non plus comme une pathologie marginale de nos sociétés, touchant seulement quelques franges hystérisées de l'extrême droite et de la *deep ecology*, mais comme son dernier cœur battant, l'unique voie de salut encore disponible : s'accrocher, tenir bon, sur les ruines de tout sentiment de la vie, de toute moralité traditionnelle et de tout système de fins – survivre à tout prix. Donc ne même pas viser une vie meilleure, ne même pas chercher une meilleure santé, mais seulement ne pas mourir le plus longtemps possible. On n'a pas applaudi les médecins, ceux qui pourraient guérir, nous rendre une grande santé, mais les « soignants », ceux qui nous maintiennent en vie. On n'a pas applaudi les producteurs, ceux qui pourraient nous enrichir, mais les distributeurs, camionneurs, caissières qui nous aident encore à nous nourrir. Et on a tous communié dans cette immense identité survivaliste de l'égoïsme le plus radical et de la générosité la plus insigne qui hante toutes les fables post-apocalyptiques puisque se sauver soi, se protéger soi, c'est sauver et protéger les autres, la collectivité tout entière, et même, à l'horizon, sauver l'humanité tout entière. Le survivalisme n'est pas nécessairement un égoïsme, c'est un vitalisme où la vie se réduit à la conservation de ses fonctions biologiques primordiales.

Jamais, peut-être, une épidémie fut aussi peu accompagnée de ces explosions de désirs, de débauches, d'illégalismes qu'ont pu décrire Jean Delumeau ou Frédérique Audoin-Rouzeau

Évidemment tout cela ne put être décrété, supporté et même applaudi que parce que ce n'était que temporaire. Mais pendant ce moment nous avons pu expérimenter à l'échelle de sociétés entières ce qu'était un salut survivaliste, degré zéro de toute pensée du salut. Car il s'agissait aussi bien, effectivement, de nihilisme, du triomphe du rien ou de la mort, puisque toute vie n'était plus définie que par son contraire : vivre, c'était seulement, uniquement, ne pas être encore mort et ne pas mourir. Nihilisme certes encore actif, qui voulait encore quelque chose, qui croyait encore en quelque chose : sauver des vies même si celles-ci n'étaient plus comprises que comme le négatif fantomatique de la mort. Il vaut mieux vouloir le néant que ne rien vouloir du tout, il vaut mieux vivre à l'étiage, vivre une vie nue, que mourir. C'est cela au moins que nous aura appris cette pandémie dans ses modes de gestion publics et privés comme dans les peurs qu'elle aura suscitées. À part dans quelques communautés religieuses excentriques – évangélistes mulhousiens, juifs orthodoxes, anarcho-capitalistes américains, fascistoïdes allemands –, et encore pour la plupart seulement au début de l'épidémie, pratiquement toutes et tous ont communié dans ce salut nihiliste – vivre à n'importe quel prix : le prix du salut de son âme (ne pas rendre visite aux malades, ne pas rendre hommage à ses morts), le prix du salut commun (détourner les yeux des plus précaires et des plus invisibles, qui furent les premières victimes, et de l'épidémie et des moyens mis en œuvre pour y remédier), le prix du salut philosophique (accepter les mesures d'un gouvernement préférant gouverner par la peur que par l'espoir). Or là réside peut-être le propre d'un nihilisme absolu, bien plus radical que celui apparu au XIXe siècle sous les yeux de Dostoïevski ou Nietzsche, ou que celui, technicien, apparu au XXe siècle sous les yeux de Heidegger : non pas dans le désir individuel et minoritaire de tout détruire dans l'espoir de rebâtir un monde meilleur, ni dans le constat anonyme d'une disparition du sens sous des procédures techniques instrumentalisant la raison, mais dans le désir collectif et majoritaire de survivre à tout prix.

Le survivalisme n'est pas nécessairement un égoïsme, c'est un vitalisme où la vie se réduit à la conservation de ses fonctions biologiques primordiales

Le premier portait encore, sous ses pulsions de mort, un espoir et des valeurs, le second, sous une angoisse sourde, une croyance en un sens de l'être perdu ou oublié mais ayant au moins le mérite d'avoir été autrefois éprouvé. Le nôtre, plus profond, plus complet, repose au contraire dans l'exclusif « dur désir de durer » : il ne veut plus détruire, mais ne rêve plus non plus de bâtir ou rebâtir quoi que ce soit, il n'a aucun sens mais ne croit pas pour autant qu'il y eut jamais un sens plus haut dans des temps plus anciens, il n'est que perdurance de la vie, sans souci du monde ni d'une vie plus haute. Freud caractérisait le malaise dans la culture par la désintrication extrêmement dangereuse des pulsions de vie et des pulsions de mort au seul bénéfice de ces dernières. Ce que nous découvrons aujourd'hui est qu'il y a peut-être un malaise encore plus profond quand une telle désintrication s'opère au seul bénéfice des pulsions de vie, quand seule la survie biologique importe encore et que toute distinction entre formes de vie s'efface.

Un tel tableau n'est pas très gai. On aurait tort toutefois de juger d'emblée trop sévèrement ce salut survivaliste ou nihiliste. D'abord, si c'est là le degré zéro de l'idée de salut, il faut reconnaître qu'il s'agit encore malgré tout d'une forme de salut qui en soi-même n'a rien d'immoral ni d'abject : par temps d'épidémie, se sauver soi, c'est en puissance sauver tout le monde. Mais surtout que peut-on exiger d'autre d'un salut proprement athée ? L'athée n'a pour lui que son corps et ne connaît comme vraie vie que la vie du corps et la santé du corps. Or si l'épidémie de coronavirus a montré combien nos sociétés étaient devenues massivement athées, y compris chez ceux qui se croient encore religieux ou agnostiques — et non pas sécularisées comme on l'a dit, ni laïcisées, puisque la laïcité n'est pas la négation des formes supérieures du salut mais la simple neutralité des formes et agents de l'État à leur endroit, mais bien athées, c'est-à-dire sans autre horizon que celui des corps matériels —, il faut se garder de confondre athéisme et nihilisme.

Le salut athée, ou matérialiste, n'est pas un salut pour rien, une simple pulsion sans raison et sans horizon, c'est un salut par et pour le corps qui prétend en soutenir les puissances dans toutes ses dimensions : mobilité, puissance, affection, capacité à se composer avec d'autres corps pour être plus puissant ; c'est un salut qui comporte aussi sa part de mystère puisque, comme disait Spinoza, « nul ne sait ce que peut le corps », et l'expérience pandémique nous l'a appris plus qu'aucune autre : combien des corps malades peuvent s'avérer infiniment plus glorieux que des corps en bonne santé, combien des corps vieillis peuvent s'avérer, non pas statistiquement mais individuellement, infiniment plus résistants et tenaces que des corps plus jeunes et en apparence plus vaillants ; et donc c'est un salut qui n'est pas sans valeur mais qui se détermine suivant une tout autre table de valeurs que celles des saluts antécédents, et reposant notamment sur deux valeurs fondamentales : la valeur d'égalité ou d'égale dignité ontologique a priori pour tous les corps — vieux et jeunes, minces et gros, malades et bien portants, même humains et non humains — et la valeur de dépendance radicale de tout corps individuel à l'endroit de tous les autres corps (hommes, pangolins, chauve-souris, virus, etc.).

Or si l'épidémie de coronavirus a montré combien nos sociétés étaient devenues massivement athées, y compris chez ceux qui se croient encore religieux ou agnostiques, il faut se garder de confondre athéisme et nihilisme

En tous ces sens, loin de se confondre avec un salut nihiliste, le salut des athées ou salut par le corps invente peut-être une forme de salut absolument inconcevable jusqu'à présent : un salut modeste. Un salut qui ne distingue pas entre élus et réprouvés, corps glorieux et corps de chair, mais qui peut être promis à chacun suivant sa complexion propre et sans jamais savoir d'avance combien de temps il pourra en jouir. Un salut qui ne promet pas une vie éternelle, mais une vie durable le plus longtemps possible et pour le plus grand nombre possible. Un salut qui ne promet pas la béatitude, une joie souveraine et infinie, mais la joie commune et tenace d'être encore en vie. En bref, un salut à la hauteur d'une humanité enfin lucide sur elle-même en tant que représentante d'une espèce de peu d'importance à l'échelle de la vie cosmique, à maints égards invasive et néfaste pour ses propres conditions de survie, et pourtant parfaitement justifiée à désirer poursuivre son chemin pour encore un moment.

Salut rationnel ou salut par l'obéissance ?

On peut toutefois aller un peu plus loin. Cette ambiguïté radicale de la notion de salut en jeu dans le leitmotiv de « sauver des vies » peut en effet se comprendre sur un autre plan, non plus celui de la valeur du salut mais celui de sa nature. Spinoza, au chapitre XV du *Traité théologico-politique*, distingue en effet deux sortes de salut : le salut rationnel auquel accède le sage quand, habité par l'amour intellectuel (c'est-à-dire la joie dans la connaissance) de Dieu (ou de la Nature), il se sent à la fois libre et bienheureux, et le salut des ignorants qui s'acquiert par l'obéissance seule (obéissance qui est pour Spinoza le fondement de la théologie), en particulier l'obéissance au credo minimum de la foi : justice et charité. Or ce qui s'est joué avec cette pandémie ne fut à maints égards qu'un vaste chassé-croisé entre ces deux formes de salut.

D'un côté, à part pour quelques illuminés du genre d'un Donald Trump ou d'un Jair Bolsonaro, il allait de soi que la mise en place d'une voie de salut par les seules sciences médicales était globalement rationnelle, à quelques erreurs et dysfonctionnements près mais qui font partie intégrante d'une rationalité humaine finie. Face à un nouveau virus, on investit dans la recherche d'un vaccin, on tente d'évaluer les différents traitements disponibles, et en attendant on confine les populations en se fiant aux modèles des épidémiologistes – c'est le b.a.-ba de la rationalité médicale. Et une telle démarche fut une immense joie pour les plus anciens d'entre nous qui ont connu les grandes épidémies de l'Antiquité et du Moyen Âge : il n'y eut ni lynchage, ni bouc émissaire, ni exclusion trop violente. Le salut par la médecine est le salut par la raison. D'un autre côté, le citoyen ordinaire ne pouvait espérer se sauver et sauver le plus grand nombre possible de vies qu'en obéissant aux autorités du jour, les autorités sanitaires et médicales ayant simplement pris la place des autorités ecclésiastiques et théologiques d'hier. Nul besoin de savoir ce qu'est un virus, cet étrange acide nucléique ni vivant ni mort, ni de comprendre comment opérait ce coronavirus d'un genre nouveau – et au départ personne ne le comprenait vraiment – pour se soumettre aux gestes barrières, porter un masque, acquiescer aux mesures de confinement, en somme obéir en ayant assez de foi dans nos nouvelles autorités médico-théologiques. Nul besoin non plus de savoir d'avance, et peut-être même qu'on ne saura jamais, combien auront été sauvés et combien auront été perdus avec de telles mesures – ce fut un acte de foi bien avant d'être un acte de raison.

Là réside peut-être l'ambiguïté la plus extrême de notre salut moderne : non seulement quand il existe différentes manières de se sauver, non seulement quand chaque manière laisse apparaître ses failles et ses manquements, mais quand on ne sait même plus au fond par quoi on se sera sauvé, une connaissance responsable ou une ignorance joyeuse

Dans les deux cas, cependant, il faut bien reconnaître que salut rationnel et salut par l'obéissance, salut des savants et salut des ignorants auront à peu près avancé main dans la main et qu'à peu près toutes et tous auront été sauvés… sauf celles et ceux qui sont morts. Cette épidémie fut presque un rêve spinoziste : des ignorants qui consentent au pouvoir de la raison et des savants qui n'abusent pas de ce pouvoir, une nouvelle théologie, au sens encore une fois où Spinoza la définit – science de l'obéissance en vue du salut –, qui enfin s'accorde avec la nouvelle science de la nature, toujours au sens spinoziste – science de la vérité en vue du salut.

Là où le problème s'est en fait avéré beaucoup plus compliqué, c'est que ce rêve spinoziste n'était possible qu'en grossissant considérablement les traits des uns et des autres. Dans le détail, la science médicale n'a relevé au mieux que du second genre de connaissance spinoziste, celui qui procède par notions communes, et non du troisième, celui qui procède par connaissance (amour) des choses singulières, puisqu'elle fut incapable de comprendre pourquoi un tel s'en était sorti et un autre non. Or, chez Spinoza, seul le troisième genre de connaissance est porteur de salut au sens de béatitude et de liberté. Le salut rationnel de la médecine est donc en vérité un faux salut, ce qu'ont pu constater tous les soignants qui sont sortis éreintés d'une telle épreuve, et plus généralement tous ceux qui ont été guéris tout en se retrouvant en lambeaux, ou, sur un autre plan, tous ceux qui n'ont pas été atteints tout en se retrouvant au chômage ou ruinés. À l'opposé, tous ceux qui ont obéi n'ont pas nécessairement vécu ce consentement à la restriction des libertés comme une forme de liberté intérieure plus profonde, mais plutôt parfois comme une explosion nouvelle de normes et de polices des comportements tant jamais sans doute une épidémie ne fut à ce point vécue de manière puritaine et moralisante — jamais on n'a aussi peu fait l'amour, jamais on n'a aussi peu fait la fête, jamais on n'a aussi peu résisté aux injonctions des pouvoirs. Pire encore, ce qui pouvait s'éprouver dans une telle obéissance était souvent le contraire du credo minimum spinoziste : les injustices sociales étaient plus criantes que jamais, l'amour du prochain plus douteux que jamais quand chacun était appelé à se défier de chacun. Le salut par l'obéissance était peut-être un salut tout aussi faux que le salut par la raison médicale.

Les autorités ecclésiastiques sérieuses de toutes les grandes religions n'avaient fondamentalement rien à dire et n'ont rien dit, ni théologiquement ni pastoralement, face à ce triomphe du seul salut par le corps biologique

Et ce n'est pas tout. Car, à un certain niveau, on pourrait aussi bien relever que pendant cette pandémie salut rationnel et salut par l'obéissance sont bien souvent passés l'un dans l'autre. Quand la médecine était encore totalement ignorante de ce nouveau virus, elle ne pouvait prétendre qu'à l'obéissance et ne s'attacher qu'à l'obéissance : non seulement exiger l'obéissance des populations, mais obéir elle-même à des protocoles aveugles face à une maladie nouvelle. A contrario, les ignorants pouvaient encore rêver d'un autre salut qui, chevauchant l'épidémie, réjouissait les cœurs en permettant d'imaginer rationnellement un monde d'après plus respectueux de la nature et de chacun.

Cette épidémie s'est d'abord éprouvée de façon évidente suivant une double forme de salut, rationnelle et commune, qui ne dérogeait pas à l'ancienne distinction spinoziste, mais très vite ces deux formes de salut se sont avérées plus fausses et décevantes qu'on ne s'y attendait, et plus encore elles se sont avérées à certains égards interchangeables, les plus rationnels et les plus ignorants n'étant pas nécessairement ceux que l'on croyait l'être initialement. Là réside peut-être l'ambiguïté la plus extrême de notre salut moderne : non seulement quand il existe différentes manières de se sauver, non seulement quand chaque manière laisse apparaître ses failles et ses manquements, mais quand on ne sait même plus au fond par quoi on se sera sauvé, une connaissance responsable ou une ignorance joyeuse.

Ambiguïté irréductible du salut des athées

Qu'espérions-nous montrer avec ces différentes arguties autour de la notion apparemment un peu ancienne et oubliée de salut ? Essentiellement une chose : que cette pandémie de coronavirus fut une expérience inédite pour mesurer non seulement l'athéisme foncier de nos sociétés contemporaines, y compris l'athéisme foncier de ceux qui se croient encore croyants, mais surtout combien cet athéisme est tout sauf une promesse de clarté et d'entente nouvelle. Que les derniers croyants de nos sociétés d'après la mort de Dieu soient aujourd'hui aussi athées que les autres, la pandémie l'a exhibé au grand jour de manière remarquable : les autorités ecclésiastiques sérieuses de toutes les grandes religions n'avaient fondamentalement rien à dire et n'ont rien dit, ni théologiquement ni pastoralement, face à ce triomphe du seul salut par le corps biologique (ce qui peut se comprendre aisément après des années à lutter contre l'avortement au nom de la Vie biologique, c'est-à-dire au nom d'un vitalisme et d'un natalisme bien peu religieux), et la majorité écrasante des croyants ont obéi exactement comme le reste des populations et pour les mêmes raisons. Quant à l'indécidabilité du sens actuel d'athéisme, elle s'est avérée tout aussi patente. Être athée aujourd'hui, cela peut vouloir dire aussi bien : ne s'attacher plus qu'à sa vie propre et après moi le déluge (salut survivaliste ou nihiliste) ; ne s'attacher qu'à sauver le plus grand nombre de vies possible au seul nom de ces vies (salut humanitaire) ; ne s'attacher qu'aux procédures de décisions rationnelles et ne croire qu'en la science (salut médico-scientiste) ; ne s'attacher qu'à obéir aux autorités en place (salut des consentants) ; et plus généralement s'attacher à toutes ces formes de salut dans une confusion inextricable. Autrement dit, notre athéisme moderne ne peut pas se passer de l'idée de salut mais ne sait toujours pas quoi en faire. Entre salut retrouvant son sens étymologique de santé et salut visant une émotion plus haute (béatitude, liberté, éternité), salut privé et salut collectif, salut savant et salut des ignorants, l'athéisme ne sait toujours pas trancher. Mais, conscient de lui-même, il pourrait au moins se vivre sous le mode d'une exigence : nous aurions tout intérêt à savoir au plus vite la forme de salut que nous sommes encore capables de vouloir pour nous-mêmes, pour nos sociétés, comme pour l'ensemble de l'espèce humaine. Sans quoi il est possible qu'arrive un jour où pour tout salut nous ne pourrons plus que nous saluer nostalgiquement, nous dire au revoir et merci, comme dans une pièce de Beckett ●

PZ

LES RELIGIONS RÉVÉLÉES À ELLES-MÊMES PAR LE CORONAVIRUS

DIALOGUE AVEC

Danièle Hervieu-Léger

Interrogée par le philosophe Jean-Louis Schlegel, la sociologue des religions pointe la singularité du moment qui a déclenché une libération de la prise de parole critique et la recherche de nouvelles façons de «faire Église».

Jean-Louis Schlegel Commençons par une question très générale : quelle est, selon vous, la place du religieux dans la crise pandémique ? Est-ce qu'il a une place, est-ce qu'on le voit, est ce qu'on l'entend ? Est-ce que, comme on l'a lu ici ou là, c'est une situation favorable à la redécouverte du spirituel, voire le moment d'une certaine redécouverte de la pratique religieuse ?

Danièle Hervieu-Léger Assez spontanément, on imagine que le caractère exceptionnel des circonstances, la menace de la mort, le confinement et la mise en suspens du temps qu'il implique pour chacun pourraient être des conditions propices à une intériorité, à un retour sur soi, et donc à une intensité spirituelle nouvelle. Cela n'est pas exclu, mais ce genre d'effets ne s'observe pas directement, et il est impossible de le mesurer. Du point de vue sociologique, sans enquête menée auprès des intéressés, on peut évoquer cette possibilité, mais on ne peut rien en dire sérieusement. Même chose à propos d'un renouveau de diverses « dévotions », dont on a parlé çà ou là : on ne sait strictement rien de ces pratiques privées. Est-ce que les gens prient, lisent la Bible, récitent leur chapelet ? Impossible de le dire. Est-ce que tout cela est susceptible de favoriser une augmentation de la pratique religieuse ? Les inquiétudes formulées, en sens inverse, par certains clercs quant à un possible repli de la pratique, du côté des fidèles qui auraient, pendant le confinement, appris à se passer sans douleur d'une vie culturelle collective ne peuvent pas davantage être vérifiées. Sachant qu'en situation de confinement, les établissements cultuels (églises, temples, synagogues, mosquées) sont fermés aux cultes, j'ai du mal à imaginer qu'une augmentation de la pratique soit d'ores et déjà perceptible ! On verra ce qui adviendra, mais pour l'instant, on ne sait rien d'un quelconque sursaut religieux lié à la pandémie, que d'aucuns disent parfois percevoir.

Du point de vue de la communication gouvernementale, on observe qu'en France l'idée que le religieux puisse être une ressource mobilisable collectivement dans le contexte d'une crise majeure est absente

On peut évoquer, en revanche, la place du religieux dans le débat public. Du côté des « grands médias » (presse écrite, radio, télévision), en dehors des questions touchant aux relations entre les institutions religieuses et l'État, la présence des thèmes religieux n'est pas très significative. Certes, quand un dignitaire religieux proclame que la pandémie est un châtiment divin, ou un signe de la « fin » qui arrive, les médias s'emparent volontiers de ce genre de déclarations extrêmes qui peuvent donner lieu à commentaires. Mais en règle générale, les questionnements religieux sur l'événement pandémique lui-même sont peu relayés. On a surtout évoqué le problème des funérailles, le fait que l'absence d'accompagnement religieux, toutes confessions confondues, aggravait la douleur des familles et questionnait l'humanité de notre accompagnement de la mort. Mais pour le reste, la question religieuse est restée relativement absente.

Du point de vue de la communication gouvernementale, on observe qu'en France, à la différence d'autres pays, l'idée que le religieux puisse être une ressource mobilisable collectivement dans le contexte d'une crise majeure est absente. On n'a entendu aucun appel en ce sens, ce qui n'a rien d'extraordinaire compte tenu des règles de neutralité qui s'imposent à l'État en matière de religion. La prudence du gouvernement sur ce terrain est d'autant plus grande qu'on sait que toute déclaration, en cette matière, aurait pour conséquence de déclencher les polémiques du siècle. Mais il y a une différence entre le fait que, pour des raisons historiques, politiques et culturelles, les pouvoirs publics ne mobilisent pas le thème religieux et l'hypothèse selon laquelle on saisirait l'occasion de la pandémie pour marginaliser les religions. On a pu lire, par exemple, que les services de santé auraient mis à profit ces circonstances exceptionnelles pour refouler les religions hors du système hospitalier. L'idée qu'il y aurait là une volonté politique délibérée de relégation du religieux est absurde ! L'interdiction faite aux aumôniers d'entrer dans les hôpitaux, comme l'impossibilité pour les proches d'accéder aux malades, correspondait tout simplement à la situation d'urgence et au fait que les établissements hospitaliers ne pouvaient gérer à la fois la lutte contre la contamination hospitalière et les allées et venues de visiteurs. Imaginons ce qui se serait passé si on avait autorisé les aumôniers à accéder aux malades en refusant les visites des familles... Notons plutôt qu'un certain nombre de soignants ont souligné à quel point cette absence, des proches d'abord, des accompagnants spirituels ensuite, était un problème qu'ils ressentaient eux-mêmes douloureusement, non seulement du point de vue humain, mais aussi du point de vue thérapeutique, du point de vue du retour des malades à la santé. La laïcité qui prévaut dans les établissements publics de santé ne signifie nullement qu'on soit incapable d'y prendre en considération les attentes spirituelles – religieuses ou non religieuses – des patients.

JLS Quelle a été la réaction des grandes institutions religieuses aux décisions de confinement ?

DHL Pour répondre à cette question, il faut distinguer deux moments. Les réactions lorsqu'ont été mises en place les règles de confinement, d'une part ; les réactions suscitées par les annonces touchant au déconfinement, d'autre part. Du point de vue sociologique, la mise en perspective de ces deux moments offre une petite situation de laboratoire ! Dans le premier moment, toutes les religions présentes sur la scène nationale, toutes les institutions et leurs responsables ont massivement adhéré aux règles fixées, tout en soulignant que celles-ci leur imposaient des privations. N'oublions pas que les chrétiens, à la veille de la Semaine pascale, n'étaient pas seuls concernés. C'était également le temps de la Pâque juive et, pour les musulmans, l'entrée prochaine en Ramadan, avec, en raison du confinement, l'impossibilité des prières collectives et de se retrouver pour la rupture du jeûne. Les mesures de confinement étaient difficiles à vivre pour tous les croyants, et pourtant, ils les ont tous massivement acceptées. Ils ont signifié par là qu'ils étaient des citoyens se conformant pleinement aux règles de la communauté nationale. Ils ont également fait valoir un devoir religieux impératif : celui de protéger la vie, règle absolument partagée par tous les monothéismes et les grandes religions. On peut donc dire que l'adhésion au confinement a été très claire dans ce premier temps : non seulement il n'y a pas eu de montée massive de protestations, mais on a aussi vu émerger des tentatives pour donner un sens proprement spirituel à cette épreuve.

Les seuls rejets, dans toutes les religions, sont venus, comme dans tous les pays, des religieux radicaux qui refusaient le premier terme de l'argumentaire, à savoir la condition citoyenne ordinaire des fidèles religieux et la soumission des institutions religieuses à la loi civile. Pour ces courants ultras, dès lors que la loi de Dieu prime absolument sur la loi des hommes, il n'est pas question d'accepter que la règle de l'État impose l'obéissance au confinement en limitant les activités religieuses. Ces groupes radicaux, extrêmement minoritaires, ont donné de la voix, comme ils en donnent toujours dans les moments de crise dont ils tentent de tirer parti, en avançant deux argumentaires, plus ou moins combinés entre eux. Le premier, proprement politique, met en avant l'atteinte à la liberté religieuse. Rendre le culte impossible, c'est attenter à cette liberté fondamentale qu'est la liberté religieuse. Ce thème a fleuri un peu partout dans les pays confinés, avec, aux États-Unis en particulier, des manifestations publiques et des fureurs diverses. En France, on a vu s'exprimer le vieux thème de la « guerre des deux France » dans sa version catholique extrême : l'hydre républicaine qui veut éradiquer la religion.

À côté de cet argumentaire politique, l'argument religieux du « bouclier de la foi » a parfois été mis en avant, pour résumer : « Jésus est mon vaccin », « je ne crains rien puisque Dieu me protège ». L'un et l'autre argument – « je ne connais pas la loi du monde puisque je suis fidèle à la loi de Dieu » et « je suis invulnérable puisque je suis un fidèle pur » – sont, en termes sociologiques, des arguments typiquement sectaires, en ce qu'ils postulent le non-contact de la communauté des « purs » avec le monde condamné qui l'environne. Les deux registres sont d'ailleurs couramment conjugués par ceux qui les invoquent. On repère ce type de posture du côté de courants chrétiens radicaux, évangéliques ou catholiques, mais on l'entend aussi du côté des juifs ultra-orthodoxes (on connaît d'ailleurs les ravages considérables de la contamination dans les communautés ultra-orthodoxes de *haredim*).

Mais cette position, ainsi que l'idée selon laquelle il faudrait lire la pandémie comme un châtiment divin, n'ont été avancées, en France, que par des individualités ultra-marginales, et contestées sans réserve par les grandes institutions religieuses. On n'a pas observé de faits significatifs de passage à la résistance active, sinon l'une ou l'autre occurrence de messes célébrées plus ou moins clandestinement par des prêtres relevant d'une mouvance intégriste dure. On a signalé une messe en latin « selon le rite extraordinaire » célébrée à Saint-Nicolas-du-Chardonnet, à Paris, avec intervention de la police, mais sans verbalisation des fidèles. Mais même dans ces milieux intransigeants, il n'y a pas eu en France, comme on l'a vu dans d'autres pays, de refus des règles du confinement pour raisons religieuses ou politiques. Chez les catholiques traditionalistes, il s'est agi surtout d'une posture leur permettant de mettre en évidence leur existence sur la scène religieuse. Un fait me semble par contre significatif, c'est la modalité *soft* selon laquelle s'est exprimée, du côté de certains milieux catholiques conservateurs, une protestation implicite contre la perdition du monde que la pandémie permettrait de voir. Je pense ici à ces bénédictions solennelles données aux villes depuis des clochers, à quelques prêtres en chape et grand appareil parcourant des quartiers rendus déserts par le confinement avec l'ostensoir contenant l'hostie consacrée. On peut lire ces scénographies comme une manière de replacer symboliquement l'espace public et le corps social tout entier sous le manteau protecteur de l'Église, comme l'expression théâtralisée d'une contre-culture religieuse opposable à la culture du monde. Il faut se garder néanmoins de trop prêter à ce genre de manifestations : les exhibitions de la dissonance catholique dans la culture commune sont demeurées limitées à des manifestations symboliques.

JLS Il me semble qu'on a pu aussi lire ici ou là des discours du type : « Mais nous, nous n'avons pas peur de la mort. En tant que gens croyants (sous-entendu : ayant l'espérance d'une autre vie), nous acceptons ce risque. » Mais là encore c'était plutôt le fait de radicaux.

DHL À côté des argumentaires politiques et religieux visant à refuser le principe même d'un confinement imposé par l'État, il y a eu en effet quelques discours suggérant que le non-respect du confinement pouvait être justifié par la mission fondamentale incombant aux prêtres et aux fidèles authentiques de se porter au chevet des mourants pour leur apporter les secours de la religion. Prendre le risque d'être soi-même contaminé relèverait, dans cette perspective, du risque de la foi elle-même. Cette vision est présente dans la cartographie des positions qu'on a vu émerger, mais encore une fois de façon très marginale, car se mettre soi-même en danger et risquer de contaminer d'autres personnes pose fortement problème du point de vue religieux. Redisons-le : les institutions religieuses et les fidèles ont massivement adhéré à l'obligation de confinement. Notons au passage que ceux qui nourrissaient des doutes sur la capacité des musulmans d'accepter la règle citoyenne commune en ont été pour leurs frais : ceux-ci y ont adhéré pleinement, alors même que l'entrée en Ramadan leur rendait l'acceptation de cette mesure particulièrement douloureuse.

JLS Si on considère maintenant le second moment, celui du déconfinement, son report pour les rassemblements cultuels (et autres !) a incontestablement créé une grande déception, avant tout du côté catholique : on a eu l'impression que le déconfinement des messes vivement espéré, mais non prévu dans le « paquet » du 11 mai et remis au 2 juin, provoquait une sorte de révolte dans certains milieux catholiques, et jusque dans la Conférence épiscopale (même si tous les évêques n'étaient pas sur cette ligne : plusieurs ont « rectifié le tir » par la suite).

DHL Oui, comme je l'évoquais, on peut vraiment parler de deux moments : celui de la mise en place des règles du confinement en pleine montée épidémique, puis celui de l'annonce qu'un déconfinement progressif pouvait être envisagé. Ce qui va susciter une déception – bien au-delà de cercles traditionalistes ou des premiers protestataires –, c'est précisément cette progressivité. Le déconfinement est mis en œuvre par paliers d'activités. Sont préservées d'abord les activités essentielles déjà autorisées (faire ses courses alimentaires, aller à la pharmacie, etc.), mais on élargit le spectre de ces activités, avec les possibilités de libre circulation qu'elles impliquent. Or il se trouve que les activités cultuelles ne sont pas dans ce premier « panier », alors même que les responsables religieux ont annoncé leur volonté de mettre en place un protocole rigoureux de distanciation physique, gestes barrières, etc. Pour toutes les religions, le fait que les activités religieuses ne soient pas comptées au nombre des activités essentielles à faire revivre est rude. Il y a eu à ce propos quelques réactions scandalisées, du côté protestant notamment, en même temps que des réflexions amères sur le peu de crédit accordé par les pouvoirs publics à la responsabilité des fidèles.

Mais le « choc symbolique » est redoublé pour les catholiques : non seulement il leur faut admettre que la vie religieuse et cultuelle est une activité seconde, sinon secondaire, dans la vie sociale contemporaine, mais il leur faut aussi réaliser qu'ils ne bénéficient en cette matière, dans la France d'aujourd'hui, d'aucun privilège particulier. Non seulement le caractère à la fois optionnel et relativement périphérique de l'activité religieuse dans notre société se trouve là officiellement attesté, mais en plus la présence massive de l'Église catholique dans la longue durée de l'histoire nationale ne lui confère aucun privilège particulier. Toutes les religions sont logées à la même enseigne face à la nécessité publique de protéger la santé des citoyens, et cela quels que soient l'organisation, la discipline et le souci du bien public dont elles-mêmes se réclament : l'Église catholique ne peut donc même pas faire valoir sa capacité d'assurer, *ad intra*, cette police de la vie cultuelle qui est l'un des piliers implicites du compromis avec la laïcité. Cette brusque confrontation avec la réalité de la périphérisation de l'Église dans la vie collective – et, par voie de conséquence, la prise de conscience que le sort des catholiques ne constitue plus un enjeu majeur requérant un traitement spécifique de la part du politique – a marqué un tournant et favorisé l'élargissement de la protestation, jusque-là confinée dans des cercles radicaux ultra-limités.

Au-delà des réactions officielles, le fait que des prêtres lancent des pétitions sur les réseaux sociaux pour « réclamer les messes » est assez significatif. Évêques, prêtres et fidèles évoquent volontiers la condition minoritaire du catholicisme dans une société religieusement plurielle. Ici, elle leur a sauté à la figure. Beaucoup de ces pratiquants réguliers, ces « observants » plutôt conservateurs et surtout très attachés à la messe, en lesquels Yann Raison du Cleuziou voit le socle du catholicisme français contemporain, n'ont pas compris l'option du gouvernement. Ils ont parfois eu le sentiment qu'en tenant pour rien la bonne volonté sanitaire qu'ils avaient affichée, on leur signifiait la déqualification de leur foi elle-même.

Les seuls rejets, dans toutes les religions, sont venus, comme dans tous les pays, des religieux radicaux qui refusaient le premier terme de l'argumentaire, à savoir la condition citoyenne ordinaire des fidèles religieux et la soumission des institutions religieuses à la loi civile

JLS Comment expliquer la décision du gouvernement qui, je suppose, connaissait cette attente ? On a même appris après coup que le secrétariat de la Conférence des évêques avait été en contact avec le ministère de l'Intérieur au sujet de l'autorisation des messes dès le 11 mai… Et que la Conférence épiscopale, ou son conseil permanent, ou son président, Mgr Éric de Moulins-Beaufort, auraient été vexés de n'avoir pas été prévenus de la décision prise.

DHL Il y a plusieurs raisons. D'abord, le vif souvenir du rassemblement évangélique de la Porte ouverte à Mulhouse, qui a sans doute joué un rôle-clé dans le déclenchement de la pandémie dans l'est de la France, a fait surgir dans l'opinion l'idée que les rassemblements religieux, dans lesquels la distanciation physique a peu de chances d'être pratiquée avec rigueur, comportaient un risque pour l'ensemble de la collectivité. Pour le moins, cette suspicion n'encourageait guère le gouvernement à s'engager dans la voie de la ré-autorisation des rassemblements religieux. Mais surtout une éventuelle autorisation des messes posait le problème de l'égalité de traitement des différents cultes. Pour justifier un traitement particulier, il ne suffisait pas de plaider, comme l'ont fait certains évêques, la place très spéciale de la messe pour les catholiques ! Quoi dire aux musulmans privés de prière collective et de rupture du jeûne ? Le mot d'ordre a manifestement été : « Évitons de soulever des tempêtes chez ceux qui disent que les groupes religieux font toujours n'importe quoi, évitons de soulever des tempêtes du côté des musulmans (et des autres) en privilégiant les catholiques », etc. Et puis, disons-le, le prolongement du confinement pour les activités cultuelles répond, à sa manière, au caractère effectivement minoritaire de l'observance religieuse, notamment catholique, en France. La réaction des fidèles était inévitable, et elle est, si on se met à leur place, compréhensible.

Ce qui est intéressant, pour l'observation sociologique de la scène religieuse, c'est la façon dont la protestation a été prise en charge par les institutions religieuses. Première observation : toutes les autorités, à l'exception de la hiérarchie catholique, ont réitéré le principe d'une acceptation de la règle du jeu fixée par le gouvernement, et exprimé leur surprise et leur désapprobation du plaidoyer *pro domo* de la Conférence épiscopale au nom des seuls intérêts catholiques. Le caractère fort peu œcuménique de l'intervention de la Conférence épiscopale a été souligné. Il faut donc éclairer les attendus spécifiques de la déclaration de la Conférence des évêques de France. Lorsque celle-ci exprime, à la veille du 11 mai, sa « tristesse » et son « incompréhension », elle ne se fait pas seulement l'écho d'une déception présente au sein du « noyau dur » des observants, noyau qu'elle consolide en parlant en son nom. Elle se fait également l'écho d'un malaise qu'elle déclare sentir s'exprimer fortement chez les prêtres. Un évêque mentionne le risque que « certains craquent ». Un autre redoute « de ne plus pouvoir tenir ses prêtres ». Ce ne sont pas là de simples figures de style : pour le clergé catholique, que son très petit nombre assigne prioritairement – et parfois, en milieu rural, quasi exclusivement – à la célébration des messes et à la distribution des sacrements, le confinement n'est pas simplement une expérience de chômage professionnel partiel, c'est aussi la mise entre parenthèses de leur définition personnelle et sociale tout entière, parfois associée à une redoutable épreuve de solitude. Le sevrage de l'activité qui est au fondement de leur identité humaine, professionnelle et sociale redouble le choc de l' « humiliation minoritaire » évoquée plus haut et partagée avec un certain nombre de leurs fidèles : cela transparaît clairement dans leur « colère », exprimée de façon parfois véhémente par certains prêtres, à propos de la décision gouvernementale.

JLS Vous avez évoqué les prêtres en milieu rural : on peut tout de même comprendre leur souffrance « supplémentaire », si je puis dire, *a fortiori* pour ceux qui s'investissent fortement dans la vie cultuelle, non seulement les messes mais aussi les autres célébrations liturgiques (elles aussi confinées…).

DHL Bien sûr. On peut penser aux communautés monastiques qui sont elles aussi confinées et n'ouvrent plus leurs portes. Elles célèbrent en vase clos, sans accueillir de participants extérieurs, et cela ne leur fait pas plaisir. Mais elles ont l'avantage de célébrer en communauté. Des prêtres en milieu urbain, encore nombreux (par exemple à Paris), peuvent également avoir entre eux un minimum de vie communautaire. Mais dans les villages, lorsqu'un prêtre est présent, tout seul, sur un territoire religieux considérable et que son activité principale consiste à pratiquer le travail rituel « au kilomètre », il se trouve durant le confinement privé du réseau de femmes et parfois d'hommes qui l'épaulent. Des situations de ce genre ne sont pas rares du tout, et, dans les conditions présentes, il faut se rendre compte que ces prêtres n'ont tout simplement plus d'existence sociale, sinon pour de tristes cérémonies d'obsèques qu'il faut expédier le plus vite possible. Que les évêques s'en soucient est on ne peut plus normal.

Par ailleurs, la prise en charge institutionnelle de cette aspiration à rouvrir les églises au culte livre des nuances d'appréciation qui révèlent des clivages, politiques autant que théologiques et pastoraux, au sein de la Conférence épiscopale. Une chose est de parler de tristesse et d'incompréhension, une autre de parler de « tropisme anticatholique » du gouvernement, comme l'a fait l'évêque d'Avignon, ou même d'évoquer le « sentiment de mépris » éprouvé par les catholiques, comme l'a dit l'évêque de Nanterre. Cette insistance sur la douleur des fidèles « privés de messe » a d'ailleurs été rapidement relativisée par d'autres évêques, qui ont rappelé l'obligation première de suivre les consignes sanitaires. La déclaration de la Conférence épiscopale a ainsi fait réagir l'évêque de Cayenne, Mgr Lafont, qui a qualifié d'« immature » cette réaction d'enfants gâtés, et s'est montré sévère face à la pusillanimité des catholiques et des évêques métropolitains qui n'ont de la « privation de la messe » qu'une expérience limitée, au regard de ce que vivent les catholiques cayennais qui, comme dans beaucoup de régions du monde, se trouvent bien heureux s'ils rencontrent un prêtre une fois par mois.

Le « choc symbolique » est redoublé pour les catholiques : non seulement il leur faut admettre que la vie religieuse et cultuelle est une activité seconde, mais il leur faut aussi réaliser qu'ils ne bénéficient en cette matière, dans la France d'aujourd'hui, d'aucun privilège particulier

L'effet « analyseur » produit par la conjoncture exceptionnelle de la pandémie va bien au-delà de la révélation de ces divergences de positionnement au sein de l'épiscopat, qu'on n'ignorait pas. Je parlais tout à l'heure de laboratoire : il est assez fascinant d'observer à quel point la singularité du moment a déclenché, dans un milieu catholique bien plus large que le seul noyau observant qui attire aujourd'hui les regards, une libération de la réflexion et de la prise de parole, « précipitée », si l'on peut dire, par la revendication officielle du « retour à la messe ». Des théologiens et des laïcs, mobilisés par l'évaluation spirituelle, culturelle et sociale de la situation de crise en cours et par la recherche de « nouvelles façons de faire Église », selon la formule du jésuite François Euvé, ont multiplié des réflexions critiques très articulées – spirituelles, théologiques, morales et politiques –, au sujet de cette revendication de reprise de la vie religieuse le 11 mai, entièrement centrée sur la question de la messe, en invitant parfois les communautés. Certains, comme l'a fait par exemple Christoph Theobald, un autre théologien jésuite, ont invité les communautés à prolonger l'effort de créativité engagé pendant le confinement.

JLS Qu'est-ce qui est nouveau dans ce clivage à propos de la messe ?

DHL Le fait intéressant, selon moi, est que le débat est plus riche et plus complexe qu'une énième remise en scène du clivage classique entre « identitaires » et « ouverts », « intransigeants » et « transigeants », « conservateurs » et « progressistes », etc. D'un côté, les évêques insistent sur le fait qu'il ne peut pas y avoir d'Église sans rassemblements eucharistiques, sans « la messe du dimanche », pour faire court. Mais est-ce la célébration eucharistique qui fait l'assemblée, ou bien la réunion des chrétiens qui appelle la célébration eucharistique ? D'autres débats concernent la centralité de la Parole, qu'une insistance exclusive sur le sacrement de la présence réelle tend à minorer : des contributions nombreuses insistent sur la communion « réelle » attachée au partage et à l'échange autour de la Bible et de l'Évangile, voire d'autres textes. Des réflexions inspirées par la place donnée au récit du « lavement des pieds » dans l'Évangile de Jean (où le récit de la Cène ne figure pas) invoquent le « sacrement du frère », c'est-à-dire la priorité de la solidarité avec les plus pauvres ou les plus vulnérables, etc. Il faudrait entreprendre une analyse fine des accents différents de ces argumentaires, mais tous – bien au-delà, je le répète, du clivage trop simple entre conservateurs et progressistes – ouvrent à la discussion l'idée selon laquelle la messe, célébrée dans son cadre paroissial ordinaire, serait la forme princeps de toute communalisation catholique.

JLS Où est le problème avec les « vidéo-liturgies » ?

DHL Cette discussion sur la messe a été fortement activée par le débat qu'a ouvert dans le champ catholique la multiplication des « vidéo-liturgies », dans lesquelles des prêtres, seuls dans leurs églises ou dans un oratoire privé, proposent aux fidèles de suivre messe et exercices de dévotion à travers leur écran. La formule a été initiée par de jeunes prêtres habitués à intervenir sur les réseaux sociaux, très affûtés en matière de techniques vidéo. Ils se sont employés, avec beaucoup de créativité d'ailleurs, à en faire un outil de communication pastorale, avec une jubilation d'autant plus grande que l'affinité est parfaite entre ces initiatives sur écran et le désir qu'ont beaucoup de ces jeunes prêtres de voir s'imposer sur la scène publique un catholicisme ostensible. La formule a été relayée par des prêtres dans de nombreux diocèses et a remporté au départ un vif succès, avant que surgissent des objections portant à la fois sur la validité sacramentaire de l'exercice, sur la nécessité de la présence physique des corps dans la liturgie, sur l'atomisation individualiste de la communauté induite par cette nouvelle offre de « pratique », sur la spectacularisation de l'activité liturgique induite par ce passage à l'écran, ou encore sur le narcissisme clérical que peut manifester, du côté des célébrants, une telle mise en spectacle.

Rappelons que ces vidéo-liturgies ont peu à voir avec la classique messe télévisée où l'on filme en direct une communauté effective réunie autour du prêtre célébrant, ceci pour permettre à des personnes dans l'incapacité de se rendre à la messe dans leur paroisse, de s'associer spirituellement à cette communauté « télévisuelle ». Rien de tout cela ici : un prêtre en majesté, évidemment mâle et célibataire, célèbre seul, prononce des paroles et accomplit les gestes qu'il est le seul à pouvoir poser au titre de la sacralité de son état. Cela face à des chaises supposées évoquer une assemblée virtuelle, mais donnant surtout à voir, comme une redoutable parabole, une église vide. On pense au commentaire aigu du théologien tchèque Tomáš Halík sur la portée symbolique des églises vides. Il n'est pas très étonnant qu'après avoir salué l'inventivité pastorale des promoteurs de la formule, nombre de prêtres et d'évêques aient appelé à en user avec circonspection, ou pas du tout !

JLS Il faut le dire aussi : beaucoup de catholiques n'ont pas apprécié que la protestation des évêques contre le confinement du culte jusqu'au 2 juin s'élève au nom de la « liberté religieuse bafouée ».

DHL Oui, car l'intervention des évêques n'est pas une tempête dans un bénitier, elle porte des enjeux lourds. Ils ont appelé à revenir à une vie religieuse dite « normale », synonyme de retour à la « messe en paroisse » le dimanche (ou le samedi soir). C'est le sens de cet appel à la « normalisation » qu'il faut élucider. Il ne faut pas se le cacher : au-delà du souci avancé par les intéressés qu'on fasse justice à la « demande » des fidèles et des prêtres, il y a aussi une urgence financière : l'absence de messes signifie absence de rentrées financières pour les diocèses. L'appel à la prudence en matière de vidéo-liturgies fait également partie de cet appel à revenir à la communalisation « normale » : celle qui réunit les fidèles autour du prêtre dans le bâtiment église. Car le confinement n'a pas seulement suscité ces « messes en ligne » susceptibles de développer des effets non recherchés, à la fois de démonstration visuelle de l'évidement de la sociabilité catholique et d'ostentation malvenue de la figure cléricale masculine dans un temps où les femmes laïques engagées font vivre l'Église au quotidien ! Il a aussi fait surgir, en bien plus grande proportion, toutes sortes d'expériences prises en charge par des laïcs, ou bien par des prêtres avec des groupes de laïcs autour d'eux, en matière de célébration de la Parole, d'échanges bibliques ou de célébrations domestiques.

Certes, la communauté par affinité n'a jamais été absente dans le catholicisme : les ordres et les congrégations religieuses où l'on entre pour rejoindre une famille spirituelle donnée en sont un bel exemple. Les mouvements, les associations pieuses ou caritatives ont, par définition aussi, une composante affinitaire. Plus récemment, les paroisses elles-mêmes ont été touchées par le phénomène : en ville, on peut choisir sa paroisse pour y retrouver ceux qui vous sont proches, socialement ou culturellement. Mais la décomposition du modèle paroissial – basé sur le « territoire » – au profit du modèle « affinitaire » s'est accélérée, et elle se double d'une mise en question du système clérical lui-même (de la place et du rôle du prêtre), miné par ailleurs, comme on sait, par la crise des abus sexuels.

Cette dynamique est porteuse d'une menace pour le système catholique en tant que tel, et les évêques en sont, au moins implicitement, conscients. Certes, ils sont les premiers à valoriser les initiatives communautaires dans leurs diocèses et à encourager ce mouvement, pour autant bien entendu qu'ils gardent la main. Mais en réclamant à cor et à cri le retour à la « normalité » de la vie paroissiale, ils disent quelque chose d'une anxiété de voir se disloquer l'armature d'une organisation spatiale des communautés catholiques, hors de laquelle la survie du système clérical du pouvoir religieux est des plus problématiques.

La formule a été relayée par des prêtres dans de nombreux diocèses et a remporté un vif succès, avant que surgissent des objections portant notamment sur la validité sacramentaire de l'exercice et sur la spectacularisation induite par ce passage à l'écran

JLS Est-ce qu'on pourrait dire : les évêques – pas tous, mais le plus grand nombre – craignent que le confinement et les solutions qui ont été trouvées pour y remédier ou le contourner ne donnent des idées à la base des catholiques actifs qui tentent de maintenir vivantes leurs communautés paroissiales en l'absence de prêtres ? Il s'agirait d'envisager la possibilité, après la crise actuelle, de liturgies de plus en plus « domestiques », au-delà des assemblées dominicales en l'absence de prêtres (ADAP) qui ont, je le rappelle, lieu à l'église.

DHL La liturgie domestique est par excellence l'expression d'une communalisation affinitaire. Elle ouvre la porte à un rassemblement dans lequel on se choisit. Par définition, si la liturgie a lieu dans l'habitat d'un ou d'une fidèle, ou d'un couple de fidèles, ceux-ci, quoi qu'il en soit du célébrant, lui-même invité, sont les hôtes qui convient les participants à se réunir. Ces liturgies domestiques posent donc le problème de la manière dont l'assemblée est convoquée. On voit bien ce que cette formule comporte de changements immédiats ou prévisibles, concernant la gestion de l'assemblée célébrante, la place des femmes au sein de cette assemblée, la distribution des rôles autour du partage de la Parole, etc. Si le rassemblement a lieu non dans une église, mais dans une communauté religieuse, ou dans un centre spirituel qui n'est pas une paroisse, c'est un mode de sociabilité affinitaire circonscrite auquel l'Église est relativement habituée. Mais la liturgie domestique à l'initiative des « fidèles de base » est l'expression la plus claire d'une autonomisation des formes de la communalisation catholique.

Ce blocage sur le modèle de la paroisse a, selon moi, un rapport direct avec le déni de la condition minoritaire qui est celle de l'Église en France. Le catholicisme français n'arrive pas à intégrer la conscience de sa propre condition minoritaire dans une société religieusement plurielle : une condition que la couverture exhaustive du territoire par le réseau des paroisses contribue efficacement à invisibiliser. Les églises sont vides, mais il y en a partout, comme une contre-preuve opposable au constat de la réduction du nombre des fidèles et des prêtres. On comprend mieux que l'enjeu central de la pastorale diocésaine soit de tirer à l'infini (et jusqu'à la rupture) sur ce maillage paroissial. Le fait que la Conférence épiscopale ait réclamé pour le catholicisme seul – et non pas pour l'ensemble des religions – la sortie des mesures de confinement est un autre indice de ce déni.

L'appel à la normalisation paroissiale, au regard de ces enjeux, est une solution de facilité. Mais le confinement a ouvert une espèce de laboratoire où se dessine quelque chose du destin probable du catholicisme en France.

Mais le confinement a ouvert une espèce de laboratoire où se dessine quelque chose du destin probable du catholicisme en France

JLS Je voudrais, pour finir, revenir sur un point qui a été évoqué et mis en lumière de manière assez forte au sujet du non-accompagnement des mourants et de l'absence de rituel lors des funérailles, ou du moins d'un rituel extrêmement réduit, avec un côté « expéditif » qui s'observe d'ailleurs dans toutes les épidémies, partout, même en Chine où il a fallu au plus vite évacuer les cadavres. Là, on a eu l'impression qu'il y avait eu une prise de conscience quant au rôle des rites, des symboles, d'une parole rituelle.

DHL En effet, il y a là, au-delà du problème des religions et des cultes dont nous avons parlé jusqu'à présent, un enjeu sociétal bien plus profond que la gestion de la pandémie a obligé à reconsidérer : le fait qu'on ne peut pas se débarrasser des corps morts de n'importe quelle manière, et qu'il en va, à propos de la gestion de la mort et du deuil, de notre humanité même. Cette préoccupation s'est fortement exprimée et elle me convainc encore un peu plus que le discours envahissant sur la mort soi-disant évacuée de l'horizon de nos sociétés ultra-modernes, refoulée et volontairement rendue invisible, mérite d'être reconsidéré.

Certes, la mort à l'hôpital, devenue la règle dans nos sociétés, n'est plus la mort au village avec veille mortuaire et manifestations visibles du deuil, mais une chose est sûre, il est plus qu'abusif de dire que la mort a disparu de notre univers. La crise actuelle et l'expression largement répercutée de la douleur des proches privés d'un accompagnement rituel du mourir ont confirmé ce fait. Il vaut la peine d'observer à quel point la préparation des funérailles est aujourd'hui investie par les familles, et ce dans toutes les confessions. Les prises de parole des proches, les témoignages, tout cela montre qu'on n'évince pas les morts sans plus. Me frappe, de la même manière, le contraste entre ce discours et l'entretien des cimetières. Allez dans des cimetières ruraux aux Rameaux ou à la Toussaint, vous constaterez non seulement qu'ils sont en général bien entretenus par les municipalités, mais aussi qu'ils demeurent le lieu d'une mémoire active des morts, signifiée dans le fleurissement des tombes et l'importance accordée à l'architecture funéraire. Le besoin, propre à toute société humaine, de marquer rituellement la perte de ceux qui sont « partis », de ritualiser sur un autre mode le lien qui s'est créé avec eux dans la vie, a changé, mais il est loin d'avoir disparu.

De même à propos de l'hôpital. Il est très abusif de dire que la mort à l'hôpital est immanquablement anonyme. Sauf exception, le souci apporté à l'accueil des familles est une dimension prise en compte de manière très sérieuse dans toutes les structures hospitalières. À l'occasion de la pandémie, les soignants eux-mêmes ont dit le manque que constituait pour eux, du point de vue de l'idée même qu'ils se font de leur métier de soignant, le fait de ne pas pouvoir faire droit, dans l'urgence, aux demandes émanant de patients désirant être accompagnés, y compris spirituellement ●

DHL & **JLS**

LA COMPRÉHENSION DU LANGAGE DE TOUTES LES CRÉATURES Y COMPRIS LES VIRUS

UNE SÉRIE DE 5 POÈMES (SUITE)

PAR

Laura Vazquez

« Le mur n'est ni mort ni vivant,
en vérité il ne me concerne pas,
et c'est pourquoi je ne rêve pas de lui. »
Marlen Haushofer, *Le Mur invisible*

— 6 —
COMMENT LE PAIN RAMASSE LES PERSONNES
POÈME EN 60 LIGNES

des blessures blanches
calmes
des blessures faciles
calmes
et calmement
le soir
mélange du pain avec du pain
mélange de l'eau avec de l'eau
simplement
mélange de la farine avec une idée avec
une idée
l'âme pue
seule
l'âme pue
quand j'étais plus jeune j'avais un panier j'y mettais tout ce que je perdais mes ongles
mes anciens cheveux les croutes que j'arrachais j'y mettais les peaux mortes des larmes
de la salive j'y mettais tout je dormais près de mon panier je lui souhaitais bonne nuit
parfois c'est vrai parfois je l'embrassais parfois je prenais mon panier dans le noir et
c'est vrai je l'embrassais
le monde a commencé à déborder

coincé dans une pièce avec nos substances
c'est comme vivre dans le sac
entouré de soi-même

j'écris les mots SANGLIER BLANC
dans la barre de recherche
je trouve qu'il ressemble à moi
la main soupire le pain soupire
enfant je cassais les murs de la maison je grattais
avec les fourchettes avec un marteau je cassais je pensais qu'il y avait quelque chose de
bon derrière quelque chose de mieux

imagine le pain comme un fœtus
les paupières se portent
le monde est simple personne ne se rencontre

tout dort
tout est accompagné
je rêve que je travaille
je rêve je coupe un corps au travail
je rêve je soigne des malades dans mes travaux je scie
dans mes rêves dans mon travail le parasite est long je l'ouvre
allongez les mains il se passe une chose dans la farine j'avais des gestes entourés de silence tous mes gestes entourés de noir le geste dans une épaisseur qu'on ne peut pas toucher dans un silence on tâte on fait naître une forme
à l'intérieur du pain on trouve un sentiment on ouvre il suffit de le tenir de l'incliner on trouve une forme quand on touche un crâne on touche le crâne d'un mort on ne trouve rien on tourne on le penche on ne trouve rien
la farine ressemble aux corps des fantômes elle ressemble à presque tout elle a l'air d'un groupe d'infirmières qui courent autour d'un malade

dans la vérité les choses ne parlent pas le pain ne parle pas
lécher pour connaître
on place un bébé sur une route il finit par lécher
les enfants lèchent la route les miettes sur les routes les enfants sucent
ils ramassent les enfants font rentrer des matières à l'intérieur d'eux-mêmes des yeux assemblés en un seul à l'intérieur du crâne
porter les choses à l'extérieur de soi

une femme se promène avec ses organes dans sa main
elle porte ses organes dans un sac
dans la main
elle dit : je vais bientôt partir
elle dit : je ne vais pas tarder
moi je ne vais pas tarder

— 7 —
COMMENT L'EAU N'A NI CENTRE NI STYLE NI SURNOM
POÈME EN 52 LIGNES

combien de litres d'eau nous avons bu ?
combien de litres d'eau nous avons mis sur nous ?
combien de litres d'eau sont passés dans notre corps ?
compter les jours en litres d'eau
2 200 litres sans te voir

1 276 770 litres de vie
le sang se croit malin mais l'avenir est une goutte
qui boit de l'eau scintille mais l'eau n'a pas de centre
le monde parle mais le monde reste silencieux
l'eau faible et possible
une longue ride sur le visage d'un cheval

tous les animaux du monde lèchent leurs morts
la langue est un liquide
certains animaux mangent leurs morts
certains animaux les recouvrent
d'autre animaux les fuient et
d'autres les écrasent

prends le pansement dans ta main
guéris
parler au mur à travers un mur
parle à un autre mur à travers les murs sans que l'air ne passe
sans que la voix n'arrive
tu peux parler
je parle à mon mur je glisse dans la glue noire dans le ciel sur un fil sans creux je passe
je plisse et les serpents me sucent des eaux forment des cercles en nous
quand on regarde un cercle assez longtemps on l'entend crier
est-ce que le cercle allume un cri dans l'esprit ?

j'avais déjà du liquide avant de naître
je transporte un liquide depuis ma naissance
quelqu'un veut voir la souffrance
il plante une petite aiguille dans un arbre il l'enfonce
est-ce que cet arbre souffre ?
est-ce que cet arbre veut bien souffrir ?
réponds
est-ce que des oiseaux peuvent se noyer dans une flaque ?
est-ce que les cheveux des morts sont tièdes ?
il faut répondre
la douleur rapproche les planètes
les objets n'ont pas envie de répondre
je suis la preuve de quoi ?
et combien de litres d'eau tombés sur la terre durant ces jours ?
et combien de litres d'eau pour nettoyer le sol ou les objets ?
combien de litres d'eau pour faire bouillir et ramollir ?
toucher du bout des ongles une algue

toucher du bout des ongles l'oreille d'un bébé
toucher du bout des ongles le lobe de l'oreille d'un bébé
comme une eau qui durcit
et dix mille chevaux
dix mille chevaux qui naissent
dix millions de chevaux morts dans le temps
cheval brun cheval blanc cheval recouvert d'un drap blanc
la foule l'absorbera

— 8 —
COMMENT SE COMPORTE UN VISAGE QUAND IL N'EST PAS REGARDÉ
POÈME EN 46 LIGNES

compter les fenêtres d'une rue
compter les épisodes de la vie d'un saint
combien les paupières pèsent ?
combien mes paupières pèsent ?
toutes les paupières du monde
paupières de tous les êtres
combien les paupières sont ?
la nuit les sourcils se rejoignent
au début il n'y avait qu'un bord
chaque nuit
une infinité de petits objets entoure tous les objets une infinité de figures en pointillés autour d'une figure normale une infinité de petits iris autour de l'iris normal une infinité de corps de moustiques autour d'un moustique normal des ombres de personnes autour d'une personne
parler aux ombres qui sortent leur dire : au départ le fœtus n'est qu'un bord
le visage est un bord de visage et
le visage d'un animal n'est jamais le contraire d'un autre animal

je mets le feu aux rideaux
la lumière remonte

un jour je vis dans une cloque je suis née dans le bulbe et je brille et la lumière est morte ne t'inquiète pas on pose un anneau autour de ton cerveau quand tu ne le sais pas quand tu parles je regarde le bord de tes yeux les organes glissent ils nous échappent un organe souple un organe s'allonge le monde est un contour tout voudrait fuir tout saute
j'éteins toutes les lampes que je croise

quand je regarde un angle je me repose
je me demande si j'ai déjà bougé
depuis que je suis née je crois en tout
je faisais des angles avec des feuilles dans l'enfance j'allais dans les forêts je faisais des angles avec des branches quand on découpe un mort on fait des angles avec son corps
regarder par la fenêtre et découper les gilets des passants
par la pensée

il pleut mais la pluie ne pense pas : heureusement que je suis la pluie
heureusement que je ne suis pas un objet heureusement que je ne suis pas un paquet de chips ou un humain
chaque saison s'appuie sur la saison passée puis elle se ferme
avant de reboucher une bouteille on lui dit je te punis je te ferme
les yeux sont deux animaux sur le visage de la personne
un visage n'est jamais le contraire d'un autre visage ou
déposer du plâtre sur le visage d'un mort
mouler le visage d'un mort
porter le visage d'un mort
dupliquer son visage
le mettre sur des objets
le visage du mort est regardé
un escargot qui bave sur le visage d'un mort
il laisse des lignes blanches sur un visage passé

— 9 —
COMMENT LA VOIX PARTICIPE EN SE PRENANT POUR L'AIR
POÈME EN 17 LIGNES

avec les parois de
l'intérieur de la coquille d'un escargot
avec le sommeil comme un soin de la colonne vertébrale
chaque seconde est peut-être plus claire que la précédente
légèrement plus claire
chaque seconde est peut-être plus obscure que la précédente
légèrement plus obscure
légèrement
un millième au-dessous
chaque seconde est peut-être plus longue

avec le poids de la voix dans l'air
voici la forme de la voix
elle agit comme un nouveau-né
les os ont l'apparence d'une pierre
avec le visage couvert de calme une voix simple
avec le visage couvert de honte une voix tremble
avec le visage couvert de rage une voix blessée

— 10 —
COMMENT LES ENFANTS VONT D'EUX-MÊMES À EUX-MÊMES
POÈME EN 39 LIGNES

les enfants n'ont que des mains
leurs mains superposent
tous les enfants qui pleurent poussent quand ils ne pleurent pas ils poussent
quand ils dorment ils poussent quand ils disent le premier mot le deuxième le troisième
ou quand ils sont malades quand ils s'ennuient ils poussent les cheveux poussent et
de la même manière les poils et les ongles comme des bêtes des plantes
on superpose des enfants les uns sur les autres tranquillement ils bougent comme une
roue comme le vent dans les roues comme des briques qui ne sont pas des briques mais
des morceaux de briques de la poussière
mettre un enfant sous un meuble
ou mettre un enfant propre sur le corps d'un enfant sale
un enfant propre sur le dessus d'une montagne sur le pic
un enfant propre au-dessus de la montagne quelques millimètres au-dessus de la
montagne
la peur ne pense pas : je vais venir
simplement elle apparaît

un enfant sale dans la montagne le même enfant le même enfant dans la montagne à
l'intérieur de la montagne sans heure
ils n'ont qu'une seule boucle une seule poche un seul pendentif et un seul cou une
seule chemise un seul cadeau dans une seule main
le sol leur fait pitié
la terre n'a plus d'odeur quand on est dans la terre
le soleil exagère
je mange de la terre pour comprendre les morts

je transporte mon visage d'une pièce à l'autre
les mêmes images aux mêmes endroits
je plante des objets dans mon jardin
je les arrose jusqu'à ce qu'ils moisissent
un œil dans l'œil
les adultes ont une peau de plus en plus molle
de plus en plus longue
les ongles des bébés ne sont pas humains
les ongles des bébés sont en tissus en matière d'œil

la nuit des skateparks vides
la mousse noire recouvre les dalles
chaque visage commençait à dessiner la suite de son visage
les choses qui sont autour des enfants fabriquent les enfants
les choses qui sont autour des animaux fabriquent les animaux
les murs ont une odeur ●

LV

LES AUTEURS

Alain Abelhauser est psychanalyste, professeur des universités en psychopathologie clinique, ancien vice-président de l'université Rennes 2. Il a notamment publié *Le Sexe et le Signifiant* (Seuil, 2002) et *Mal de femme. La perversion au féminin* (Seuil, 2013). Il signe au Seuil, cette rentrée, *Un doute infini. L'obsessionnel en 40 leçons*.

Jakuta Alikavazovic est née à Paris en 1979. Elle est l'auteure de plusieurs livres, dont *Corps volatils*, couronné par le prix Goncourt du Premier Roman en 2008. Elle reçoit en 2012 la mention spéciale du prix Wepler pour *La Blonde et le Bunker* publié aux éditions de L'Olivier. Son dernier roman, *L'Avancée de la nuit*, paru en 2017 (L'Olivier), a figuré sur les listes des Prix Femina et Médicis. Il est en cours de traduction dans plusieurs pays.

Annie Atkins est une créatrice britannique installée à Dublin, en Irlande. Spécialisée dans la conception graphique pour le cinéma, elle a travaillé notamment pour Steven Spielberg et Wes Anderson. Elle est l'auteure d'une série d'affiches inspirées par le Covid-19 et vendues au profit d'œuvres charitables.

Patrick Autréaux a exercé la psychiatrie d'urgence jusqu'en 2006. Depuis, il a publié une dizaine de récits et romans aux éditions Gallimard et Verdier. Auteur en résidence pendant deux ans à l'université de Boston et *visiting scholar* au MIT, il y a créé le séminaire *Through a Writer's Eye*.

Mathilde Bourrier est professeure à l'université de Genève, spécialiste de la sociologie du travail, du risque et des organisations. Ses recherches portent sur la construction sociale de la sécurité et sur la fiabilité organisationnelle, notamment dans le secteur médical, le nucléaire civil et les biotechnologies. Elle a notamment publié *Le Nucléaire à l'épreuve de l'organisation* (PUF, 1999).

Rutger Bregman est historien, journaliste pour le magazine en ligne *De Correspondent*. Il est l'auteur du génial *Utopies réalistes*, best-seller traduit dans plus de trente pays. Il vient de faire paraître cette rentrée *Humanité. Une histoire optimiste*, au Seuil.

Valérie du Chéné, plasticienne, développe un travail de couleur et de volume autour de la rencontre et de la confrontation. Sa collaboration avec Arlette Farge se poursuit depuis *La Capucine s'adonne aux premiers venus*, publié aux Éditions La pionnière en 2014.

Emanuele Coccia est maître de conférences à l'Ecole des Hautes Etudes en Sciences Sociales (EHESS). Ses recherches portent sur la théorie de l'image et la nature du vivant. Parmi ses publications, traduites de l'italien en plusieurs langues, *La Vie sensible* (Payot et Rivages 2010), *Le Bien dans les choses* (Payot et Rivages, 2013) *La Vie des plantes* (Payot et Rivages, 2016) et *Métamorphoses* (Payot et Rivages, 2020).

Pierre Dardot est philosophe. Il est notamment l'auteur avec Christian Laval de *La Nouvelle Raison du monde. Essai sur la société néolibérale* (La Découverte, 2009) et *Commun. Essai sur la révolution au XXIe siècle* (La Découverte, 2014). Ensemble, ils viennent de faire paraître *Dominer. Enquête sur la souveraineté de l'État en Occident* (La Découverte, 2020).

Mireille Delmas-Marty est professeure émérite au Collège de France. Juriste de renom, membre de l'Institut, elle est notamment l'auteure des *Forces imaginantes du droit* (4 volumes parus au Seuil, 2004-2011). Parmi ses récents ouvrages, on compte *Résister, responsabiliser, anticiper* (Seuil, 2013), *Aux quatre vents du monde, petit guide de navigation sur l'océan de la mondialisation* (Seuil, 2016) et *Une boussole des possibles. Gouvernance mondiale et humanismes juridiques* (Éd. du Collège de France, 2020).

Arlette Farge est historienne, spécialiste du XVIIIe siècle et particulièrement du monde populaire. Elle est notamment l'auteure d'un livre devenu un classique, *Le Goût de l'archive*

(« La Librairie du xxe siècle », Seuil, 1989). Parmi ses derniers ouvrages, on compte *Vivre & parler au xviiie siècle : Paris au siècle des Lumières* (Le Robert, 2017), *Il me faut te dire* (Editions du Sonneur, 2017), *Vies oubliées. Au cœur du xviiie siècle*, (La Découverte, 2019).

Michaël Fœssel est philosophe, professeur à l'Ecole polytechnique. Membre de la revue *Esprit*, il dirige, avec Jean-Claude Monod, au Seuil, la collection « L'ordre philosophique ». Il est l'auteur de plusieurs essais, dont *Après la fin du monde. Critique de la raison apocalyptique* (Seuil, 2013) et *Le Temps de la consolation* (Seuil, 2015). Son dernier ouvrage s'intitule *Récidive. 1938* (PUF, 2019).

Rodrigo Fresán est né en 1963 à Buenos Aires. En 1991, il publie son premier livre, *Histoire argentine*, qui est aussitôt un best-seller (traduit au Seuil en 2012). Nourri de culture anglo-saxonne, il est l'auteur d'une œuvre vertigineuse dont les deux derniers volumes sont traduits au Seuil : *La Part inventée* (2017) et *La Part rêvée* (2019).

Danièle Hervieu-Léger est sociologue des religions, directrice d'études à l'EHESS, qu'elle a présidée de 2004 à 2010. Elle est l'auteure de nombreux ouvrages analysant les évolutions du religieux, en particulier celles du christianisme, dans les sociétés modernes. Elle a récemment publié un *Dictionnaire des Faits Religieux* (PUF, 2011, avec Régine Azria) et *Le Temps des moines. Clôture et hospitalité* (PUF, 2017).

Sophie Houdart est anthropologue, directrice de recherches au CNRS. Elle a notamment publié *La Cour des miracles. Ethnologie d'un laboratoire japonais* (CNRS Éditions, 2008) et *Les Incommensurables* (Zones sensibles, 2015). Depuis 2012, elle a entamé une recherche sur la vie après la triple catastrophe de Fukushima et participe au collectif de chercheurs et d'artistes *Call It Anything* qui travaille notamment sur le thème du territoire abîmé et de la recomposition des existants.

Laurent Jeanpierre est professeur de science politique à l'université Panthéon-Sorbonne. Membre du conseil de rédaction de la revue *Critique* (Éditions de Minuit), il est notamment l'auteur de *In Girum : les leçons politiques des ronds-points* (La Découverte, 2019). Il a co-dirigé, avec Christophe Charle, les deux volumes de *La Vie intellectuelle en France* (Seuil, 2016).

Kapka Kassabova est née à Sofia en 1973. Elle y a grandi jusqu'à ce que sa famille quitte le pays après la chute du Mur. Elle habite aujourd'hui en Écosse et se consacre à l'écriture. *Lisière* a reçu plusieurs prix au Royaume-Uni et a été acclamé par une presse unanime, et est paru au printemps dernier aux éditions Marchialy.

Razmig Keucheyan est professeur de sociologie à l'université Paris-Descartes. Membre du comité de rédaction de la revue *Actuel Marx*, il est notamment de l'auteur de *La nature est un champ de bataille. Essai d'écologie politique* (La Découverte, 2014) et de *Les Besoins artificiels. Comment sortir du consumérisme* (La Découverte, 2019).

Benjamin Labatut est né à Rotterdam en 1980. Il a grandi à La Haye et à Buenos Aires avant de s'installer à Santiago du Chili, où il vit toujours aujourd'hui. *Lumières aveugles* (Seuil, 2020) est son premier livre traduit en France.

Guillaume Lachenal est professeur d'histoire des sciences à Sciences Po, chercheur au sein du médialab. Il est l'auteur de *Le Médecin qui voulut être roi* (Seuil, 2017) et de *Le Médicament qui devait sauver l'Afrique* (La Découverte, « Les empêcheurs de penser en rond », 2014).

Bernard Lahire est professeur de sociologie à l'École normale supérieure de Lyon (Centre Max Weber) et Membre sénior de l'Institut universitaire de France. Ses travaux portent notamment sur la production de l'échec scolaire, les pratiques culturelles des Français et sur les rêves. Ses deux derniers ouvrages sont *L'Interprétation sociologique des rêves* (La Découverte, 2018) et *Enfances de classes. De l'inégalité parmi les enfants*, qu'il a dirigé au Seuil (2019). Il dirige la collection « Laboratoire des sciences sociales » aux Éditions La Découverte depuis 2002.

Silyane Larcher est politiste et philosophe. Chargée de recherche au CNRS, elle s'intéresse notamment à l'impact du passé colonial et de l'expérience vécue du racisme dans le lien social ; elle travaille aujourd'hui sur l'essor et la diffusion de l'afroféminisme en France. Elle a notamment publié *L'Autre Citoyen. L'idéal républicain et les Antilles après l'esclavage* (Armand Colin, 2014, nouvelle édition « Points Essais » à paraître en 2021).

Sylvie Laurent est historienne et américaniste. Elle enseigne à Sciences Po et est chercheuse associée à l'université de Stanford. Elle a notamment publié *La Couleur du marché. Racisme et néolibéralisme aux États-Unis* (Seuil, 2016) et *Martin Luther King. Une biographie intellectuelle et politique* (Seuil, 2018). Son prochain livre s'intitule *Pauvre petit blanc. Le mythe de la dépossession* et sortira en octobre 2020 aux Éditions de la Maison des sciences de l'homme.

Vincent Message est romancier, auteur notamment de *Défaite des maîtres et possesseurs* (2016) et de *Cora dans la spirale* (2019), tous deux parus au Seuil. Il enseigne la littérature et les humanités environnementales à l'université Paris-8-Saint-Denis. Ses recherches portent sur les effets sociaux et environnementaux du capitalisme et sur la façon dont la pensée écologique permet de renouveler la critique du capitalisme.

Valérie Mréjen, dessinant une trajectoire résolument oblique entre littérature, cinéma et arts plastiques, apparaît aujourd'hui comme l'une des figures les plus atypiques de la scène artistique contemporaine. Son dernier ouvrage *Troisième personne*, est paru en 2017 aux éditions P.O.L. Elle est représentée par la galerie Anne-Sarah Bénichou. Elle est artiste associée au TNB à Rennes.

Philippe Pignarre est ancien cadre de l'industrie pharmaceutique, devenu éditeur aux éditions La Découverte, directeur de la collection « Les empêcheurs de penser en rond ». Comme auteur, il a notamment signé *Le Grand secret de l'industrie pharmaceutique* (2003) et, avec Isabelle Stenger, *La Sorcellerie capitaliste* (2005), tous deux aux éditions La Découverte.

Mathieu Potte-Bonneville est philosophe. Ancien président du Collège international de philosophie, spécialiste de l'œuvre de Michel Foucault, il dirige actuellement le département culture et création du Centre Pompidou. Derniers ouvrages publiés : *Recommencer* (Verdier, 2018), *Voir Venir – Ecrire l'hospitalité*, avec l'écrivaine Marie Cosnay (Stock, 2019).

Myriam Revault d'Allonnes est philosophe, professeure à l'École pratique des hautes études. Elle a publié de nombreux essais au Seuil, récemment *La Crise sans fin. Essai sur l'expérience moderne du temps* (2012) et *La Faiblesse du vrai. Ce que la post-vérité fait à notre monde commun* (2018). Elle publiera en 2021, au Seuil, *L'Esprit du macronisme ou l'Art de dévoyer les concepts.*

Judith Rochfeld est professeure de droit privé à l'université Panthéon-Sorbonne. Elle a co-dirigé avec Marie Cornu et Fabienne Orsi le *Dictionnaire des biens communs* (PUF, 2017) ; elle est également l'auteure de *Justice pour le climat ! Les nouvelles formes de mobilisation citoyenne* (Odile Jacob, 2019).

Pierre Rosanvallon est professeur au Collège de France. De *L'Âge de l'autogestion* (1976) au *Bon Gouvernement* (2015), il est l'auteur de nombreux ouvrages qui occupent une place majeure dans la théorie politique contemporaine et la réflexion sur la démocratie et la question sociale. Il dirige, au Seuil, les collections « Les Livres du Nouveau Monde » et, avec Ivan Jablonka, « La République des idées ». Son dernier livre, *Le Siècle du populisme. Histoire, théorie, critique*, est paru au Seuil en 2020.

Jean-Louis Schlegel est sociologue des religions, éditeur et traducteur, ancien directeur de la rédaction d'*Esprit*. Il est l'auteur de nombreux articles dans cette revue et dans d'autres sur la situation de l'Eglise catholique en France et dans le monde. Son dernier ouvrage paru est *La Bible expliquée aux jeunes* (Seuil, 2016).

Didier Sicard est professeur émérite de médecine interne à l'Université de Paris. Très engagé sur les questions de l'éthique médicale, il a assumé de nombreuses responsabilités, parmi lesquelles la présidence du Comité consultatif national d'éthique et de la Commission présidentielle sur la fin de vie, et a été membre du Conseil d'administration de l'institut Pasteur. Il est notamment l'auteur du « Que sais-je ? » *Bioéthique et éthique médicale* (PUF, nouvelle éd. 2020).

Zrinka Stahuljak est historienne. Elle enseigne la littérature et la civilisation médiévales à l'Université de Californie à Los Angeles (UCLA). Elle a publié en France *L'Archéologie pornographique. Médecine, Moyen Âge et histoire de France* (PUR, 2018) et *Médiéval contemporain. Pour une littérature connectée* (Macula, 2020). Son ouvrage *Les Fixeurs au Moyen Âge. Histoire et littérature connectées* paraît au Seuil en 2021.

Gaëtan Thomas est historien, postdoctorant au médialab de Sciences Po. Ses travaux portent sur les maladies infectieuses et la vaccination. Il a édité et traduit deux figures de l'histoire culturelle du sida, les critiques d'art Douglas Crimp (Le Point du jour, 2016) et Craig Owens (Même pas l'hiver, à paraître).

Aurélie Trouvé est ingénieure agronome de formation et maîtresse de conférences en économie. Elle est porte-parole d'Attac. Elle est aussi l'auteure de *Le Business est dans le pré. Les dérives de l'agro-industrie* (Fayard, 2015).

Juan Gabriel Vásquez est né en Colombie, en 1973. Après des études de lettres à la Sorbonne, il a vécu en Belgique et à Barcelone. Son œuvre, traduite dans une vingtaine de langues, a été couronnée par de nombreux prix, dont le prix Alfaguara pour *Le Bruit des choses qui tombent* (Seuil, 2012) et le prix Roger-Caillois pour *Les Réputations* (Seuil, 2014). Il a signé depuis *Dénonciateurs* (2015) et *Le Corps des ruines* (2017), toujours au Seuil.

Laura Vazquez se consacre à l'écriture. Ses poèmes ont été traduits dans de nombreuses langues. Ses derniers recueils sont *La Main de la main* (Cheyne, 2014), *Oui* (Plaine page, 2016) et *Le Signe vertical* (Maison Dagoit, 2017).

Pierre Zaoui est philosophe et enseigne à l'université Paris-Diderot. Il est notamment l'auteur de *La Traversée des catastrophes. Philosophie pour le meilleur et pour le pire* (Seuil, 2010) ainsi que de *La Discrétion ou l'art de disparaître* (Autrement, 2013). Il prépare un ouvrage sur l'athéisme à paraître aux éditions du Seuil.